Verlag Ilona Hupe - Reisen in Sambia und Malawi

W0368481

REISEN IN

Sambia

und

Malawi

Das praktische Reisehandbuch für unterwegs!

Ausführliche Reiseinformationen,
detaillierte Streckenbeschreibungen,
Landeskunde und aktuelle Reisetips!

Mit 57 Karten und Plänen,
79 hochwertigen Farb- und 172 s/w-Fotos

Ilona Hupe Verlag

Umschlagfotos und Grafiken
Vorderseite: Flußpferd im Sambesi
Rückseite (von oben): Viktoriafälle, Kinder aus Südmalawi, Steppenzebras im Luangwatal, Lehmhütte in Zentralsambia
Umschlaginnenseite, vorn: Landkarte Sambia
Umschlaginnenseite, hinten: Landkarte Malawi
Frontispitz S.2: Jonathan, ein Junge aus Nordostsambia

Impressum

© 1996 Ilona Hupe Verlag, München

Volkartstraße 2, 80634 München
Tel. 089/16783783 Fax 089/1684474

Fotos: Manfred Vachal
Karten, Layout, Satz: Ilona Hupe
Druck: Grafik+Druck, München

Alle Angaben ohne Gewähr
Alle Rechte vorbehalten

Printed in Germany

ISBN 3-932084-17-9 [4200]

Inhaltsverzeichnis

Essays

Im Buch verwendete Abkürzungen und Begriffe

NPWS	= Nationalparksbehörde (Sambia)
GMA	= Game Management Area (Sambia)
BSAC	= British South Africa Company
P.O.Box	= Postfach
Rd.	= Straße (Road)
h	= Stunde /Uhrzeit
Miombo	= Laubwaldart Zentralafrikas (siehe *Pflanzen*)
Dambo	= Schwemmebenen (siehe *Pflanzen*)
Gate	= Eingangstor
Scout	= Wildhüter
Roadblock	= Straßensperre, Polizeikontrolle

Einführung

Sambia und Malawi sind - noch? - keine Standardreiseziele. Als touristische Spätentwickler haben die beiden Länder lange Zeit im Schatten anderer afrikanischer Reiseziele gestanden. Doch die politischen Veränderungen im südlichen Afrika haben auch Sambia und Malawi ins Licht gerückt - zu Recht, denn hier können Sie tatsächlich *'the real Africa'* * abseits der ausgetretenen Touristenpfade entdecken.....

Beide Länder weisen ein enormes Potential an touristischen Attraktionen auf. Natur- und Outdoor-Freunde finden in den Nationalparks und Sumpfgebieten Sambias sowie in der beeindruckenden Bergwelt Malawis ihr Dorado. Lebendige Traditionen und eine Vielzahl verschiedener Volksstämme gewähren Interessierten vielseitige Begegnungen mit einer ausgesprochen friedlichen und gutmütigen Bevölkerung. Wer Entspannung und Erholung sucht, kann am Malawisee zwischen tropischen Fischen tauchen oder einfach den glutroten Sonnenuntergang genießen. Romantiker und Sportsfreunde werden die Viktoriafälle und den Sambesi schätzen!

Mit 57 aktuellen Karten und Plänen sowie detaillierten Streckenbeschreibungen werden die Attraktionen Sambias und Malawis in diesem Reisehandbuch ausführlich beschrieben. Wissenswertes über die Menschen, ihre Geschichte, Lebensweise und kulturellen Besonderheiten zeichnen ein klares Bild von beiden zentralafrikanischen Ländern. Eingehend werden die faszinierende Natur und Tierwelt beschrieben. Durch die teilweise spannenden Essays wird dieses Buch zu einer vergnüglichen Reiseliteratur. Praktische Informationen zur Reisevorbereitung und viele Tips für unterwegs sollen dem Reisenden hilfreich sein. Das Buch möchte sinnvolle, umfassende und weitreichende Informationen bieten, egal ob Sie als Pauschal- oder Individualreisender in Sambia und Malawi unterwegs sein werden.

Alle Angaben wurden mit größtmöglicher Sorgfalt vor Ort zusammengetragen und recherchiert. Preisangaben und Fahrpläne sind vom Stand Mai/1996. Sie können sich jederzeit ändern und sollten deshalb als Richtwerte angesehen werden. Für ergänzende Anregungen, Verbesserungsvorschläge und Berichtigungen sind wir jederzeit dankbar. Bitte schreiben Sie an:

Ilona Hupe Verlag
Volkartstraße 2
D - 80634 München

* *'The Real Africa' ist der Slogan Sambias*

SAMBIA: GESCHICHTE

Sambias Geschichte vor Ankunft der Weißen

Das alte Vorurteil, Schwarzafrika sei ein geschichtsloser Kontinent, stützt sich auf die Tatsache, daß es keine bekannte Hochkultur nach unseren Maßstäben hervorbrachte, und daß es keine niedergeschriebene Geschichte vorweisen kann. Die Geschichtsforschung widerlegt jedoch dieses Vorurteil. Es hat in Afrika mächtige Königreiche, unterschiedliche Kultur- und Kunstentwicklungen und riesige Völkerwanderungen gegeben. Da aber die Geschichte lange Zeit nur mündlich überliefert wurde, bleibt bis heute vieles im Dunkeln.

Erste Funde

Die ältesten Funde aus der Region des heutigen Sambia lassen sich bereits auf die Steinzeit datieren. Die erste Besiedlung scheint im Sambesital stattgefunden zu haben, hier gefundene Werkzeuge sind bis zu 2,5 Mio. Jahre alt. Die Felszeichnungen der Nsalu-Höhle nahe Kanona wurden auf das frühe Steinzeitalter datiert. An den Kalambo Falls, ganz im Norden Sambias, wurde 70 000 Jahre alte Werkzeuge entdeckt. Man vermutet, es handelte sich hierbei um eine Siedlung des *Homo Habilis*. Von großer wissenschaftlicher Bedeutung ist der berühmte „Broken Hill Man" von Kabwe. Es handelt sich um den Schädel eines *Homo Rhodensiensis* aus der frühen Steinzeit.

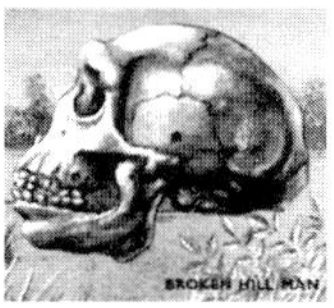

Broken Hill Man

Sangon-Kultur

Vor etwa 50 000 Jahren wagten sich die Bewohner von den Flußtälern in die höher gelegenen Regionen und besiedelten dort vorwiegend Höhlen. Die Bevölkerung nahm zu und es entwickelte sich die Sangon-Kultur, die bereits mit Holz arbeitete. Alle Funde aus dieser Epoche zeigen eine größere Vielfalt der Werkzeuge. Noch immer ist unklar, ob die damaligen Bewohner eher ein Buschmannvolk oder negroid waren.

Etwa vor 15 000 Jahren begann die späte Steinzeit. Jetzt wurde mit Pfeil und Bogen gejagt und man fertigte Werkzeuge aus Knochen. Ab ca. 5000 v. Chr. haben Buschleute im sambischen Hochland gelebt und etwa 2000 v. Chr. erreichten die Vorfahren der Tonga das Land. Um Christi Geburt folgten weitere afrikanische Stämme (Bantu).

Die großen Einwanderungen

Bei Sesheke ausgegrabene Tonscherben aus der frühen Eisenzeit zeugen von einer Kultur in den Jahrhunderten vor Chr., die nicht mehr allein von der Jagd und dem Nomadentum lebte. Vielmehr wurden feste Dörfer errichtet und Ackerbau und Viehzucht betrieben. Etwa zeitgleich mit der Entdeckung und Verwendung des Eisens kam es zu großen Einwanderungen von Bantu sprechenden Volksstämmen. Diese gewaltige Immigration scheint sich in vier Wellen aus drei Richtungen vollzogen zu haben. Die ersten Einwanderer zogen in den drei Jahrhunderten vor Chr. von Osten den Sambesi entlang weiter west-

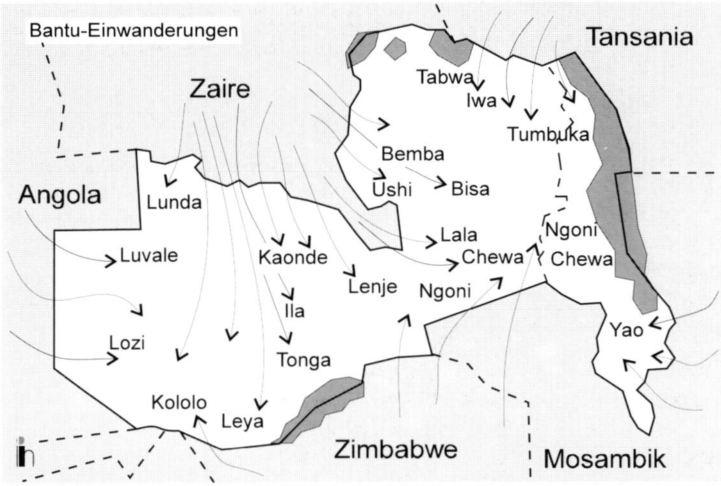

Bantu- Einwanderungen in die Region des heutigen Sambia und Malawi

lich. Die zweite Besiedlungswelle folgte im 6. Jh. von Norden. Beide Gruppen brachten Vieh mit sich. Der dritte Zustrom erfolgte im 9. Jh. aus dem Zaire-Bassin. Diese Völker waren ohne Vieh gekommen, assimilierten sich jedoch schnell mit den ansässigen Volksstämmen, bzw. eroberten viele Regionen. Kaum 200 Jahre nach ihrer Ankunft stellten sie bereits die Mehrheit im Lande.

Eisenzeit

Der Wechsel von der Steinzeit zur Eisenzeit vollzog sich regional zu sehr unterschiedlichen Zeitpunkten.
In der späten Eisenzeit, ca. 1100 bis 1400 n. Chr., bestanden weitreichende Handelskontakte, z. B. in Ingombe Ilede. Dort wurden übrigens charakteristische Töpferwaren aus dem 7. Jh. entdeckt, wie man sie bis nach Transvaal findet.

Immigration aus dem Lundareich

Im 17. Jh. zogen erneut Bantustämme aus dem Kongogebiet nach Süden. Es waren versprengte Gruppen des im Niedergang begriffenen Lunda-Luba-Reiches. Unter ihnen waren auch die Rozwi (Barotse), die nun das Reich Lozi in Südwestsambia gründeten. Diese neue Einflüsse veränderten die politischen Strukturen. Neben dem traditionellen *Chieftainship* entstanden jetzt auch Königreiche mit zentraler politischer Verwaltung.

Zu Beginn des 19. Jh., vor den großen Invasionen aus Süden (Kololo und Ngoni), stellte sich die Situation so dar: Das Lundareich hatte sich im Westen bis in die Barotseebene und im Osten bis an den Luapula ausgeweitet. Aus dem Lubareich kamen die Kaonde, Lala, Lamba, Lenje, Soli, Mambwe, Bisa und Lungu und besiedelten die zentrale Hochebene vom heutigen Lusaka bis an den Tanganjikasee. Sie gelten allgemein als Bembavölker.

Kololo

Die Kololo, ein Sotho-Volk, fielen nach 1835 von Süden im Barotseland ein und übernahmen die Macht. Sie führten das Land zu einer neuen kurzen Blüte. Doch bereits um 1850 erreichten die Araber von Osten kommend das Gebiet und mit ihnen kam der Sklavenhandel.

Die grausame Periode des Sklavenhandels

Von Westen stießen die portugiesischen Sklavenjäger aus der Kolonie Angola vor, von Südosten kamen sie aus Mosambik und direkt von Osten kamen die Araber. Die großen Handelsstraßen, die quer durch den Kontinent liefen und die die Herrscher der Lunda und Luba errichtet hatten, wurden nun zu blutigen Einfallstraßen der Sklavenjäger. Eine Route führte von der Angolaküste bis an den Mwerusee und weiter nach Quelimane, der Mündung des Sambesi in den Indischen Ozean. Von Kazembe am Mwerusee gab es auch Straßen bis Sansibar und an den Malawisee. Eine andere Route führte von Angola entlang der Wasserscheide zwischen Sambesi und Kongo bis tief ins heutige Zaire.

Die schlimmsten Verwüstungen fanden in Zentralafrika um 1880 statt, als der Sklavenhandel an den Küsten bereits aufgehoben war. Da die Sklaven dadurch deutlich an Wert verloren hatten, verschlimmerte sich ihre Situation drastisch. Augenzeugen berichteten, "ganz Zentralafrika sei in Blut getränkt".

Die grausame Periode des Sklavenhandels erschütterte Afrikas Strukturen und entvölkerte ganze Landstriche. Zugleich verhinderte sie eine weitere gesellschaftliche Entwicklung durch das permanente Ausbluten ganzer Volksstämme.

Sambia und die Europäer

Der erste Europäer, der Sambia erreichte, scheint der Goanese Goncalo Pereira gewesen zu sein. Er reiste um 1793 bis in die Region des Königreichs Kazembe südlich des Mwerusees. Zwei portugiesische Händler reisten 1795 von Angola den Sambesi herauf und erreichten die Flutebenen des Barotselandes. Diese ersten Berichte aus Innerafrika weckten das Interesse des portugiesischen Gouverneurs von Mosambik, Lacerda. Mit dem Wunsch, eine Verbindung zwischen den beiden portugiesischen Kolonien Angola und Mosambik zu schaffen, rüstete er 1798 eine Expedition in das noch immer unerforschte Königreich Kazembe aus. Lacerda erreichte Kazembe, starb aber dort. Von Portugal wurden daraufhin keinerlei weitere Forschungsreisen mehr unternommen.

Portugals glücklose Expedition

Die Flucht vor Chaka Zulu

Zu Beginn des 19.Jh. fanden im gesamten südlichen Afrika große Völkerwanderungen statt. Vor den kriegerischen Zulu und den europäischen Siedlern am Kap flüchteten die Völker in eine ungewisse Zukunft nach Zentralafrika. So zogen z.B. die Ngoni durch das heutige Zimbabwe nach Sambia, Malawi und Tansania. Aus dem gleichen Grund waren die oben erwähnten Kololo nach Südsambia geflohen. Die Kololo dominierten bald die ansässigen Tonga und nutzten geschickt den Tod des Lozi-Königs, um das Barotseland zu annektieren. Dies geschah unter der Führung von König Sebitwane.

David Livingstone

In Jahre 1851 betrat der erste Brite sambischen Boden. Es handelte sich um den schottischen Arzt, Forschungsreisenden und Missionar Dr. David Livingstone. Er verbrachte viel Zeit bei den Kololo, rüstete seine Expeditionen bevorzugt mit Angehörigen dieses Stammes aus und beschrieb den König als ausgesprochen weise, umsichtig und charakterstark.

1855 kehrte Livingstone zu den Kololo zurück, wo inzwischen Sebitwanes Sohn Sekeletu regierte. Er führte Livingstone am 16. November 1855 als ersten Weißen zu den Viktoriafällen.

Die Berichte Livingstones lenkten langsam das Interesse anderer Europäer auf diese Region. 1884 wurde im Barotseland bereits die erste Missionsstation gegründet.

Cecil Rhodes

Ein zweiter berühmter Mann ist untrennbar mit Sambias Geschichte verbunden: Cecil Rhodes, der dynamische und skrupellose Brite, der der Kolonie seinen Namen gab. Cecil John Rhodes wurde 1853 bei London geboren und kam als Sechzehnjähriger ins südafrikanische Natal. Börsen- und Minenspekulationen machten ihn reich. Er gründete die noch heute existierende *De Beers Consolidated Mining Company* und kontrollierte bald zwei Drittel der Welterzeugung an Diamanten. Wirtschaftlich und politisch wurde er zunehmend mächtiger, 1884 wurde er Finanz- und 1890 Premierminister der Kapkolonie. Rhodes hatte die Vision einer Bahnverbindung vom Kap bis Cairo, er versuchte zeitlebens das britische Einflußgebiet zu vergrößern. 1889 erhielt er von der britischen Krone eine Charta für seine private Kolonisationsgesellschaft. Diese finanzierte er mit seinen beiden hochprofitablen Firmen *De Beers* und *Goldfields.* Er wollte von der Kapprovinz nach Norden expandieren, wobei die Nordgrenze seiner Unternehmungen offen blieb. Zu dieser Zeit war bereits der schmale Landstreifen entlang des Nyasasees (heute Malawi) von schottischen Händlern, die die *African Lakes Company* gegründet hatten, besetzt worden. Die Gesellschaft befand sich in einem bedauerlichem Zustand. Sie wurde durch die Portugiesen im Süden und die Araber im Osten wirtschaftlich stark gehemmt und war nahezu bankrott. Cecil Rhodes schien die Antwort auf ihre Gebete zu sein. Mit Billigung des Auswärtigen Amtes bat die African Lakes Company Rhodes um Hilfe. Dieser war begeistert und machte kein Geheimnis um seine wahren Absichten, sich die gesamte Region zwischen dem Sambesi und dem Kongostaat einzuverleiben. Der Zeitpunkt war bestens gewählt, denn gleichzeitig hatte der Lozikönig Lewanika um britischen Schutz vor seinen afrikanischen Feinden, den Ndebele, gebeten. Sollten die Briten hier nicht intervenieren, würden mit Sicherheit die Portugiesen von Angola ihre Macht ins Barotseland ausweiten. Rhodes eilte also dem Barotseland 'zu Hilfe'!

Lewanika bittet um britischen Schutz

Er schickte einen gewissen Frank Lochner nach Lealui, der Hauptstadt des Barotselandes, der sich als Gesandter der britischen Krone ausgab. Lewanika akzeptierte noch im gleichen Jahr, 1890, das Protektorat der Rhodes-Gesellschaft. Damit standen die Briten in Sambia.

Die BSAC übernimmt die Macht

In den 90er Jahren weitete die *British South Africa Company (BSAC)*, Cecil Rhodes' Kolonisationsgesellschaft, ihre Macht über das Barotseland aus. Die Grenze zu Angola wurde 1904 festgelegt, und die Briten einigten sich mit dem belgischen König über den östlichen Grenzverlauf. Nordost-Rhodesien bildete bereits ein Territorium mit Fort Jameson (Chipata) als Hauptstadt. Ebenso wurden das Barotseland und die restlichen Regionen Sambias zu Nordwest-Rhodesien mit Kalomo als Hauptstadt deklariert. 1907 löste Livingstone Kalomo als Hauptstadt ab. Beide Territorien wurden von der BSAC verwaltet.

Gleichzeitig entstanden mehr und mehr Missionsstationen, z.B. am Verlauf des oberen Sambesi, die oft zu Wegbereitern der nachrückenden Siedler und Händler wurden.

Ausschnitt aus einer Liste der ersten sambischen Einwanderer

Nachträglich konnten bis einschließlich 1902 insgesamt 874 Einwanderer oder Besucher des heutigen Gebietes von Sambia nachgewiesen werden. Die älteste Datierung stammt aus dem Jahr 1796, in dem der portugiesische Händler Goncalo Pereira zusammen mit seinem Sohn aus dem heutigen Mosambik zu dem bedeutenden Königreich Kazembe reiste. Zwei Jahre später war er auch Mitglied der portugiesischen Expedition von Dr. Lacerda. Auch in den folgenden 50 Jahren scheinen nur Portugiesen im sambischen Gebiet gewesen zu sein, 16 Personen sind bekannt. Von 1851 bis 1870 erschienen die ersten anderen Europäer, der erste von ihnen war 1851 Dr. David Livingstone. Mrs. Reader, Frau eines Händlers, die 1862 die Viktoriafälle besuchte, gilt als die erste weiße Frau, die sambisches Land betrat und die Fälle sah. In den frühen 70er Jahren kamen deutlich mehr Händler, größtenteils unter der Führung von George Westbeech, der von 1871 bis zu seinem Tod 1888 vom heutigen Zimbabwe aus mehrere Transportzüge organisierte. Den Weg ins unbekannte Sambia öffnete er auch für den Missionar Coillard, der später den König Lewanika zu einer Einigung mit der BSAC führte. Die große Flut der Einwanderungen begann gegen Ende des letzten Jahrhunderts.

Die Statistik verrät einige interessante Zahlen:

Wer kam woher?

Von den 874 Personen, die bis 1902 nach Sambia kamen, waren 752 Männer, 74 Frauen und 48 Kinder.

Davon starben bis 1902 in Sambia 86 Erwachsene und 16 Kinder. Das sind über 10 % der Erwachsenen und 33,3 % der Kinder. Die meisten Todesfälle waren auf diverse Fieberkrankheiten zurückzuführen.

Diese Einwanderer hatten sehr unterschiedliche Nationalitäten. Nach der vorliegenden Liste sind dabei 19 Deutsche und 9 Österreicher beteiligt gewesen. Es werden 30 Schweizer, 24 Italiener und 36 Franzosen genannt. 54 Portugiesen wurden aufgeführt. 674 Personen hatten britische und südafrikanische Nationalität.

Briefmarke von 1905 zur Eröffnung der Brücke an den Viktoriafällen

Auch die Beweggründe waren unterschiedlich: Immerhin 212 Menschen kamen in Missionsdiensten nach Sambia, 55 waren Forschungsreisende, 208 gehörten zur BSAC und 131 kamen im Auftrag anderer Firmen. Den Großteil bilden mit 268 Personen die Kaufleute, Jäger und die Unbekannten.

Schicksale der ersten Einwanderer

Das romantische Bild der Abenteurer- und Entdeckerzeit ist sicherlich reichlich verklärt. Für viele dieser Menschen bedeutete die Reise ein hartes Los voller Entbehrungen, manch einer bezahlte schon nach kurzer Zeit mit seinem Leben...

Von der Missionarsfamilie Boiteux ist folgendes überliefert: Boiteux, Rev. Emile. Schweizer P.M.S. Missionar. Kam 1895 von Süden ins Barotseland mit Frau. Tochter Marie, geb. 1896. Tochter Jeanne, geb. 1898, gest. 1898 in Kazungula. Tochter Helene, geb. 1899, gest. 1900 in Senanga. Sohn Albert, geb. 1901, gest. 1901 in Senanga.

Ähnlich ist das Schicksal der Familie Buckenham: Buckenham, Rev. Henry. Methodistischer Missionar. Erreichte das Land mit seiner Familie 1890. Gründete die erste Missionsstation bei Nkala im Batokaland. Starb 1896 bei Kazungula. Tochter Elsie Marie starb als Siebenjährige im Februar 1896 in Nkala. Die Witwe verließ das Land im selben Jahr.

Der portugiesische Armeeoffizier Dyonisio starb gleich an seinem Ankunftstag, der britische Major Gibbons kehrte nach Europa zurück, indem er 1899 die Strecke von Sambia bis zum Nil zu Fuß zurücklegte.

Der Angestellte Hugo Genthe besuchte 1897 das Grab Dr. Livingstones - und wurde anschließend am Luapulafluß von einem Elefanten getötet.

Der tschechische Geograph und Entdeckungsreisende Emil Holub wurde mit seiner Frau 1886 am Ufer des Kafue von Mashukulumbwe überfallen. Beide überlebten. Ihr österreichischer Begleiter Oswald Söllner wurde dabei getötet. Selbst der berühmte Großwildjäger F.C. Selous verlor bei einem Überfall 1888 bei Magoye 12 Männer und flüchtete nach Süden.

(Quelle: They came to Northern Rhodesia/ Sampson, Richard, 1956)

Das 1903 in Kalomo erbaute Administrator's House war das erste Regierungsgebäude Nordwestrhodesiens und ist heute ein National-Monument

Die Kolonialzeit

Nordrhodesien wird britische Kronkolonie,

Barotseland und die umliegenden Gebiete wurden 1911 zum Protektorat Nordrhodesien vereinigt. Zwischen 1911 und 1914 wurde die nördliche Grenze nach Belgisch Kongo (Zaire) festgelegt. Bis 1910 war die Bahnlinie zu den Katanga-Kupferminen verlängert und eine Blei- und Zinnmine bei Kabwe eröffnet worden Als die weiße Minderheit Südrhodesiens 1923 die Selbstverwaltung durchsetzte, ging Nordrhodesien in eine direkte britische Kolonialverwaltung über und wurde 1924 zur Kronkolonie. Bis dahin hatte die BSAC zwar das Ende von Sklaverei und Stammeskriegen erreicht, ansonsten aber wenig für die Entwicklung des Landes unternommen. In den nächsten Jahren begann ein intensiver Kupferabbau, zugleich strömten verstärkt Siedler in das Land. Durch diese Entwicklung erschien Livingstone als administratives Zentrum verkehrstechnisch ungünstig und es wurde nach einer neuen Hauptstadt gesucht. Obwohl Lusaka lediglich eine unbedeutende Bahnstation ohne größere Wasservorkommen war, wurde es seines angenehmen Klimas wegen gewählt. Ab 1930 begann der Umzug, es wurde sehr viel gebaut und 1935 wurde Lusaka offiziell zur neuen Hauptstadt erklärt (siehe *Lusaka, Stadtgeschichte*).

und Lusaka wird die neue Hauptstadt

Erste Unruhen brechen aus

Bereits ab 1912 entwickelten sich die ersten afrikanischen Widerstände gegen die Kolonialmacht. 1935 und 1940 kam es zu Streikwellen der Bergwerksarbeiter. Wegen einer Steuererhöhung kam es 1935 zu Unruhen in den Minenzentren. In Luanshya gab es auf afrikanischer Seite Tote und Verletzte.

In den Minen waren 1940 bereits 30 000 Arbeiter beschäftigt. Die meisten Männer arbeiteten als Pendler, da sie durch die aus Süden vordringenden Siedler ihr Land verloren hatten, und durch die Steuergesetze zur Lohnarbeit gezwungen wurden.

Roy Welensky's Autonomiepläne

Nach dem zweiten Weltkrieg versuchte der Großgrundbesitzer M. Roy Welensky, die Autonomie für Nordrhodesien durchzusetzen. Doch während seiner Verhandlungen mit der britischen Regierung ließ er sich davon überzeugen, daß der Gedanke an eine Föderation von Nord- und Südrhodesien und Nyasaland eine viel einfachere und effektivere Lösung darstellte: Man würde die moderne Industrie und Wirtschaft Südrhodesiens mit den Bodenschätzen Nordrhodesiens und den Arbeitskräften Nyasalands vereinen! Bei diesen Überlegungen wurden die Afrikaner von Anfang an ausgeklammert; die der Idee sehr skeptisch gegenüberstanden.

Die Zentralafrikanische Föderation

1948 gründete sich der *Northern Rhodesian Congress* unter Harry Nkumbula. Die ersten Afrikaner wurden in den Legislativrat aufgenommen. Der Kongreß nannte sich ab 1951 *Northern Rhodesia African National Congress (ANC)*. Gegen dessen heftigen Widerstand wurde Nordrhodesien 1953 mit Südrhodesien und Nyasaland (Malawi) zur *Zentralafrikanischen Föderation* zusammengeschlossen. Das Mißtrauen der Afrikaner verstärkte sich in den ersten Jahren der Föderation. Die weißen Nationalisten versuchten sich von London stetig unabhängiger zu machen und das Rassenproblem blieb ungelöst. In diesem Klima versuchte der Enkelsohn des berühmten Missionars, F. J. Moffat, politisch zwischen den Parteien zu vermitteln. Er gründete zusammen mit anderen moderaten Politikern aus den bestehenden Parteien die *Liberal Party*. Es kam zur politischen Machtprobe zwischen den schwarzen Massen und der weißen Minderheitenmacht. Couragierte Politiker, wie der britische Abgeordnete Stonehouse in Ndola, der die Afrikaner aufforderte, ihre Rechte wahrzunehmen, wurden in den eigenen Reihen böse angefeindet. Dem späteren Präsidenten Kaunda wurde noch 1957 rude der Besuchs eines Cafes verwehrt.

Kenneth Kaunda gründet die UNIP

Unter der Führung Kenneth Kaundas spaltete sich in dieser Zeit die *United National Independence Party (UNIP)* vom ANC ab. Ihre revolutionären Ziele waren die Auflösung der Föderation und die Unabhängigkeit des Landes. Im Mai 1960 fand in Ndola ein nicht genehmigtes UNIP-Treffen statt. In der aufgeheizten Stimmung kam es zu gewaltätigen Ausschreitungen. Daraufhin wurde die UNIP verboten und Kaunda und einige seiner Anhänger für mehrere Monate verhaftet (Kaunda hatte sich jedoch zum Zeitpunkt des Geschehens außerhalb des Landes befunden).

Doch trotz der harten Fronten sollte die Föderative Partei von Welensky eine Wahlniederlage erleiden. Zwischen den weißen Extremisten und den schwarzen Nationalisten stand die liberale Partei Moffats. Die gespannte Stimmung stieg aufgrund der Geschehnisse um Lumumba im unabhängigen Zaire, aus dem etliche Flüchtlinge nach Nordrhodesien strömten. Kenneth Kaunda setzte sich nun als repräsentativer Sprecher der Afrikaner durch. Die liberale Partei spaltete sich. Einige Politiker wechselten zur UNIP, um dort auf die gemäßigteren Männer einzuwirken (z.B. Steward Gore Browne). Andere schlossen mit Kaunda einen Pakt, sich im Wahlkampf nicht zu behindern, um gemeinsam gegen die Föderalisten zu wirken. Da nicht alle damit einverstanden waren, verließen einige Liberale die Partei. Derart geschwächt und zerrissen ging die Liberale Partei in die Wahlen.

Kaunda gewinnt die Wahl von 1962...

Nach einer arglistigen Verfassungsreform hätte Kaunda beinahe die Wahlen boykottiert, ließ sich aber schließlich doch davon überzeugen, daß seine Teilnahme wichtig wäre. Wie richtig diese Entscheidung war, zeigt das Wahlergebnis vom 30.10.1962. Es fielen 7 Sitze an Nkumbulas Partei, 16 an die weißen Föderalisten und 14 an Kaundas UNIP. Nach diesem Resultat bildeten Nkumbula und Kaunda eine Koalitionsregierung. Moffats liberale Partei hatte eine vernichtende Niederlage erlitten, woraufhin Moffat der UNIP beitrat. Zum 31.12.1963 wurde die Föderation aufgelöst, Sambias Bindungen an Südrhodesien waren damit endlich erloschen.

Die kurze Zeit der Föderation hatte für Sambia große Auswirkungen: Ca. 200 Mio. US-Dollar aus Nordrhodesien waren in dieser Zeit in die Förderung Südrhodesiens investiert worden! Doch das Ausbeuten der Rohstoffe Nordrhodesiens und das wirtschaftliche Ausbluten der Region haben eine lange Tradition: Die BSAC hatte während ihrer Verwaltungsperiode Profite von ca. 160 Mio. US-Dollar erzielt, zugleich sich aber kaum für eine Entwicklung des Landes, bzw. eine Verbesserung der Lebensbedingungen engagiert. Anschließend hatte die britische Schatzkammer Steuern in Höhe von rund 80 Mio. US Dollar eingenommen und dabei lediglich 10 Mio. Dollar im Lande investiert. Diese rücksichtslose Mißwirtschaft der Kolonialjahre zeigt ihre Auswirkungen bis in die heutige Zeit.

...und erreicht die Unabhängigkeit

Bei den Neuwahlen Ende Januar 1964 gewann die UNIP 40 der 75 offenen Mandate, der ANC dagegen nur 5, den Europäern blieben 10 Mandate reserviert. Nach diesem deutlichen Wahlsieg erkannte auch der König des Barotselandes, der Autonomie angestrebt hatte, die neue Staatsmacht an.

Am 24.10.1964 (Nationalfeiertag) wurde die Republik Sambia ausgerufen. Ihr erster Präsident hieß Dr. Kenneth Kaunda.

Das unabhängige Sambia

Kenneth Kaunda, geb. 1926, war Lehrer an der Lubwa-Mission in der Nähe von Shiwa Ngandu. Anfangs zog er per Fahrrad durchs Land, um die Menschen aufzurütteln. Man sagt, er trank nur Wasser und lebte asketisch. Er galt als ruhig, direkt, aktiv und war ein guter Zuhörer. Ideologisch verstand sich Kaunda als ein humanistischer Schüler Nyereres und stellte hohe Anforderungen an seine Regierungsmitglieder.

Während seiner Amtszeit wirkte er außenpolitisch sehr aktiv und wurde als *weiser alter Mann* bekannt. Er stand in dem Ruf, seine Stärken eher auf dem Gebiet der diplomatischen Kompromisse zu haben als ein Finanzverwalter zu sein. Bei öffentlichen Auftritten pflegte er mit einem weißen Taschentuch zu winken.

Kampf gegen den Tribalismus

Zunächst verzichtete Kaunda darauf, seine unbestrittene Führungspartei UNIP zur Einheitspartei zu deklarieren. Er versuchte von Anfang an, in der Führungsspitze der UNIP Politiker aus allen Stämmen zu vereinen. Er selbst gehörte als Sohn eines aus Malawi eingewanderten protestantischen Missionslehrers keinem sambischen Volk an. Mit seinem lebenslangen Bemühen, Tribalismus zu bekämpfen, machte Kaunda den Slogan *One Zambia - One Nation* berühmt.

Opposition wird ausgeschaltet

Dennoch ließen sich die Ansprüche der Bemba auf eine dominierende Rolle im Land nicht ausgleichen. Sie wurden von Simon Kapwepwe, dem Vizepräsidenten Sambias und der UNIP, vertreten. 1970 legte dieser sein Doppelamt nieder, trat aus der Partei aus und gründete 1971 die Oppositionspartei *United Progressive Party (UPP)*. Anfang 1972 wurde Kapwepwe verhaftet und die UPP verboten.

Da der alten Oppositionspartei ANC nun vorwiegend Lozi und Tonga angehörten, nahm auch diese Partei tribalistische Züge an. Dem innenpolitischen Druck begegnete Kaunda 1973 mit der Einführung eines Einparteiensystems und dem Verbot aller anderen Parteien. Bei den Wahlen von 1968 und 1973 war Kaunda bestätigt worden, wenn auch 1973 nur 39% der Wahlberechtigten ihre Stimme abgegeben hatten.

Verstaatlichung der Wirtschaft

Die Unabhängigkeit Sambias und seine Trennung von Südrhodesien bedeutete zugleich eine Unterbrechung von Transportwegen und der Ölpipeline. Den wachsenden wirtschaftlichen Problemen versuchte Kaunda 1968 mit der Verstaatlichungen und Enteignungen von Industrie, Bergbau u. a. zu begegnen. Er überließ das Management und den Außenhandel aber den Europäern und internationalen Konzernen, da er auf ihr Know-how und ihre Verbindungen nicht verzichten konnte.

Außenpolitisch versuchte sich der junge Staat vom weißen Machtblock im südlichen Afrika zu distanzieren. Um so bedeutender wurde der Nachbarstaat Tansania, besonders in Anbetracht der Transport- und

Außenpolitik und Anti-Apartheid

Handelswege. Inoffiziell unterstützte Sambia die Befreiungsbewegungen Angolas, Südrhodesiens und Mosambiks, tat es aber verdeckt, um keinen Vorwand für Repressalien oder Aggressionen zu liefern. Als 1971 die Studenten Kaunda vorwarfen, die weiße Macht im Süden nicht konsequent zu bekämpfen, ließ er die Universität vom Militär besetzen.

Auf der einen Seite gewährte er den Organisationen FRELIMO/Angola, SWAPO/Namibia, ZANU und ZAPU/ beide Südrhodesien, Stützpunkte in Sambia, auf der anderen Seite verlangte er von diesen Gruppen stets Kooperation bei den diplomatischen Verhandlungen, um Blutvergießen zu verhindern. Daß es ihm mit der Verhandlungsbereitschaft ernst war, bewies er, als er z.B. 1971 Militante der ZAPU an Südrhodesien auslieferte und 1975 die unversöhnliche ZANU-Guerilla in Sambia verbot. Im selben Jahr unterstützte die sambische Armee sogar die südafrikanischen Truppen in Angola.

Krise

Sein starkes außenpolitisches Engagement schuf dagegen eine innere Bedrohung. Es gab Zeiten, in denen sich in Sambia mehr fremde, schwerbewaffnete Befreiungskämpfer aufhielten als sambische Soldaten. Die vertrackte Situation spitzte sich zu, als im Oktober 1978 Südrhodesien militärische Angriffe und Sabotageakte in Sambia startete und dabei Sambias Straßen, Bahnlinien und Brücken zerstörte. Sambias Versorgungswege waren mit einem Schlag unterbrochen, dem Land drohte eine Hungerkatastrophe. Hilfe sollte es diesmal von Südafrika bekommen, dort wurden 300 000 Tonnen Mais für Sambia zusammengetragen. Südrhodesien weigerte sich jedoch, die Hilfslieferungen nach Sambia durchzulassen. Als die Situation für das sambische Volk bedrohlich wurde, richteten die westlichen Nationen Luftbrücken ein. Die Hungerkatastrophe wurde abgefangen, doch besserte sich die angespannte Lage erst 1980 mit der Unabhängigkeit Zimbabwes (ehemals Südrhodesien).

Aufgrund dieser Vorkommnisse setzte sich in Sambia in den nächsten Jahren eine deutliche Furcht vor Spionage, Sabotageakten und unerwarteten Einmärschen fremder Streitkräfte fest. Ausländern begegnete man äußerst mißtrauisch, Polizei und Militär handelten unberechenbar und nervös. Aus dieser Zeit stammen die Geschichten über Schikanen an Besuchern und Touristen. Das sambische Volk war verunsichert und schreckhaft, die Polizisten und Soldaten immer auf der Hut, vermeintliche Spione zu enttarnen. Alle staatlichen Einrichtungen wurden streng bewacht.

Forderungen nach Reformen und Demokratie

1990 neigte sich Kaundas lange Herrschaft dem Ende zu. Das Volk war unzufrieden und forderte demokratische Veränderungen. Das Land, noch immer auf wirtschaftlicher Talfahrt, litt unter fast 60 % Inflation, den enormen Auslandschulden und der hohen Arbeitslosigkeit. Besonders in der Bergarbeiterregion im Norden kam es zu Streiks und Protestaktionen. Der Gewerkschaftsverband hatte 300 000 Mitglieder und wurde immer populärer. Ihr 46jähriger Vorsitzender, Frederic Chiluba,

Chiluba gewinnt die Wahl

galt als 'Lech Walesa Sambias' und wurde Kaundas Herausforderer. Kenneth Kaunda stellte sich der veränderten Situation und leitete die ersten freien Wahlen seit fast 30 Jahren ein. Er glaubte irrtümlich, wiedergewählt zu werden, doch die Partei *Liberal Capitalist Movement for Multiparty Democracy, MMD,* unter Frederic Chiluba erhielt fast doppelt so viele Stimmen. Kaunda akzeptierte die Entscheidung und zog sich aus der Politik zurück.

Der Regierungswechsel

Der Regierungswechsel verlief friedlich. Kenneth Kaunda hatte Sambia wirtschaftlich nicht wieder auf die Beine bringen können, jedoch 27 Jahre lang friedlich und mit Bedacht regiert. Er war stets diskussionsbereit und diplomatisch geblieben und hatte auf diese Weise nicht nur sein eigenes Land durch manche Krise geführt, sondern auch eine wichtige ausgleichende Rolle im südlichen Afrika gespielt.

Frederic Chiluba wurde nicht nur mit den bekannten Wirtschaftsproblemen konfrontiert. 1991/1992 erlebte das südliche Afrika eine große Dürre, die Regenzeit war viel zu schwach ausgefallen. Das ganze Land litt unter Wassermangel und Ernteschäden. 900 000 Tonnen Mais mußten importiert und mit teuren Devisen bezahlt werden.

Der wirtschaftliche Aufschwung und die Besserung der Lebensumstände ließen länger als erhofft auf sich warten. Es kam erneut zu inneren Unruhen, die im März 1993 zur Verhängung des Ausnahmezustands führten.

In den folgenden Jahren wuchsen die Rauschgiftprobleme. Als der Verdacht entstand, einige Regierungsmitglieder seien in die Rauschgiftgeschäfte verwickelt, entließ Chiluba 1994 mehrere Minister. Gemäß ihrer Ankündigung schuf die MMD einen freien Markt und fördert die Privatwirtschaft. Die damit einhergehende Preissteigerung bei Grundnahrungsmitteln bereitet weiten Teilen der Bevölkerung Probleme. Im Oktober 1996 stehen in Sambia wieder Wahlen an.

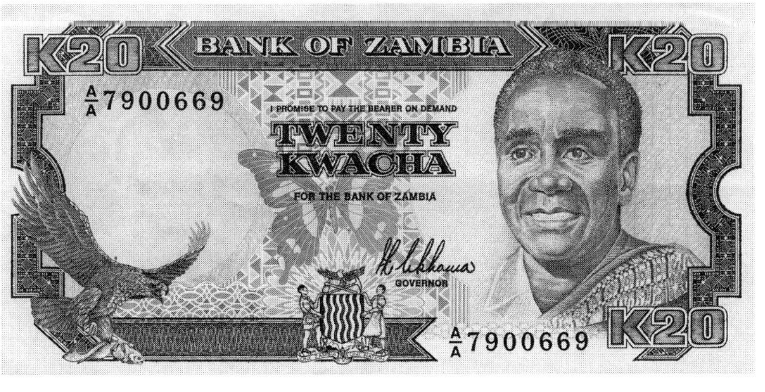

SAMBIA: ALLGEMEINES

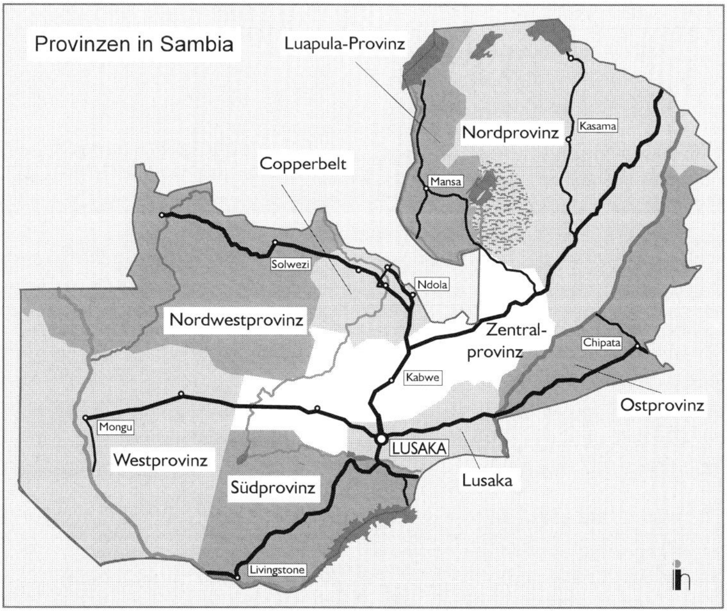

Grunddaten

Staatsname:	Republik Sambia
Staatsform:	Präsidiale Republik (seit 1964)
Staatsoberhaupt::	Frederic Chiluba
Gesamtfläche:	752 614 km², 9 Provinzen, 52 Bezirke
Nachbarländer:	Zaire, Tansania, Malawi, Mosambik, Angola, Zimbabwe, Botswana, Namibia
Bevölkerung:	1995: ca. 9 Mio. Einwohner
Bev.-wachstum:	1991: 3,4 %
Bev.-dichte:	1991: 11,7 Einwohner pro km²
Hauptstadt:	Lusaka (seit 1935), ca. 1,6 Mio. Einwohner
Landessprache:	Englisch, daneben 80 weitere Sprachen

Landschaften

Lage und Größe

Sambia ist ein Binnenland und erstreckt sich zwischen 8° und 18° südlicher, sowie 22° und 33° östlicher Länge. Im Grunde liegt es genau zwischen Zentral-, Ost- und südlichem Afrika und ist dadurch schwer zuzuordnen. Je nach Quelle wird Sambia einer dieser Regionen zugeordnet. Ethnologisch betrachtet zählt das Land eher zu Zentralafrika, aus geologischer Sicht aber zum südlichen Afrika. Zwischen Lobito am Atlantik und der Nordspitze des Malawisees verläuft die Wasserscheide, die über den Verlauf von Sambesi und Zaire entscheidet.

Sambias Staatsgebiet umfaßt 752 614 km² einschließlich seines Anteils am Tanganjikasee. Es ist damit größer als Dänemark, Frankreich, Belgien, die Schweiz und Österreich zusammen, hat dagegen aber nur etwa 10 % der Einwohner dieser Länder!

In der Mitte wird Sambia stark durch den zu Zaire gehörenden *Katangazipfel* eingeschnürt. Sambias Ost-West-Ausdehnung beträgt 1350 km, die Nord-Süd-Ausdehnung 1100 km. Es ist ein Binnenstaat mit acht Nachbarländern. Die Grenzen wurden zumeist entlang von Flüssen und Wasserscheiden gezogen.

Oberflächengestalt

Der größte Teil des Landes liegt auf einem Hochplateau zwischen 1000 und 1600m Höhe. Von Süden nach Norden steigt das Land allmählich zur *Lundaschwelle* des Kongobeckens an (hier liegen die Quellen von Sambesi und Zaire), bzw. zum zentralafrikanischen Grabenbruch am Tanganjikasee. Die höchste Erhebung bilden mit 2164 m die *Makutu-Mountains* im äußersten Osten des Landes. Ansonsten ist die Oberflächengestalt meist flach und bewaldet.

Flüsse, Seen und Sümpfe

Der Sambesi hat Sambia zu Recht seinen Namen gegeben. Er entwässert mit seinen wasserreichen Zuflüssen den größten Teil des Landes. Dieser beeindruckende Fluß hat seinen Ursprung im Nordwesten Sambias und durchfließt kein anderes Land so lange (bei 2700 km Gesamtlänge fließt er 1550 km in Sambia). Seine bedeutendsten Zuflüsse sind der Kafue (960 km Länge) in der Landesmitte und der Luangwa, der von Nordosten durch den *Luangwagraben* verläuft und an der Grenze zu Mosambik in den Sambesi mündet. Im Bereich dieser Flüsse entstanden große Überschwemmungs- und Sumpfgebiete. Die größten Sumpfgebiete liegen am Mweru- und Bangweulusee im nordöstlichen Sambia, am oberen Sambesi und Kafue (Nordsambia) und bei Kabwe (Lukangasümpfe). Die Grenze zu Zimbabwe wird durch den mittleren Sambesi gebildet, der bei Livingstone die über 100 m hohen Viktoriafälle hinabstürzt und anschließend durch die schluchtartige *Sambesifurche* in den Karibasee fließt. Der 5200 km² große, künstlich aufgestaute See entstand durch den Bau des Kariba-Staudamms. Das Land verfügt mit seiner großen Anzahl an natürlichen und Stauseen über 45% der Wasserreserven im südlichen Afrika.

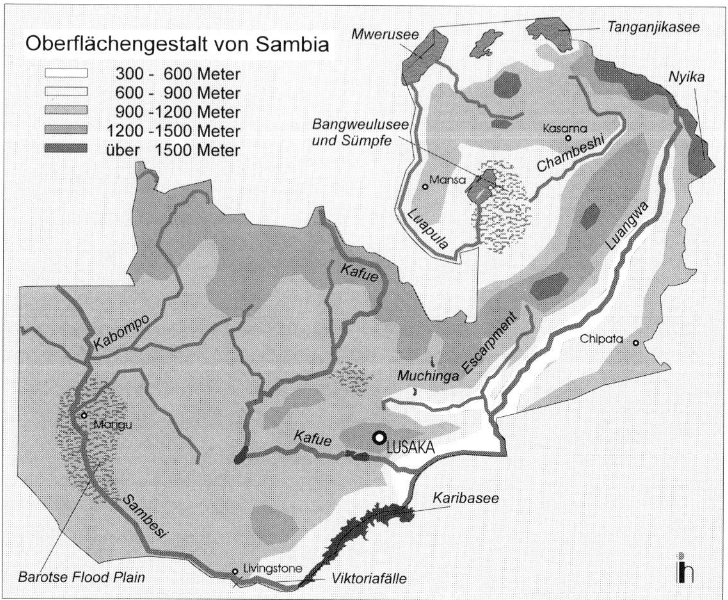

Besonderheiten Ostsambia ist eine Randzone des Zentralafrikanischen Grabenbruch-Systems. Zu diesem System gehören u.a. der Tanganjika-, Malawi- und Mwerusee.

Im zentralen Sambia begrenzt das *Muchinga-Escarpment* mit bis zu 1848 m Höhe den Luangwagraben und trennt das Land verkehrstechnisch in zwei Teile.

Entlang der Grenze zu Zaire zieht sich der Copperbelt (Kupfergürtel) in der gleichnamigen Provinz, der ausgesprochen reich an Bodenschätzen ist. Er umfaßt etwa 50 km Breite auf ca. 110 km Länge.

Vegetationsformen Die typische Vegetationsform ist die Feuchtsavanne. Etwa 70 % der Plateauflächen bestehen aus laubabwerfendem *Miombowald.* Am Sambesi geht dieser in Trockensavanne über. In den niedrig gelegenen Gebieten an den Flüssen finden sich Dornbüsche und trockene Mopanewälder, wie sie auch für die südlichen Nachbarstaaten typisch sind. Das Land verfügt über sehr große Waldreserven.

Klima

Sambias tropisch-semihumides Klima wird durch seine Höhenlage abgemildert. Diesem Umstand verdankt es seinen Beinamen *' The Air-Conditioned State'*. Auf dem Hochplateau liegt der Jahresmittelwert bei 21°C, in den ganzjährig heißen Flußniederungen bei bis zu 25°C (heißeste Orte: Sesheke und das Luangwatal). Die Niederschläge werden hauptsächlich durch Feuchtwinde am Indischen Ozean verursacht und steigen von 600-800 mm im Süden auf 800-1000 mm im Norden an. Die Regenzeit beginnt im Norden eher und dauert auch etwas länger an.

Man unterscheidet drei Jahreszeiten:

- die kalte und trockene Jahreszeit von Mai bis August mit Temperaturen von 15-27°C, wobei die Nächte bis nahe der Frostgrenze abkühlen können.
- die heiße und trockene Jahreszeit von September bis November, mit Temperaturen von 24-32°C.
- die warme und feuchte Jahreszeit von November bis April, die Regenzeit.

Klimatabelle

Stadt	**Lusaka**	**Livingstone**	**Kasama**	**Ndola**
kältest. Monat Juni	min. 7,7° max. 24,2°	min. 6,5° max. 25,2°	min. 9,6° max. 24,6°	min. 6,4° max. 24,3°
wärmst. Monat Oktober	min. 17,8° max. 32,0°	min. 18,9° max. 34,5°	min. 16,5° max. 31,1°	min. 16,8° max. 31,6°
Höhenlage	1154 m	986 m	1384 m	1270 m

MALAWI: GESCHICHTE

Malawis Geschichte vor Ankunft der Weißen

Ausgrabungen beweisen, daß die Ufer des Malawisees bereits seit Jahrtausenden bewohnt werden. Der bemerkenswerteste Fund wurde 1993 bei Karonga gemacht, als man Knochen des *Homo Rudolfensis*, der vor 2,5 Mio. Jahren gelebt hat, entdeckte.

Buschmänner und Pygmäen

Die nächsten Spuren liegen etwa 10 000 Jahre zurück. Man vermutet, daß das Gebiet des heutigen Malawi zuerst von nomadisierenden Buschmännern besiedelt war, die aus Ostafrika eingewandert waren. Auch von Pygmäen-Buschmännern aus dem Kongobecken ist die Rede, die vereinzelt bei Mulanje bis in das letzte Jahrhundert überlebt haben sollen. Sie wurden vermutlich von ebenfalls aus dem heutigen Zaire und Angola kommenden Bantuvölkern verdrängt. Diese Bantu kamen ungefähr im 13.Jh. und gelten als die Vorfahren der heutigen Stämme. Sie waren Ackerbauern, hielten Vieh und kannten bereits die Eisenverarbeitung. Sie zerfielen bald in verschiedene Gruppen und gründeten u.a. das Reich *Maravi*. Das Wort bedeutet 'widerspiegelndes Licht' und spielt vermutlich auf die Sonnenspiegelung im Malawisee an.

Im 14.Jh. drangen die Tumbuka von Norden an den See vor, deren Nachfahren noch heute an der Nordspitze des Malawisees leben. In den nächsten Jahrhunderten kam es zu großen Völkerwanderungen der Bantu, welche vorwiegend aus dem Zairebecken nach Süden zogen und dabei vereinzelt auch das heutige Malawi erreichten.

Darstellung der afrikanischen Frühzeit an der Außenwand des Museums für Malawische Kunst in der Mua Mission

Das große vergangene Bantureich

Neueste Funde geben Rätsel auf: Es wurden Reste einer riesigen Siedlung entdeckt, die sich zwischen dem 10. und 16.Jh. von Uganda über Kenia und Tansania bis Malawi erstreckt haben soll. Dabei wurden alte Verbindungsstraßen von 3-5 m Breite und bis zu 1000 km Länge entdeckt, ebenso Feldterassen, Dämme und Kanäle. Das ganze Reich war miteinander verbunden. Die Menschen waren offensichtlich Bauern mit einem starken Sozialgefüge, daher geht man davon aus, daß es sich um Bantu handelte. Wer diese Menschen waren und was aus ihrer blühenden Kultur wurde, ist noch nicht bekannt.

Araber und Portugiesen

Die Portugiesen hören von einem großen See

Im 15.Jh. gründeten die Portugiesen erste Stationen an der Küste des Indischen Ozeans und bald darauf die Kolonie Portugiesisch-Ostafrika (Mosambik). Sie zeigten wenig Entdeckerfreude und bereisten das Landesinnere nur bis Tete am Sambesi. Von dort ist allerdings 1616 ein gewisser Caspar Bocarro in das Shiretal und bis an den Chilwasee gereist. Dabei hörte er von einem riesigen See im Norden und dem Königreich *Maravi*. Von nun an wurde der geheimnisvolle See zwar schon auf allen zeitgenössischen Landkarten eingezeichnet, es vergingen aber noch fast 250 Jahre, bis der erste Europäer ihn entdeckten sollte.

Arabische Sklavenjäger verwüsten das Land

Ab dem 18.Jh. breitete sich der Sklavenhandel von Ostafrika nach Süden aus. Die Küstenregionen Ostafrikas litten seit Jahrhunderten unter dem Sklavenhandel und die menschliche Ware wurde dort knapp und teuer. Daher wurden die Beutezüge und Handelsrouten immer weiter in das noch unbekannte Innere Afrikas ausgeweitet. Entlang des Malawisees gründeten die swahili-arabischen Menschenhändler zahlreiche Handelsposten für Elfenbein und Sklaven. Gleichzeitig vermischten sie sich mit den am See lebenden Völkern.

Der Sklavenhandel war ein lukratives Geschäft und weitete sich im 19. Jh. massiv aus. Die Sklavenjäger hatten zwei Dhaus am Malawisee stationiert, auf denen die geraubten Menschen über den See transportiert wurden. Bis zu 30 000 Sklaven nahmen jährlich diesen qualvollen Weg! Überlebten sie die Überfahrt, mußten sie den langen Marsch zu den Sklavenmärkten auf Sansibar antreten. Städte wie Nkhotakota, wo tausende Sklaven zusammengetrieben und stationiert wurden, waren zeitweilig die größten menschlichen Ansammlungen in Afrika. Durch die furchtbaren Zustände wurde das Land weitgehend verwüstet. Die Völker bekriegten sich gegenseitig, um sich zu versklaven, und lebten in ständiger Furcht. Jegliche Entwicklung stagnierte und weite Landstriche wurden nahezu entvölkert. Blühende Kulturen, wie das Reich Maravi, brachen dabei zusammen, und hinterließen kaum mehr als einen Namen.

Stammeskriege und neue Immigranten

In dieser Zeit erlebte das Land neue Einwanderungen. Von der Ostküste wanderten die Yao ein, von Süden die vor Chaka Zulu geflohenen Ngoni. Die Ngoni siedelten im westlichen Hochland und dominierten mit ihrer modernen Kampftechnik bald die schwächeren Chewa und Manganja. Die Yao siedelten am Südufer des Malawisees und wurden unter arabischem Einfluß islamisiert. Schließlich betrieben sie selbst Sklavenhandel und überfielen systematisch Siedlungen der Nachbarvölker. Um 1876 beherrschten sie anstelle der Araber die Region südlich des Malawisees. Durch den Handel besaßen sie moderne Schußwaffen. Sie bekämpften sich mit den Zuluvölkern aus dem Hochland und rieben auf diese Weise das Land vollkommen auf. In dieses Chaos stießen dann die Briten...

Die Briten: Missionare und Forscher

David Livingstone und die Ma-Robert

Im Juni 1858 schipperte David Livingstone mit seinem Dampfschiff *Ma-Robert* den Sambesi von der Küste landeinwärts. Er befand sich auf seiner zweiten Afrikareise und hatte sich mit einem Dampfschiff ausgerüstet, da er die Flüsse Afrikas als Handelswege für britische Aktionen öffnen wollte. Als überzeugter Gegner des Sklavenhandels sah er in der britischen Kolonisierung Afrikas die wirksamste Chance für dessen Ende. Mit der Ma-Robert wollte er dem Sambesi bis ins innerste Afrika folgen. Die *Cahora Bassa*-Stromschnellen oberhalb von Tete setzten diesem Traum ein schnelles Ende. Der Sambesi war nicht weiter schiffbar. Also suchte der Forscher nach einer Alternative.

Nahe Tete, in der portugiesischen Kolonie, mündet der Shire in den Sambesi. Die Portugiesen hatten den Verlauf des Shire nie erkundet und bisher auch keinen Anspruch auf die Region erhoben. So zog Livingstone im Januar 1859 den Shire flußaufwärts.

Livingstone entdeckt den Malawisee...

Er durchquerte die *Elephant-Marsh,* die er nach den vielen Elefanten benannte, und erreichte auch hier bald Stromschnellen und Wasserfälle, die ihn zur Umkehr zwangen. Zwei Monate später brach er erneut auf, ließ das Schiff zurück und erkundete das Shiretal zu Fuß bis zum Chilwasee. Im August unternahm er eine Expedition nach Norden und erreichte am 16. September 1859 den Malawisee. Er selbst legte grossen Wert darauf, der erste Weiße gewesen zu sein, der den See entdeckte. Es ist andererseits aber die Geschichte eines *Candido da Costa Cardoso* überliefert, der bereits 1846 den See erblickt haben soll. Auf alle Fälle war Livingstone schneller als der Deutsche *Dr. Roscher*, der von Norden kommend den See am 19. November erreichte. Die exakte Stelle ist unbekannt, da er kurze Zeit später ermordet wurde.

...zwei Monate vor einem unglückseligen Deutschen

Von nun an wurde der See nicht mehr nach dem Reich Maravi, sondern Nyasasee genannt. Livingstone kehrte in die portugiesische Kolonie Mosambik zurück und kam erst 1861 wieder an den Shire. Die Ma Robert war inzwischen gesunken, ein neues Schiff, die *Lady Nyassa,* nach Afrika unterwegs. Doch auch sie sollte ihr eigentliches Ziel, den Nyasasee, nicht erreichen. Livingstone war in der Zwischenzeit wieder zu Fuß unterwegs. Diesmal bereiste er die Westküste des Sees. Das Land hatte sich seit seiner ersten Reise völlig verändert. Seine Berichte hatten den Weg entlang des Shire für die Sklavenhändler geöffnet. Die Landstriche, in denen er einst die fleißigen Manganja traf, waren niedergebrannt, verwaist und zerstört. Im Shire trieben Leichen, immer wieder begegnete er Sklavenkaravanen. Durch die Massenflucht der Menschen, die ihre Felder nicht mehr bestellten, brach eine verheerende Hungersnot aus. Wenn er überhaupt noch auf Menschen traf, waren diese zum Skelett abgemagert, verzweifelt und nicht in der Lage, der Expedition Lebensmittel zu verkaufen. Das Elend war unbeschreiblich (siehe Seite 325).

...und öffnet dabei dem Sklavenhandel neue Wege

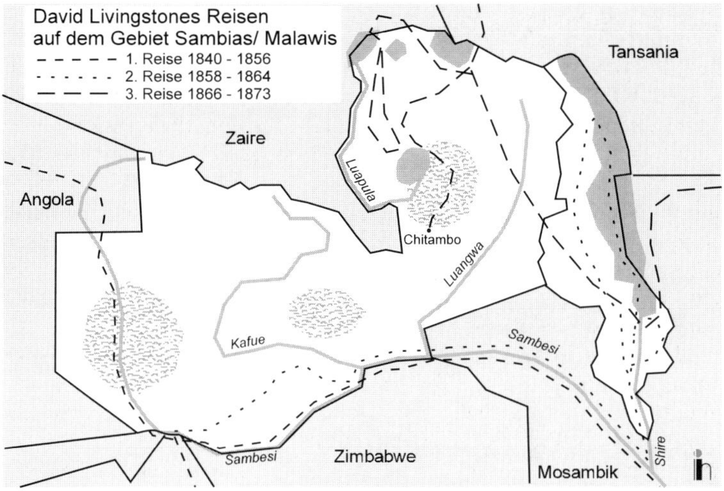

David Livingstone gilt als der bedeutendste Forscher im Südlichen Afrika

Die ersten Missionare scheitern

Livingstone hatte einen Begleiter, der in dieser Wildnis missionieren wollte. Es war der Schotte Mackenzie, der erste Missionsbischof Zentralafrikas, Angehöriger der *Universities Mission,* mit einer Handvoll Missionaren. Voller Enthusiasmus waren sie dem Ruf Livingstones nach Afrika gefolgt. Sie verzweifelten nicht angesichts der Tragödie, die sie umgab, doch sie begingen den Fehler, sich in die Stammesangelegenheiten einzumischen. Innerhalb eines Jahres schuf sich der Bischof Feinde, indem er Partei ergriff, mußte schließlich fliehen und starb auf der Rückreise bei Chiromo an Malaria.

Livingstone verließ die Region 1863 und kehrte nach England zurück. Seine letzte Reise führte ihn nach Ostafrika und an den Kongo. Er starb 1873 nahe der Bangweulusümpfe. (Siehe auch: *Livingstone Memorial, Sambia)*

Dr. Laws gründet die erste Livingstonia Mission

Die *Free Church of Scotland,* zu der auch David Livingstone gehört hatte, plante, das begonnene Werk des verstorbenen Forschers fortzusetzen. Unter dem Namen *Livingstonia Mission* sollte eine Expedition nach Zentralafrika ausgeschickt werden. Nach monatelanger Anreise, ausgestattet mit dem ersten zerlegbaren Dampfschiff namens *Ilala,* erreichten die schottischen Missionare 1875 den Nyasasee. Kopf der Gruppe war der strenge *Dr. Laws,* der noch eine wichtige Rolle für die Kolonie spielen sollte. Sie ließen sich in der Bucht von Cape Maclear nieder. Für viele Jahre sollte die Livingstonia Mission unter einem schlechten Stern stehen. Die Station war schlecht gewählt, denn die Bucht war moskitoverseucht und außer dem kleinen Fischerdorf Chembe war kein Volk da, um missioniert zu werden. Der Sklavenhandel blühte. Nach fünf Jahren waren fünf Missionare dem Fieber erlegen und nur ein Afrikaner 'bekehrt'. Dr. Laws entschloß sich, Cape

Die Livingstonia Mission zieht dreimal um

Maclear zu verlassen und baute 1881 die Livingstonia Mission in Bhandawe neu auf. Er sollte auch hier nicht froh werden. Der neue Standort bot die gleichen klimatischen Verhältnisse, zudem waren die Missionare den Sklavenjägern noch näher gerückt und die ganze Region von Stammeskriegen geschwächt. Der afrikanische Missionar Kuyi durfte 1882 in Njuyu im Ngoniland eine erste 'Zweigstelle' eröffnen, die nun endlich den Durchbruch brachte. Die Ngoni nahmen die Weissen mit ihrem Wissen und den medizinischen Fähigkeiten bereitwillig auf. In den nächsten Jahren wurden weitere Missionsstationen gegründet und neue schottische Missionare ins Land gerufen. Dr. Laws verlegte den Sitz der Mission 1894 nach Khondowe, wo sie als *Livingstonia Mission* die berühmteste Missionsstation des Landes wurde.

Nach dem unglücklichen Verlauf der ersten Mission der *Universities Mission* wurde 1885 ein zweiter, erfolgreicher Versuch auf den *Likoma Islands* unternommen.

Die erste Handelsgesellschaft wird gegründet und gerät bald in Schwierigkeiten

Im Jahre 1878 wurde die 'Livingstone Central African Mission Company', die sich später zur *African Lakes Company* umwandelte, gegründet. Sie wurde von den Brüdern John und Frederick Moir geführt. Die Handelsgesellschaft vertrat das Gebiet vom Shire bis an den nördlichen Teil des Nyasasees. Sie organisierte Seepassagen, die sie sich teuer bezahlen ließ, und handelte mit allerlei Waren, selbst mit Waffen. Bald wurde die Gesellschaft zum Gegner der Araber und Sklaventreiber. Besonders der selbsternannte *Sultan Mlozi*, der nahe Karonga sein Unwesen trieb, bereitete der Gesellschaft Probleme. So kämpfte die African Lakes Company mit den widrigen Umständen, ohne ihre Position richtig zu festigen. Wie ein rettender Engel erschien ihr daher der

Cecil Rhodes macht seinen Einfluß geltend,

forsche Cecil Rhodes. Der hatte 1889 eine Chartergesellschaft gegründet und starke Ambitionen, sich die Gebiete nördlich des Sambesi einzuverleiben (siehe *Geschichte von Sambia*). Sein älterer Bruder Herbert hatte das Shire-Hochland um 1870 bereist und davon geschwärmt. Rhodes überzeugte das britische Außenministerium davon, daß seine

und die BSAC übernimmt die Verwaltung im Protektorat

Chartergesellschaft BSAC Nyasaland binnen kürzester Zeit entwickeln und verwalten könne. Am 21. September 1889 wurde das Gebiet zum Britischen Protektorat erklärt, zwei Jahre später ging es schließlich als *British Central Africa Protectorate* in den Verwaltungsbereich der BSAC (British South Africa Company von Cecil Rhodes) über.

Die Kolonialzeit

Missionare

Im selben Jahr gründete die *Dutch Reformed Church* ihre erste Mission und auch die katholischen *Weißen Väter* versuchten sich anzusiedeln, scheiterten aber. 1902 unternahmen sie einen neuen Versuch und gründeten die *Mua Mission* südlich von Chipoka.

Der Zustrom an Missionaren war so stark, daß sich hier bald das dichteste Missionsnetz Afrikas entwickelte.

Ekwendeni: Ein schönes Beispiel für die typische Bauweise der Missionskirchen um die Jahrhundertwende

Großbritannien setzt seine Interessen durch

Die Briten setzten nun ihre Vorstellungen von einer Kolonie durch. Sie stellten den Portugiesen ein Ultimatum, das Shiretal zu verlassen. Der britische Konsul errichtete Polizeiforts und forderte Kriegsschiffe an. Eine Telegrafenlinie wurde von Salisbury/Harare nach Blantyre verlegt und die Verwaltung bis an das Nordufer des Sees ausgedehnt, mit Ausnahme des Ngonilandes. Britische Siedler wurden ins Land gerufen. Es fanden viele Landenteignungen statt, eine Art Hüttensteuer wurde 1898 eingeführt und machte die Afrikaner lohnabhängig. Man probierte es mit Kautschuk- und Baumwollplantagen; der Tabak brachte schließlich die besten Erfolge.

Der Sklavenkrieg von 1895 beendet die Sklaverei

Der Sklavenhandel wurde 1895 massiv bekämpft. Zuerst wurden die Yao-Häuptlinge im Südosten des Nyasasees geschlagen oder vertrieben. Die Sklaven wurden befreit und es zeigte sich, daß sie aus ganz Afrika zusammengetrieben worden waren, manche kamen sogar bis aus dem Kongo. Schließlich brachen hunderte Soldaten nach Karonga auf, um den mächtigen Sklavenhändler Mlozi zu stellen, der als *Sultan von Nakondeland* in einer wehrhaften Festung residierte und von dort seinen grausamen Handel organisierte. Nach langem Kampf wurde Mlozi gefangengenommen und öffentlich gehängt (siehe *Karonga* im Reiseteil). Damit war die Sklaverei im Protektorat endlich beendet.

Die Kolonie heißt nun Nyasaland

Langsam entwickelte sich das koloniale Leben. 1895 wurde das erste Hotel in Blantyre eröffnet. Über 300 Europäer lebten in der Kolonie. Zwei Jahre später hatte sich ihre Zahl auf fast 600 erhöht. Dann stagnierte sie allerdings. Bereits 6000 Malawier sahen sich zur Wanderarbeit in anderen britischen Kolonien gezwungen, um die auferlegten Steuern zu bezahlen.

1907 wurde die Kolonie in *Nyasaland* umbenannt. Das erste Auto erreichte die Kolonie 1908, drei Jahre später gab es schon 12 Autos und über 200 Motorräder. Zu dieser Zeit betrug die afrikanische Bevölkerung rund 1 Mio. Menschen.

Der 1.Weltkrieg bricht 1914 aus

Der Ausbruch des Ersten Weltkriegs veränderte das beschauliche Leben. Im Norden der Kolonie stand das nun feindliche Deutsch-Ostafrika. Nur eine einzige Schlacht fand auf dem Nyasasee statt und es war zugleich die erste Seeschlacht des Ersten Weltkriegs. Diese hat zudem eine kuriose Geschichte:

Die erste Seeschlacht des Krieges findet auf dem Nyasasee statt

Das Schiff *Herrmann von Wissmann* hatte die deutsche Kolonialmacht gegen den Sklavenhandel eingesetzt. Sein Kapitän Berndt und Kapitän Rhoades vom britischen Schiff *Guendolen* pflegten freundschaftliche Kontakte. Als der erste Weltkrieg am 4. August 1914 ausbrach, wußte niemand in Afrika davon. In Zomba, dem britischen Verwaltungssitz, erfuhr man am 10. August vom Kriegsausbruch. Den Deutschen in Neu Langenburg am Malawisee war noch am 14. August nichts bekannt. Sie erfuhren es, als die Briten das deutsche Schiff in der Mambwe Bay beschossen und dessen Besatzung in Gefangenschaft nahmen – nachdem man erst noch einmal gemeinsam drei Tage lang gefeiert hatte, bis die Vorräte erschöpft waren!

In den Kolonien wurde mobil gemacht. Die jungen und gesunden Männer gingen nach Norden an die Front. Tausende Afrikaner wurde als *Askaris* (Soldaten) oder *Tenga Tenga* (Träger und Boten) eingezogen, viele dienten bei den *King's African Rifles*. Die Deutschen griffen Karonga an, wurden aber zurückgedrängt und gerieten schnell in die Defensive. Die Front schob sich immer weiter nach Deutsch-Ostafrika. Die *Nyasaland Field Force* hatte bis Kriegsende 169 000 Träger beschäftigt. Ein Feudalkonzept namens *Thangata* ermöglichte es der Kolonialregierung, beliebig afrikanische Männer in den Kriegsdienst zu rufen. Dieses System war der Auslöser für den ersten afrikanischen Aufstand in der Geschichte der Kolonie:

Chilembwe Rising - der erste Aufstand der Afrikaner

Am 23. Januar 1915, als der Großteil der britischen Truppen sich an der Front befand, begann im Süden der Kolonie ein Aufstand, der als *John Chilembwe Rising* in die Geschichte einging. Etwa 100 Anhänger des schwarzen Reverend Chilembwe stürmten einige Gebäude und Wohnhäuser und töteten mehrere weiße Männer. Sie hatten einen erfolgreichen Überraschungsangriff getätigt, doch waren sie den bewaffneten Streitkräften hoffnungslos unterlegen. Die Aufständischen wurden sofort verfolgt und waren bald auf der Flucht. John Chilembwe wurde am 3. Februar bei Mulanje erschossen.

John Chilembwe war ein gebildeter, weitgereister Mann, der von Missionar J. Booth ausgebildet und zu kritischem Denken angeregt worden war. Er gründete bei Chiradzulu die erfolgreiche Providence Industrial Mission, predigte und publizierte gesellschaftskritische Texte. Er forderte für die Afrikaner die gleichen Rechte, sah nicht ein, warum sie in europäischen Kriegen 'brüderlich' an der Front stehen sollten, wenn sie im Frieden Menschen 2. Klasse waren. Als seine Kritik ohne Resonanz blieb, entschloß er sich zum bewaffneten Aufstand. Am Sonntag nach dem 23. Januar predigte er neben dem abgeschlagenen Kopf eines Europäers. Größere Ziele, als die Kolonialmacht aufzuschrecken, schien er nicht gehabt zu haben.

In den Jahren der Rezession entsteht das politische Bewußtsein der Afrikaner

Im Jahre 1922 wurde die Bahnlinie nach Beira fertiggestellt. 1935 folgte auch die Verbindungsbrücke über den Sambesi. Die Rezession der 30er Jahre brachte für die kleine Kolonie, die kaum eigene Ressourcen besaß, schwere Zeiten. Die Zahl der afrikanischen Wanderarbeiter nahm dadurch drastisch zu.

So kurz der erste Aufstand auch gewesen war, er war sicherlich nicht unbeteiligt daran, daß in Nyasaland relativ früh über eine politische Integration der Afrikaner nachgedacht wurde. 1944 wurde die erste afrikanische Partei gegründet, der *Nyasaland African Congress*, NAC. Die Gründungsmitglieder Chipembere, Chisiza, Chirwa und Chiume waren alle noch sehr jung.

Die Kolonie wird Mitglied der Zentralafrikanischen Föderation

Gegen den Willen der afrikanischen Bevölkerung in den drei Kolonien setzte Großbritannien 1953 die *Zentralafrikanische Föderation* der Kolonien Nord- und Südrhodesien und Nyasaland durch (siehe auch *Geschichte Sambia*). Der afrikanische Widerstand wurde dadurch stärker, und der Nationalismus wurde geweckt. 1956 konnten Chipembere und Chiume bei den Wahlen 5 Sitze im Legislativrat erringen.

Den Politikern war bewußt, daß sie aufgrund ihrer Jugend nicht das Vertrauen des ganzen Volkes gewinnen konnten. Sie suchten nach einem geeigneten 'Kopf' für ihre Partei.

Die jungen afrikanische Nationalisten bemühen sich um einen Arzt aus London: Dr. Kamuzu Banda

Dr. Kamuzu Banda wurde um die Jahrhundertwende geboren. Seine Mutter war eine Chewa, der Vater vermutlich ein Tonga. Die Eltern trennten sich früh. Kamuzu war ein sehr guter Schüler und erhielt eine Ausbildung in der Missionsschule Livingstonia. Um 1915 verließ er wie so viele andere zu Fuß die Kolonie, um im Süden Arbeit zu finden. In Johannesburg arbeitete er in den Goldminen. Dort lernte er amerikanische Missionare kennen, die ihm die Reise in die USA und ein Studium in Ohio finanzierten. Von 1928–1937 studierte er dort Geschichte und Medizin. Später ging er nach Edinburgh, Liverpool und schließlich nach London, wo er als Arzt praktizierte. Hier entstanden die ersten Kontakte zu afrikanischen Nationalisten, wie Nkrumah, Kenyatta und Khama. Er zog später für einige Jahre nach Accra/Ghana und kehrte 1958 nach Nyasaland zurück.

Der schon fast 60jährige Dr. Kamuzu Banda praktizierte als Arzt in London, als sich die jungen Politiker seiner Heimat um seine Gunst bemühten. Als Banda 1958 nach über 40 Jahren in seine Heimat zurückkehrte, wurde er triumphal empfangen. Bald darauf wurde er der Führer des NAC. 1959 brachen Unruhen aus und der Notstand wurde verkündet. Es gab auf afrikanischer Seite 52 Todesopfer, Banda und seine Parteifreunde wurden inhaftiert.

Banda gründet die MCP

Ein Jahr, von März 1959 bis April 1960, verbrachte er im Gefängnis von Gwelo in Südrhodesien. Dann wurde er freigelassen und übernahm die Führung der Nachfolgepartei *Malawi Congress Party*, MCP, die der Rechtsanwalt Chirwa inzwischen gegründet hatte. Die britische Regierung gab Nyasaland nun eine neue Verfassung, die eine afrikanische Mehrheit im Legislativrat vorsah. Danach fanden konstitutionelle Verhandlungen in London statt. Bei den Wahlen im August errang die MCP 22 der 33 Mandate. Am 1. Februar 1963 wurde Banda Regierungschef, Nyasaland erhielt innere Autonomie und die Föderation brach auseinander. Am 6. Juli 1964 wurde die Kolonie Nyasaland unabhängig und hieß fortan Malawi.

Briefmarke der Zentralafrikanischen Föderation von 1955 zu Ehren David Livingstones, der 100 Jahre vorher die Viktoriafälle entdeckt hatte

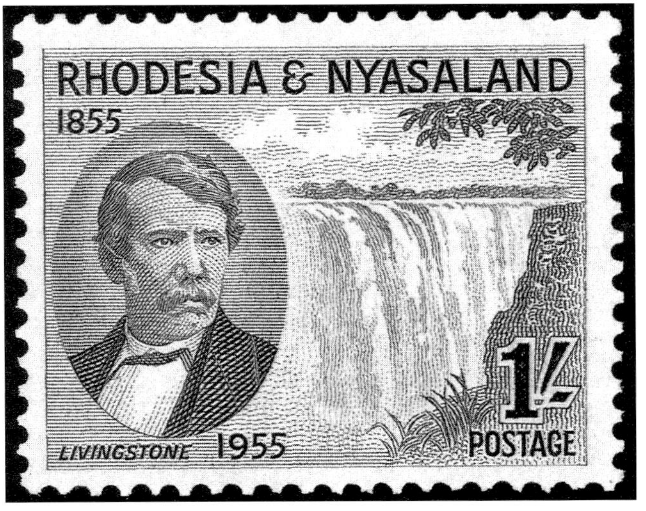

Das unabhängige Malawi

Banda festigt seine Macht und beseitigt die Opposition

Sein Ziel, die Föderation zu beenden, hatte Banda erreicht. Weitere große Neuerungen plante er nicht. Das war seinen Parteifreunden von Anfang an zu wenig. Sie warfen ihm vor, zu westlich eingestellt zu sein. Als Banda einen Kredit der Volksrepublik China ablehnte und im September 1964 vier Minister entließ, brach die Opposition offen aus. Mehrere Minister traten in bewaffneten, aber aussichtlosen Widerstand, flüchteten schließlich nach Tansania und fanden dort Asyl. Dr. Banda konnte daraufhin seine Position festigen und beseitigte jede Opposition. Dann brüskierte er die OAU (Organisation für Afrikanische Einheit), weil er nicht mit den 'weißen' Staaten Südafrika und Mosambik brach, sondern an der engen wirtschaftlichen Bindung zu Südafrika festhielt. Das Verhältnis zu den Nachbarländern war gespannt, besonders zu Tansania, welches vehement gegen das Apartheid-Regime eintrat und außerdem Anspruch auf Teile des Malawisees erhob.

1966 wurde Malawi Mitglied im Commonwealth. Der ehemalige Innenminister Yatuta Chisiza rückte mit einer Untergrundtruppe aus dem Asyl in Malawi ein, wurde aber von Regierungstruppen getötet.

Banda regiert despotisch und mit eiserner Hand

Im gleichen Jahr nahm Malawi diplomatische Beziehungen zu Mosambik und Südafrika auf. Banda empfing 1970 sogar den südafrikanischen Premierminister Vorster als Gast und besuchte anschließend Mosambik und Südafrika. 1971 ernannte er sich selbst zum Präsidenten auf Lebenszeit. Er hatte sich unter den afrikanischen Landesherren isoliert und wenig Freunde. Die freie Presse war längst abgeschafft, Kritiker wurden verfolgt und hart bestraft. Alljährlich gab es bis zu 2000 Verschollene. Landbesitz war meist in den Händen der Elite, Entwicklungsgelder wurden fehlgeleitet. Prestigeprojekten, wie dem Bau der neuen Hauptstadt Lilongwe, gab er den Vorzug vor wichtigen Bereichen, wie dem Gesundheits- oder Bildungssektor. Andererseits schien er aber auch ernsthaft am Wohl seines Landes interessiert zu sein. Er schätzte die Möglichkeiten Malawis realistisch ein und übertrieb nicht. Die enge Bindung zu Südafrika bescherte dem Land einen regelmäßigen Touristenstrom aus dem Süden und gab den fleißigen Wanderarbeitern aus Malawi Arbeit in den Minen. Als eines der ärmsten Länder der Welt hat Malawi auch dadurch keine größeren Hungersnöte erlitten, weil sich Bandas Politik immer auf die Landwirtschaft konzentrierte.

Banda war ein charismatischer, feuriger Redner, sehr religiös und hatte strenge Moralvorstellungen. Während seiner Regierungszeit durften sich Frauen nicht in Hosen kleiden und mußten ihre Knie bedeckt halten. Bei Männern waren lange Haare absolut verpönt, und selbst Touristen wurden die Haare notfalls von Staatsdienern direkt am Flughafen auf die richtige Länge gekürzt.

Erste Liberalisierungsversuche gab es 1977, als 2000 Gefangene amnestiert wurden. Dafür wurde Chakuamba Phiri wegen Hochverrats zu 22 Jahren Haft verurteilt. Drei Kabinettsmitglieder starben 1983 bei einem mysteriösen Autounfall, der viele Spekulationen auslöste.

Innen- und außenpolitisch gerät Banda unter Druck

Doch Ende der 80er Jahre hatte sich die Welt verändert. Die alten Ost-West-Fronten waren gefallen und die Weltöffentlichkeit richtete ihr Augenmerk auf den exzentrischen Diktator. Es wurden demokratische Reformen und die Wahrung der Menschenrechte gefordert. Im März 1992 kritisierte der Bischof von Malawi den Präsidenten in einem Hirtenbrief. Der Westen fror die Entwicklungshilfe ein und in den Städten brachen Unruhen aus – Banda mußte nun demokratisieren.

Demokratische Wahlen 1994

80% der wahlberechtigten Malawier gingen am 14. Juni1993 zur Wahl. Zwei Drittel von ihnen forderten die Einführung des Mehrparteiensystems. Da zog Banda pragmatisch die Konsequenzen und leitete die Reformen ein. Die Vorbereitungen zur ersten demokratischen Wahl Malawis wurden noch vom extremen Flügel der MCP gestört. Die Wahl am 17. Mai1994 verlief jedoch ruhig und friedlich, nachdem Bandas 'Pioniere' gewaltsam von der Armee entwaffnet worden waren. Im Norden war die AFORD, *Alliance for Democracy,* mit ihrem Kandidaten, dem Gewerkschaftsführer Chakufwa Chihana die stärkste Partei. Im Zentrum dominierte die alte MCP unter der Führung des nach 13 Jahren aus der Haft entlassenen Chakuamba Phiri. Im volkreichen Süden errang die UDF, *United Democratic Front,* unter Bakili Muluzi den Sieg und wurde die gesamtstärkste Partei.

Bakili Muluzi wird der neue Präsident Malawis

Der neue Präsident, Bakili Muluzi, ist ein Moslem aus dem Machinga District und der Sohn eines Soldaten der King's African Rifles. Er hat seine Ausbildung in England und sein Studium in Dänemark genossen, und spricht seitdem fließend dänisch. 1973 ging er in die Politik. Anfang der 80er Jahre war er Generalsekretär der MCP, verließ die Partei jedoch 1982.

Seine ersten Schritte nach der Amtsübernahme waren die Auflösung der Vorstände in den Staatsbetrieben und der Prozeß gegen John Tembo, der in Zusammenhang mit dem mysteriösen Autounfall von 1983 steht. Banda wurde unter Hausarrest gestellt. Auch der Mordplan am Bischof von Malawi wird untersucht und viele alte Ungereimtheiten werden aufgerollt.

MALAWI: ALLGEMEINES

Grunddaten

Staatsname:	Republik Malawi
Staatsform:	seit 1966 Präsidiale Republik im Commonwealth of Nations
Staatsoberhaupt:	Bakili Muluzi
Gesamtfläche:	118 484 km², 3 Regionen, 24 Distrikte
Nachbarländer:	Sambia, Tansania, Mosambik
Bevölkerung:	ca. 9 Mio. Einwohner
Bev.-wachstum:	ca. 4 %
Bev.-dichte:	durchschnittlich 74,5 Einwohner pro km²
Hauptstadt:	Lilongwe
Landessprache:	Chichewa, Amtssprache: Englisch

Landschaften

Lage und Größe

Malawi befindet sich zwischen 9° und 17° südlicher Breite und 33° und 36° östlicher Länge. Damit zählt das langgestreckte Binnenland zu den äußeren Tropen. Seine Gesamtfläche besteht zu einem Fünftel aus Wasserfläche. 94000 km² sind Landfläche. Bei einer Nord-Süd-Ausdehnung von rund 850 km hat es nur eine Breite zwischen 70 und 170 km. Malawi ist nur etwa ein Drittel so groß wie die Bundesrepublik Deutschland, bzw. um ein Drittel größer als Österreich. Es hat nicht einmal ein Sechstel der Fläche Sambias, aber bereits mehr Einwohner!

Oberflächengestalt

Malawi wird der Länge nach vom *Nyasagraben*, dem südlichsten Teil des ostafrikanischen Grabenbruchs, durchzogen. Dabei wird das Land in drei Zonen gegliedert:

- Im Nordosten liegt der Malawisee, von dessen 28 500 km rund 24 000 km² zu Malawi zählen. Er liegt auf ca. 473 m Höhe in der Grabensenke.
- Südlich des Sees befindet sich der Shiregraben, der von Bergen und Hochplateaus von ca. 800-1100 m umschlossen ist.
- Im Westen, entlang der sambischen Grenze, verläuft das Hochland mit den Nyika- und Viphyabergen und Höhen bis zu 2600 m.

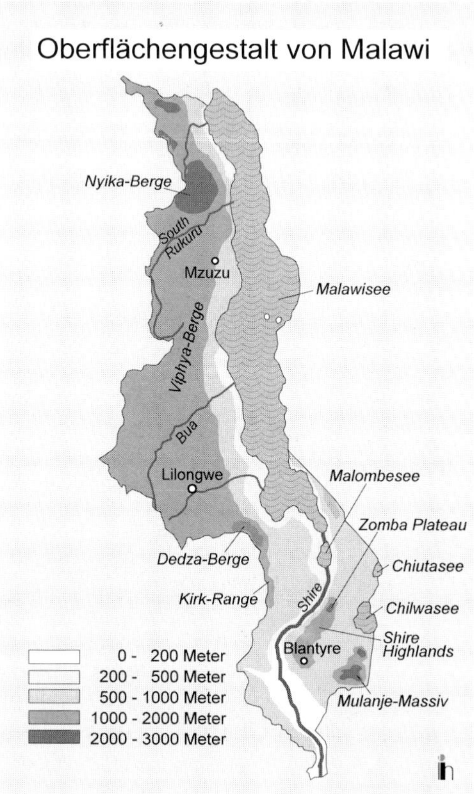

Vegetationsformen

Aufgrund der stark unterschiedlichen Höhenlagen und der langen Nord-Süd-Ausdehnung ist die Vegetation sehr artenreich und verschieden.
Die typische Vegetationsform ist der lichte Trockenwald. Zwischen dem heißen Shiretal, mit Delebpalmen, Baobabs, Mopane und Trockensavannen, und der Gebirgsvegetation bei Mulanje und Nyika befindet sich eine Vielzahl an Vegetationsübergängen. Von Süden nach Norden wird die Vegetation zunehmend tropischer. Im Norden sind Miombo-Wälder typisch, in den Niederungen Schwemm- und offenes Grasland.

Berge und Seen

Der Malawisee nimmt rund ein Fünftel der Landfläche ein. Er ist der drittgrößte See in Afrika und vierttiefster der Welt. Seine tiefste Stelle reicht bis 200 m unter den Meeresspiegel. Daneben besitzt das Land drei kleinere, flache Seen, die alle im Süden liegen: Lake Malombe, Lake Chilwa und Lake Chiuta. Größter Fluß des Landes ist der Shire, der als einziger Abfluß aus dem Malawisee nach Süden fließt. Von seinen 500 km Gesamtlänge verläuft er 400 km durch Malawi. Im Süden des Landes befindet er sich nur noch 37 m über dem Meeresspiegel. Bei Tete in Mosambik vereinigt er sich schließlich mit dem Sambesi.

Die Berge liegen in einem Hochlandstreifen westlich des Malawisees. Das Nyika Plateau im Norden erreicht 2606 m. Im Süden befinden sich in der Shire-Ebene einzelne Bergplateaus. Im äußersten Südosten des Landes liegt mit 3002 m der höchste Berg Zentralafrikas (Mulanje Massif).

Klima

Auch das Klima weist aufgrund der bereits beschriebenen Gründe krasse Unterschiede auf. Der Norden des Landes erhält mit mehr als 1500 mm jährlich deutlich mehr Regen als der Süden, der unter 1000 mm Regen liegt. Die große Wasserfläche beeinflußt das Klima und sorgt für regelmäßige Regenfälle. Besonders an den Südosthängen der Berge fällt Steigungsregen ab. Dagegen leiden die im Regenschatten liegenden Gebiete, wie das Shiretal im Süden und auch einige Uferzonen, unter Trockenheit.

Häufig entsteht eine föhnartige Wetterlage, die von empfindlichen Personen als unangenehm empfunden wird. Andererseits wirken sich die jahreszeitlichen Schwankungen, insbesondere in den heißen Monaten, weniger kraß aus als in Sambia. Ausnahme bildet hier das Shiretal, in dem Temperaturen bis zu 49° gemessen werden.

Das zentrale Hochland, wo auch die großen Städte liegen, weist ein gemäßigtes Klima auf mit Durchschnittswerten von 18-22°C. In den kühlen Monaten werden die Nächte mitunter sehr frisch. Die Gebirge weisen einen Mittelwert von 15,6°C auf.

Eine Besonderheit im malawischen Klima stellt der sog. *Chiperoni* dar. Der Chiperoni ist ein Berg in Mosambik, südöstlich von Mulanje. Hier aus brauen sich in der Trockenzeit manchmal dichte Wolkenbänder zusammen, die nach Südmalawi ziehen und das Land mit einem kühlen Nebel bedecken.

Wie in Sambia unterscheidet man die drei Jahreszeiten Regenzeit (Dezember bis April), kühle (Mai bis August) und heiße Jahreszeit (September bis November).

Klimatabelle

Stadt	Karonga	Dedza	Zomba	Blantyre
Juli	max. 26,6°	max. 18,7°	max. 22,2°	max. 23,4°
Oktober	max. 31,0°	max. 24,9°	max. 29,8°	max. 31,3°
Jahresmittelwert	24,2°	17,7°	21,3°	22,4°
Höhenlage	500 m	1500 m	950 m	1100 m

(durchschnittliche Mittelwerte)

Die Wassertemperatur des Malawisees liegt zwischen 24°C im Juli und 28°C von November bis März.

WISSENSWERTES ÜBER SAMBIA UND MALAWI

Bisafrauen beim Bierbrauen

Bevölkerung

Die aktuelle Situation
in Sambia

Sambia besitzt, durchaus typisch für Afrika, eine überwiegend junge Bevölkerung. Etwa 60% aller Einwohner sind jünger als 20 Jahre und nur 3,7% sind älter als 60 Jahre. Die Lebenserwartung liegt bei ca. 52 bis 55 Jahren. Es gibt einen gewissen Frauenüberschuß im Land, der allerdings je nach Region stark verzerrt ist. Während das Verhältnis der Frauen in ländlichen Gebieten bis zu 100:80 dominiert, haben Industrieregionen wie der Copperbelt einen eindeutigen Männerüberschuß.

Das hohe Bevölkerungswachstum stellt ein dauerhaftes Problem dar. Doch alle Projekte für eine moderne Familienplanung blieben bisher erfolglos. Das Thema ist in weiten Bevölkerungskreisen noch immer ein Tabu.

Sambias Bevölkerungsdichte ist sehr unausgewogen. Über 50% der Einwohner leben in Städten, was sehr ungewöhnlich in Afrika ist. Daneben konzentriert sich die Bevölkerung entlang der Bahnlinie zwischen Livingstone und dem Copperbelt.

Um die Jahrhundertwende lebten im heutigen Gebiet Sambias nur etwa eine Million Menschen. Bis zum Jahre 2000 schätzt man die Bevölkerung bereits auf 10 Millionen!

Der massive Bevölkerungsanstieg in den Städten führte zu hoher Arbeitslosigkeit und mangelndem Wohnraum, es entstanden erste Slums. Um der Land-Stadt-Wanderung entgegenzuwirken, sollen neue Wachstumszentren in ländlichen Gebieten entstehen. Solche Zentren sind z.B. Kasama, Chipata und Mongu.

in Malawi

Ziemlich gegensätzlich stellt sich die Situation in Malawi dar: Malawi hat heute schon eine größere Einwohnerzahl als Sambia, obwohl Sambia mehr als sechsmal so groß ist. Mit einer Wachstumsrate von etwa 4%, die sich aber noch vergrößern könnte, zählt Malawi zu den dichtestbevölkerten Ländern in Afrika. Bis zum Jahre 2000, und das ist ja nicht mehr fern, wird sich die Bevölkerung auf über 12 Millionen erhöhen.

Dabei ist die Bevölkerungsdichte sehr unausgewogen. Im Norden leben durchschnittlich 34 Menschen pro km^2, in der Landesmitte sind es bereits 96 Einwohner, und im Süden müssen sich 125 Menschen einen km^2 teilen! Zur eigenen Bevölkerung kamen in den Jahren des Bürgerkriegs in Mosambik auch noch ca. 1 Mio. Flüchtlinge. Viele von ihnen sind inzwischen wieder in ihre Heimat zurückgekehrt, manche auch geblieben. Es war eine enorme Leistung für eines der ärmsten Länder der Welt, eine solche Anzahl an Flüchtlingen aufzunehmen. Jeder zehnte Malawier war ein Flüchtling! Daß es zu dennoch nicht zu Ausschreitungen kam, spricht für den disziplinierten und warmherzigen Charakter der Malawier.

Auch die Stadt-Land-Verteilung unterscheidet sich deutlich von Sambia. Nur 17% der Malawier leben in Städten. Landflucht oder Slumbildung sind kein Thema in Malawi. Die vier größten Bevölkerungszentren sind Blantyre, Lilongwe, Zomba und Mzuzu. Der Frauenüberschuß ist auffallend, das liegt zum Teil aber auch darin begründet, daß seit jeher ein großer Teil der männlichen Bevölkerung als sog. Wanderarbeiter ins Ausland (vorwiegend Südafrika) ging. Bis zu 1 Mio. Malawier verließ bisher das Land, und nicht alle kehrten wieder zurück. Die Zahl der Wanderarbeiter ist in den letzten Jahren rapide gesunken. Malawi ist ein 'Kinderstaat', 48% der Malawier sind jünger als 15 Jahre!

Ethnische Gruppen und Stämme

Bei den etwa 70 ethnischen Gruppen Sambias und ca. 12 Gruppen in Malawi handelt es sich überwiegend um Bantustämme. Die Bantu lebten ursprünglich in Kamerun. Sie wanderten über Gabun und Kongo nach Ostafrika, bzw. durch Zaire nach Angola und Sambia. Heute leben sie, in unzählige Stämme verzweigt, über große Teile Schwarzafrikas verteilt. In der Sprache und Physiognomie unterscheiden sie sich grundsätzlich von anderen afrikanischen Völkern. Während nilotische Stämme wie die Massai oder Tutsi sehr groß und schlank gewachsen sind, haben die Bantu im Allgemeinen einen gedrungeneren und festeren Körperbau.

Matriarchat und Patriarchat

Die Bantustämme unterscheidet man in zwei Hauptgruppen: Die eine Gruppe hat eine matrilineare (Lunda, Lovale, Ila, Mbunda, Lala, Tonga, Chewa, Lomwe), die andere eine patriarchalische Orientierung (Lozi, Ngoni, Mambwe, Lungu, Ngonde, Sena).

Kennzeichnend für die erste Gruppe waren rechteckige Hütten und jeweils der Ahnenplatz davor; ausgiebige Begräbnisfeiern, kaum Rinderzucht, aber dafür vollendete Metallarbeiten. Die zweite Gruppe dagegen baute runde Häuser mit dem Ahnenplatz dahinter, praktizierte Heirat gegen Bezahlung und hielt Vieh. Die Tonga und Ila aus der matrilinearen Gruppe bildeten dabei eine Ausnahme, denn sie betrieben intensive Rinderzucht.

Die Völkerwanderungen der Bantu

Die Völkerwanderungen auf dem afrikanischen Kontinent lassen sich nur schwer zeitlich datieren. Die stärkste Einwanderung nach Sambia erfolgte offensichtlich aus dem heutigen Zaire. Allein in den letzten 500 Jahren kamen aus dieser Richtung die Stämme der Bemba, Bisa und Lala in die Nordprovinz, die Ushi in die heutige Luapulaprovinz und die Lenje nach Zentralsambia. Aus der Grenzregion von Zaire und Angola wanderten die Lunda und Luvale ein. Die Einwanderungen aus Angola fanden großteils früher statt: Bis zum Jahre 1500 n. Chr. waren die Mbwela, Kwangwa, Luyana und Mbukushu eingewandert. Aus Tansania waren zeitgleich die Lungu, Mambwe und Tumbuka in den Nordosten Sambias gezogen. Und schließlich kamen von südlich des Sambesi die Ngoni nach Ostsambia.

Sie fanden ein dünn besiedeltes, aber keineswegs menschenleeres Land vor. Die Bantu trafen auf Buschmänner, die als Jäger und Sammler in Kleingruppen lebten. Die dominierenden Einwanderer verdrängten diese Gruppen, bzw. die Buschmänner assimilierten sich mit den Neuankömmlingen. Die Batwa und Kwengo gelten als Nachfahren jener Buschmänner.

Etwa um 1200 wanderten erste Bantustämme ins Gebiet des heutigen Malawi ein. Mit der großen Völkerwanderung der vor den Zulu Fliehenden kamen Stämme wie die Ngoni und Chewa auch an den Nyasasee. In Malawi kam es zu heftigen Stammeskämpfen; die Volksgruppen lebten lange Zeit recht abgegrenzt voneinander.

Angehöriger der Lala / Zentralsambias

Lunda

Nachkommen des großen Lunda-Luba-Reiches

Die Lunda in Sambia sind Nachkommen des mächtigen Lunda-Königreiches, welches Mwata Yamvo im 17. Jh. im heutigen mittleren Zaire gegründet hatte. Durch geschickte Politik und diplomatische Eheschliessungen gelang den Lundaherrschern eine Machtausdehnung nach Süden und Osten. Bald kontrollierten sie die ganze Region vom Zairebecken zum Mündungsgebiet des Sambesi und bis an den Mwerusee. Die Herrscher dezentralisierten die Verwaltung, indem sie in den verschiedenen Provinzen Gouverneure einsetzten. Diese waren praktisch autonom, mußten aber Tribute in Form von Salz oder Handelswaren entrichten. Durch den Ausbau von großen Handelsstraßen festigten die Lundaherrscher ihre Macht. Zu beiden Ozeanen entstanden Strassen und ermöglichten einen regen Handel zwischen den Lunda und den Küstenstämmen. Als Livingstone 1854 durch Lundaland reiste, beeindruckten ihn vor allem die Macht und das Selbstbewußtsein der weiblichen Könige.

Die Handelswege wurden allerdings auch zu wichtigen und gefürchteten Sklavenrouten. Die Lunda wurden Täter und Opfer zugleich, da sie einerseits Sklavenhandel betrieben und andererseits selbst durch die Sklavenjäger bedroht wurden. Innere Streitigkeiten um die Macht und der moralische Verfall durch den Sklavenhandel erschütterten das Land im späten 19. Jh. Die Bedrohungen von außen zerstörten die Strukturen und leiteten schließlich den Untergang des Lundareiches ein. Heute leben die Lunda vor allem im äußersten Nordwesten Sambias und bei Kazembe im Tal des Luapula. Ihre enge Verwandtschaft zu den Völkern in Zaire zeigen die beeindruckenden Tanzmasken. Ausserdem sind sie mit den Bemba eng sprachverwandt. Die Lunda gelten heute als begnadete Jäger, ausgesprochen kinderlieb und fleißig.

Bemba
fleißig und selbstbewußt

Die Bemba-Volkstämme bilden mit 40% Sambias stärkste Gruppe. Ursprünglich kamen sie aus dem großen niedergehenden Lunda-Königreich Mwata Yamvos. Sie leben heute vorwiegend in Nordostsambia. Der oberste Häuptling der bembasprachigen Stämme wird *Chitimukulu* genannt. Er regiert über das sog. Bemba-Empire. Nach der Überlieferung der Bemba sei der erste Häuptling Chiti gewesen, welcher sein Volk aus dem Luba-Lunda-Reich südlich bis in den heutigen Copperbelt geführt habe. Von dort habe er auf der Höhe des South Luangwa N. P. den Luangwa überquert und schließlich den heutigen Siedlungsraum erreicht. Chitis Vater habe Mukulu der Große geheißen. Daher rührt die ehrenvolle Bezeichnung des jeweiligen obersten Häuptlings, Chitimukulu.

Bemba- Schönheit

Interessant ist die Erbfolge der Königswürde: Diese wird nämlich nicht auf den Sohn, sondern jeweils auf den Neffen des Chitimukulu übertragen, da die Bemba glauben, den Sohn könne ja auch ein fremder Mann gezeugt haben, der Sohn der Schwester sei aber in jedem Falle blutsverwandt.

Die Bemba hatten sich lange gegen die Kolonialmacht gewehrt. Erst spät wurde das Land der Bemba von Europäern besiedelt, daher blieben ihre Kultur und Traditionen sehr lebendig. Als in diesem Jahrhundert der Kupferbergbau begann, zogen viele Bemba auf Arbeitsuche in den Copperbelt.

Lozi
Lebendige Traditionen und der Wunsch nach Autonomie

Die Lozi, auch Barotse, bilden den größten Volksstamm in der sambischen Westprovinz. Ihre Sprache, Si-Lozi, wird auch in Livingstone gesprochen. Das frühere Königreich Barotse setzte sich aus vielen Stämmen mit bis zu 25 Sprachen zusammen. Vermutlich kamen die ersten Lozi aus Zaire, einer Theorie zufolge sind auch sie die Nachkommen des großen Luba-Lunda-Königreiches von Mwata Yamvo. Die Lozi siedelten vorwiegend in den flachen, fruchtbaren Schwemmebenen des Sambesi (Mongu-Region).

Um 1835 wurden die Lozi von den aus Süden vordringenden Kololo überfallen und besiegt. Sie lehnten sich mehrfach gegen die neue Herrschaft auf, setzten daneben aber auch ihre Überfälle auf die Ila und Tonga fort. In der zweiten Hälfte des letzten Jahrhunderts gelang es ihnen, sich von den Kololo zu befreien und erneut die Macht zu ergreifen. Überaschenderweise haben die Lozi die Sprache der Kololo übernommen und beibehalten.

Im Zuge der Unabhängigkeitsbewegung Sambias in den 60er Jahren haben die Lozi immer wieder eigene Autonomie angestrebt. Ihr Drang zur Eigenständigkeit ist stark ausgeprägt, so daß Präsident Kaunda nur mit Mühe konnte immer wieder Einigung schaffen konnte.

Tonga in Sambia und Malawi

Die Tonga und der viel kleinere Stamm der Ila waren vermutlich die ersten Einwanderer aus Zaire überhaupt. Sie siedelten zwischen dem Kafue und dem Sambesi, und bilden heute die stärkste Gruppe im Süden Sambias. Ca. 15% aller Sambianer sind Tonga. Ihre Existenz in Sambia ist durch archäologische Funde für ungefähr 9000 Jahre nachgewiesen. Typischerweise sind sie Klein- und Rinderfarmer.

Gleicher Name für zwei unterschiedliche Völker

Im letzten Jahrhundert waren sie allerdings Opfer vieler Rinderdiebstähle und Überfälle durch benachbarte Stämme wie den Matabele (im heutigen Zimbabwe), den Lozi und den Kololo. Von Dr. Livingstone ist überliefert, er habe bei seiner Reise durch die Region kaum Rinder vorgefunden.

Heute allerdings bilden die Tonga und Ila wieder die Hauptrinderzüchter Sambias. Als in den 50er Jahren der Karibastaudamm gebaut wurde, mußten viele Tonga ihre Heimat verlassen und in nördlichere Gebiete ziehen.

Auch an den Ufern des Malawisees leben Tonga, die aber nicht verwandt sind mit ihren Namensvettern in Sambia. Sie waren ursprünglich aus Ostafrika eingewandert und haben sich vorwiegend an den Ufern des nördlichen Malawisees niedergelassen. Heute liegt ihr Hauptsiedlungsgebiet zwischen Nkhata Bay und Dwangwa. Die Tonga in Malawi sind traditionell Fischer. Selbst am südlichen Malawisee wird der Fischfang überwiegend von Tongas betrieben. Der Name 'Tonga' bedeutet 'umherziehendes, nicht seßhaftes Volk'. Sie stellen etwa 7% der malawischen Bevölkerung.

Tonga- Frau vom Karibasee

Kololo

Vergangene Macht

Die Kololo waren ein Sotho-Volk aus Südafrika, welches im Zuge der Massenumsiedlung der vor dem kriegerischen Häuptling Chaka Zulu fliehenden Stämme nach Sambia gelangte. Nach ihrer Machtübernahme regierten sie für einige Jahrzehnte im Barotseland und führten es unter Chief Sebitwane zu einer kurzen kulturellen Blüte. Mit dem Einsetzen des Sklavenhandels verloren sie ihren Einfluß, und nach Sebitwanes Tod lehnten sich die unterworfenen Stämme erneut auf und vernichteten die Kololo schließlich. Die Überlebenden vermischten sich mit anderen sambischen Stämmen, insbesondere mit den Lozi, und übernahmen deren Kultur.

Ngoni
Kämpferischer, stolzer Volksstamm aus Südafrika

Gleich den Kololo waren die Ngoni ein südafrikanischer Stamm, der vor Chaka Zulu floh. Auch sie waren mit der revolutionären Kampftechnik der Zulu vertraut und damit in der Lage, die sambischen und malawischen Stämme zu unterwerfen. Auf der Suche nach neuem Lebensraum überrannten sie viele Gebiete. Sie zogen durch das heutige Zimbabwe nach Norden. Am 20. November 1835 überschritten sie den Sambesi. Dieser bedeutende Tag wird bei den Ngoni mit zwei Ereignissen verbunden: Das eine war ein zeremonielles Biertrinken unglaublichen Ausmaßes, das andere eine totale Sonnenfinsternis, die diesen Tag begleitete. Unter ihrem Häuptling Zwangendaba unterwarfen die Ngoni die Chewa und anderer Stämme. Sie zogen weiter, erreichten sogar den Viktoriasee, kehrten aber um und siedelten schließlich im östlichen Sambia und im Hochland Malawis. Dort besiedelten sie vorwiegend die Regionen um Dedza und Mzimba. Nachdem sie ihre Macht gefestigt hatten, versöhnten sie sich, unter Beibehaltung ihres Kriegssystems, mit den anderen Stämmen. Sie rekrutierten regelmäßig junge Männer aus den unterworfenen Stämmen. In ihrer neuen Heimat wurden die einst eher nomadisierenden Ngoni seßhaft und wurden Ackerbauern. Die auf Kriegszügen erbeuteten Kinder anderer Völker wurden nicht in die Sklaverei gegeben, sondern wie Ngoni aufgezogen. Durch die Machtübernahme der Kolonialregierung in den Jahren um die Jahrhundertwende verloren sie ihre Vorherrschaft. Ihre traditionellen Waffen, Schilde und Assegai-Speere, waren gegen die modernen Schußwaffen machtlos. Heute stellen sie etwa 15% der Einwohner Sambias und 1% in Malawi.

Chewa
vielseitig und kulturbewußt

Die Chewa bilden heute die größte Volksgruppe in Malawi. Sie leben vorwiegend im Süden und im Zentrum des Landes. Im 17. Jh. hatten sie das mächtige Reich Maravi gegründet, welches später dem Land seinen Namen geben sollte. Das stolze, selbstbewußte Volk entwickelte Geheimbünde (Nyau) und ausdrucksstarke Tänze (Gule Wamkulu). Die Chewa sind traditionell Bauern und Viehzüchter. Südlich von Dwangwa siedeln sie direkt am See und sind dort auch Fischer. Ihre Sprache *Chichewa* ist die Landessprache Malawis und eng verwandt mit *Njanja*, der Sprache der Ngoni in Sambia.

Yao
Islamisches Volk im Süden Malawis

Die Yao siedelten frühzeitig am Südufer des Malawisees. Durch den Sklavenhandel gerieten sie bald unter islamisch-arabischen Einfluß. Das kriegerische Volk ließ sich zum Islam bekehren, entwickelte sich selbst zu mächtigen Sklavenjägern und beherrschte bald den ganzen Süden des Landes. Den Briten widersetzten sie sich lange. Während der Kolonialzeit dienten besonders viele Yao als Soldaten (Askari) bei den Kings African Rifles. Mangochi, Salima und Nkhotakota sind heute Zentren der Yao.

Weitere afrikanische Volksstämme

Die Liste der Völker könnte noch sehr lange weitergehen. Weit im Norden Malawis leben die Nkonde, die einst aus Ostafrika kamen und eine enge Sprachverwandtschaft zu den Swahili-sprechenden Völkern haben. Die Sena in Südmalawi haben eine besonders hochentwickelte Musikkultur. In den Sümpfen von Bangweulu leben die Bisa, die keinerlei Viehzucht betreiben, sondern vom Fischen und Jagen leben. Am Unterlauf des Luangwa leben die Senga, bei den großen Farmen der Zentralprovinz die Lala und im Nordwesten Sambias die Luvale. Schon aus ethnologischer Sicht sind Sambia und Malawi hochinteressante Länder.

Europäer und Inder

Etwa ein Prozent der sambischen Bevölkerung bilden die Europäer und Inder. In Malawi leben ca. 10 000 Europäer und 12 000 Asiaten, vorwiegend Inder. Die Europäer sind meist britischer Herkunft. Ihre Beschäftigung finden sie in der Landwirtschaft, Industrie, der Verwaltung Malawis, den Teeplantagen und in den sambischen Minen. Die Inder dominieren im Handel und den Transportunternehmen. In Sambia leben sie fast ausschließlich im Süden und in den Städten. In Malawi durften die Inder lange Zeit nur in Städten leben (Lilongwe hat sogar ein indisches Viertel). Erst vor kurzem bekamen sie die Erlaubnis, wieder in ländlichen Regionen Läden zu eröffnen.

Kultur

Sprachen *in Sambia*

Die sambische Staatssprache ist Englisch. Daneben werden zahlreiche Sprachen gesprochen: Bemba im Copperbelt und in Nordostsambia, Tonga im Süden, Lozi und Luvale in Westsambia, Lunda bei Mwinilunga im äußersten Nordwesten, Kaonde nordwestlich von Lusaka bis Solwezi und Kasempa und Njanja in Lusaka und Ostsambia. Es existieren rund 80 Sprachen und Dialekte in Sambia. Da die meisten Stämme zu den Bantuvölkern zählen, sind auch viele Kernwörter der verschiedenen Dialekte sehr ähnlich. Viele Bezeichnungen sind eng verwandt und werden so auch meist außerhalb der eigenen Sprachgruppe verstanden.

in Malawi

In Malawi hat sich die Sprache Chichewa durchgesetzt, sie ist die Landessprache. Amtssprache ist auch hier Englisch, doch wird es auf dem Land relativ häufig schlecht oder gar nicht gesprochen. Es hat in Malawi nicht die einigende Bedeutung wie in Sambia, da im ganzen Land Chichewa verstanden wird. Im Norden ist Chitumbuka verbreitet, überhaupt steht der Norden bereits unter dem Swahili-Einfluß aus Ostafrika. Neben Chichewa bestehen auch hier in jeder Volksgruppe eigene Sprachen.

Zeremonien und Feierlichkeiten in Sambia

Kuomboka
Königliche Zeremonie der Lozi

In der Westprovinz, zwischen Lealui und Limulunga in der Nähe von Mongu, findet alljährlich zwischen Ende Februar und Anfang April eine altüberlieferte Prozession statt, die zu den bemerkenswertesten Zeremonien Afrikas zählt: die Kuomboka (wörtlich: aus dem Wasser auf trockenen Boden gelangen).

Vor langer Zeit hatte der Lozi-Häuptling Litunga sein Hauptquartier in den sumpfigen Flußebenen des Sambesi errichtet. Diese Ebenen werden jedes Jahr zur Regenzeit vom Fluß überschwemmt. Dadurch mußte der Häuptling (Litunga) alljährlich seinen Wohnsitz in höher gelegene, trockene Regionen verlegen. Die damit verbundenen Sitten und das königliche Zeremoniell haben sich bis heute erhalten.

Eine Kanuflotte bringt den Litunga zu seinem Hochlandpalast

Nach schweren Regenfällen, wenn das Wasser steigt, geben die uralten, riesigen Stammestrommeln (Durchmesser 1 Meter) meist kurz vor Vollmond das Zeichen zum Aufbruch. Alles Hab und Gut wird in Kanus gepackt. Die Kanuflotte wird durch die königliche Barke, die „Natikwanda", mit ihren 100 Paddlern angeführt. Die Paddler sind in Tierhäute gekleidet, haben rote Kopfbedeckungen und eine Löwenmähne. Das Schiff ist ein riesiges, schwarzweißgestreiftes Holzkanu, das im letzten Jahrhundert ein deutscher Zimmermann gebaut hat. Die alten Trommeln sind mit an Bord. Auf dem Schiff weht die Litungaflagge in Rot mit einer Elefantensilhouette. Die Flotte zieht nun vom Tieflandpalast Lealui in die hochgelegene Residenz in Limulunga. Hinter der Königsbarke fährt die etwas kleinere Barke der Königin. Dahinter folgen die Diener. Die Kanus sind mehrere Stunden unterwegs, bis der neue Standort erreicht ist. Dort wird der König durch tanzende und singende Frauen empfangen. Er wechselt seine traditionelle Kleidung in die in London maßgeschneiderte Uniform eines britischen Admirals. Es ist eine Kopie der Uniform, die König Lewanika von Edward VII. 1902 erhalten hatte (stirbt ein Litunga, wird seine Uniform mit beerdigt und eine neue angefertigt). Die ganze Nacht wird nun mit Gesang und traditionellen Tänzen gefeiert.

Jedes Jahr treffen viele Besucher zu dieser Zeremonie ein, und die Hotels in Mongu und Senanga sind lange vorher schon ausgebucht. Leider wird der exakte Zeitpunkt erst kurzfristig bekannt. Es empfiehlt sich, beim *Tourist Information*-Büro in Lusaka frühzeitige Erkundigungen einzuholen. In manchen Jahren, wenn die Regenzeit zu schwach ausfällt, findet keine Kuomboka statt.

Lwindi

Im Mukuni Village bei Livingstone feiern die Leya im Februar das Fest Lwindi, bei dem sie ihre Ahnen um Regen bitten. Traditionell handelt es sich um eine dreitägige Zeremonie:

Regentänze und Ehrung der Ahnen

Am ersten Tag verlassen der oberste Chief und Angehörige seiner Familie den Palast, um bei den königlichen Gräbern zu übernachten. Dies wird von fröhlichem Singen, Tanzen und den drei rituellen Trommeln begleitet. Der wichtigste Tanz ist der *Chileya*, den der Chief tanzt. Am zweiten Tag laufen 25 ausgewählte junge Männer in Kriegskleidung und mit Speeren bewaffnet zum *Boiling Pot* an den Viktoriafällen, um

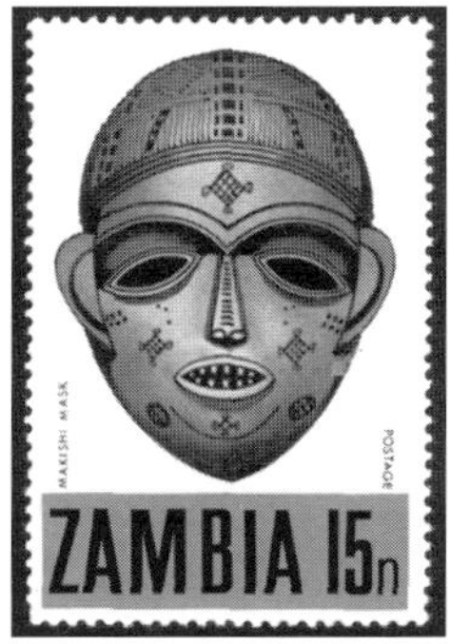

oben: Tanzvorführung an den Viktoriafällen und sambische Briefmarke

von dort Wasser zu holen. Nach ihrer Rückkehr tanzen sie vor dem Chief Kriegstänze. Am dritten Tag öffnet der Chief schließlich die königlichen Gräber und bittet die Ahnen um Regen. Anschließend wird mit viel Bier und Musik gefeiert.
Heute wird meist nur an einem Sonntag gefeiert.

Mutomboko

Am 29. Juli jeden Jahres finden in der Provinz Luapula die Feierlichkeiten des Chief Mwata-Kazembe statt. Dabei wird der Mutomboko, der Ahnenkriegstanz der Lunda, in der Arena des Palastes am Ngonafluß aufgeführt.

Shimunenga

Diese Zeremonie des Ila-Stammes wird jährlich an einem Vollmondwochenende im Herbst abgehalten. Sie findet in Maala an den Kafue-Fällen im Namwala-Distrikt, 35 km westlich von Namwala, statt und zeigt die Verehrung des Volkes seinen Ahnen gegenüber.

Likumbi Lya Mize

Jedes Jahr im Juli treffen sich die Angehörigen der Luvale am Mize-Palast des Häuptlings Ndungu bei Zambesi in der Nordwestprovinz. Das kulturelle Erbe der Luvale zeigt sich in diesen Begegnungen, in denen Tanz und Gesang sowie allerlei Kunsthandwerk im Mittelpunkt stehen.

N'cwala

Am 24. Februar jeden Jahres feiern die Ngoni aus der Ostprovinz im Dorf Mtenguleni bei Chipata eine Art Danksagungsritual. Diese Zeremonie war bis 1900 abgehalten worden und wird seit 1980 wieder praktiziert. Dabei kostet der Häuptling Chief Mpenzi die ersten frischen Früchte der Saison. Es gilt als sehr fröhliches Fest voller Tanz, Musik und Bier. Es werden sehr schöne Tänze dargestellt, auch die traditionellen Vimbuzatänzer treten auf.

Kulamba

Das Fest der Chewa findet alljährlich von 24. bis 26. August im Mkaika Headquarters bei Katete in der Ostprovinz statt. Über 20 Chewachiefs aus Sambia und den Nachbarstaaten treffen zusammen. Es treten unter anderem die berühmten Nyau-Tänzer auf.

Tänzer in Cape Maclear

Kufukwila

Chief Mukumbi und die Kaonde feiern im Mai jeden Jahres diese Zeremonie im Solwezi-Distrikt.

Malaila

Die traditionelle Zeremonie der Kunda und ihrer Königin Nsefu bei Mfuwe im Luangwa Valley im September.

Nsengela Kununka

Die Lamba und Chief Machiya feiern im *Ndola Rural District* im November.

Zambia National Fishing Competition

Die Fischermeisterschaften finden alljährlich im März/April am Tanganjikasee an der Kasaba Bay Lodge oder Nkamba Bay Lodge statt.

Lusaka Agricultural and Industrial Show

Landwirtschaftliche und industrielle Ausstellung jährlich Anfang August.

Feierlichkeiten in Malawi

Feste und Musik stehen auch in Malawi im kulturellen Mittelpunkt. Die Chancen, bei einer Reise durch Malawi irgendwo ein Fest zu erleben, stehen gar nicht schlecht. Jede Volksgruppe hat ihre eigenen Tänze. Der berühmteste ist zweifellos der *Gule Wamkulu*. Es ist der Tanz der Chewa und Man'ganja. Die Tänzer treten in phantasievollen Kostümen mit Holzmasken, Federschmuck und viel Bemalung auf. Nur Mitglieder des strengen, disziplinierten Nyau-Geheimbundes dürfen den Gule Wamkulu tanzen. Thema des Tanzes sind die Macht und Kraft der Geister und des Medizinmannes. Gule Wamkulu-Tänzer werden geehrt und gefürchtet zugleich.

1987 wurde die *Kwacha Cultural Troupe* ins Leben gerufen. Mehr als 30 junge Frauen und Männer studieren die verschiedenen Tänze Malawis und demonstrieren diese bei ausgewählten Festlichkeiten. Auf diese Weise sollen auch manche vom Aussterben gefährdeten Tänze und Bräuche bewahrt werden.

Der frühere Präsident Dr. Banda liebte Musik und Tanz. Wo immer er im Land auftauchte, wurde gefeiert. Kamuzu Day am 14. Mai und der Unabhängigkeitstag am 6. Juli sind in ganz Malawi Tage der Feste und Feierlichkeiten.

Musik und Tanz

Tänze

Traditionelle Tänze sind auch heute noch sehr lebendig im kulturellen Leben enthalten und aufgrund der Völkervielfalt zahlreich und verschieden. Sehr berühmt sind z.B. die *Vimbu*-Tänzer oder die maskierten, farbigen *Nyau*-Tänzer, deren Identität übrigens streng geheimgehalten wird. Es ist sehr schwierig, dem Nyau-Kult beizutreten und setzt große körperliche Leistungskraft voraus. Bevor der Tänzer auftreten darf, werden die Tänze zum Teil jahrelang geübt. In Malawi zählen die Auftritte der *Gule Wamkulu*-Tänzer zum Höhepunkt der Feste. Großen Ruhm haben auch die *Makishi*-Tänzer bei den Luvale in Nordwestsambia, die bei Initiationsriten und Beerdigungen auftreten. Diese Tänze werden maskiert mit Kostümen aus gewebtem Schilf getanzt. Bei den kriegerischen Yao dominieren Tänze, die an die Militärmärsche aus alten Kolonialtagen erinnern. Die Tänze drücken den militärischen Drill und dessen Gepflogenheiten aus (Trillerpfeife). Auch die Kostüme sind Uniformen nachempfunden. Zur Kolonialzeit waren bis zu zwei Drittel der Männer bei den King's African Rifles oder als Askaris eingezogen. Dadurch hat die Epoche starken kulturellen Einfluß erhalten. Zu den beliebtesten Yao-Tänzen zählt der *Beni*, der wie alle Kriegstänze ein Männertanz ist.

Auch die Ngoni lieben Kriegstänze. Der *Ingoma* ist besonders wild und ausdrucksstark. Früher wurden solche Tänze nach erfolgreicher Jagd und Kriegszügen getanzt, heute bei Hochzeiten und Feierlichkeiten. Die Lomwe tanzen den zeremoniellen *Mazoma*-Tanz. Frauentänze sind z.B. der *Chimtali* und der *Visekese*.

Musik

Die Musik ist vorwiegend vokal. Sehr typisch ist der Wechselgesang. Musikinstrumente werden fast nur von Männern gespielt und sind meist Perkussions- und Saiteninstrumente, weniger Blasinstrumente. Eine zentrale Rolle spielen die Trommeln. Früher waren sie besondere Machtsymbole der Könige und Häuptlinge, die oft eigene Hofmusiker hielten. Auch heute noch haben die Trommeln eine besondere, fast religiöse Bedeutung. Meist werden sie Fremden nicht gezeigt, keinesfalls verkauft und nur sonntags zur Kirche oder auf Festen verwendet.

Kürbisse dienen oft als Resonanzkörper. Das Instrument *Ulimba* verwendet z. B. eine Kalebasse als Klangkörper. Bei den Ngoni und Tonga findet man die *Phenenga*, auch ein Musikinstrument aus einer Kalebasse und einem Rohr. Die *Nkhwende* wird aus Bambusrohren gefertigt. In Malawi werden auch gerne große Xylophone verwendet (die *Malimba* ist z.B. ein Ein-Stab-Xylophon). Sehr weit verbreitet und ein klassisches Instrument ist auch die *Chitsukulumwe*, bei der ein Holzkörper voller Samenkapseln geschüttelt wird. Die Lala haben die *Mankubala*, ein 'Singendes Boot', das aussieht wie ein kleiner Einbaum. *Kankobele* oder *Likembe* werden die handlichen Zupfinstrumente genannt, die so gerne auf den Souvenirmärkten verkauft werden.

Beliebt ist heute auch Gitarrenmusik, die sich an amerikanischen Westernsongs, Spirituals oder dem kongolesischen Rumba orientiert. Aus Südafrika wurde der Jive importiert. Seit den späten 60er Jahren entwickelte sich in Sambia der populäre ZAMROCK, der auf traditionelle Lieder und Instrumente zurückgreift.

Kunsthandwerk und Literatur

Die Produkte des traditionellen Kunsthandwerks sind meist praktischer Art. Dazu zählen geflochtene Schlafmatten, Speere, Äxte und Hacken, Töpfe oder Tierfallen. An den Flüssen werden z. B. ausgesprochen geschickt Reusen aus Schilfgras gefertigt. Die Korbwaren sind regional sehr unterschiedlich, zeichnen sich aber immer durch eine bemerkenswerte Stabilität aus. In Sambia ist die Ostprovinz für ihre Korbwaren berühmt, die Westprovinz ist die Heimat schöner Speere und Matten. In Malawi werden sehr auffällige, große Körbe geflochten, die im ganzen Land auf dem Kopf getragen werden. Afrikanisches Werkzeug scheint oft simpel zu sein, es beeindruckt aber im täglichen Gebrauch um so mehr. Bei einsamen Fahrten durch den Busch erweist sich die einfache Axt als hervorragendes Werkzeug zum Bäumefällen. Neben den Produkten für den täglichen Bedarf werden für kulturelle Zwecke Kleider gewebt, Tanzmasken und Figuren geschnitzt. Das Rohmaterial des traditionellen Kunsthandwerks bilden immer natürliche, pflanzliche Produkte. Heutzutage werden allerdings moderne Abfallprodukte, wie Gummi und Draht, phantasievoll eingebunden. Traditionell arbeiten Männer mit Holz und Metall, die Frauen dagegen mit Ton, Stoff und Schilf.

Die Holzschnitzkunst der Lozi für Kult- und Gebrauchsgegenstände besitzt eine jahrhundertealte Tradition. Thomas Ndongo, geb. 1920, gilt als einer der besten Schnitzer der Livingstone-Region.

Bastmatten aus dem Luangwatal

Im Grenzgebiet zu Zaire und Angola (Lundaland) entstand eine hochentwickelte Maskenschnitzkunst. Traditioneller Schmuck aus Eisen und anderen Metallen wird im ganzen Land gefertigt.

Im südlichen Malawi werden sehr schöne Möbelstücke aus Holz und Peddigrohr/Rattan gefertigt. Daneben hat sich das Kunsthandwerk mit Keramik und Speckstein ausgebreitet.

Die Geschichten und Erzählungen wurden traditionell nur mündlich überliefert, Literatur als solche war also unbekannt. Erst seit Ende der 40er Jahre wurden die Überlieferungen niedergeschrieben. Die neue Literatur ist meist in englischer Sprache verfaßt und befaßt sich mit der vorkolonialen Situation (z.B. in Sambia Dominic Mulaisho, geb. 1933), und mit dem Leben und mühevollen Arbeiten in den Minen. Es handelt sich vorwiegend um Erzählungen und Romane. In Malawi setzen sich viele Schriftsteller mit dem Gegensatz zwischen alten Traditionen und dem modernen Leben auseinander. Berühmt geworden ist Jack Mapanje, der bis 1991 wegen angeblicher Regimekritik in Haft war.

Religionen

In Sambia ist die Religionsfreiheit verfassungsrechtlich garantiert. Über die Religionszugehörigkeit liegen nur Schätzungen vor. Diese geben einen Anteil von 72% der Einwohner als Angehörige einer christlichen Gemeinschaft an. Die Hälfte davon sind Protestanten, ein gutes Drittel Katholiken, der Rest Anhänger anderer christlicher Gemeinschaften, wie der Anglikanischen Kirche, der Methodisten, Baptisten, Presbyterianer, der United Church of Zambia u.a. Etwa 27% der Sambianer sind Animisten, d.h. Anhänger von Naturreligionen. 0,3% sind als Moslems registriert.

In Malawi gelten zwei Drittel der Einwohner als Christen, wobei die Tendenz fallend ist. Etwa 16% sind Moslems und 19% Anhänger von Naturreligionen. Der Islam scheint sich in Malawi stark auszuweiten. Viele Christen verbinden ihren Glauben auch mit einer Naturreligion.

Klassische Gebrauchsgegenstände in Zentralafrika: Fischreuse, Hocker und Hackebeil

Souvenirartikel in Südmalawi

Dörfliche Kirche in Ostsambia

Initiationsriten

Die Initiation als Einweisung in die Welt der Erwachsenen

Die Initiation, die rituelle Aufnahme eines Heranwachsenden in die Gemeinschaft der Erwachsenen, war in den meisten Volksstämmen ein wichtiger kultureller Akt. Bei den Mädchen handelte es sich dabei um eine ausgesprochen langwierige Prozedur. Nach der ersten Monatsblutung eines Mädchens begann die sog. *Cisungu*. Das Mädchen zog zusammen mit einer Frau, die nicht ihre Mutter sein durfte, aus der Dorfgemeinschaft in eine abgelegene Hütte. Diese Frau lehrte sie die praktischen und theoretischen Anforderungen für ihre künftige Rolle als Ehefrau und Mutter. Sie wurde in die strengen und geheimen Regeln der Gemeinschaft eingewiesen, die sie fortan niemals brechen durfte. Diese 'Lehrzeit' dauerte in der Vergangenheit ein halbes Jahr. Erst danach durfte das Mädchen heiraten. Mädchen, die vor ihrer Cisungu schwanger wurden, sind häufig verstoßen worden, weil man sie als Unheilsboten ansah. Die Cisungu wurde in diesem Jahrhundert immer stärker gekürzt. In den 30er Jahren dauerte die Initiation nur noch einen Monat, heute dauert die Unterweisung meist nur noch einen Tag.

Auch die Buben wurden einer Initiation, *Mukanda*, unterzogen. Allerdings nicht einzeln, sondern in einer Gruppe Gleichaltriger. Zum Ende ihrer Initiation wurde ein großes Fest gefeiert, bei der in Nordwestsambia z.B. die berühmten Makishi-Tänzer auftraten.

Brautwerbung, Ehevorbereitung und Scheidung bei den Bisa

Wenn ein junger Mann ein Mädchen heiraten möchte, muß er zuerst seine Großeltern um Erlaubnis bitten. Diese werden sich zunächst erkundigen, ob die Familie der Braut einen ordentlichen Ruf hat. Den gleichen Weg muß auch das Mädchen gehen. Wenn eine der beiden Seiten die Heirat ablehnt, akzeptieren die jungen Leute und dürfen nicht heiraten. Sind die Familien einverstanden, wird ein Brautpreis ausgehandelt, der den Brauteltern ausgezahlt wird. Je nach Region kann es sich dabei um eine Kuh, Mais oder auch Geld handeln. Die Brautleute dürfen sich von jetzt an nicht mehr sehen. Beide Familien treffen große Vorbereitungen für die Hochzeit. Es wird auf Vorrat gekocht und viel Bier gebraut. Dann erhalten die beiden an mehreren Abenden eine Art Eheeinweisung von einem älteren Mann und einer älteren Frau aus der Dorfgemeinschaft, die beide nicht mit den Brautleuten verwandt sein dürfen. Während des anschließenden grossen Hochzeitsfestes sind jener Mann und die Frau Ehrenpersonen.

Scheidungen sind erlaubt, sofern der Chief zustimmt. Auch eine Wiederheirat ist für beide Seiten problemlos. Stirbt ein Mann und hinterläßt Frau und Kinder, so sucht seine Familie aus ihren Reihen einen Mann, der fortan die Rolle des Familienoberhaupts ausfüllt. Die Witwe kann dies aber auch ablehnen, alleine bleiben oder sich anderweitig neu verheiraten.

Gesellschaft

Bildung und Schulwesen

Sambias intensive Bemühungen um die Verbesserung der Schulbildung

Als Sambia 1964 unabhängig wurde, besuchten 380 000 Kinder die Primary School und 14 000 eine weiterführende Schule. Heute sind etwa viermal so viele Kinder in einer Primary School eingeschult und weit über 100 000 Schüler besuchen eine Secondary School. Diese Zahlen zeigen bereits, daß Sambia auf dem Bildungssektor seit seiner Unabhängigkeit deutliche Fortschritte erzielen konnte. Der junge Staat hat sich intensiv um eine bessere Lehrerausbildung, eine Zunahme der Hochschüler und um hohe Einschulungsquoten bemüht. Die Anzahl der Analphabeten ab 15 Lebensjahren verringerte sich so z.B. von 71% im Jahre 1960 auf ca. 24% Mitte der 80er Jahre. Ab dieser Zeit allerdings konnte der Neubau an Schulen nicht mehr Schritt halten mit den ständig wachsenden Schülerzahlen. Dadurch wurde das Ziel der 100%igen Einschulungsquote nicht erreicht. Noch immer kommen - besonders in den schnell wachsenden Städten - viele Kinder erst mit über 7 Jahren in die Schule. Schätzwerten zufolge sollen ca. 85% der Kinder im schulfähigen Alter zur Schule gehen, wobei der Anteil der Jungen etwas größer ist. In den Städten erreicht die Mehrzahl der Kinder die 7. Klasse. In ländlichen Regionen besucht etwa die Hälfte der Kinder die Schule nur bis zur 4. Klasse. 1966 wurde in Lusaka die Universität von Sambia eröffnet, 1980 folgte die neue Copperbelt- Universität in Kitwe.

Im gesamtafrikanischen Vergleich hat Sambia heute deutlich weniger Analphabeten als der Durchschnitt.

Keine Schulpflicht in Malawi

Nach seiner Unabhängigkeit unternahm auch Malawi starke Anstrengungen, eine höhere Einschulungsquote zu erreichen. Man hatte das britische Schulsystem übernommen. Die Bemühungen führten allerdings zu einem Absinken der Ausbildungsleistung, da das Schulwesen nicht zugleich ausgebaut wurde. Das Lehrer-Schüler-Verhältnis stieg von 1:43 auf 1:63. Die Zahl der Schulabbrecher und Wiederholer stieg deutlich an. Der weitere Bildungsweg (berufsbildende Schulen, Universitäten) wurde dabei nicht ausreichend erweitert. Als Resultat mangelt es in Malawi an qualifizierten Fachkräften und Akademikern. Wer eine weiterführende Schulausbildung absolviert hat, erhält in der Regel sofort eine Arbeitsstelle.

1988 konnte Malawi 2660 Grundschulen, 79 Mittel- und 4 Oberschulen aufweisen. Nur 53% der Kinder im Grundschulalter besuchen diese auch, denn es besteht keine Schulpflicht und der Schulbesuch ist gebührenpflichtig. Nur rund ein Viertel der Grundschüler erreicht den Abschluß. Nur 4% der Schüler besuchen daraufhin eine weiterführende Schule. Durch das zu schwach ausgebaute Netz an weiterbildenden Schulen sind 90% der Schüler in Internaten untergebracht.

Luvale- Kinder in Chavuma/Nordwestsambia

Nur wenige Schüler studieren schließlich, davon sind ein Drittel Frauen. Etwa 500 Studenten besuchen eine Hochschule im Ausland, vornehmlich in England und den USA.
Die Grundschullehrer sind häufig schlecht ausgebildet. Nur zwei Drittel haben die volle Lehrerausbildung von 2 Jahren Dauer durchlaufen. An den höheren Schulen besteht eine deutliche bessere Lehrerqualität. Die Grundschule dauert 8 Jahre. Danach schließt sich die *Junior Secondary Education* an. Das danach mögliche Studium an der *Upper Cicle Secondary Education* gliedert sich in die drei Bereiche Allgemeines, Technik und Lehrerausbildung. Weit über die Landesgrenzen hinaus bekannt ist die *Kamuzu Academy*, die gelegentlich als 'afrikanisches Eaton' beschrieben wird.

Zwei Drittel der Malawier gelten als Analphabeten, der Prozentsatz ist unter den Frauen deutlich höher.

Das Schulsystem am Beispiel Sambias

Primary School und Secondary School

Für den Besuch der *Primary School* besteht in Sambia offizielle Schulpflicht. Sie umfaßt die 1. bis zur 7. Klasse. Es gibt an die 4000 Grundschulen im ganzen Land, das Netz wird auch in ländlichen Gebieten kontinuierlich ausgeweitet.
Die weiterführende Schule, *Secondary School*, umfaßt die 8. bis zur 12. Klasse. Ihr Besuch ist freiwillig, für viele aber unerschwinglich, da diese Schulen nur in größeren Zentren sind, und die Schüler dann auswärts leben müssen. Doch nur wer auch diese Schule erfolgreich abgeschlossen hat, darf ein Studium oder eine Lehrausbildung beginnen. Abgänger ohne einen Abschluß der Secondary School finden später nur eine Arbeit im traditionell landwirtschaftlichen Bereich (sie werden Bauer oder Köhler) oder als ungelernte Hilfsarbeiter.

Die Abschlußprüfungen am Ende der 7. und 12. Klasse dürfen bei Nichtbestehen einmal wiederholt werden. Ein Schuljahr besteht aus drei Blöcken zu je drei Schulmonaten, die jeweils von einem Ferienmonat unterbrochen sind. Alle Schüler tragen Schuluniformen.

Es handelt sich um Ganztagsschulen mit einem häufig sehr langen Tagesablauf. In vielen Grundschulen müssen die Kinder bereits um

Weite Schulwege und ganztägiger Unterricht

sechs Uhr morgens anwesend sein. Die erste Stunde wird gemeinsam unter Lehreraufsicht der Schulhof gefegt und von Unkraut befreit. Um sieben Uhr beginnt nach dem Appell der Schulunterricht. Nach einer kurzen Mittagspause geht es häufig bis spätnachmittags weiter. Die Schulklassen bestehen aus bis zu 40 Kindern. Für viele Kinder auf dem Lande bedeutet die Schule eine harte und entbehrungsreiche Zeit. Manche müssen um vier Uhr morgens aufstehen, um den langen Weg zur Schule zu laufen und sind erst abends nach Sonnenuntergang zurück. Auch die Aufwendungen der Familien für ein Schulkind sind hoch: Allein die jährlichen Schulgebühren belaufen sich auf bis zu 100 DM, hinzu kommen die Kosten für Schulbücher und die Schuluniform. Auf dem Land fällt gleichzeitig die wichtige Arbeitskraft des Kindes aus. Wenn man sich dann vor Augen führt, daß die meisten Familien 5, 6 oder mehr Kinder haben, so wird nachvollziehbar, welch große Anstrengungen die Familien aufbringen müssen, und warum manchmal nicht alle Kinder zur Schule geschickt werden. Das Bewußtsein für die Notwendigkeit und Bedeutung einer guten Schulausbildung ist in der sambischen Bevölkerung jedoch tief verankert, und die Bereitschaft, in die Ausbildung ihrer Kinder zu investieren, ist deutlich erkennbar. Es existieren auch einige staatliche Fonds zur finanziellen Förderung begabter Schulkinder, doch herrscht darüber weitgehend Unkenntnis in der einfachen Bevölkerung.

Berufliche Weiterbildung

Im Bereich der Erwachsenenbildung wird in beiden Ländern intensiv in Alphabetisierungskurse und Kurse zur beruflichen Weiterbildung investiert. Dieses Angebot wird von der Bevölkerung stark in Anspruch genommen. Ein verhältnismäßig großer Teil der Interessierten sind Frauen (43 %).

Fortbildungsprojekt von 1995 in Zambesi/ Nordwestsambia

In einem dreiteiligen Kurs soll jungen Menschen die berufliche Selbständigkeit ermöglicht werden.
Phase 1: Aufzeichnung von Möglichkeiten / 1 Woche Kurs
Phase 2: Einführung ins Business- Management / 1 Woche Kurs
Phase 3: „On the Job Business Advise" / monatlicher Besuch und Rat

Angesprochen werden sollten 15-30jährige Frauen und Männer, die den Schulabschluß Grade 7, Englischkenntnisse und Motivation vorweisen können.
Die Gebühr für die beiden einwöchigen Kurse, incl. Unterkunft und Verpflegung betrug jeweils KW 500, das entsprach DM 1,00.
Gleichzeitig mit diesem Projekt bot das 'Department of Youth Development' in Zambesi Arbeitsstellen für Schreiner, Schneider, Ziegel- und Metallarbeiter an.

Die Rolle der Frau

Die Situation der Frauen in Sambia und Malawi hat sich durch die Begegnung mit den Europäern genauso stark verändert, wie die afrikanischen Gesellschaftsstrukturen generell. Vor der Ankunft der Weißen waren die Dorfgemeinschaften durch Großfamilien, die vom traditionellen Wanderhackbau lebten, geprägt. Es gab eine klare geschlechtsspezifische Arbeitsaufteilung. Den Männern oblag die Jagd, das Roden der Felder, das Zäunebauen und der Hausbau. Die Frauen waren verantwortlich für das Sammeln wilder Früchte und Wurzeln, das Hacken, Jäten und Ernten, das Holzsammeln, Wasserholen, Kochen und die Kindererziehung. Somit leisteten die Männer die periodisch anfallenden schweren Arbeiten, während dagegen die Frauen die alltäglichen, zeitraubenden Tätigkeiten ausübten. Der Einzelne identifizierte sich über seine Familie, und die soziale Gemeinschaft bildete für ihn die wichtigste Institution.

Als sich im letzten Jahrhundert die Siedler und Minengesellschaften etablierten, brauchten sie schon bald Arbeitskräfte. Da die Afrikaner zunächst wenig Interesse an der Lohnarbeit zeigten, wurden sie durch die Einführung von Kopf- und Hüttensteuern bald dazu genötigt. Denn bisher hatte man ja in Subsistenzwirtschaft gelebt und Vermögen nur im Sinne von Viehbestand gemessen. Nun änderte sich das radikal. Um seine Steuer zu bezahlen, mußte ein Mann einer mit Geld bezahlten Arbeit nachgehen. Dieser Umstand hatte gravierende Auswirkungen auf das Familienleben, denn von nun an verließ ein Großteil der Männer die Familien für Monate oder Jahre, um in den Minen, städtischen Zentren oder auf Großfarmen der Lohnarbeit nachzugehen. Die Frauen wurden mit einemmal zum (zeitweiligen) Haushaltsvorstand und alleine verantwortlich für die Pflege der Alten und Kinder.

An dieser Situation hat sich bis heute wenig geändert. Eigentlich hat sie sich sogar noch verschlechtert, denn durch die allgemeine Schulpflicht (in Sambia) verloren die Frauen auch die dringend notwendige Unterstützung durch die größeren Kinder. Zudem hat die Modernisierung der Männerarbeit Erleichterungen verschafft, z.B. durch Ochsen und Pflüge. Andere Bereiche wie die Jagd oder die Kriegführung fielen weg. Dagegen haben sich einige typisch weibliche Tätigkeiten erschwert. Allein durch die zunehmende Abholzung, Überweidung und Versteppung ganzer Landstriche werden für die tägliche Feuerholz- und Trinkwasserbeschaffung immer mehr Energie und Zeit notwendig.

Trotz der deutlichen Mehrbelastung der Frauen bei allen Haushalts- und Familienangelegenheiten treten die Frauen auch mit einem Anteil von über 50% im Handel auf. Die afrikanischen Märkte werden von Frauen bestimmt. Sie brauen *Chibuku*, das Maisbier, sie flechten Matten oder verkaufen die Überschüsse aus der eigenen landwirtschaftlichen Produktion. Doch treten sie fast ausschließlich als sog. Kleinhändler auf und haben, selbst wenn sie sich organisieren und gemeinschaftlich agieren, kaum eine Chance auf größere Absatzmärkte oder Expansion. Durch die geschlechtsspezifischen Zwänge werden sie am Zugang zu Informationen, Ausbildung, Hilfeleistungen und Technologien gehindert. So können sie nur mit ihrer eigenen Arbeitskraft und nicht allzu produktiv wirtschaften. Die finanziellen Erträge fließen meist dem Ehemann zu, der darüber verfügt.

Afrika stützt sich auf die Leistungskraft seiner Frauen. Es ist daher auch in neuerer Zeit verstärkt dazu übergegangen worden, in die Zukunft der Frauen zu investieren. Es entstehen z. B. in den ländlichen Gebieten Sambias überall maschinelle Getreidemühlen und die Dörfer werden mit modernen Brunnen ausgestattet. Das sind bereits spürbare Entlastungen für die Frauen.

Um aber die Gesamtsituation der Afrikanerinnen zu verbessern, bedarf es dringend mehr Ausbildungsstätten auf dem Lande.

Typische neue weibliche Berufe sind Hausangestellte, Kindermädchen oder Heimarbeiterin. Einen gutbezahlten, verantwortungsvollen Posten oder gar eine Führungsposition erhalten Frauen meist nur schwer und nur mit einem Studium.

In vielen Regionen ist nach wie vor die Polygamie üblich. Die Frauen werden bereits während der Erziehung auf die künftige Mehrehe vorbereitet. Vielfach wird das Argument angeführt, daß die Polygamie die einzelne Frau entlastet. Die Ehefrauen teilen sich die tägliche Arbeit, wobei es eine Rangordnung zwischen der ersten und der oder den anderen Ehefrauen gibt. Beschneidungen (Klitorisverstümmelungen) sind in Sambia und Malawi übrigens nicht üblich.

Ein Wort zur Kleidung: Auf dem Land tragen die Frauen fast ausnahmslos sog. *Chitengis*, das sind bunt bedruckte Stoffe, die um die Hüften gewikkelt werden. In den Städten herrschen inzwischen westliche Kleider und Kostüme vor, Hosen werden vereinzelt getragen. In den ländlichen Regionen sind Hosen für Afrikanerinnen allerdings noch unvorstellbar.

Die meisten Lasten tragen Frauen geschickt auf dem Kopf

Familientreffen bei den Namwanga in Nordostsambia

Die Rolle des Chief

Schiedsrichter für alle Lebenslagen und größte Respektsperson der Gemeinschaft

Die traditionelle politische Struktur in Zentralafrika beruht auf dem sog. *Chieftainship*, ein Wort das sich nur schlecht übersetzen läßt. Jedes Volk hat mehrere Chiefs, die über verschiedene Regionen regieren. Ein Chief ist weit mehr als ein Dorfvorsteher, aber weniger als ein König. Er genießt enormen Respekt und Verehrung in seinem Volk, kann aber auch abgewählt werden, wenn seine Beschlüsse zu despotisch, unbefriedigend oder ungerecht werden. Seinem Volk gegenüber strahlt er eine größere Macht aus als selbst die Landesregierung. Seine Aufgaben sind vielfältig, im Grunde ist er eine Art Schiedsrichter für alle Alltagsprobleme und gemeinschaftlichen Entscheidungen, und Hüter von Gesetz, Ordnung und Moral. Verteilung von Landflächen, Scheidungen, Streitigkeiten, Wohnungswechsel, Kriminaldelikte - alles wird vom Chief geregelt und dann bedingungslos akzeptiert. Er lebt mit seiner Familie abgeschirmt in seinem *Palace*, was man sich aber keineswegs wie einen europäischen Palast vorstellen darf. Sein Volk versorgt ihn mit Lebensmitteln und bestellt seine Felder. Die meisten Chiefs erben diese Position, manche werden aber auch gewählt. Damit der Chief richtige und faire Entscheidungen treffen kann, läßt er sich von bis zu 10 Beratern, die häufig zu den ältesten und gebildeten Männern im Dorf zählen, unterstützen. Die Geschicke eines Volkes hängen stark davon ab, wie diplomatisch, weise und umsichtig der Chief handelt.

Alle Chiefs eines Volkes unterstehen dem *Senior Chief*, der wiederum die größte Autorität in der Volksgruppe besitzt. Diese Strukturen sind derart gefestigt, daß die Regierungen der Länder auf die Kooperation der Chiefs angewiesen sind. In Sambia findet deshalb z.B. alljährlich das sog. *House of Chiefs* statt, eine Konferenz der Regierung mit etwa 100 Chiefs. Diese große Gruppe zu einigen und zu gemeinsamen Beschlüssen zu bewegen, ist eine schwierige, aber notwendige Aufgabe.

Gesundheitswesen

Nach ihrer Unabhängigkeit haben Sambia und Malawi große Anstrengungen zur Verbesserung des Gesundheitswesens unternommen. Unter anderem konnten dadurch die Lebenserwartung erhöht und die Kindersterblichkeit gesenkt werden. Ein wichtiges Ziel war und ist die hygienische Aufklärung breiter Bevölkerungsschichten, denn viele Erkrankungen entstehen durch Fehlverhalten oder mangelnde Hygiene. In ländlichen Gebieten gibt es aber nach wie vor Lücken in der medizinischen Versorgung und es herrscht Mangel an Medikamenten wie Antibiotika und Narkosemittel. Zudem sind in den letzen Jahren die finanziellen Aufwendungen der Regierungen wieder zurück gegangen.

Gesundheitsvorsorge in Sambia

Ein seit den 80er Jahren erweitertes Schutzimpfprogramm (*Extended Programm of Immunisation/EPI*) sollte 80% der Einwohner erfassen. Dabei werden verstärkt Impfungen gegen Masern, Polio und Tetanus eingesetzt. Laut UNICEF haben ca. 92% der Einjährigen den vollen Impfschutz gegen TBC, 83% gegen Diphtherie, Pertussis und Tetanus, sowie 80% gegen Polio und Masern. Ca. jede zweite Schwangere hat Tetanusschutz.

Im Oktober 1990 brach eine Choleraepidemie aus, bei der ca. 11000 Kranke registriert wurden und die bis April 1991 bereits 800 Opfer forderte.

Die Situation in Malawi

Bis 1986 waren in Malawi unter anderem 843 200 Impfungen gegen Diphtherie, Keuchhusten und Tuberkulose durchgeführt worden. 96% der Schwangeren und Neugeborenen gelten als gegen Tuberkulose geimpft, 90 % haben Impfschutz gegen Diphtherie. Fachärzte sind noch immer nur in den größeren Städten stationiert. Die neueren Programme zielen auf vorbeugende Maßnahmen ab, wie z.B. die Hygieneverbesserung, Schwangerschaftsfürsorge und Schutzimpfprogramme. Die Internationale Entwicklungsorganisation IDA gewährte Malawi 1991 einen Kredit in Höhe von 55,5 Mio. US$ für ein umfassendes Familienplanungs-, Ernährungs- und Gesundheitsprojekt.

Aids

Wie viele Länder Afrikas leiden auch Sambia und Malawi unter der erschreckenden Ausbreitung von Aids. Es laufen unermüdlich Programme zur Aufklärung der Gesamtbevölkerung. Da stehen große Mahnschilder an Strassen, Plakate in öffentlichen Gebäuden und es werden Kondome verteilt (die allerdings manchmal von den Kindern als Luftballone zweckentfremdet werden!). Vermutungen zufolge sind heute über 20% der Stadtbevölkerung HIV- positiv, ebenso 40% der Blutspender und 70% aller neueingelieferten Tuberkulosepatienten.

Zu den am häufigsten registrierten Krankheiten zählt die Malaria mit weit über einer Million Erkrankungen jährlich. Ungefähr gleich häufig treten Bilharziose- Infektionen auf. Malaria, Masern, Aids und Tuberkulose sind die Haupttodesursachen.

Kindersterblichkeit und Ernährungsmängel

In Sambia sterben etwa 3000 Säuglinge bei der Geburt oder in den ersten Lebenswochen. Allein an Masern sterben bis zu 1000 Kinder jährlich und doppelt so viele an Malaria. Obwohl die Kindersterblichkeit gesunken ist, sterben aber allein in Sambia noch immer bis zu 5000 Kinder pro Jahr an Ernährungsmangelerkrankungen. In Malawi stellt sich die Situation besser dar, doch kommt es auch hier wegen der oft einseitigen Ernährung zu Mangelerscheinungen.

Die Versorgung in Sambia

Die Gesundheitsversorgung ist in Sambia kostenlos. Die medizinischen Einrichtungen werden vom Staat, Industriebetrieben und kirchlichen Missionen unterhalten. Im Copperbelt gibt es für die Arbeiter im Bergbau besondere Einrichtungen, u.a. 9 Krankenhäuser.

Die wirtschaftlichen Schwierigkeiten der letzten Jahre führten zu einem deutlichen Absinken der Realeinkommen im Gesundheitswesen und damit zu einer Abwanderung des medizinischen Personals, besonders bei ausländischen Ärzten. So blieben z. B. 1988 von 1000 in Sambia vorgesehenen Arztstellen 450 unbesetzt.

Laut einer Statistik von 1988 haben Männer eine durchschnittliche Lebenserwartung von 52 Jahren, Frauen von 55 Jahren. Das liegt im afrikanischen Mittelbereich. Die gleiche Statistik besagt, daß auf jedes Krankenhausbett 336 Einwohner kommen. Ein Arzt hat durchschnittlich über 700 Menschen zu versorgen, einen Zahnarzt gibt es jeweils für 130 000 Einwohner.

Arzneimittelwerbung an einer Hauswand in Malawi

In Malawi liegt die durchschnittliche Lebenserwartung lediglich bei 48 Jahren. Hier müssen sich 606 Einwohner ein Krankenhausbett teilen. Auf ca. 25 000 Einwohner kommt ein Arzt! Einen Zahnarzt gibt es pro 450 000 Einwohner! Die Diskrepanz zeigt deutlich die medizinische Unterversorgung Malawis.

Malawi

Traditionelle Medizin

In den ländlichen Regionen Afrikas wird noch überwiegend traditionelle Medizin praktiziert. Doch auch in den Städten werden, zusätzlich zur modernen Medizin, traditionell Heilkundige konsultiert.

Während unter der britischen Kolonialregierung diese Heilmethoden verboten waren, wird die traditionelle Medizin inzwischen sogar staatlich gefördert. Die weit über 10 000 Heilkundigen in Sambia werden in Lusaka vom *Traditional Health Practioner's Association* vertreten. In Malawi heißen sie *Sin'ganga* und erhalten eine staatliche Lizenz, die sie bei sich tragen müssen. Sie werden durch die *Society of Traditional Herbalists* vertreten.

Die traditionell Heilkundigen sind staatlich organisiert

Die Basis der traditionellen Heilkunde bilden Naturprodukte: Wildfrüchte, Samen, Rinden, Schildkrötenpanzer, Schlangenhäute, Raupen und Wurzeln werden verwendet. Das Wissen um die Wirkung der einzelnen Bestandteile und um die Zusammensetzung und Zubereitung einer Medizin hat sich seit Jahrhunderten von Generation zu Generation übertragen. Traditionelle Heiler kennen bestimmte Akazienwurzeln, mit denen sie Schlangenbisse behandeln und andere Wurzeln gegen Durchfall. Sie behandeln Infektionen, Geschlechtskrankheiten, Kopfschmerzen, Geisteskrankheiten... Lange Zeit wurden sie von der westlichen Welt als primitive Medizinmänner und Scharlatane verurteilt. Man nannte sie ironisch *Witch Doctor*. Mittlerweile hat man viele Parallelen zur modernen Medizin erkannt: die gleichen Naturextrakte werden in hochtechnisierten Laboratorien erforscht und ein Großteil unserer Arzneien basieren auf Wildpflanzen oder tierischen Produkten, bzw. auf den Erkenntnissen, die aus der Erforschung solcher Produkte gewonnen werden konnten.

Jahrhundertealtes Wissen über die Kräfte der Natur wird seit Generationen weitergegeben

Die traditionellen Heiler genießen ein großes Vertrauen bei der Bevölkerung, da sie in der dörflichen Gemeinschaft integriert leben und über ein großes Einfühlungsvermögen in die Gedankenwelt ihrer Patienten verfügen. Sicherlich können diese Mediziner nur leichte chirurgische Eingriffe vornehmen und viele gefährliche Verletzungen und schwere Erkrankungen nicht behandeln. Daher können sie die Hospitäler und Krankenstationen nicht ersetzen. Sie leisten aber zur psychomedizinischen Grundversorgung vor Ort einen wichtigen ersten Beitrag.

Wirtschaft

Sambia

Reich an Bodenschätzen - arm an Nahrungsmitteln

Als Sambia 1964 unabhängig wurde, sagte man dem jungen Staat nach, mit einem 'goldenen Löffel geboren zu sein'. Es war eine Anspielung auf die beachtlichen Erzvorkommen im Copperbelt. Doch Sambias Wirtschaft florierte nur, solange es eine große Nachfrage an Kupfer auf dem Weltmarkt gab. Das Land hatte von jeher alles auf diese eine Karte gesetzt und keine andere Stütze. Die Landwirtschaft war so stark vernachlässigt worden, daß Sambia nicht einmal den eigenen Bedarf decken konnte. Und so stürzte dieses wackelige Gerüst schon sehr bald durch einige vernichtende Entwicklungen zusammen:

- steigende Förderkosten wegen sinkender Ergiebigkeit,
- die Nachfrage nach Kupfer und anderen Erzen, wie Kobalt und Mangan, ging in den letzten Jahrzehnten ständig zurück,
- Nahrungsimporte zehrten unnötig an Sambias Devisen.

Die Wirtschaft wird sambianisiert

Das klassische Autarkieprinzip als Ideal

Die Regierung des unabhängigen Sambia schlug den Weg in Richtung Verstaatlichungen ein. So kam es 1969 zu 51% Verstaatlichung im Bergbau, 1970 ebensoviel bei Versicherungen, Banken und einigen Industriefirmen. Den privaten Sektor, besonders im Handel und Transportgewerbe, versuchte man durch die Verweigerung von Lizenzen an Ausländer zu *'sambianisieren'*. Dabei ist Sambia dennoch nie unabhängig geworden von der finanziellen und politischen Macht der weißen Minderheit. Durch die Kontroverse mit den 'weißen' Nachbarstaaten im Süden wurden Sambias Handelswege stark eingeschnitten. Dem versuchte die Regierung folgendermaßen zu begegnen:

- Ausbau der eigenen verarbeitenden Industrie
- Suche nach und Zusammenarbeit mit überseeischen Partnern
- enge Bindung an Tansania

Sambia wird zahlungsunfähig und verweigert weitere Schuldenrückzahlungen

Wichtige Partner aus dieser Zeit waren Italien (Bau der Pipeline durch Agip, Bau einer Ölraffinerie, Montage von FIAT-Fahrzeugen), Japan (Bergbau) und die Volksrepublik China, welche die TANZAM- Railways zwischen Lusaka und Dar-es-Salaam baute und finanzierte.

Die Wirtschaftsprobleme seit den 70er Jahren verstärkten sich ab 1986 noch, als der Internationale Währungsfonds (IWF) die Kredite wegen der Zahlungsrückstände einfror. Dabei war der IWF sicherlich nicht unschuldig an der Misere des Landes:

Die durch den IWF ausgelöste starke Abwertung des Kwacha hatte eine Teuerungswelle zur Folge, welche besonders die Stadtbevölkerung an die Existenzgrenze trieb. Durch die Importliberalisierung tauchten gleichzeitig Luxusartikel in den Läden auf - zur Erbitterung der breiten armen Schicht. Ebenso wurden staatliche Subventionen gestrichen, wie z.B. 1986 beim Mais, wodurch sich der Preis um 120 % erhöhte. Diese Maßnahmen lösten einen enormen sozialen Druck aus. Nach Demonstrationen und Streiks zog die Staatsregierung die Subventionsstreichungen für Mais und später auch beim

Benzin zurück. Um das Volk zu beschwichtigen und die innere Krise zu bewältigen, entschloß sich die Regierung zu dem spektakulären Schritt, die Zahlungen an den IWF einzustellen. Bis dato waren rund 6 Milliarden US-Dollar Auslandsschulden aufgelaufen. Der IWF muß sich denn vorwerfen lassen, daß er das Land in eine völlig aussichtslose Schuldensituation getrieben hat, obwohl bekannt war, daß Sambia die aufgestellten Kreditbedingungen unmöglich würde einhalten können.

Verkaufstand in Mporokoso für Kernseife und Öl

Schwarzmarkt und Korruption wuchern

Doch eine Besserung hat die Abkehr vom IWF dem Land auch nicht gebracht. Eine neue Ära brach an: Der Schwarzmarkt mit Schmuggel und Wucherpreisen blühte auf. Besonders intensiv wurde zwischen Sambia und der Provinz Shaba in Zaire geschmuggelt. In Zaire wurde z. B. für einen Sack Maismehl zehnmal soviel bezahlt wie in Sambia. So verlor das Land Lebensmittel, an denen es selbst Mangel litt. Zusätzlich kämpfte der Staat mit Korruption, Mißmanagement, der unterentwickelten Landwirtschaft und der zunehmenden Zurückhaltung der Geldgeber aus dem Ausland.

Die Devise der 90er Jahre heißt Privatisierung

1989 trat der vierte nationale Entwicklungsplan der Regierung (FNDP) in Kraft, wobei sie sich den Washingtoner Finanzinstituten wieder annäherte. Mit Unterstützung von IWF und Weltbank wurde ein wirtschaftspolitisches Reformprogramm bis 1993 ausgearbeitet. Es hatte eine deutliche Senkung von Inflation und Haushaltsdefizit und eine Begrenzung des Bevölkerungszuwachses zum Ziel. Ab 1990 wurde auch das Problem der alten Auslandsschulden aufgegriffen. Die neue Einigung mit der Weltbank normalisierte nun auch wieder das Verhältnis zu den ausländischen Geldgebern und Investoren.

Malawi

Als sich die Briten 1964 aus Malawi zurückzogen, hinterließen sie nur wenig Kapital und eine schwache Infrastruktur. Nachdem die Kolonie keine Bodenschätze besaß, waren auch nur rund 10 000 km Straßen angelegt worden. Man hatte die Malawier als Wanderarbeiter in den Minen und auf den großen Farmen in Rhodesien gebraucht. Die Kolonie selbst zu entwickeln schien nicht notwendig.

Viele Arbeitskräfte und eine schwache Infrastruktur

Das unabhängige Malawi konzentrierte sich sofort auf den Ausbau der Landwirtschaft. Der Agrarsektor wurde vergrößert, bis aufgrund der begrenzten Landfläche keine Ausweitung mehr möglich war. Die ersten Jahre verliefen positiv. Die Produktion wurde alljährlich erhöht, und der Export von landwirtschaftlichen Erzeugnissen, wie Tee und Tabak, gewann enorm an Bedeutung. Als Binnenland war Malawi auf die Transportwege durch Mosambik angewiesen. Die beiden Bahnverbindungen an den Indischen Ozean waren die Lebensader der malawischen Wirtschaft. Doch durch den Bürgerkrieg in Mosambik

Durch den Bürgerkrieg in Mosambik verliert Malawi seine wichtigen Transportwege

wurde die Verbindung Mitte der 80er Jahre unterbrochen und Malawi von seinen bisherigen Transportwegen abgeschnitten. Das exportabhängige Land mußte neue Transportwege erschließen, die deutlich weiter und kostenintensiver waren. Die neuen Wege führten nach Durban/Südafrika via Sambia oder den Tete-Korridor, bzw. nach Dar-es-Salaam/Tansania im Norden. In Dar-es-Salaam besitzt Malawi einen Freihafen.

Knapp die Hälfte der Malawier gilt als erwerbstätig. Bereits rund 53% der 10-15 jährigen sind erwerbstätig! 80% der Malawier sind in der Landwirtschaft tätig, großteils als Klein- und Subsistenzbauern. Es besteht ein Überangebot an ungelernten Kräften bei gleichzeitigem Mangel an qualifizierten Fachkräften. Der Anteil der Ausländer in den gehobenen Positionen ist noch sehr hoch. Der große Anteil der im Ausland tätigen Wanderarbeiter wurde von 300 000 in den 70er Jahren auf ein Zehntel dessen gesenkt.

Ausbau der Landwirtschaft verhindert Hungersnöte

Statistisch betrachtet zählt Malawi zu den ärmsten Ländern der Welt und zu den am schwächsten entwickelten. Die intensiven Bemühungen im Agrarsektor haben zumindest größere Hungersnöte verhindern können. Malawi ist heute in der Lage, sich selbst zu ernähren und zusätzlich Lebensmittel auszuführen. Die Böden sind relativ fruchtbar, es besteht keine Wasserknappheit und überall wird intensiv Landwirtschaft betrieben. Gleichzeitig leidet das Land unter hoher Verschuldung und Inflation. Verbesserungen erhofft man sich durch die Privatisierung vieler staatlicher Unternehmen und die Freigabe des Geldmarktes von 1994, die ausländische Investoren anlocken soll.

Die SADCC und SADC: Entwicklungsgemeinschaften im südlichen Afrika

Die SADCC ist die 1980 gegründete Konferenz zur Koordinierung der Entwicklung im südlichen Afrika. Neben Sambia und Malawi sind die Mitgliedsstaaten Botswana, Zimbabwe, Namibia, Mosambik, Angola, Lesotho, Swaziland und Tansania. Diese zehn Staaten ersetzten die SADCC im August 1992 durch eine neue Organisation mit neuen Zielvorgaben - die Entwicklungsgemeinschaft des südlichen Afrika SADC. Der große Unterschied der beiden Gemeinschaften besteht darin, daß nun im Gegensatz zur Zeit der SADCC ein gemeinsamer Markt im südlichen Afrika in enger Verbindung zu Südafrika aufgebaut werden soll. Die Erfolge beider Organisationen blieben eher bescheiden.

Wichtigste Handelspartner beider Länder

Sambias Haupthandelspartner sind Großbritannien, Südafrika, Deutschland, Italien, Holland, Malawi, Zimbabwe, Zaire und Burundi. Als neue Exportartikel werden frische Früchte, Blumen, Halbedelsteine, Textilien und Holzprodukte angesehen. Neue Wachstumsmärkte sieht man im Tourismus und der Landwirtschaft. Die Inflationsrate, die 1993 noch bei 250% lag, konnte 1995 auf ca. 50% gesenkt werden.
Malawis Haupthandelspartner sind die Europäische Gemeinschaft, Südafrika und die Nachbarstaaten. Die wichtigsten Exportgüter sind Tabak, Tee und Zucker. Großes Wachstumspotential wird im Tourismus gesehen.

Landwirtschaft

Kommerzielle Farmen und Subsistenzwirtschaft in Sambia und Malawi

In beiden Ländern wird etwa die Hälfte des Landes landwirtschaftlich genutzt. 70% der Sambianer haben ihre Existenzgrundlage in der Landwirtschaft, trugen dabei aber z.B. 1988 nur 16,8% zum Bruttoinlandsprodukt bei. Das liegt vor allem an der hohen Zahl der Kleinstbetriebe, die mit rückständigen Methoden für den eigenen Bedarf produzieren (Subsistenzwirtschaft). Die 46% in der Landwirtschaft tätigen Malawier trugen 1989 ca. 35% zum Bruttoinlandsprodukt bei. In Malawi kommen 90% des Exporterlöses aus der Landwirtschaft.

Generell unterscheidet man drei Produktionsformen:

- Kommerzielle Großunternehmen, die häufig von Ausländern geführt werden und meist nahe der Bahnlinien angesiedelt sind. Hier werden Ackerbau und Viehwirtschaft betrieben. Da durch innere Wirtschaftsprobleme viele Ausländer seit der Unabhängigkeit ausgewandert sind, sank die Produktivität dieser Betriebe.
- Sogenannte *Emergent Farmers*, Kleinbauern, die regelmäßig einen beträchtlichen Teil ihrer Produktion verkaufen. Häufig handelt es sich hierbei um Bauerngemeinschaften und Genossenschaften.
- Ein großer Teil der Bevölkerung lebt als Subsistenzbauern von den geringen Erträgen ihrer primitiven Agrarwirtschaft. Es wird Brandrodungs- und Wanderfeldbau betrieben. Die Produktivität ist meist so gering, daß die zusätzliche Lohnarbeit eines oder mehrerer Familienmitglieder erforderlich ist. Etwa 40-60% der Männer sind zumindest zeitweise Lohnarbeiter. Die reine Subsistenz ist aber selten geworden, da die Familien heute Bargeld benötigen.

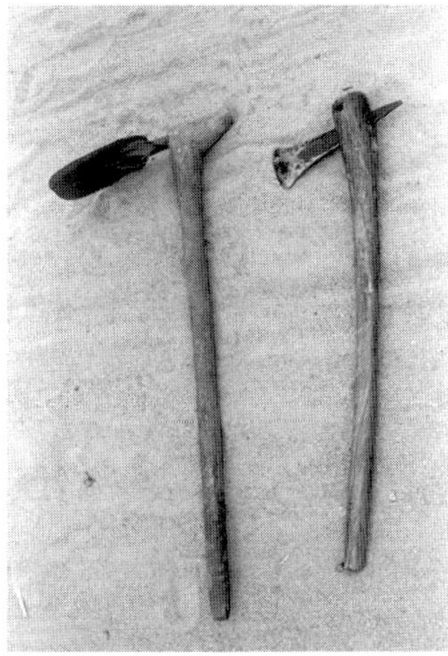

Werkzeuge zum Jäten und Hacken

Sambia

Durch die jahrzehntelange Vernachlässigung der Landwirtschaft zugunsten des Kupferbergbaus hat sich Sambia bislang nicht selbst versorgen können. Verschiedene Entwicklungsprojekte sollten diese Situation verbessern, deren Erfolge bislang mäßig blieben. Ursachen dafür waren neben dem Klima auch eine verfehlte Preispolitik, der Mangel an Fachkräften, Fehlplanungen und Transportprobleme. Die großen Ziele der Regierung sind neben der Selbstversorgung mit den Grundnahrungsmitteln auch der generelle Ausbau der Landwirtschaft als Mittel zur Diversifizierung der Wirtschaft. Außerdem soll das starke Stadt-Land-Gefälle bei den Einkommensverhältnissen gemildert werden. Dazu sollen ländliche Wirtschaftszentren aufgebaut werden. Die ländlichen Regionen sollen elektrifiziert und die Straßen ausgebaut werden. Ein weiteres Ziel ist die umfassende Trinkwassererschließung.

Brennholzverkauf am Straßenrand

Malawi In Malawi werden vier Arten von Grundbesitz unterschieden:

- Stammesland, das der jeweilige Chief unter der Dorfgemeinschaft zur freien Nutzung aufteilt. Jede Familie erhält davon durchschnittlich 1,5 ha. Ca. 80% der Landfläche sind solches Stammesland.
- Öffentliches Land, das Staatseigentum ist und ca. 17% der Fläche ausmacht. Dazu zählen Städte, Nationalparks und Forste.
- Privatland, das häufig im Besitz der Europäer ist. Ca. 1% der Landfläche Malawis.
- Pachtland, das zwischen 21 und 99 Jahren verpachtet wird. Etwa 3% des Landes sind Pachtland. Es kann aus allen drei Besitzformen entstehen. Die Großplantagen (Zucker, Tee, Tabak) liegen meistens auf Pacht- und Privatland.

Wachstumssteigerung durch Modernisierung der Landwirtschaft

Mit großen Anstrengungen konzentrierte sich Malawi seit seiner Unabhängigkeit hauptsächlich auf den Ausbau der Landwirtschaft. Beachtliche Verbesserungen und Produktionssteigerungen wurden in den ersten Jahren durch die Ausweitung der landwirtschaftlichen Flächen, den Einsatz von modernen Betriebsmitteln, wie Schleppern und Traktoren, und durch Düngung der Anbauflächen erzielt. Damit wurden eine solide Eigenversorgung sichergestellt und Devisen durch den Export der Agrargüter erwirtschaftet.

Die guten landwirtschaftlichen Erfolge wurden aber gerade in den letzten Jahren durch die Flüchtlingsschwemme aus Mosambik, die hohe Geburtenrate und die Dürre von 1992 aufgezehrt.

Aufgrund des Platzmangels ist ein weiteres Wachstum in Malawi allerdings nur begrenzt möglich. Deshalb soll heute vor allem die Produktivität im ländlichen Bereich, wo noch vorwiegend Ochsengespanne eingesetzt werden, durch moderne Betriebsmittel gesteigert werden.

Landwirtschaftliche Dachorganisationen

Die sambische Regierung hat im landwirtschaftlichen Bereich einige Unternehmen mit staatlicher Mehrheitsbeteiligung eingerichtet. Dazu zählen die *Statutory Boards* mit eigener Gesetzesgrundlage, die *Rural Development Corporation of Zambia Ltd.*, einer Holding, und ZIMCO/ INDECO, auch je eine Holding auf Grundlage des Company Act.

in Sambia

Die Statutory Boards fassen verschiedene Unternehmen zusammen. Dazu gehört das *Tobacco Board of Zambia* mit dem Tabakmonopol, das *Diary Produce Board* mit eigenen Molkereien und bis 1989 auch *NAMBOARD*. Namboard war für den Verkauf von Saatgut und Düngemitteln zu teils subventionierten Preisen zuständig, für Erntetransporte, die Vermarktung der landwirtschaftlichen Produkte und die Kreditüberwachung. Es kam immer wieder zu Engpässen, Mängeln und Unzuverlässigkeiten. Er entwickelte sich zu einem überforderten Staatsapparat, der mit Verlust arbeitete. Die öffentliche Kritik führte 1986 zum Ende des Monopols auf dem Agrarsektor, ein freier Wettbewerb setzte ein. Im Juni 1989 wurde Namboard aufgelöst.
Bei ZIMCO (Zambia Industrial and Mining Corporation Ltd.) und INDECO (Industrial Development Corporation) handelt es sich um wirtschaftsbeherrschende Staatsholdings, die ebenfalls unter der Abwanderung weißer Experten, Vetternwirtschaft, der mangelnden Fachausbildung, Importabhängigkeit und verfehlter staatlicher Preis- und Subventionspolitik leiden.

in Malawi

Ein ähnliches Modell wurde in Malawi eingerichtet. Hier fungiert ADMARC (Agricultural Development and Marketing Corporation) als eine Art Handelspartner für die Bauern. Die halbstaatliche Organisation mit mehr als 900 Filialen kauft landwirtschaftliche Überschüsse auf. Im Gegenzug werden den Bauern Saatgut und Düngemittel zum Teil zu subventionierten Preisen geliefert. Ernteüberschüsse werden von der ADMARC eingelagert. Es besteht für die Bauern kein Zwang, ihre Produkte an ADMARC zu verkaufen. Eine ähnliche Problematik wie bei den sambischen Gesellschaften zeichnet sich auch bei ADMARC ab.

Die Bodennutzungssysteme

Chitemene - Brandrodung

Dieses Brandrodungssystem wird hauptsächlich im Norden und Nordwesten Sambias und vereinzelt im Norden Malawis auf mageren Böden praktiziert. Dabei wird ein Stück Land abgeholzt und anschließend abgebrannt. Die Asche bleibt als Dünger zurück. Es wird entweder direkt in die Asche oder mit einem Pflanzstock gesät. Nach ein bis zwei Ernten ist der Boden erschöpft und muß für 10 bis 20 Jahre brachliegen, ehe er erneut nutzbar wird. Dieses ökologisch sehr bedenkliche System ist selbstverständlich nur bei einer sehr dünnen Bevölkerungsdichte möglich.

Hack- und Pflugkultur

Dies ist die klassischen Anbaumethode in Malawi, sowie in der Ost-, Zentral- und Südprovinz Sambias, wo fruchtbare Böden eine intensive Bearbeitung mit Hacke oder Ochsenpflug ermöglichen. Es wird das Prinzip der Fruchtfolge angewandt. Auf eine fünf- bis sechsjährige Kultivierungsperiode folgt eine gleichlange Brache.

Holzköhler auf dem Weg zum Markt

Forstwirtschaft

Sambia Ca. 40% der Landesfläche sind Wälder, der größte Teil davon Miombo-Waldlandschaften. Dennoch werden diese Reserven durch Brandrodung und Abholzung für die Holzkohleproduktion stark dezimiert. Sambia verliert jährlich 0,5% seines Waldes. Über 90% des abgeschlagenen Holzes werden als Brennholz oder zur Holzkohleherstellung verwendet. Jährlich werden etwa 1 Mio. Tonnen Holzkohle produziert! In Anbetracht der ständig wachsenden Bevölkerungszahlen richten diese Praktiken große Schäden an. Weitere Ursachen des Waldverlustes sind das Chitemene-System, die Überweidung mancher Regionen sowie Busch- und Waldbrände. Bei einem Buschbrand in den trockensten Monaten sterben bis zu drei Viertel aller Bäume bis 3 m Höhe ab. Ziel der Entwicklungsplaner ist deshalb eine drastische Reduzierung der Abholzung. Ungefähr ein Zehntel des Landes stehen unter *Forest Management*. Der größte Teil der Projekte sind Aufforstungsprogramme, um einen schnellwachsenden Nachschub an Nutzhölzern zu sichern. Der kleinere Teil sind Schutzprogramme für die Frischwasserversorgung und zum Schutz vor Erosion. Im Copperbelt entstanden z. B. Wiederaufforstungsprogramme mit schnellwachsenden Eukalyptusbäumen und Nadelhölzern. Die starke Abholzung zieht langfristig Probleme der Erosion und Versandung nach sich.

Malawi Intensive Landwirtschaft und Bevölkerungsdruck lassen das Bild in Malawi noch düsterer aussehen. Durch die vielen Haushalte und zum Trocknen des Tabak entsteht ein sehr hoher Bedarf an Brennholz. Laut FAO sank in Malawi der Waldanteil von 43% (1975) auf 35% (1988). Als Gegenmaßnahme entstanden große Aufforstungsprojekte, die mehr als 100 000 ha Fläche einnehmen (Shire-Hochland, Viphya-Berge). Über

80% der Aufforstung wird aber mit minderwertigen Hölzern betrieben. Erst seit den letzten Jahren werden auch wertvolle Nutzhölzer angelegt. Die Forste werden großteils von der *Wood Industries Corporation* privatwirtschaftlich verwertet.

Der natürliche Anteil an Edelhölzern ist in Malawi relativ gering, die bedeutendsten unter ihnen sind die Mulanje-Zedern und Wacholderbäume.

Fischerei

In der einseitigen Ernährung der Bevölkerung stellt Fisch die wichtigste Proteinquelle dar. Beide Länder verfügen über umfangreiche Fischbestände.

Über 150 verschiedene Fische werden gefischt, vorwiegend Tigerfische, Katzenfische und Barsche. Sehr typisch sind auch die Kleinfische Kapenta, eine Sardinenart, die an der Luft getrocknet wird.

Man schätzt, daß allein in Sambia über 250 000 Arbeitsplätze direkt oder indirekt durch die Fischerei geschaffen wurden. Besonders intensiv wird im Mweru- und Tanganjikasee gefischt.

In Malawi ist die Fischindustrie trotz der günstigen Bedingungen noch wenig entwickelt. Kommerzieller Fang findet im südliche Bereich des Malawisees, am Chilwa- und Malombesee, sowie am Shire statt. Ansonsten wird überwiegend zur Selbstversorgung gefischt.

Viehwirtschaft

Viehzucht findet in beiden Ländern vorwiegend im kleinen Stil für den eigenen Bedarf statt. In den Dörfern werden Rinder, Ziegen und Hühner gehalten. Die Schweinezucht konzentriert sich in Sambia auf den Bereich entlang der Bahnlinien. In der Ostprovinz und in Malawi existieren größere Schweinebestände für den lokalen Bedarf. Kommerzielle Farmen für Rinderzucht befinden sich vor allem im Copperbelt und der Zentralprovinz Sambias. In Malawi werden Rinder vor allem im Norden gehalten, wobei es sich überwiegend um Zeburinder handelt, die wenig Milch produzieren. Nur etwa 5% des Viehbestandes werden jedes Jahr vermarktet.

Es wird von der einheimischen Bevölkerung in beiden Ländern verhältnismäßig wenig Fleisch verzehrt. Rinder gelten noch immer als Prestigeobjekt und werden zur Milchversorgung gehalten.

Bei einer landesweiten Erhebung im Jahr 1988 wurden in Sambia 2,6 Mio. Rinder, 180 000 Schweine, 420 000 Ziegen, 80 000 Schafe, 2000 Esel und etwa 15 Mio. Hühner gezählt. In Malawi wurden je 1 Mio. Rinder und Ziegen, je 210 000 Schweine und Schafe und 8 Mio. Hühner gezählt. Eine Ausweitung der Viehzucht wird durch knappe Weideflächen und Futtermittel erschwert.

Die landwirtschaftlichen Produkte

Die **Cassavapflanze** wächst bis zu 2-3 m hoch, hat verholzte Stengel und lange, schmale Blätter. Sie wird vorwiegend in Flußtälern und Sumpfgebieten angebaut und ist eine typische Pflanze des Wanderfeldbaus (Chitemene). Dazu werden zu Beginn der Regenzeit Ableger in die Erde gesteckt, die Pflanze wächst dann in ein bis drei Jahren heran. Cassava (oder auch Maniok) ist eine stärkehaltige Wurzelknolle, die in ihrer Schale ein der Blausäure ähnliches Gift enthält. Durch Wässerung, Schälen, Pressen, Raspeln und Trocknen wird die Knolle entgiftet Das zerstoßene Maniokmehl wird zu Brot und Kuchen verarbeitet. Wenn Cassava frisch zum Trocknen ausgelegt wird, verbreitet es einen unangenehmen Geruch.

Cassava wird in sumpfigen Regionen auf Erdhügeln gepflanzt

Sorghum

Die sich sehr ähnlichen Getreidesorten Sorghum und Hirse sind in Äquatorialafrika beheimatet und gegen Dürre bedeutend resistenter als Mais. Dadurch verdrängen sie den Mais in regenarmen Gebieten. Sorghum wird intensiv in den Regionen am Sambesi und Luangwa angebaut. In der Nord-, West- und Luapulaprovinz in Sambia ist die Fingerhirse weit verbreitet (siehe kleines Bild). Sie bildet ein gutes Viehfutter und wird gerne zu Bier verarbeitet.

Mais

Mais ist die wichtigste Ernährungsgrundlage der Bevölkerung. Alljährlich werden mehrere Millionen Tonnen Mais produziert, wobei die Erträge stark von den klimatischen Verhältnissen abhängen. In Sambia führte die unberechenbare Preispolitik beim Mais zu einer deutlichen Reduzierung des Anbaus, viele Landwirte wechselten auf gewinnbringendere Pflanzen. Da der Mais häufig nicht rechtzeitig vor der Regenzeit abtransportiert wird, entstehen bis zu 20 % Ernteverluste. Aus diesen Gründen importiert Sambia regelmäßig Mais zusätzlich zur eigenen Produktion. In Malawi kauft ADMARC Maisüberschüsse auf und lagert diese für Notfälle oder Engpässe ein.

Reis

Diese uralte Kulturpflanze ist in Malawi ein wichtiger Exportartikel. In den wasserreichen Niederungen werden jährlich um 50 000 Tonnen Reis produziert. In Sambia spielte der Reisanbau lange Zeit eine untergeordnete Rolle. Durch gezielte, z.T. französische Entwicklungsprojekte steigerte sich die Reisproduktion allerdings deutlich. Man hofft, von Reisimporten unabhängig zu werden, bzw. in Zukunft sogar Reis exportieren zu können. Der Anbau findet vor allem in den Flußtälern des Shire, Sambesi, Luapula und Chambeshi statt, wurde aber mit Hilfe besserer Bewässerung auch auf andere Regionen ausgedehnt.

Süßkartoffel

Diese in Südamerika beheimatete und sehr stärkehaltige Knolle wird auch in Sambia und Malawi zunehmend angebaut. In gekochtem Zustand ist sie der Kartoffel ähnlich, hat aber einen süßlichen Geschmack und ist etwas faserig. Man kann daraus auch Alkohol gewinnen.

Zuckerrohr

Zuckerrohr braucht besonders viel Feuchtigkeit und muß daher intensiv bewässert werden. Es dient der Herstellung von Rohzucker, Weißzucker und der Alkoholgewinnung. Für Malawi sind Zuckerrohr und Zucker seit langer Zeit ein wichtiger Exportartikel. Durch den Preisverfall und die Transportprobleme seit den 80er Jahren wurde das Exportwachstum gebremst. Ein Großteil der Produktion dient heute der Eigenversorgung. Bei Dwangwa am Malawisee und im Lower Shire Valley befinden sich die beiden großen Plantagen und Fabriken der SUCOMA (*Sugar Corporation of Malawi*). Seit 1982 steht in Dwangwa eine Anlage zur Äthanolgewinnung. In Malawi werden jährlich knapp 2 Mio. Tonnen Zuckerrohr geerntet. Seit 1964 wird in Sambia in der Region um Mazabuka Zuckerrohr angebaut. Auf den Märkten werden Zuckerrohrstangen angeboten, deren zuckerhaltige Fasern von den Einheimischen gerne gekaut werden. Die Reifezeit bis zur Ernte dauert je nach Klima zwischen 11 und 20 Monaten. Die Rohrstangen wachsen bis zu 6 m hoch.

Baumwolle

Baumwolle wird vor allem von Kleinbauern in den trockenen Landesregionen angebaut. Seit Beginn der Baumwollproduktion in den 30er Jahren erlebte die Entwicklung ein ständiges auf und ab. In den letzten Jahren sind wieder Fortschritte zu verzeichnen. Die Baumwollpflanze ist ein einjähriger Strauch, aus deren Fruchtkapseln die Baumwolle hervorquillt. Ein wertvolles Nebenprodukt sind die Baumwollsamen, die 20-30 % Fett enthalten.

Erdnüsse

Landesweit werden Erdnüsse für den Eigenbedarf angebaut. In Malawi und der Ostprovinz Sambias wird in größerem Maße für den Export produziert. Die sambischen Erträge werden von der Eastern Cooperative Marketing Union aufgekauft. Etwa 60 % davon werden exportiert, ein Teil im Inland verkauft und der Rest zur Speiseölgewinnung verwendet. Die Erdnuß besteht zu fast 50 % aus Fett, bis zu 35 % aus Eiweiß und bis zu 20 % aus Kohlehydraten. Als Nahrungsmittel werden sie gerne in gerösteter Form verzehrt.

Tee

Tee ist das zweitwichtigste Exportgut in Malawi. Er wurde 1891 erstmals durch schottische Missionare in Malawi gepflanzt. 90 % des Tees wird in den knapp 30 Plantagen bei Mulanje und Thyolo angebaut, nur 10 % entsteht in den Kleinbetrieben. Die Plantagen sind noch vielfach in europäischer Hand. Durch Mangel an geeigneter Landfläche kann die Teeproduktion zwar nicht weiter ausgeweitet werden, doch durch ertragreichere Sorten konnte die Ernte weiter gesteigert werden. Seit 1982 steigen die Teepreise und machen die Produktion lukrativ.

Mit rund 40 000 Tonnen Jahresernte ist Malawi nach Kenya der zweitgrößte Teeproduzent Afrikas. Typischerweise wird der malawische Tee unbehandelt verkauft und erst im Ausland verpackt, bzw. vermischt und mit Zusatzstoffen (Aromen) versehen. (Siehe dazu auch*'Teeplantagen am Mulanje'* im Malawi-Reiseteil)

Sambia hat nur eine einzige Teeplantage, das *Kawambwa Tea Estate*, nahe Mporokoso. Die Produktion dient ausschließlich dem Eigenbedarf.

Weizen

Erst seit 1975 wird in Sambia kommerzieller Weizenanbau betrieben. Obwohl sich die Produktion in den letzten Jahren vervielfacht hat, muß immer noch Getreide importiert werden. Die Pflanze wächst in den regenreichen Zonen der West- und Nordprovinz (Mbala-Region) besonders gut. In Malawi spielt der Weizenanbau kaum eine Rolle.

Tabak

Tabak ist der wichtigste Devisenbringer für Malawi. Er ist das Haupterzeugnis der weit über 1000 Plantagen, wird aber vielfach auch von Kleinbauern erzeugt. Nach Zimbabwe ist Malawi der zweitgrößte Tabakerzeuger Afrikas. Es werden verschiedene Sorten angebaut (z.B. der edle *Burley*). In den Plantagen werden die Tabakblätter meist röhrengetrocknet, von den Kleinbauern dagegen feuergetrocknet. Unter den Plantagen finden sich sehr moderne Großbetriebe, teilweise mit Staatsbeteiligung, in denen überwiegend Saisonkräfte arbeiten. Die Jahresernte liegt bei knapp 100 000 Tonnen, die Qualität der Tabake hängt stark von den Regenfällen ab. Es gibt keine staatlichen Mindestpreise, daher kommt es immer wieder zu starken Preisschwankungen.

In Sambia wird vorwiegend Virginia-Tabak angebaut. Die Produktion ist seit der Unabhängigkeit rückläufig aufgrund steigender Kosten und gesunkener Erträge. Die Produktion beträgt etwa 4000 Tonnen im Jahr.

In speziellen Hütten werden die Tabakblätter luftgetrocknet

Bergbau

Sambia

Der Kupferabbau im Copperbelt stellte Sambias wichtigsten Wirtschaftszweig der vergangenen Jahrzehnte dar. 6 % der Weltvorkommen an Kupfer befinden sich im Copperbelt auf nur etwa 50 x 110 km. Bei der Verhüttung des Kupfererzes fällt als Nebenprodukt Kobalt an, daneben Kadmium, Silber und Selen. Weitere Produkte des Bergbaus sind Kohle, Blei, Zink, Pyrit, Flußspat, Gips, Edel- und Halbedelsteine.

Im Copperbelt befinden sich 6% aller Kupfervorkommen

Schon lange vor Ankunft der Weißen wurde in Nordsambia Kupfer gewonnen. Bislang war das Kupfer von der Oberfläche aufgelesen worden. Als die ersten Prospektoren eintrafen, konzentrierten sie sich zunächst auch gar nicht auf diese Erze. Alle hofften auf Goldfunde wie in Südafrika. Als die Suche erfolglos blieb, untersuchte man ab 1900 die Region auf andere Metalle. 1902 wurden die Blei- und Zinkvorkommen von Kabwe entdeckt, man baute die Bahnlinie sogleich von Süden herauf bis Kabwe und begann 1906 mit dem Untertagebergbau in der *Broken Hill Mine*. Danach wurden zunächst die Kupfervorkommen in der Provinz Katanga/Zaire erschlossen. 1909 wurde deshalb die Bahnlinie bis Katanga verlängert. Ab 1922 widmete man sich intensiv dem heutigen Copperbelt. Am Westrand des Copperbelt wurde Uranerz entdeckt, Smaragdvorkommen existieren südlich von Kalulushi. Die ersten Minen entstanden dort 1927–1930.

Durch die Weltwirtschaftskrise stagnierte der Bergbau, erholte sich aber anschließend wieder. Der zweite Weltkrieg bedeutete einen ungeheuren Bedarf an Rohmetallen und der Bergbau florierte wieder bis zum Kupferpreisverfall 1975. Die sambische Regierung übernahm 1969 eine Mehrheit von 51 % im Kupferbergbau. Die technischen Schlüsselfunktionen lagen aber weiterhin bei den großen ausländischen Konzernen, wie *Anglo-American* und *Oppenheimer Trust*.

Die aktuelle Situation für den sambischen Bergbau ist keineswegs rosig: Zwar sind die Weltmarktpreise wieder stabiler, doch sinkt der Weltbedarf von Jahr zu Jahr. Die Produktionskosten sind zu hoch, die technische Ausrüstung ist schlecht und nicht auf modernstem Stand. Einige Vorkommen sind bereits erschöpft, andere nur noch in sehr grossen Tiefen abzubauen, was zunehmend unrentabel wird. Daher droht einigen Minen die Schließung. Nach Experteneinschätzung wird im Jahre 2000 die Gesamtproduktion weniger als 50 % des Niveaus von 1989 betragen.

Malawi

Malawi besitzt kaum nennenswerte mineralische Vorkommen. In kleinem Umfang werden Kohle, Kalkstein und Kalk gefördert. Die Vorkommen an Bauxit, Asbest, Uran und Graphit sind so unbedeutend, daß sie bislang nicht abgebaut wurden.

Industrie und Handel

Sambias industrielle Entwicklung wird durch die Zurückhaltung der ausländischen Investoren gehemmt. Bereits 1977 sollte ein Industrie-Entwicklungsgesetz ausländische Kapitalanleger anziehen. Der Erfolg blieb mäßig, da weiterhin eine klare Aussage über die Garantien und Möglichkeiten für privatwirtschaftliche Aktionen fehlte. Alle Firmengründungen blieben genehmigungspflichtig. Dennoch kann man seit Ende der 80er Jahre in Sambia von einer besser entwickelten Industrie als in den meisten anderen zentral- und ostafrikanischen Ländern (außer Kenia und Zimbabwe) sprechen. Die sambische Industrie konzentrierte sich nun auch stärker auf ihre Exportmöglichkeiten, obwohl auch hierbei die bekannten Wirtschaftsprobleme hemmend wirken. Der Staat versuchte sich von der Monostruktur beim Export zu lösen. Während 1985 Kupfer noch 97 % des Exports ausmachte, konnte dieser Anteil innerhalb der nächsten zwei Jahre auf 69 % gesenkt werden.

Der Gesamtwert des deutsch-sambischen Handels erstreckte sich 1990 auf 140 Mio. DM. In der deutschen Außenhandelsstatistik rangierte Sambia 1990 beim Gesamtumsatz auf Platz 94.

Malawis Industrie und Handel werden durch die hohen Transportkosten und den Mangel an Fachpersonal gehemmt. Die inneren Unruhen der 90er Jahre haben den Handel zusätzlich destabilisiert. Ein weiteres Problem stellt die noch immer starke Verflechtung des Staates mit der Wirtschaft dar.

Bis 1982 waren 95 % aller Transporte über Mosambik abgewickelt worden. Nach Schließung der Bahnlinie 1985 mußten neue Wege geschaffen werden. 1989 kam es zwar zur zeitweiligen Wiedereröffnung der Bahnlinie, doch blieb die Strecke unsicher und war oft beschädigt. Über 80 % der Transporte wurden deshalb weiterhin über Durban/Südafrika abgewickelt. Auf diese Weise wurde das Land von Südafrika abhängig und zu hohen Transport- und Lagerkosten gezwungen.

Der malawische Außenhandel nahm in den letzten Jahren dennoch deutlich zu, und die jüngsten Entwicklungen im ehemaligen Bürgerkriegsstaat Mosambik lassen die Hoffnung auf eine Verbesserung der malawischen Transportmöglichkeiten zu. Tee, Tabak und Zucker stellen zusammen 90 % des Exports. Die wichtigsten Einfuhrwaren sind

Benzin, Diesel, Dünger und Landmaschinen. Im deutsch-malawischen Handel wurde 1990 rund 132 Mio. DM umgesetzt. In der deutschen Außenhandelsstatistik rangierte Malawi damit auf Platz 106 beim Gesamtumsatz.

Wasser und Energie

Sambia

Das Land verfügt über ausreichend Grund- und Regenwasser. Zur Regenzeit gibt es alljährlich große Überflutungen der großen Flüsse. Dennoch ist die Wasserversorgung ein dringendes Problem auf dem Lande. Durch Dämme werden enorme Wassermengen gespeichert und zur Energieerzeugung genutzt. Aus den Flüssen, Seen und Sümpfen bezieht etwa die Hälfte der Landbevölkerung ihr Trinkwasser, 40 % aus Tiefbrunnen, 10 % aus Fernleitungen.

Sambias wichtigster Energieträger ist die Wasserkraft. Das größte Kraftwerk ist das am aufgestauten Karibasee, einem Gemeinschaftsunternehmen mit Zimbabwe. Im Copperbelt gibt es Wärmekraftwerke zur Entwässerung der Minen. Die Kupferminen verbrauchen drei Viertel der Wasserkraftenergie des Landes. Seit 1978 produziert Sambia genug Elektrizität, um diese nach Zaire und Zimbabwe zu exportieren. Das Kafue-Gorge-Kraftwerk erzeugt mit 900 MW über die Hälfte der Elektrizität. In Dürrejahren kommt es wegen des niedrigen Wasserpegels in den Stauseen regelmäßig zu Engpässen bei der Stromversorgung.

Sambia kann sich mit den Energiequellen Wasserkraft, Kohle, Feuerholz und Holzkohle selbst versorgen, Rohöl dagegen muß importiert werden. Das Öl wird über die Pipeline von Dar-es-Salaam nach Ndola gebracht und dort in der Raffinerie verarbeitet.

Die Kohlegruben Sambias befinden sich bei Maamba am Karibasee. Ziel der Regierung ist es, das Land vom Öl unabhängiger zu machen, sowie den enormen Holzverbrauch für das Heizen und Kochen zu senken, denn etwa ein Viertel der städtischen und fast 90 % der ländlichen Haushalte verwenden Holzkohle zur Energiegewinnung.
Beim Gesamtvolumen der Elektrizitätserzeugung im südlichen Afrika steht Sambia mit knapp 6 % nach Südafrika (85 %) an zweiter Stelle.

Malawi

In Malawi stagniert die Energiewirtschaft. Allein die Produktion elektrischen Stroms hat seit der Unabhängigkeit zugenommen. ESCOM (Electricity Supply Commission of Malawi) betreibt verschiedene Wärme- und Wasserkraftwerke. 85 % der Stromerzeugung basieren auf Wasserkraft und werden überwiegend am Shire gewonnen. Im Norden des Landes betreibt ESCOM vier Dieselkraftwerke.

Auf dem Land werden über 90 % des Energiebedarfs durch Brennholz und Holzkohle gedeckt, nur 3 % durch Wasserkraft, 1% durch Kohle und 4 % durch Erdöl. Malawi verwendet ein Drittel seiner Elektrizität für Industrie und Gewerbe, den Rest verbrauchen die privaten Haushalte.

Unter der Last eines Lkw-Anhängers stürzte diese Holzbrücke in der Phalombe-Ebene in Südmalawi ein

Verkehr und Transport

Sambia Das Land ist verkehrstechnisch relativ gut erschlossen, wobei die Strassen nicht immer in gutem Zustand sind. Das Straßennetz umfaßt mehr als 38 000 km, wovon allerdings nur ein kleinerer Teil geteert ist. Es werden große Anstrengungen unternommen, die Hauptstraßen zu asphaltieren und Regionalstraßen auszubauen. Der Güter- und Personenverkehr wird neuerdings über private Transportunternehmen, die meist effizienter arbeiten als die ehemaligen teilstaatlichen Unternehmen UBZ und CHL, abgewickelt. Aufgrund des Ersatzteilmangels sind Kraftfahrzeuge häufig nicht einsatzbereit. Dies führt wiederum zu Transportverzögerungen und Verlusten im Agrarbereich.

Eine besondere Stellung nimmt die Bahn ein. 85 % der Importe und 90 % aller Exporte werden mit der Eisenbahn transportiert. Gleichzeitig leidet die Bahn unter chronischem Mangel an Lokomotiven und Waggons. Im Januar 1990 suchte die sambische Eisenbahn ausländische Unterstützung für ihren Zehnjahresplan. Die TAZARA koppelte Anfang 1990 ihre Tarife an den US-Dollar. Das Schienennetz umfaßt ca. 2200 km.

Sambia verfügt über vier internationale Flughäfen in Lusaka, Livingstone, Ndola und seit November 1995 in Mfuwe. Daneben existieren in den größeren Städten und an wichtigen Punkten Inlandflughäfen. Nach dem Bankrott von Zambia Airways 1994 bildeten sich mehrere kleine, teilweise private Carrier wie z.B. Aero Zambia, Gateway, Roan Air und Express Airlines.

Malawi Das Straßennetz umfaßte 1990 in Malawi 13 647 km, wovon 2320 km asphaltiert waren. Bislang hatte man sich verkehrstechnisch auf den Süden des Landes konzentriert. Durch den Verlust der Bahnverbindung an den Indischen Ozean in Mosambik gewann auch der Norden Malawis an Bedeutung. Zur Verbesserung des Transportweges nach Dar-es-Salaam wurde der sog. *Northern Corridor* ausgebaut.

Malawi

Die Transportprobleme Malawis durch den Bürgerkrieg in Mosambik werden deutlich, wenn man sich einmal die Entfernungen vor Augen führt: Die alten Transportwege Blantyre-Beira und Blantyre–Nacala waren 649 bzw. 807 km lang. Die Verbindung nach Dar-es-Salaam war bereits 1784 km lang, von Blantyre nach Durban waren es auf der Tete-Korridor-Route schon 2661 km, auf der Strecke durch Sambia sogar 3762 km!

Die Bahn wurde in Malawi nur schwach ausgebaut. Das Streckennetz ist lediglich 829 km lang. Die beiden Verbindungen nach Mosambik waren vor dem Bürgerkrieg von wirtschaftlicher Bedeutung. In Nacala wurden vorwiegend Container abgefertigt, in Beira dagegen Schüttgut.

Die Binnenschiffahrt auf dem Malawisee hat schon jetzt eine herausragende Stellung im Personen- und Gütertransport, und soll auch noch weiter ausgebaut werden. Sie gewährleistet die Versorgung der Nordregion sowie der Likoma-Insel. Der Lake-Service untersteht der Malawi Railways. Anschluß zur Eisenbahn hat der Hafen in Chipoka.

Die nationale Fluggesellschaft Air Malawi bietet neben den Inlandstrekken auch einige regionale Verbindungen an. Aufgrund der erhöhten Treibstoffpreise arbeitet die Gesellschaft allerdings mit hohen Verlusten. Seit 1983 ist in Lilongwe der einzige Internationale Flughafen.

Naturschutz und Wildlife Management in Sambia

Schon im Lozi-Königreich gab es eine Art Naturschutzgesetz

Bis zur Ankunft der Europäer gab es im Gebiet des heutigen Sambia unermeßliche Wildtierherden. Seit uralten Zeiten existierte der Elfenbeinhandel, dennoch lebten hunderttausende Elefanten in der Region. Das Königreich Lozi im Barotseland kannte bereits ein traditionelles Gesetz zur Regulierung des Wildtierbestandes. Doch mit der Besiedlung durch die Weißen setzte bis Ende des 19. Jh. bereits eine so alarmierende Dezimierung ein, daß sich die Kolonialverwaltung - seinerzeit die BSAC - zu Anfang des 20. Jh. zu einer Jagdregulierung entschloß. Auf diese Weise entstanden die ersten Wildreservate, wobei die Reservate aber der Jagd dienten. Daneben wurden spezielle Elefantenjäger engagiert, die die Aufgabe hatten, marodierende und die Bevölkerung bedrohende Elefanten zu schießen. Durch den Schutz der Reservate konnte sich der Wildbestand deutlich erholen. Im Luangwatal waren zur Jahrhundertwende die Elefanten fast ausgestorben, 70 Jahre später lebten dort fast 100 000 Elefanten und mehrere tausend Nashörner. Im Laufe der Jahre haben sich die Jagdsafaris in Photosafaris und anschließend in Walking Safaris gewandelt.

1950 wurde das Kafue-Reservat zum ersten Nationalpark Sambias erklärt. Die meisten Reservate wurde in den 70er Jahren in Nationalparks umbenannt. Etwa um diese Zeit begann eine unglaubliche Ausweitung der Wilderei. Durch Sambias Unterstützung der nachbarschaft-

Die maßlose Wilderei der 70er Jahre hat verheerende Folgen für den Wildbestand

lichen Unabhängigkeitskämpfer kam es zu einem gehäuften Auftreten von Schußwaffen im Lande. Die Wilderei im großen Stil wurde möglich, internationale Absatzmärkte waren da, der Handel florierte und brachte Geld. Korruption und Unvermögen der Regierung, zudem das Abschieben jeglicher Verantwortung unterstützten diese dramatische Entwicklung. In nur zehn Jahren wurden dabei bis zu 80 % des Wildbestandes ausgerottet. Heute werden in Sambia noch 25 000 Elefanten vermutet, das Schwarze Nashorn ist ausgerottet.

Glücklicherweise ist in den letzten Jahren sehr viel gegen die Wilderei unternommen worden, das Wild kann sich durch gezielten Schutz in einigen Regionen bereits wieder gut erholen. Da in der Umgebung der Schutzzonen wenig verändert worden ist und die Tiere ihre alten Lebensbedingungen vorfinden, hat Sambia eine echte Chance auf erneute Wildzuwächse. Touristen erleben heute nach wie vor eine faszinierende Wildnis.

NPWS - die staatliche Verwaltung der Schutzzonen und Nationalparks

Die 19 Nationalparks werden vom *National Parks and Wildlife Service*, NPWS, verwaltet, welcher dem *Ministry of Tourism* untersteht. Um die Nationalparks liegen große Flächen *Game Management Area*, GMA. All diese Schutzzonen zusammen stellen fast 30 % der Landesfläche. Die GMA fungieren als Pufferzonen. Hier dürfen Menschen leben und auch kontrollierten Abbau der natürlichen Ressourcen betreiben. Teilweise leben in den Game Management Areas viele Wildtiere, und Jagdsafaris werden in diesen Gebieten genehmigt. Solche Einnahmen sollen nach dem sog. ADMADE-Programm teilweise wieder in die ansässigen Dorfgemeinschaften zurückfließen. Damit will man die Anwohner für den Naturschutz sensibilisieren und entsprechend entlohnen. Offiziell sollen die Einnahmen durch die kommerzielle Jagd zu 35 % in die ansässigen Gemeinden fließen, 25 % sollen dem NPWS zufließen und die restlichen 40 % der Regierung.

Der Konflikt mit den Tsetsefliegen

Eine Kontrolle der Nationalparks ist schwierig, und viele der Parks existieren eigentlich nur auf der Landkarte. (Es führen keine Straßen hindurch, es wird gewildert, und man sagt, in manchen Parks leben mehr Menschen als Wildtiere....) Viele der GMA waren von Tsetsefliegen verseucht und daher nicht als menschlicher Lebensraum geeignet. Der große Erfolg der Tsetse-Kampagnen der letzten Jahre führte zu einem Ansturm auf die bisher unbewohnten Gebiete. Zwangsläufige Folgen dieser Entwicklung sind die massive Abholzung alten Baumbestandes, Dezimierung des Wildbestands durch Wilderei und deutliche Einengung des Lebensraums für das Wild.

In den lokalen sambischen Sprachen werden die Begriffe 'das Wild' und 'das Fleisch' sprachlich nicht unterschieden, so z.B. in Njanja, wo beides '*Nyama*' heißt. Ebenso existiert keine sprachliche Unterscheidung zwischen einem Wilderer und einem Jäger. Dies zeigt, wie fremdartig moderne Naturschutzpolitik für die Menschen oftmals ist.

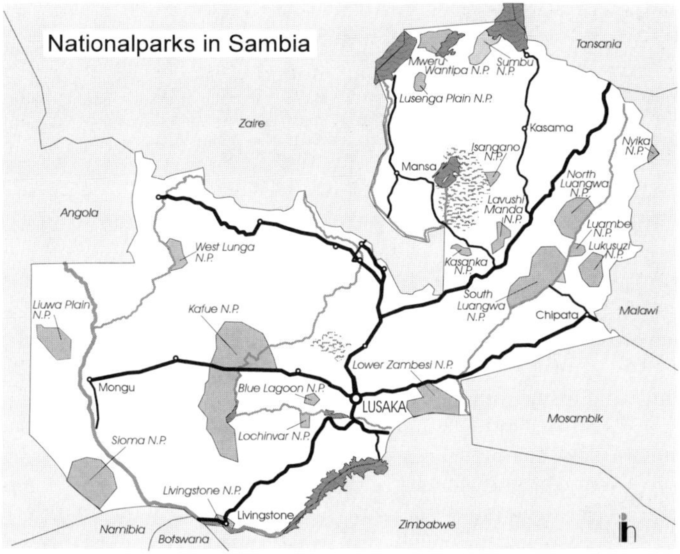

Da die Zukunft in den Händen der Kinder liegt, entstanden gezielte Naturschutz-Clubs für Schüler:

1973 wurde der Chongololo- oder Millipede-Club mit Unterstützung durch den WWF gegründet. Es wurden Clubmagazine publiziert und eine wöchentliche 30-Minuten-Radiosendung *Chongololo Club of the Air* ausgestrahlt. Die Kampagne für 7-14 jährige weitete sich zu einer landesweiten Bewegung naturbewußter junger Menschen aus. Mitte der 80er Jahre waren bereits 1000 Gruppen mit fast 40 000 Kindern registriert.

Kinder und Jugendliche sollen für den Naturschutz sensibilisiert werden

1980 wurde der Conservation Club für Schüler der Secondary Schools und Studenten ins Leben gerufen. Nach wenigen Jahren gab es auch diesmal weit über 100 aktive Gruppen mit über 5000 Mitgliedern. In mehrtägigen Kursen wurden Lehrer für den Schulunterricht in modernen Naturschutzfragen geschult. Schüler und Lehrer begrüßten diese Clubs, da ansonsten kein regulärer Schulunterricht für diesen Bereich vorgesehen war. Auch die Regierung unterstützte die Bewegung.

Im Juli 1985 trat in Sambia die *National Conservation Strategy for Zambia* in Kraft. Dieses Programm war von der Regierung mit Unterstützung durch den WWF und Beratern aus Schweden und Holland erstellt worden. Es arbeitet auf der Basis der *World Conservation Strategy* der Vereinten Nationen von 1980. Dabei handelt es sich um das erste Programm dieser Art in Afrika. Die langfristigen Ziele:

- Die Grundbedürfnisse der Bevölkerung durch die behutsame Nutzung der nationalen natürlichen Bestände zu sichern.
- Den Naturschutzgedanken vom Tierschutz auf andere Bereiche, wie Wasser, Wald, Energie, Fischerei und Industrie, auszuweiten.
- Einerseits Wachstum und andererseits Naturschutz gemeinsam zu erreichen und zu stabilisieren.

Naturschutz in Malawi

Im Kampf um den Lebensraum unterliegen die Wildtiere

Wo Platzmangel herrscht und die Menschen dringend Felder brauchen, da gibt es nirgendwo auf der Welt viel Sympathie für den Tierschutz. Die von Affen und Elefanten verursachten Ernteschäden und Plünderungen vergrößern die Tierliebe auch nicht unbedingt. Auf diese Weise wurden in Malawi die den Tieren vorbehaltenen Gebiete immer kleiner, die Pufferzonen schmäler und der Bevölkerungsdruck auf die unkultivierten Regionen größer... So wurden Gnu und Nashorn ausgerottet, und manche Tierart auf wenige Exemplare reduziert. Trotzdem leben in den fünf Nationalparks des Landes heute noch etwa 170 verschiedene Säugetiere und über 600 Vogelarten. Durch Wilderei und Eingrenzung des Lebensraums ist aber auch dieser Bestand nicht gesichert.

Einigermaßen gut sieht es noch im Malawisee aus. Von den 500 Fischarten sollen bis zu 95 % endemisch sein. Damit ist die Unterwasserwelt des Sees ein einzigartiges Paradies. Im Umkreis der Fischerdörfer ist der See allerdings bereits bedrohlich abgefischt und verschlammt. Seit die Fischer neue feinmaschige Netze verwenden, werden auch viele nicht eßbare Fische sowie der Nachwuchs abgefischt.

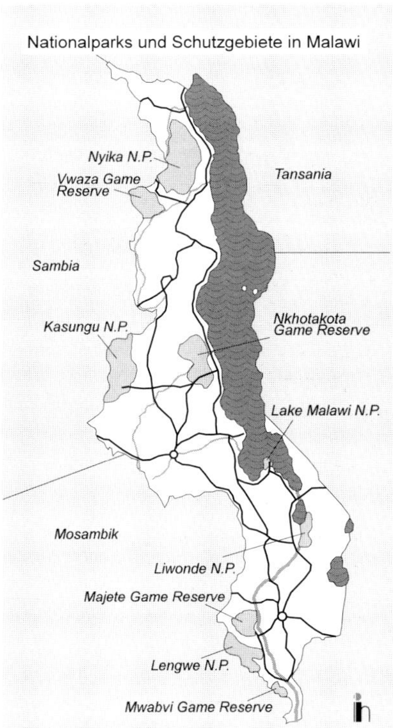

Im Shire wimmelte es einst von Flußpferden und Krokodilen. Beide sind stark zurückgegangen. Traurig ist die Vorstellung von der *Elephant-Marsh*, die ihren Namen von David Livingstone erhielt, als er bis zu 1000 Elefanten auf einmal sah. Heute gibt es dort keinen einzigen mehr.

Neben den fünf Nationalparks hat das Land vier Wildreservate und einige Waldschutzzonen eingerichtet, die kaum erschlossen sind. Ziel ist es, die Natur in diesen Regionen in Ruhe zu lassen. Selbstverständlich kann man in den malawischen Nationalparks Elefanten, Büffel, Antilopen und Zebras sehen. Doch können diese Erlebnisse den wachsamen Beobachter nicht darüber hinwegtäuschen, daß es in Malawi kaum noch die große Wildnis gibt. Auch die massive Abholzung ganzer Urwaldlandstriche stellt ein Problem dar. Mit den herrlichen alten Bäumen gehen auch die großen und kleinen Tiere verloren.

Zum Schluß aber noch etwas Positives: Vogelfreunde kommen in Malawi aufgrund der unterschiedlichen Höhenstufen auf ihre Kosten, und die Unterwasserwelt des Malawisees ist, wie schon gesagt, ein Naturwunder für sich.

Tourismus

Sambia

Sambia verfügt über ein großes Potential an touristischen Attraktionen. Als ausbaufähiger, devisenbringender Wirtschaftssektor steigt die Bedeutung des Tourismus zunehmend. Verglichen mit den Ländern südlich des Sambesi steckt der Tourismus in Sambia jedoch noch in den Kinderschuhen. Die Probleme beim Ausbau der Reiseindustrie sind u.a. die noch unzureichende Infrastruktur im Lande, das im Vergleich zu den meisten Nachbarländern hohe Preisleistungsverhältnis und ein niedriger Bekanntheitsgrad. Dagegen stehen großartige Attraktionen wie die Viktoriafälle, einige phantastische Nationalparks und viele authentische, unverdorbene Begegnungen mit noch nach alten Traditionen lebenden Menschen. Es entwickelt sich derzeit ein vielseitiges Angebot, das auf aktive Individualtouristen abzielt (Wandersafaris, Kanufahrten, Wildwasserfahrten). Sambia wirbt mit dem durchaus passenden Slogan *'Zambia - The Real Africa'*. Als touristischer Spätentwickler lernt Sambia aus den Fehlern der Nachbarstaaten. Es hat sich das Ziel gesetzt, anstelle von Quantität auf Qualität, Originalität und echte Wildnis zu bauen. Es ist kein Massenziel, sondern eines für Afrikakenner und -freunde. Als Auszeichnung für die stilvollen neuen Camps und Lodges wurde dem Land 1994 der Silver-Otter-Award verliehen. Um die Infrastruktur zu verbessern, wurden die Flughäfen Mfuwe und Livingstone zu internationalen Flughäfen ausgebaut. Der Besucherstatistik einer deutschen Touristikfachzeitschrift zufolge wurden 1993 insgesamt 157 625 Besucher in Sambia registriert. Diese Statistik umfaßt auch die Geschäftsreisenden und Verwandtenbesucher. Die Prognosen für die Zukunft sind positiv.

Malawi

Malawis Slogan heißt *'Malawi - The Warm Heart of Africa'*. Die Attraktionen des Landes sind sehr vielfältig. Allein der Malawisee stellt eine Einmaligkeit in Afrika dar: Der riesige See eignet sich für Bade- und Wassersport, ist ein Tauchparadies und gilt als weitgehend bilharziosefrei. Daneben bietet Malawi Bergmassive und Plateaus für Wanderungen. Fünf Nationalparks zeigen dem Besucher afrikanische Tierwelt und Wildnis in 'handlicher Form'. Die kurzen Distanzen vereinfachen das Reisen. Malawi eignet sich auch hervorragend als Kombinations-Reiseland. Entlang des Sees haben sich eine Reihe preisgünstiger Unterkünfte angesiedelt, das Angebot an Hotels ist aber noch unzureichend und soll ausgebaut werden. Eine Besuchertendenz zu individuellem Reisen und Ferienhaus, Motel oder Campingplatz wurde festgestellt. 1990 haben ca. 130 000 Gäste Malawi besucht. Die Prognosen für die Zukunft sind positiv, Malawi ist an einem stärkeren Ausbau des Tourismus interessiert.

Malawi ist Mitglied des regionalen Verkehrsausschusses SARTOC. Gemeinsam mit den Ländern Südafrika, Lesotho, Swaziland und den Komoren wird für den Tourismus geworben.

PFLANZEN UND TIERE

Typische Pflanzen in Sambia und Malawi

Die typischen Vegetationsformen

Beide Länder zeichnen sich durch eine unglaubliche Vielfalt an Pflanzenarten aus, so sind z.B. in Sambia mehr als 4600 verschiedene Pflanzen registriert worden, wovon über 200 endemisch sind. Die vorherrschenden Vegetationsformen sind

- sog. Miombowälder, das sind regengrüne, laubabwerfende Tropenwälder, deren Blätter sich in der Trockenzeit auffallend verfärben. Diese Waldart findet man zwischen dem Regenwaldgürtel und den Trockenwäldern im tropischen Afrika.
- Mopane-Busch und Waldlandschaften, die typisch für tiefliegende, heiße Regionen sind und südlich des Sambesi besonders weit verbreitet sind.
- Trockenwälder in sehr tiefliegenden Regionen mit Sandböden und sehr wenig Regen (Shiretal, Sambesital).

Eine Besonderheit stellen das Nyika Plateau und die umliegenden Berge mit alten Bergurwäldern und neuerdings riesigen Forsten dar. Der äußerste Norden deutet mit Dornbuschsavannen und Akazienwäldern bereits den Übergang zur ostafrikanischen Steppe an.

Der Miombo-Wald

Laubwald mit bemerkenswertem Artenreichtum

Die klassischen Bäume des Miombowaldes sind Bäume der *Brachystegia-Familie*, deren Samenkapseln manchmal explosiv aufbrechen und sich anschließend sofort spiralförmig eindrehen, und *Combretum-Bäume*, sog. Langfadengewächse, deren Früchte vier Flügel haben und in gelben, grünen, braunen und violetten Farben vorkommen. Auch Strandmandelgewächse, *Terminalia*, sind durchaus häufig.

Typischerweise sind die meisten Bäume dieser Waldart periodisch laubabwerfend. Durch den enormen Temperaturanstieg im Oktober ausgelöst, findet der Austrieb neuer Blätter bereits vor Beginn der Regenzeit statt.

Daß Blüten und Früchte oft direkt aus dem Stamm und dicken Ästen wachsen, ist eine Besonderheit blühender Bäume in den Tropen.

Ein auffallend schöner, mittelgroßer Baum mit runder Krone ist *Brachystegia bussei*. Er blüht weiß zu Beginn der Regenzeit und hat oval-längliche Samenkapseln. *Brachystegia taxifolia* ist ein ähnlicher Baum, der gerne auch an Dambos, den Flutebenen, wächst. Mit seinen explosionsartig aufbrechenden Samenkapseln ist auch der Msasa, *Brachystegia spiciformis*, markant und auffallend.

Weit verbreitet ist auch der kleine Baum *Dombeya rotundifolia* aus der Familie der Sterkuliengewächse, der sehr früh schneeweiße, flockige Blüten bekommt und daher in Namibia den Namen 'Südwester Schneeballstrauch' erhielt. *Ficus capensis* ist ein grosser Maulbeerbaum der Wald- und Sumpfgebiete. Er findet starke Verwendung in der afrikanischen Medizin.

Miombowald

Wegen seiner großen runden Samenfrucht relativ leicht zu identifizieren ist der Mukwabaum, *Pterocarpus angolensis.* Die haarige Kugel weist außen herum einen weichen, wellenförmigen Ring von etwa 3 cm Breite auf. Diese Früchte hängen oft monatelang am Baum. Wenn man den Mukwa anschneidet, tritt eine blutähnliche Flüssigkeit aus, die zum Färben verwendet wird. Der Baum ist sehr feuerresistent und bietet hervorragendes Holz für Paddel, Kanus und Speere.

Typische Erkennungsmerkmale sind Samenschoten und Fruchtkapseln

Cassia abbreviata ist ein kleinerer Akazienbaum der Kassia-Familie in Wäldern oder Dickicht, der gerne nahe Termitenhügeln steht. Seine auffälligen, bis zu 90 cm lange Samenschoten hängen monatelang am Baum. Die Wurzeln dieses Baumes wurden früher erfolgreich gegen das verheerende Schwarzwasserfieber eingesetzt.

Zur Malariabehandlung wurden in der traditionellen Medizin die Früchte der Bitteralbizia, *Albizia amara,* eingesetzt. Der Baum gilt auch als ein recht zuverlässiger Indikator für Tsetsefliegen.

Ein großer Baum der immergrünen Wälder im nördlichen Sambia ist der sog. 'Red Water Tree', *Erythrophleum suaveolens.* Sein hartes Holz findet Verwendung beim Eisenbahn-, Brücken- und Minenbau. Die Rinde enthält betäubende Alkaloide, die als Pfleil- und Fischgift eingesetzt werden.

Der Mopanewald

Mopane - ein Baum und sein Wurm

Mopanewälder sind die vorherrschende Vegetationsform in Zimbabwe, aber auch im südlichen Sambia und Malawi sind sie weit verbreitet. Ihr dominantester Baum, Mopane *(Colophospermum mopane)*, gab der Vegetationsform ihren Namen. Mopane kann bei günstigen Bedingungen bis zu 18 m hoch wachsen. Er wächst in heißen, trockenen Regionen und verträgt sogar schlechte, alkalische Böden, wobei er dann aber oft nur ein Busch bleibt. Er ist ein beliebtes Feuerholz und läßt sich leicht an seinen schmetterlingsförmigen Blättern erkennen.

An diesen Blättern findet man häufig den Mopanewurm *(Gonimbrasia Belina).* Viele Afrikaner sammeln die Würmer. Sie rösten und trocknen sie, als eine wichtige Proteinquelle in der sonst recht einseitigen Ernährung.

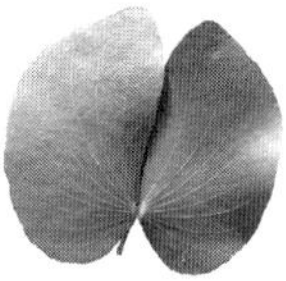

Das schmetterlingsförmige Mopane-Blatt

Falscher Mopane *(Guibourtia coleosperma)* sieht dem echten Mopane sehr ähnlich, hat jedoch einen rosaweißem Stamm. Teakholzbäume *(Baikiaea plurijuga)* weisen ein besonders hartes Holz auf und sind häufig in Mopanewäldern anzutreffen. Seine Samenkapseln brechen explosiv auf und streuen die Samen dabei weit aus. Teak blüht lila und ist ein attraktiver, schattenspendender Baum.

Ein weiterer Vertreter des Mopanewaldes ist der Mgozo, *Sterculia africana*, auch 'Tick Tree' oder 'African Star Chestnut' genannt. Seine pelzige Fruchtkapsel hat Ähnlichkeit mit der des Baobab. Er ist ein Vertreter der Kakaofamilie und steht gerne auf steinigen Böden.

Der Mgozo mit Fruchtkapseln

Die Sandseringe *Burkea africana* ist ein mittelgrosser Waldbaum, der wie der Mopane Raupen anlockt, die geröstet und verzehrt werden. *Combretum ghasalense*, Vierblattcombretum, aus der Familie der Langfadengewächse, ist ein weitverbreiteter kleiner Waldbaum. Auch Hülsenfrüchtler sind typisch für Mopanewald. Zu ihnen zählen *Acacia nigrescens*, eine Akazie, die oft monatelang ohne Blätter bleibt, und *Acacia sieberana*, die 'Papierrinden-Akazie'. Ihre Samenhülsen sind ein begehrtes Futter für Elefanten, Büffel, Antilopen oder auch Rinder. Akazien bevorzugen offene Waldlandschaften.

An Flußufern

Baumfrüchte, die aussehen wie geschälte Bananen

Flußufer und Bachbette weisen eine besonders große Vielfalt an Bäumen auf. Sehr markant ist der große 'Red Milkwood' *Mimusops zeyheri*, ein immergrüner Baum, der bis zu 1000 Jahre alt werden kann. Seine kleinen, ovalen, gelborangenen Samen enthalten sehr viel Vitamin C. Zwischen September und November trägt er weiße Blüten.

Größeres Glück braucht man, um ein Exemplar des Bananenbaums *Entandrophragma caudatum* zu entdecken. Er steht häufig an Gewässern auf steinigem Grund und trägt Fruchtkapseln, die, wenn sie aufspringen, wie geschälte Bananen am Baum hängen! Es ist der königliche Baum des Barotselandes. Aus seinem Holz wurde die Barke des Litunga gefertigt (siehe Kuomboka-Zeremonie).

Der Matumi oder Wilder Oleander, *Adina microcephala*, blüht in der Regenzeit weiß und hat eine schöne Krone mit langen Blättern. Der immergrüne Baum steht an Flußufern in niedrigen Lagen.

Sehr auffallend ist der Stamm des *Commiphora caerulea* aus der Myrrhe-Familie. Der Baum hat ein milchig-blaue Rinde, die abblättert. Am Itezhi-Tezhi-Stausee stehen einige sehr schöne Exemplare nahe dem David-Shepherd-Camp.

In den Niedrigzonen

Fieberbäume unter falschem Verdacht

Die trockenen Niederungen mit sandigen Böden und sehr hohen Temperaturen weisen eine spezielle Vegetation auf. Im unteren Shiretal sieht man viele der ungewöhnlichen Fieberbäume *(Acacia xanthophloea)*. Ihre gelben Stämme heben sich in der Trockenzeit ohne Blätter besonders stark hervor. Die ersten Forschungsreisenden und Missionare gaben dem Baum den Namen Fieberbaum, da sie ihn für den Auslöser der Malaria hielten. In der Tat wächst er in den besonders heißen, sumpfigen Niederungen, wo auch die Malaria wütet. Ansonsten hat er aber nichts mit der Krankheit zu tun.

Pod Mahogany *(Afzelia quanzensis)* ist ein großer, schattenspendender Baum der Tieflagen. Seine mahagonifarbenen Baumkapseln, die bis zu 10x17 cm groß werden, sind ein beliebtes Andenken. Bei günstigen Bedingungen kann er bis zu 35 m hoch wachsen. In der traditionellen Medizin werden seine Wurzeln gegen Bilharziose eingesetzt. Red Mahogany (*Khaya nyasica)* ist ein Mahagonibaum, der sogar bis zu 60 m hoch werden kann. Er gilt als wichtiger Holzlieferant für Möbel. Seine Rinde enthält Quinin, einen wichtigen Stoff gegen Malaria.

Der Farbkätzchenstrauch *Dichrostachys cinerea* ist ein akazienähnlicher Busch in niedrigen Höhenlagen, der als Indikator für überweidete Böden angesehen wird, weil er eine typische Sekundärpflanze ist. Er läßt sich leicht an seinen Samenhülsen erkennen, die wie verschlungenen Knäuel am Busch hängen.

Raffiapalme und ihre Frucht

Zu den Akazien der trockenen Niedrigzonen zählt die auffällige Ringelhülsenakazie *Acacia tortilis*. Sie wird bis zu 20 m hoch, hat eingeringelte Samenhülsen und gehört zu den Schirmakazien.

Besonders unangenehme Dornen hat der Giraffendorn oder Kameldorn *Acacia erioloba*. Büffeldorn *Ziziphus mucronata* entwickelt zwischen Mai und August kleine rote, eßbare Beeren. Auf trockenen Kalahari-Sandböden weitverbreitet ist *Schrebera trichoclada,* deren Samen an Birnen erinnern, wenn sie aufspringen.

Palmen

Flußufer, Sümpfe und Dambos sind klassische Standorte von Palmen. Riesige Palmenhaine findet man in der Gegend um Mangochi und im Shiretal.

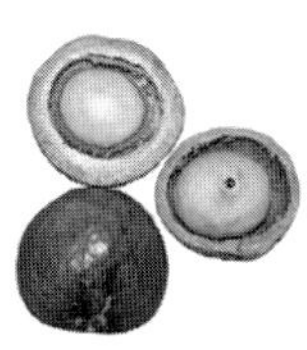

Fruchtkapseln mit dem sog. Palm-Ivory

Die 'Vegetable Ivory'-Palme *Hyphaene benguellensis* ist sehr häufig im südlichen Sambia in Ebenen, Pfannen und entlang des Sambesi zu sehen. Bis zu 2000 runde Früchte trägt eine einzelne Palme, die erst zwei Jahre reifen und nach weiteren zwei Jahren abfallen. Diese Früchte sind ein begehrtes Elefanten- und Affenfutter, wobei die Tiere zugleich als Samenverteiler dienen. Als Souvenirartikel werden die Früchte aufgesammelt und halbiert. Ihr hartes, weißes Inneres erinnert an Elfenbein. Aus den Früchten einer Palme kann außerdem bis zu 70 l Palmwein gewonnen werden. Die Palme selbst wächst sehr langsam.

Deleb- oder Palmyrapalme

Zum Verwechseln ähnlich sieht die Deleb- oder Palmyrapalme, *Borassus flabellifer*, aus. Auch diese Fächerpalme zählt zu den nützlichsten Pflanzen der Tropen. Aus den orangegelben Früchten werden Wein, Arrak und Zucker hergestellt. In Regionen, in denen Elefanten leben, ist die Delebpalme besonders stark verbreitet, da die Tiere die Samen unverdaut ausscheiden und auf diese Weise verteilen.

Auch die Wilde Dattelpalme *Phoenix reclinata* ist eine auffällige, attraktive Palme. Ihre orangefarbenen Früchte erinnern stark an Datteln. Man sieht sie z.B. bei Chitipa in Nordmalawi.

Raffia- oder Bastpalmen *Raphia farinifera* stehen gerne in Sumpfregionen und an Flußläufen. Ihre Blätter werden sehr groß und ausladend. Man fertigt daraus stabile Korbwaren.

Sukkulenten

Kandelabereuphorbie

Verschiedene Euphorbien aus der Gattung der Sukkulenten sind in Sambia und Malawi verbreitet. Die am häufigsten vorkommende ist die Kandelabereuphorbie *(Euphorbia candelabrum)*. Sie wird bis zu 10 m hoch und blüht in der Regenzeit gelbgrün. Sehr oft steht sie direkt an Termitenhügeln und es gibt unterschiedliche Ansichten, wer zuerst da war - der Termitenhügel oder die Euphorbie! Wenn man ihn verletzt, tritt Milchsaft aus, wodurch bewiesen wird, daß es sich um ein Wolfsmilchgewächs und nicht um einen Kaktus handelt. Die Heimat der Kandelabereuphorbie ist die Kalahari.

Baobab

Der Baobab - Wahrzeichen Afrikas

Der berühmteste Baum Afrikas ist wohl der Baobab oder Affenbrotbaum *Adansonia digitata*. Er zählt zu den Wollbäumen und kommt nur in niedrig-heißen Regionen in Afrika Vor. Der ungewöhnliche Baum gilt als extrem vital und zäh, manche Exemplare werden bis zu 3000 Jahre alt. Sein massiger Stamm ist ein Wasserspeicher, der in Trockenzeiten von Elefanten angezapft wird. Er hat grosse, weiße Blüten, die nur für etwa zwei Tage blühen, und ovale, samtige Früchte, die soviel Vitamin C enthalten, wie kaum eine andere Pflanze. Unzählige Legenden und Mythen befassen sich mit dem Baobab. Manche glauben, der Sud aus seinen Samen schütze vor Krokodilen, andere behaupten, Gott habe den Baum versehentlich verkehrt herum eingepflanzt. Hohle Baobabs

wurden früher als Versteck, Unterschlupf oder auch als Gefängnis verwendet. Der Baobab wird fast vollständig verwertet. Selbst seine jungen Blätter sind wie Spinat gekocht eßbar.

Ein weiteres Wollbaumgewächs ist der Kapokbaum *Ceiba pentandra,* der ursprünglich aus Amerika eingeführt wurde. Er hat sehr faltige Brettwurzeln und längliche Fruchtkapseln, die den Kapok, ein weißes, wollartiges Gewebe, enthalten.

Leberwurstbaum

Zu den ungewöhnlichsten Bäumen zählt zweifellos der Leberwurstbaum *Kigelia africana,* der in den niedrigen Zonen an Flußufern und in offenen Waldlandschaften anzutreffen ist (Luangwa, Sambesi). Seine Früchte werden bis zu 1 m lang und bis zu 10 kg schwer, da sie sehr viel Wasser enthalten. Sie hängen wie Leberwürste von den Zweigen herab. Solange sie unreif sind, sind sie giftig. Später werden sie allerdings zum Bierbrauen verwendet. In Hungersnöten wurden die Früchte auch gegessen, ansonsten sind sie ein beliebtes Futter für Mangusten, Hippos, Paviane u.s.w. Die dunkelroten, trompetenförmigen Blüten (der Baum gehört zu den Trompetenbaumgewächsen) verströmen abends einen unangenehmen Duft, der Fledermäuse zum Bestäuben anlockt.

Ein Baum voller Leberwürste!

Afrikanischer Regenbaum

Besondere Erwähnung verdient auch der Regenbaum *Lonchocarpus capassa.* Der mittelgroße, weitverbreitete Baum steht gerne an Flußläufen. Seinen Namen erhielt der Baum, weil er gelegentlich in der Trokkenzeit zu regnen scheint. Dafür ist ein kleines Insekt verantwortlich, das auf diesen Bäumen lebt. Um sich vor der starken Sonneneinstrahlung zu schützen, muß sich die Zikade (*Ptyelus grossus)* selbst mit sog. 'Kuckucksspucke' bedecken. Dazu saugt sie die Rinde an, produziert Spucke und scheidet sogleich fast reines Wasser aus, welches dann vom Baum zu tropfen scheint.

Marula

Der wichtigste Baum der großen Tonga-Zeremonie ist der Marulabaum *Sclerocarya birrea.* Seine Früchte enthalten viel Vitamin C und neigen zum Gären. Eine Überdosis seiner Früchte kann deshalb unangenehme Nebenwirkungen auslösen. Der Disney-Tierfilm *'Die Wüste lebt',* machte die Marulafrucht berühmt. In Südafrika wird daraus ein Likör gewonnen.

Zierpflanzen

Eine Reihe schöner Zierpflanzen wurde im Laufe der Jahre nach Zentralafrika eingeführt. Zu ihnen zählt der in Australien beheimatete Flammenbaum *(Brachychiton acerifolium),* der wegen seiner großen roten Blüten gerne in Gärten gepflanzt wird. Auch der Afrikanische Tulpenbaum *(Spathodea Campanulata)* hat große, scharlachrote Glockenblüten.

Den Korallen- oder Roten- Feuerbaum *(Erythrina abyssinica)* sieht man sehr häufig in den Gärten. Entlang der städtischen Straßen hat sich besonders der Jacaranda *(Jacaranda acutifolia) durchgesetzt.* Der in Brasilien beheimatete Baum hat ein sehr begehrtes, hartes Holz und blüht im September und Oktober wunderschön bläulich-lila.

Früchtetragende Bananenstaude

Nutzpflanzen

Unter den Nutzpflanzen sind die Bananenstaude und der Mangobaum besonders stark verbreitet.

Die Banane, *Musa sapientum,* ist eine Staude, denn sie hat keinen Stamm. Jede Staude entwickelt nur einen Fruchtstand mit ca. 80 bis 250 Bananen und einer violetten Blüte. Es gibt etwa 60 verschiedene Bananenarten, wobei die Obst- und die Mehlbanane die bekanntesten sind. Die langen Blätter sind oft zerrissen, wodurch sie Stürmen besser standhalten können.

Der Mangobaum, *Mangifera indica,* ist ein schöner Baum mit dichten Blättern und runder Krone, der sehr guten Schatten spendet. Er ist praktisch in allen Dörfern zu finden. Ursprünglich kommt er aus Asien und kann bis zu 20 m hoch wachsen. Im Mai/Juni wachsen die grünen Früchte heran und reifen bis zu Beginn der Regenzeit orangerot.

Die Tierwelt in Sambia und Malawi

Die Vielfalt der Tierwelt in Afrika, insbesondere die der Säugetiere, ist auf der Welt einmalig. Über 100 verschiedene Säugetiere leben in Sambia und Malawi, mehr als 70 Schlangenarten, hunderte verschiedener Vögel und eine unglaubliche Vielfalt an Reptilien und Kleintieren. Für viele Besucher stellt dieser Artenreichtum das Hauptmotiv ihrer Reise dar.

Pflanzenfresser, Raubtiere und Primaten

Die wissenschaftliche Zuordnung in Tiergruppen

Die Säugetiere werden allgemein in Pflanzenfresser, Fleischfresser und Herrentiere unterteilt. Die meisten Pflanzenfresser, wie Böcke und Antilopen, sind tagaktive Herdentiere, wobei sich das Weiden meist auf die kühleren Stunden beschränkt. An bedeckten Tagen und in mondhellen Nächten sind die Tiere aktiver und bei starker Bejagung können sie sich sogar zu reinen Nachttieren entwickeln. Die Pflanzenfresser werden in verschiedene Untergruppen gegliedert. Diese Gruppen sind Paarhufer (Giraffen, Schweine, Flußpferde, Ducker, Böcke, Kleinantilopen, Rinder), Unpaarhufer (Zebras, Nashörner), Schliefer, Rüsseltiere, Schuppentiere, Röhrenzähner, Hasen- und Nagetiere.

Die Raubtiere werden in Katzen (Geparde, Panther und Ginsterkatzen), Schleichkatzen, Hunde, Marder und Hyänen unterteilt. Die Katzen sind überwiegend scheue, nachtaktive Einzelgänger. Löwen bilden hier eine Ausnahme, denn sie leben und jagen als Rudel wie auch die Hyänen und Hyänenhunde.

Die dritte große Gruppe bilden die Primaten, die auch als Herrentiere bezeichnet werden. In Sambia und Malawi sind aus dieser Gruppe einige Hundsaffen (Meerkatzen, Paviane) und Halbaffen oder Loris (Galagos) vertreten.

Elefant *Loxodonta africana*

Elefanten fressen bis zu 200 kg pro Tag

Größtes Säugetier der Welt und das Symbol für Afrika schlechthin ist der Elefant. Er kann bis zu 4 Meter groß und 5000 bis 6000 kg schwer werden. Allein sein Herz wiegt schon 25 kg! Sein Rüssel wird 2m und jeder Stoßzahn bis 3,5m lang und 30 kg schwer.

Elefanten haben einst in ganz Afrika bis auf 5000m Höhe gelebt. Aufgrund des enormen Futter- und Wasserbedarfs (300l Wasser und 100-200 kg Grünzeug pro Tag) wandern Elefanten bis zu 500 km weit. Durch Wilderei und durch die Zerstörung der jahrhundertealten 'Elefantenpfade' durch Straßen, Zäune und Ortschaften wurde ihr Lebensraum nahezu überall auf die ausgewiesenen Nationalparks und Schutzzonen eingeschränkt.

Ein Elefant wird nach 22 Monaten Tragezeit geboren und wiegt bei seiner Geburt bereits 90 kg. Mit 10-12 Jahren wird er geschlechtsreif, interessanterweise aber bei starker Überpopulation erste viele Jahre

später. Eine Elefantenkuh bringt in ihrem Leben etwa 10 Kälber zur Welt. Außer dem Menschen haben Elefanten keine natürlichen Feinde. Sie können bis zu 60 Jahre alt werden. Daß ihre derzeitige durchschnittliche Lebenserwartung nur 15 Jahre beträgt, haben sie diesem einzigen Feind zu verdanken.
Das wichtigste Körperteil des Elefanten ist der Rüssel. Mit ihm atmet und riecht er, und er benützt ihn zum Trinken, Greifen und Schlagen. Elefanten riechen und hören ausgezeichnet. Das Sehvermögen ist mittelmäßig, wobei sie in der Dämmerung besser sehen als im Tageslicht. Elefanten baden gerne. Anschließend suhlen sie im Schlamm oder bespritzen sich mit viel Staub, den sie später an Bäumen oder Termitenhügeln abreiben. Dieser Vorgang schützt die Haut vor Austrocknung. Beim Fressen gehen die Tiere sehr verschwenderisch mit ihrer Umgebung um. Um an Zweige und Blätter zu gelangen, werden Bäume oft entwurzelt oder abgebrochen.

Friedfertige Dickhäuter mit einem ausgeprägten Famliensinn

Das beeindruckendste an den friedlichen Dickhäutern ist ihr ausgeprägtes Sozialverhalten. Die weiblichen Tiere und alle Jungtiere leben in geschlossenen Familienverbänden. Vielfach leben mehrere Generationen von Müttern und Töchtern miteinander und werden immer von einer erfahrenen, alten Leitkuh angeführt. Die Bullen bleiben in jungen Jahren auch in kleinen, lockeren Gruppen zusammen und treffen die weiblichen Herden nur zur Paarung. Alte Bullen werden Einzelgänger. Elefanten sind auffallend friedlich, liebevoll und umsorgend zueinander. Ihre Familienbande sind eng und bleiben lebenslang bestehen. Sie trauern um verletzte oder getötete Artgenossen, halten manchmal Totenwache und decken dann den Körper des toten Tieres mit Zweigen ab. Dieses Verhalten ist sogar schon gegenüber verletzten Menschen aufgetreten. Die Leitkuh muß besonders erfahren und weise sein, denn sie muß wissen, wo z.B. in Dürrezeiten nach Wasser gegraben werden muß, welche Pfade sicher sind, wo Gefahren lauern und wie sich die Familie dann verhalten muß. Dieses Wissen vermittelt sie im Laufe vieler Jahre an die Jüngeren. Der massive Abschuß gerade der älteren Tiere (wegen der längeren Stoßzähne) durch die Wilderei hat deshalb neben der allgemeinen Dezimierung der Elefanten auch eine besonders tragische Auswirkung auf die Überlebensfähigkeit des Nachwuchses. Wo früher alte Kühe 80 bis 100 Tiere anführten, müssen heute Kleingruppen aus 15 Tieren mit einer verschreckten, unerfahrenen, vielleicht 20jährigen Leitkuh überleben.

Giraffe *Giraffa camelopardalis*

Das höchste Lebewesen der Welt, die Giraffe, gibt es nur in Afrika. Sie lebt in Busch- und Baumsavannen, Miombo-Waldlandschaften und ganz besonders gern in Akazienwäldern.

Giraffen wachsen über 5 Meter hoch und werden bis zu 800 kg schwer. Sie können über einen Kilometer weit sehen und dabei auch Farben unterscheiden.

Nach etwa 440 Tagen Tragezeit wird ein 70 kg schweres Jungtier geboren, das bereits nach einer Stunde laufen können muß. Die Mutter-Kind-Beziehung ist nur sehr locker. Nach 10 Jahren ist eine Giraffe ausgewachsen. In Gefangenschaft kann sie bis zu 28 Jahre alt werden.

Eine ausgewachsenen Giraffe hat wenig Feinde. Sie verteidigt sich gegen Angreifer mit gezielten Hufschlägen. Schutzlos und gefährdet ist sie allerdings während des Trinkens, weshalb sie oft sehr lange zögert, bis sie sich zum Wasser niederbeugt. Sie trinkt dann bis zu 50 Liter und kann damit eine ganze Woche auskommen.

Warzenschwein *Phacochoerus aethiopicus*

Suhlen, Wälzen und Weiden sind die Haupttätigkeiten der Warzenschweine

Warzenschweine leben in ganz Afrika südliche der Sahara in offenen Grasflächen und lichten Savannen. Sie meiden dichten Wald oder felsige Steilhänge. Innerhalb des Familienverbands leben sie standorttreu in festen Wohn- und Schlafhöhlen. Das Weibchen wirft 2 4 Jungtiere, die 4 Monate gesäugt werden und bereits nach einer Woche der Mutter ins Freie folgen. Sie können bis zu 18 Jahre alt werden.

Gerne suhlen sie in Wasser- oder Schlammlöchern. Ihr Sehvermögen ist ausgezeichnet und ihren Feinden (Löwe, Leopard) entkommen sie meist durch Flucht. Die bis zu 150 kg schweren Tiere verteidigen ihre Familie mutig mit den unteren Eckzähnen (Hauern).

Warzenschweine fressen in erster Linie Gras. Sie meiden im allgemeinen menschliche Siedlungen, wobei sich allerdings in manchen Regionen (Viktoriafälle) Warzenschweine auf die regelmäßige Inspektion von Mülltonnen auf Campingplätzen spezialisiert haben!

Hippo nachts beim Grasen

Flußpferd *Hippopotamus amphibius*

Flußpferde leben in trägen Gewässern mit flachen Uferstellen und Sandbänken bei einer Wassertemperatur von 18-35°C und manchmal sogar im Meer. Man trifft sie bis auf 2000 m Höhe. Im wasserreichen Sambia zählen sie zu den besonders typischen Wildtieren. Hippos werden bis zu 4 Tonnen schwer und können 45 Jahre alt werden. Sie gelten als das für den Menschen gefährlichste Tier in Afrika.

Hippos haben eine nackte Haut mit vielen Schleimdrüsen und an den Füßen Ansätze von Schwimmhäuten. Gewöhnlich tauchen sie 2-5 Minuten, doch können sie in Ausnahmesituationen bis zu 15 Minuten unter Wasser bleiben. Die meiste Zeit verbringen sie träge im Wasser oder ruhend auf den Sandbänken und am Ufer. Hippos verhalten sich relativ laut, sie schnauben, brüllen und wiehern. Das Maulaufreißen ist ein Zeichen der Aggression. Der Lebensraum ist in strikte Territorien eingeteilt, die von der jeweiligen Gruppe streng verteidigt werden. Dazu zählen auch der Uferbereich und die fest ausgetretenen Wechsel (markierte Trampelpfade). Abends verlassen die Flußpferde das Wasser entlang dieser Wechsel, um an Land zu fressen. Pro Mahlzeit vertilgen sie bis zu 60 kg Gräser. Ihr Hauptfeind ist der Mensch. Nur gelegentlich werden einzelne Hippos von Löwen angefallen oder Jungtiere von Krokodilen erlegt.

Rüde Erziehung und strenge Territorien

Flußpferde gehen eher grob miteinander um. Die Rangkämpfe der geschlechtsreifen Männchen verlaufen nicht selten brutal. Die Tiere versuchen dabei dem Gegner die Vorderfüße zu brechen, was den Hungertod zur Folge hat. Tritt ein Männchen unerlaubt in das Territorium der Mutter- und Jungtiere ein, wird es mit Gewalt vertrieben. Auch die Jungtiere werden von den Müttern sehr roh und streng erzogen. Man vermutet, daß die Kleinen dadurch auf das kämpferische Leben vorbereitet werden sollen.

Kronen- oder Steppenducker *Cephalophus grimmia*

Diese sehr kampflustige Kleinantilope ist in beiden Länder weitverbreitet. Die Angewohnheit, bei Störung mit gesenktem Kopf fortzuschleichen, verlieh dem Steppenducker seinen Namen. Die Tiere halten sich stets in Dickicht oder Gehölz auf, sind ortstreu, bei Bejagung nachtaktiv und können bis zu 12 Jahre alt werden. Sie fressen neben Blättern auch Kleintiere und Bodenvögel (Perlhühner).

Oribi oder Bleichböckchen *Ourebia ourebi*

Das Oribi lebt in offenen Grassavannen mit niedrigem Bewuchs. Bei Störung oder Gefahr duckt es sich zunächst, um dann plötzlich mit einem pfiffartigen Laut aufzuspringen und davonzulaufen.

Waldböcke

Die Böcke sind in verschiedene Unterfamilien gegliedert (Wald-, Pferde- und Ried- oder Wasserböcke). Waldböcke sind scheue Waldbewohner mit weißen Abzeichen auf dem Rumpf (Linien oder Punkte). Sie haben gute Augen, Ohren und Nasen und können über 2 Meter weit springen. Zu dieser Gattung zählen:

Schirrantilope oder Buschbock *Tragelaphus scriptus*

Die rehartigen Schirrantilopen sind in Riedgräsern und Galeriewäldern nahe Gewässern beheimatet. Sie leben überwiegend als Einzelgänger, oft aber in Gesellschaft von Pavianen oder Meerkatzen und sind sehr ortstreu. Bei Gefahr verteidigen sie sich mutig und gelten als gute Schwimmer und Springer. Ihr größter Feind ist der Leopard.

Tieflandnyala *Tragelaphus angasi*

Das Nyala lebt in Kleingruppen in Wassernähe und ist durch seine quer über den Rumpf verlaufenden weißen Streifen eine imposante Erscheinung. In vielen Regionen ist das Nyala ausgerottet worden, man kann es aber noch besonders gut im Lengwe Nationalpark in Malawi beobachten.

Sumpfantilope oder Sitatunga *Tragelaphus spekii*

Das Sitatunga lebt völlig verdeckt in dichten Sumpfwäldern, Papyrussümpfen oder auf Waldinseln in Sümpfen. Tief im Wasser stakend verläßt die Antilope nie den Schutz des Sumpfes. Dennoch ist sie nahezu ausgerottet.

Bei Gefahr versteckt sie sich, indem sie bis zur Nasenspitze im Wasser eintaucht. Gegen ihre Feinde (Leopard, Krokodil, Python und Mensch) verteidigt sie sich sehr mutig. Ihre Erscheinung ist ausgesprochen graziös. Der Kasanka N.P. gilt als einer der besten Beobachtungsplätze für Sitatunga in Afrika.

Weibliche Schirrantilope

Kudumutter mit Jungtier

Kudu oder Großkudu *Tragelaphus strepsiceros*

Kudus haben eine feine, weiße Linienzeichnung auf dem Rücken und die Männchen weit geschraubte Hörner. Sie leben in kleinen Gruppen in Akazienwäldern und in steinigem Berg- und Buschland. Bei Gefahr fliehen Kudus frühzeitig und springen dabei über 2,5 m hoch. Wenn sie in Bedrängnis geraten, verteidigen sie sich jedoch nicht. In Freiheit wird ein Kudu etwa 8 Jahre alt, in Gefangenschaft aber bis zu 23 Jahre.

Elenantilope *Tragelaphus oryx*

Diese rindergroße Antilope ist der größte Waldbock Afrikas und wird bis zu 1000 kg schwer. Sie lebt in offenen Savannen, ist scheu, meidet Menschen, verteidigt sich bei Gefahr aber sehr mutig.

Pferdeböcke

Pferdeböcke sind pferdegroße Antilopen mit langen bogenförmigen oder locker geschraubten Hörnern, die in offenen Buschwäldern verbreitet sind.

Pferdeantilope *Hippotragus aquinus*

Pferdeantilopen leben in kleinen Gruppen in Galeriewäldern. Die bis zu 300 kg schweren Tiere suchen häufig die Gesellschaft von Zebras, Büffeln oder Gnus. Bei Gefahr greifen sie notfalls sogar selbst den Angreifer an.

Rappenantilope *Hippotragus niger*

Die dunkle Rappenantilope hat ein fast schwarzes Fell. Durch ihre langen, säbelartig gebogenen Hörner wirkt sie ausgesprochen majestätisch.

Kuhantilopen

Zur Familie der Kuhantilopen zählen die neugierige Leier- oder Halbmondantilope *(Damaliscus lunatus)*, auch Tsessebe genannt, und die Lichtenstein-Kuhantilope *(Alcelaphus lichtensteini)*. Beide Arten sieht man manchmal auf Erhebungen wie Termitenhügeln 'Wachestehen'. Sie reagieren auch auf die Alarmrufe anderer Antilopen oder Perlhühner.

Weißbart- oder Streifengnu *Connochaetes cooksoni*

Auch Gnus zählen zu den Kuhantilopen. Sie sind in offenen Savannen und Steppen beheimatet. Im Luangwatal ist das Nördliche Streifengnu endemisch. Da Gnus nur Gräser bis 10 cm Höhe fressen, glaubt man, daß Buschbrände für ihr Überleben notwendig sind. Gnus leben in Großherden, die weite Wanderungen unternehmen, wenn es der Lebensraum zuläßt (Serengeti). Ihr größter Feind sind Löwen. Nach der Geburt steht das Neugeborene bereits nach 3-5 Minuten auf und folgt der Mutter.

Ried- und Wasserböcke

Ried- und Wasserböcke sind etwa hirschgroße Schwemmlandbewohner. Zu ihnen zählen z.B. der Großriedbock *(Redunca arun dinun)* und die Moorantilope *Kobus leche* (siehe Bangweulusümpfe und Lochinvar Nationalpark).

Wasserbock *Kobus ellipsiprymnus*

Der Wasserbock befindet sich immer in der Nähe von Gewässer, um bei Gefahr dorthin zu fliehen. Im allgemeinen wird er von Raubkatzen verschont, solange ausreichend anderes Wild vorhanden ist, denn sein Fleisch ist faserig, zäh und riecht nach Moschus. Ein auffälliges Erkennungszeichen des Wasserbocks ist sein von einem weißen Kreis umrahmter Spiegel.

Puku oder Grasantilope *Kobus vardoni*

Pukus sind in Südsambia und Malawi weit verbreitet. Sie sind etwa rehgroß und bewohnen in Gruppen bis zu 40 Tieren die Waldränder und buschigen Grasflächen in Wassernähe (z.B. am Luangwa). Ihr markanter Warnruf ist ein kurzer heller Pfiff, der bis zu fünfmal wiederholt wird.

Impala oder Schwarzfersenantilope *Aepyceros melampus*

Das Impala gilt als eigene Gattung unter den Paarhufern. Die etwa hirschgroße Antilope lebt in geselligen, großen Herden und hält sich gerne in Gesellschaft von anderen Huftieren auf. Sie ist sehr ortstreu und bevorzugt Mopane- und Miombowälder. Ihr Sehvermögen ist schlecht, dafür riecht und hört sie ausgezeichnet. Auf der Flucht kann ein Impala bis zu 60 km/h schnell laufen und macht dabei bis 3 m hohe und 10 m weite Orientierungssprünge.

Kaffernbüffel *Syncerus caffer*

Die Familie der Echtrinder wird in Sambia und Malawi durch die Kaffernbüffel vertreten. Die 800 kg schweren Büffel leben überwiegend in geschlossenen Herden in Wäldern, Savannen und Grassteppen, immer jedoch in Wassernähe. Büffel sehen und hören schlecht. Ihr Hauptfeind ist der Löwe. Bei einem Angriff verteidigt sich der Büffel allerdings mutig und nicht selten wird dabei der Löwe verletzt oder sogar getötet. Alte Einzelgänger greifen unter Umständen auch Menschen an.

Puku und Kaffernbüffel

Leben ohne Horn - die Zukunft der Nashörner?

Zur Gruppe der Unpaarhufer zählen die beiden Untergruppen Einhufer (Zebras) und Nashörner.

Nashorn

Die Nashörner werden in die beiden Arten Schwarzes oder Spitzmaulnashorn *(Diceros bicornis)* und Weißes oder Breitmaulnashorn (*Cerato-therium simum*) unterteilt.

Die beiden friedlichen, plumpen Pflanzenfresser sehen sehr schlecht, können aber mehrere Kilometer weit hören und riechen. Es sind gemütliche Zeitgenossen, die allen Konfrontationen lieber aus dem Weg gehen. Ist aber die Fluchtdistanz überschritten oder das Nashorn irritiert, kann es zu kraftvollen Angriffen oder Scheinangriffen kommen. Dabei senkt es den Kopf, schnaubt und prescht mit enormer Geschwindigkeit (über 50 km/h) auf sein Ziel los.

Nashörner haben außer dem Menschen fast keine Feinde. Spitzmaulnashörner werden gelegentlich von Löwen angegriffen. Die deutlich größeren und helleren Breitmaulnashörner werden von allen Tieren in Ruhe gelassen. Nashörner fressen sehr unterschiedliche, nahrhafte Blätter und Gräser. Dabei können sie auch Pflanzen verdauen, die für den Menschen hochgiftig sind.

In Sambia und Malawi sind die natürlichen Bestände an Nashörnern vermutlich ausgerottet. Vereinzelt versucht man heute, Nashörner wieder zu integrieren, wobei sie dann entweder rund um die Uhr bewacht (Liwonde Nationalpark) oder enthornt werden müssen (Livingstone Game Park).

Steppenzebra *Hippotigris*

In Zentralafrika werden die meisten Fohlen von Juni bis September geboren

Das Steppenzebra ist im östlichen und südliche Afrika weit verbreitet und in zahlreiche Unterarten gegliedert. Entlang des Sambesi und Luangwa lebt das sog. Böhmzebra. Es hat schwarze Streifen auf weißer Grundfarbe, auch seine Beine sind gestreift. Noch enger und zahlreicher sind die schwarzen Streifen beim Selouszebra, welches man in beiden Ländern sehr häufig antrifft.

Zebras werden bis zu 350 kg schwer und leben in engen, harmonischen Familienverbänden. Sie gesellen sich gerne zu anderen Huftieren, wie Giraffen und Gnus. Ihr Gehör ist sehr gut, das Seh- und Riechvermögen dafür schwächer. Ihr typischer Laut ist ein pferdeähnliches Wiehern. Neugeborene Fohlen erkennen ihre Mutter erst nach mehreren Tagen, bis dahin zeigen sie eine angeborene Nachfolgereaktion. Aus diesem Grund verjagen die Mütter in den ersten Tagen alle anderen Tiere aus der Nähe des Fohlens.

Schliefer *Dendrohyrax arboreus*

Die Familie der Schliefer umfaßt die Baum-, Steppen- und Klippschliefer. Die possierlichen, kaninchenartigen Huftiere haben kurze, runde Ohren und kurze Beine. Sie erinnern ein wenig an übergroße Meerschweinchen. Schliefer sind neugierige, wendige Pflanzenfresser, die gesellig in Felsen und Bäumen leben.

Klippschliefer wärmen sich morgens durch Sonnenbäder auf

Raubtiere

Löwe *Panthera leo*

Er gilt als der König der Tiere und genauso verhält er sich auch! Selbstgefällig und sehr träge ruht er bis zu 20 Stunden am Tag. Als einzige Katzenart lebt er in Familienrudeln. Allerdings beweist er wenig Familiensinn, denn nach einem Riß fressen immer zuerst die männlichen Tiere, dann die Weibchen und zuletzt die Jungtiere. Bei Futtermangel verhungert der Nachwuchs. Auch Kannibalismus kommt vor.

Bei den Löwen ist die Jagd meist Frauensache

Löwen werden bis zu 200 kg schwer und können sehr gut schwimmen und klettern. Ihr Brüllen ist bis zu 8 km weit hörbar. Außer in dichten Wäldern sind Löwen praktisch überall lebensfähig. Ihre Jagdmethode besteht aus vorsichtigem Anschleichen, dann folgt ein kurzer, schneller Ansprung (bis 65 km/h) und das Töten der Beute durch Kehlbiß oder Genickbruch. Sie fressen bevorzugt die Eingeweide der Beutetiere.

Löwen haben keine Feinde und können bis zu 30 Jahre alt werden. Es kann allerdings passieren, daß sie von mutigen Beutetieren getötet (z.B. aufgespießt) werden. Verletzte Löwen greifen auch Menschen an.

Nach gut 100 Tagen Tragezeit wirft eine Löwin 1-6 Junge. Die Säugezeit beträgt 6 Monate. Nach 2 Jahren sind Löwen jagdfähig und nach 5-6 Jahren ausgewachsen.

Leoparden können notfalls monatelang ohne Wasser auskommen

Leopard *Panthera pardus*

Die muskulösen und geschmeidigen Pantherkatzen werden nur etwa 85 kg schwer. Sie sind scheue Einzelgänger, die ihre erlegte Beute auf Bäume schleppen, um sie nach und nach zu verzehren. Leoparden sind sehr gewandt in steinigem, steilen Gelände und gute Schwimmer. Besonders beliebte Beutetiere sind Affen und Haushunde. Leoparden können besonders gut auf Nachtpirschfahrten im Luangwatal beobachtet werden.

Geparde verabscheuen Aas und kehren niemals zu ihrem Riß zurück

Gepard *Acinonyx jubatus*

Der Gepard hat eine windhundartige Gestalt mit sehr langen, dünnen Beinen und einem kleinen Kopf. Er wird nur etwa 60 kg schwer, lebt als Einzelgänger und weicht Begegnungen mit Artgenossen aus. Da der Gepard von Natur aus friedlich ist, kann er leicht domestiziert werden. Er bewohnt offene Landschaften bis in 2000 Meter Höhe, ist aber in ganz Afrika vom Aussterben bedroht. Etwa die Hälfte der Jungtiere wird von anderen Raubtieren gefressen.

Eine Weltrekordleistung stellt der Gepard bei der Jagd auf: Er schleicht sich zunächst an die Beute heran und legt dann die letzten hundert Meter in einem atemberaubenden Sprint zurück. Dabei kann er einen halben Kilometer mit 80 km/h zurücklegen, erreicht Spitzengeschwindigkeiten von 110 km/h und macht über 7 Meter weite Sprünge!

Streifenschakal *Canis adustus*

Schakale sind kleine, fuchsähnliche Jäger, die niedrig bewachsene Savannen bewohnen. Die nachtaktiven Tiere ernähren sich hauptsächlich von Aas, Früchten, Vögeln und Kriechtieren. Sie zeigen ein ängstliches Verhalten und verteidigen sich nur schwach. Schakale gehen eine Lebensehe ein und ziehen die Jungen gemeinsam auf. Sie können etwa 10 -12 Jahre alt werden.

Hyänenhund *Lycaon pictus*

Hyänenhunde haben ein auffallendes Äußeres: Der Körper ist sehr schmal, die Beine lang und dünn, die Ohren sind groß und rundlich. Die Tiere sind am ganzen Körper von unregelmäßigen Flecken in den

Hyänenhunde sind in ganz Afrika vom Aussterben bedroht

Farbvariationen weiß, gelb, braun und schwarz bedeckt. Jedes Tier weist eine andere Färbung auf, nur am Schwanzende sind alle weiß. Hyänenhunde leben in Rudeln von etwa 6 Tieren nomadisch in mehreren tausend km² großen Revieren. Sie jagen Großwild gemeinsam in einer Hetzjagd mit Geschwindigkeiten bis zu 55 km/h. Der Bestand der Hyänenhunde ist heute überall in Afrika akut gefährdet, da die Tiere lange Zeit zum Abschuß freigegeben worden waren.

Tüpfelhyäne *Crocuta*

Tagsüber ruhen Hyänen in Erdhöhlen oder Gebüsch

Hyänen leben in Rudeln mit etwa 20 Tieren in markierten Territorien. Sie sind ortstreue Nachtjäger mit ausgezeichnetem Seh-, Hör- und Riechvermögen. Innerhalb ihrer Gemeinschaft dominieren die Weibchen. Vor einem Angriff oder Beutezug hört man oft das typische Heulen der Hyänen: ein 2-3 Sekunden andauernder gezogener Heulton, der bis zu 15 mal wiederholt wird. Das schaurige Gelächter, das gelegentlich zu hören ist, ist ein Angstruf der Hyänen.

Sie sind beim Fressen nicht gerade wählerisch. Die Beute wird mit Haut, Haaren und Knochen verschlungen, Aas und selbst tote Artgenossen werden nicht verschmäht. Einzelne Fußgänger können nachts von einem Hyänenrudel attackiert werden.

Zebramangusten leben in großen Trupps zusammen

Zu den weitverbreiteten Fleischfressern zählen auch die Mangusten. In Sambia und Malawi leben die Unterarten Rot-, Sumpf-, Buschschwanz- und Weißschwanzichneumon, sowie die Zebramanguste. Unter dem Namen *Pharaonenratte* kommt eine der Unterarten selbst im südlichen Europa vor.

Primaten

Steppenpavian *Papio cynocephalus*

Die am Boden lebenden Paviane gliedern sich in zahlreiche Unterarten. In Sambia und Malawi sind der Küstenpavian, der Zwergpavian und der Große Tschakma vertreten.

Paviane leben in großen Gruppen von 20 bis 80 Tieren und bevorzugen offene Landschaften, Savannen, Galeriewälder und felsiges Gelände. Die Männchen können bis zu 50 kg schwer und über einen Meter groß werden und sind ausgesprochen mutig und kampflustig. Sie greifen einen Feind als geschlossene Horde an und sind für Raubtiere dadurch nicht ungefährlich. Die größte Gefahr droht ihnen durch die Leoparden, aber auch Krokodile, Pythonschlangen, Hyänenhunde und Löwen zählen zu ihren Feinden.

Paviane sind Allesfresser. Alte Männchen fressen gelegentlich sogar Jungtiere aus der eigenen Horde.

Gegenseitige Körperpflege als Zeichen der Zuneigung

Grüne Meerkatze

Cercopithecus aethiops

Diese knapp 8 kg schweren, munteren Gesellen leben in Trupps bis zu 60 Tieren und sind tagaktiv. In Sambia und Malawi ist die *Malbrouck-Grünmeerkatze* beheimatet, am südlichen Malawisee existiert noch die kleine Unterart *Nyasa-Grünmeerkatze*.

Meerkatzen sind neugierig und aktiv. Sie bewegen sich am Boden und auf Bäumen gleichermaßen geschickt, fliehen bei Gefahr aber in die Bäume. Sie haben lange, dünne Schwänze und bläuliche Hoden. Meerkatzen sind ausgezeichnete Schwimmer, Springer und wahre Kletterkünstler. Anderen Horden gegenüber verhalten sie sich feindselig. In manchen Nationalparks haben sie sich zu forschen Plagegeistern entwickelt, die geschickt Lebensmittel aus den Camps stehlen.

Riesengalago und Steppengalago

Galago crassicaudatus und *Galago senegalensis*

Galagos ernähren sich von Früchten, Nüssen und kleinen Beutetieren

Galagos sind kaum je zu sehen, da sie tagsüber eingerollt auf Bäumen schlafen und nur abends aktiv werden. Man erkennt sie an ihrem lauten, kleinkinderartigen Geschrei. Daher rührt auch der englische Name *Bushbaby*. Durch Wald- und Buschbrände werden immer wieder schlafende Galagos getötet.

Die Aufzählung der Säugetiere in Sambia und Malawi ließe sich noch lange fortführen. Die putzigen Erdhörnchen sollten z.B. nicht unerwähnt bleiben. Etwa 5 verschiedene Arten leben in den beiden Ländern.

Zahlreich sind auch die versteckten, nachtaktiven Tiere, wie das Steppenschuppentier, das Stachelschwein, der Erdwolf oder der Honigdachs, der trotz seiner kleinen Körpergröße sogar büffelgroße Gegner angreift. Er ernährt sich von Bienenhonig und kleinen Beutetieren. Um an die begehrten Bienenwaben zu gelangen, läßt er sich von einem Vogel, dem Honiganzeiger, dorthin führen. Der Dachs zerstört die Waben und jeder der beiden erhält seinen Teil vom Honig und den Bienenlarven. Eine der interessantesten Zweckgemeinschaften im afrikanischen Tierreich....

Kaltblüter und Reptilien

Nilkrokodil *Crocodylus niloticus*

Krokodile besiedeln die warmen Zonen der Erde seit rund 200 Mio. Jahren und gehören damit zu den ältesten Lebewesen der Welt. Von ursprünglich 108 verschiedenen Arten haben bis heute 22 überlebt. In Afrika sind die besonders großen, bis zu 6 m langen Nilkrokodile beheimatet. Die bis zu 700 kg schwere Echsen sind mit knöchernen Hautschilden gepanzert.

Krokodile können stundenlang reglos auf der Lauer liegen

Krokodile leben in Gewässern mit flachen Uferstellen und Sandbänken. Ihrer Beute lauern sie oft stundenlang im seichten Uferbereich auf. Haben sie ihr Opfer entdeckt, gleiten sie unbemerkt heran, stoßen mit unglaublicher Energie aus dem Wasser und schnappen zu. Dann versuchen sie, die Beute unter Wasser zu ziehen und zu ertränken. Krokodile können nicht kauen. Durch Umherwirbeln um die eigene Achse reißen sie die Beute in Stücke, die sie herunterschlingen.

Aus Furcht vor Angriffen, zum Schutz der Fischernetze und wegen ihrer begehrten Haut sind Krokodile intensiv bejagt worden. In den meisten besiedelten Regionen sind sie daher ausgerottet. In den Nationalparks, in abgelegenen Regionen und an den Flüssen Sambesi und Luangwa sind die fossilen Panzerechsen aber noch gesichert. Sie halten sich gerne in der Nähe von Flußpferden auf.

Zur Familie der Echsen zählt auch der bis 2 m große Nilwaran (*Varanus niloticus*), der ein äußerst flinker Jäger ist, Menschen allerdings ausweicht und als ungefährlich gilt. Er ist ein tagaktiver Einzelgänger, der blitzschnell davonprescht, wenn man ihn aufschreckt. Er ernährt sich bevorzugt von Eiern und Jungvögeln der am Boden brütenden Vogelarten und hält sich immer nahe Uferzonen auf.

Schlangen

Die meisten Schlangen flüchten vor Menschen

Von den über 70 verschiedenen Schlangen in Sambia und Malawi sind etwa ein Viertel giftig. Dazu zählen vor allem die Gabun-Viper, Afrikanische Speikobra, Boomslang und die Puffotter. Im Tanganjikasee lebt eine Wasserkobra, die nur dort vorkommt. Zu den ungiftigen Riesenschlangen zählt der mehrere Meter lange Python. Er tötet seine Beute (Hühner, kleine Antilopen), indem er sie umschlingt und erdrückt.

Schlangen haben Körper ohne Gliedmaßen und eine von Schuppen bedeckte Haut. Ihr Rachen, die Speiseröhre und der Magen sind weit dehnbar, um die Beute vollständig verschlingen zu können.

Puffotter - die gefährliche Ausnahme

Schlangen sind meist scheu und weichen dem Menschen aus. Geräusche und das Vibrieren des Bodens schrecken sie auf, und sie ziehen sich - wenn möglich - meist sogleich zurück. Eine gefährliche Ausnahme bildet allerdings die hochgiftige Puffotter. Sie ist sehr träge, bewegt sich nur langsam und wird daher leicht übersehen. Die meisten Unfälle passieren deshalb auch mit Puffottern.

Chamäleon

Innerhalb kürzester Zeit paßt sich die Hautfarbe des Chamäleons seiner Umgebung an

Das Chamäleon ist eine Eidechse mit Klammerfüßen und Wickelschwanz, deren Augen unabhängig voneinander frei beweglich sind. Sie zählt zu den Wurmzünglern, da sie ihre Beute mit der blitzschnell herausschnellenden langen Zunge ergreift. Das Chamäleon kann sich nicht verteidigen. Seine Überlebensstrategie besteht aus perfekter Tarnung. Dazu verfügt die Eidechse neben den bedächtigen, wippenden Bewegungen über die einmalige Fähigkeit, ihre Körperfarbe der jeweiligen Umgebung anzupassen. Ein Chamäleon im Gebüsch zu entdekken, ist fast unmöglich. Sehr leicht entdeckt man sie, wenn sie eine Straße überqueren.

In Malawi gibt es ein alte Legende: Vor langer Zeit, als Gott die Menschen schuf, rief er ein Chamäloen und einen Monitor Lizard zu sich und übergab beiden eine Botschaft für die Menschen. Dem Chamäleon teilte er mit, die Menschen würden ewig leben, dem Monitor Lizard sagte er, die Menschen sollten sterblich sein. Dann schickte er beide zu den Menschen. Das Chamäleon brauchte natürlich viel länger als der Monitor Lizard. Als es die Menschen erreichte, hatte das Sterben schon begonnen. Und weil man dem Chamäleon damit die Schuld am Unglück der Menschen gab, galt es fortan für alle Reisenden als Zeichen drohenden Unheils, wenn man einem Chamäleon begegnete. Es schien dann geraten, die Reise abzubrechen und umzukehren. Die harmlosen Eidechsen werden deshalb auch heute noch sinnlos getötet.

Vögel in Sambia und Malawi

Paradies für Ornithologen

Weit über 700 Vogelarten sind in Sambia und Malawi bekannt. Ein Teil von ihnen, wie einige Gänse, Enten, Stelzen und Fliegenschnäpper, kommen nur zum Überwintern nach Zentralafrika. Der überwiegende Teil sind aber Vögel des tropischen Afrika.

Greifvögel und andere Fleischfresser

Geier sind Aasfresser, die oft hoch über Kadavern kreisen. Die großen Vögel haben lange Flügel und kleine nackte Köpfe. In den wildreichen Regionen beider Länder sind Kappengeier (*Necrosyrtes monachus*) und Weißrückengeier (*Gyps africanus*) vertreten. Ein auffälliger Bodenvogel der offenen Grasflächen in Wildschutzzonen ist der Sekretär (*Sagittarius serpentarios*). Der langbeinige, blaßgraue Vogel hat einen weichen Schopf und lange mittlere Schwanzfedern. Er schreitet langsam und würdevoll.

Adler, Milane, Habichte und Falken zählen zu den verbreiteten Greifvögeln. Der Schmarotzermilan (*Milvus migrans parasitus*) mit dem gegabelten Schwanz und dem gelben Schnabel trägt diesen Namen, weil er mit steilem Sturzflug nicht nur Beutetiere, sondern auch Lebensmittel aus den Lodges und Dörfern stiehlt. Die Habichte werden in Zentralafrika durch den Grauflügelhabicht (*Melierax metabates*), Schikra (*Accipiter badius*) und Gabarhabicht (*Micronisus gabar*) vertreten. Schwarzrückenfalken (*Falco dickinsoni*) sieht man in Baumsteppen. Die kleineren Rötelfalken (*Falco naumanni*) überwintern gesellig in grossen Scharen in allen Landschaftsformen außer dem Wald.

Die Adler sind in ihrer Lebensweise sehr unterschiedlich. In Gebirgen kann man den seltenen, großen, schwarzen Kaffernadler entdekken, der nur eine feine weiße Zeichnung auf dem Rücken hat. Raubadler und Steppenadler sind braun und sehen sich sehr ähnlich. Sie fressen auch Aas und werden daher gelegentlich in der Gesellschaft von Geiern gesehen. Der Kampfadler (*Polemaetus bellicosus*) ernährt sich von Affen, Schliefern und kleinen Antilopen. Er ist ein typischer Greifvogel in den Nationalparks. Sein Federkleid ist weiß mit dunklen Flecken und einem dunklen Kopf. Der Gaukler (*Terathopius ecaudatus*) ist ein sehr hoch fliegender, mittelgroßer, schwarzer Adler. Schnabel und Füße sind rot, die weiße Unterseite der Flügel ist beim Flug deutlich zu sehen. Der auffälligste Adler und zugleich der Nationalvogel Sambias ist der Schreiseeadler (*Cuncuma vocifer*). Kopf, Brust, Rücken und Schwanz sind weiß, Bauch und Schultern braun, und die Flügel schwarz. Charkteristisch und eindringlich ist sein möwenartiger, weittragender Schrei, den er auch während des Fluges ausstößt. Schreiseeadler werden etwa 75 cm groß und leben in beiden Ländern weit verbreitet paarweise an Binnengewässern und Flüssen.

Der Ruf des Schreiseeadlers als Symbol für die afrikanische Wildnis

Schlangenhals-vogel

Wasservögel, Watvögel und Vögel im Uferbereich

Tümpel, Uferzonen und Flußläufe sind Tummelplätze für viele verschiedene Vogelarten. An den Binnenseen leben die dunklen, langhalsigen Kormorane, die schwimmend und tauchend Fische erbeuten. Sehr ähnlich, aber größer ist der Afrikanische Schlangenhalsvogel (*Anhinga rufa*), der tief im Wasser schwimmt und - wie eine Schlange - nur den Kopf herausstreckt. Häufig sieht man am Ufer einen einzelnen Hammerkopf (Scopus umbretta). Dieser braune, mittelgroße Vogel ist teilweise nachtaktiv und ernährt sich hauptsächlich von Fröschen. Sein Kopf ähnelt dem Umriß eines Hammers.

Reiher sind weitverbreitet. Im Flug unterscheiden sie sich deutlich von Kranichen und Störchen, denn sie fliegen nicht mit ausgestreckten Hälsen, sondern mit zurückgezogenem Kopf. Aus ihrer Familie sind der Graureiher (*Ardea cinera*), der Mittelreiher (*Mesophyox intermedius*), der Silberreiher (*Casmerodius albus*) und der bis zu 1,5 m große Goliathreiher (*Ardea goliath*) verbreitet. Bei Großwild und Rindern sieht man häufig die nur 50 cm großen, weißgelblichen Kuhreiher (*Bubulcus ibis*).

Auffällig durch seinen rot-schwarz-gelben Schnabel ist der bis zu 1,65m große Sattelstorch (*Ephippiohynchus senegalensis*). Der Abdim- oder Regenstorch (*Ciconia abdimii*) ist ein Zugvogel, der sich etwa von Oktober bis März in Sambia aufhält. Auch der grauweiße Marabu (*Leptoptilos crumeniferus*) zählt zu den Störchen. Er lebt von Aas, Fröschen und Heuschrecken. Häufig sieht man ihn auch in Gesellschaft von Geiern.

Die rosaroten Flamingos zählen zu den auffälligsten Vögeln Afrikas

In Marschen, Sümpfen und Seen beheimatet ist der Afrikanische Löffler (*Platalea alba*). Es ist ein etwa 90 cm großer weißer Vogel mit rotem Gesicht und Beinen und einem auffälligen Löffelschnabel. In den Sümpfen Sambias und am Tanganjikasee kommen vereinzelt auch Zwergflamingos (*Phoenicopterus minor*) vor. Sieht man einen hübschen Vogel mit riesigen Füßen auf Seerosen und schwimmenden Wasserpflanzen umherwandern, handelt es sich vermutlich um das Blaustirn-Blatthühnchen oder Jacana (*Actophilornis africanus*). Der Vogel ist kastanienbraun und an Schnabel und Stirnschild blauweiß.

Zu den lautesten Vogelarten mit teilweise recht anhaltendem Geschrei zählen Ibisse, Kiebitze, Regenpfeifer und Gänse. Der olivgraue Hagedasch-Ibis (*Bostrychia hagedasch*) hat ein sehr charakteristisches, eindringliches Schreien, das besonders abends bei Dämmerung weithin zu hören ist. Regenpfeifer sind kleinere Watvögel, teilweise mit einem langanhaltenden, klagendenden Geschrei, wie auch beim Dreibandregenpfeifer (*Charadruis tricollaris*). Auf den Sandbänken des Sambesi kann man den Langspornkiebitz (*Xiphidiopterus albiceps*) beobachten. Auch der Senegalkiebitz (*Afribyx senegallus*) ist häufig in Sambia zu sehen, während er in Malawi nur sporadisch auftritt.

Der auffällig gezeichnete Waffenkiebitz (*Hoplopterus armatus*) liebt die feuchten Sumpfregionen Sambias. Unter den Watvögeln sind neben Stelzenläufern und Wasserläufern auch Schnepfen, die vielfach nur periodisch als Zugvögel auftreten, typisch.

Kraniche sind storchenähnliche Bodenvögel, die bevorzugt in Sumpfgebieten und offenen Graslandschaften leben. Der überwiegend blaßgraue Klunkerkranich (*Bugeranus carunculatus*) ist ein typischer Vogel der Bangweulusümpfe. Er wird bis zu 1,25 m groß, hat einen weißen Hals und zwei vom Kinn herabhängende 'Klunker'. Kronenkraniche (*Balearica regulorum*) sind an der Oberseite schiefergrau, haben weiße Flügel mit rostbraunen Armschwingen und auf dem Scheitel eine rostfarbene Federkrone.

Die kleinen, leuchtend gefärbten Eisvögel sind überwiegend direkt an Gewässer gebunden. Fische und Libellenlarven frißt der Kobalteisvogel (*Alcedo semi-torquata*), der oben blau und unten rostrot gefärbt ist. Der bis zu 40 cm große Riesenfischer (*Ceryle maxima*) ernährt sich hauptsächlich von Süßwasserkrabben. Der winzige Zwergfischer (*Ispidina picta*) frißt dagegen Insekten und Grillen. Daher lebt er, wie der unauffälligere Streifenliest (*Halcyon chelicuti*), auch in Miombowäldern.

Sattelstorch

Hühnervögel

Zu den in Sambia und Malawi vorkommenden Hühnervögeln zählen Rebhühner, Frankoline, Wachteln und Perlhühner. Das Helmperlhuhn (*Numida meleagris*) ist in trockenem Buschland sehr weit verbreitet, während das Kräuselhaubenperlhuhn (*Guttera pucherani*) eher in Miombowäldern und dichtem Busch lebt. In Sümpfen und Marschen kommen Rallen vor. Laufhühnchen, wie das Hottentottenlaufhühnchen (*Turnix hottentotta nana*), leben in feuchten Dambos versteckt. Flughühner sind taubenartige Bodenbewohner, die gesellig in Trockengebieten leben.

Baumvögel

Die farbenprächtigsten Vögel sind meist Baumvögel

In den Bäumen und Wäldern lebt eine Vielzahl unterschiedlicher Vogelarten. Prachtfinken, wie der winzige Grünastrild (*Estrilda melanotis*), der in den Bergwäldern Ostsambias und Malawis beheimatet ist, und sog. Grasmücken, wie der Graue Bindensänger (*Calamonastes simplex*) und der Barrattbuschsänger (*Bradypterus barratti*) in Malawi. Trogone, Bart- und Mausvögel sind typische Baumvögel, wie auch Spechte, Kuckucksvögel und Nashornvögel. Diese sind relativ groß, haben einen auffälligen, gebogenen Schnabel und zeigen ein eigenwilliges Brutverhalten: Das Weibchen mauert sich zum Brüten in die Nesthöhle ein und wird durch eine kleine Öffnung vom Männchen gefüttert. Manche Nashornvogelmütter bleiben sogar in der Höhle, bis die Jungvögel ausfliegen. An den Viktoriafällen kann man gut den etwa 60 cm grossen, schwarzweißen Trompeter-Hornvogel (*Bycanistes bucinator*) beobachten. In Miombowäldern lebt der Grautoko (*Tockus nasutus*), in trockeneren Mopanewäldern dagegen der Rotschnabeltoko (*Tockus erythrorhynchus*). Kaffernhornraben (*Bucorvus cafer*) sind die größten afrikanischen Nashornvögel. Diese über 1 m großen Bodenbewohner sind schwarz gefiedert mit roten Gesicht.

Nashornvögel sind leicht an ihrem überdimensionalen Schnabel zu erkennen

Eine andere afrikanische Waldvogelfamilie sind die Turakos oder Lärmvögel. Der unscheinbarste ist der Graulärmvogel (*Corythaixoides concolor*), der wegen seines lauten Geschreis jeden Eindringling verrät und den englische Namen 'Go-away-Bird' trägt. Er lebt in trockenem Busch und Akazienwäldern. Der Glanzhaubenturako (*Tauraco porphyreolophus*) ist ein scheuer Waldbewohner mit grünem Kopf, blauen Schwanzfedern, purpurschwarzer Haube und leuchtend roten Schwingen, die im Flug gut sichtbar sind. Auch der Spitzschopfturako (*Tauraco livingstonii*) hat ein grünes Gefieder, eine lange, spitze Haube und einen rötlichen Schnabel. In Nordsambia kommt der lilafarbene Rossturako (*Musophaga rossae*) vor.

Sonstige typische Vögel

Graubülbül und Glanzstare sind häufige Besucher in den Safaricamps

Zu den häufigsten afrikanischen Vögeln gehört der recht zutrauliche Graubülbül (*Pycnonotus barbatus*). Auch Stare sind sehr weit verbreitet. Der Messingglanzstar (*Lamprotornis chloropterus*) ist ein geselliger Miombowaldbewohner, während der Mevesglanzstar (*Lamprotornis mevesii*) Mopanewälder bevorzugt. In den Nationalparks sieht man häufig Rotschnabel-Madenhacker (*Buphagus erythrorhynchus*) auf Großwild, wie Büffel und Kudus, sitzen, denn er ernährt sich von Zecken und Parasiten.

Schildraben (*Corvus albus*) sind Müllfresser, die häufig bei menschlichen Siedlungen und Camps leben. Sie werden etwa 45 cm groß und sind schwarz gefiedert, mit weißer Brust und einem weißen Halsband.

Glanzstar auf Futtersuche

Sehr vielfältig und mitunter schwer zu identifizieren sind die unterschiedlichen Webervögel. In trockenen Mopanewäldern und Dornbuschlandschaften sind u.a. Büffelweber (*Bubalornis albirostris*) und Mahaliweber (*Plocepasser mahali*) häufig anzutreffen. Die schwarzroten Oryxweber (*Euplectes orix*) bewohnen hohe Gräser, Schilf oder auch Maisfelder.

Ähnlichkeit mit ihm hat der Stummelwida (*Coliuspasser axillaris*), doch haben die Männchen einen deutlich längeren Schwanz. Noch auffälliger ist der Hahnschweifweber (*Coliuspasser progne*). Im Brutkleid sind die Männchen pechschwarz mit Halskrause und einem 60 cm langen Schwanz. Man sieht ihn im äußersten Westen und im Nordosten von Sambia in hochgelegenen Moorlandschaften. Er fliegt sehr langsam und mit wehendem Schwanz über seinem Brutrevier.

Verschiedene Papageien leben in Malawi und teilweise auch in Sambia. Das Erdbeerköpfchen (*Agapornis lilianae*) tritt örtlich (Luangwatal, Shiretal) in Mopanewäldern auf, während das Rußköpfchen (*Lilianae nigrigensis*) nur in Südwestsambia lebt. In Malawi kommt in Akazienwäldern unter 1600 m auch der Braunkopfpapagei (*Piocephalus cryptoxanthus*) vor.

Die afrikanischen Bienenfresser sind schlanke, leuchtend gefärbte Vögel mit einem langen, gebogenen Schnabel. Der schönste ist der scharlachrote Karminspint (*Merops nubicoides*), der in großen Kolonien gerne in sandigen Steilufern brütet.

Nektarvögel findet man am ehesten bei blühenden Bäumen

Nektarvögel haben noch längere, schlanke Schnäbel, um an den Blütennektar zu gelangen. Verschiedene Arten findet man vorwiegend in Ostsambia und Malawi, wo sie in größeren Höhen leben. Relativ häufig ist der Bronzenektarvogel (*Nectarinia kilimensis).*

Ein prächtiges Gefieder haben auch die mittelgroßen Racken, die meist einzeln oder paarweise auf trockenen Zweigen oder Stromleitungen sitzen. In offenen Baumlandschaften sind Gabelracken (*Coracias caudata*) und Strichelracken (*Coracias naevia*) häufig, im Miombowald lebt die Spatelracke (*Coracias spatulata*). Der Zimtroller (*Eurystomus glaucurus*) bevorzugt Galeriewälder.

Die Nachtaktiven

Berguhus werden bis zu 50 cm groß

Eulen, Uhus und Käuze gehören zu den Jägern mit nächtlicher Lebensweise. Sie haben meist Hakenschnäbel, große Köpfe und direkt nach vorne blickende Augen. Ihr Flug ist geräuschlos und ihr Blick starr. In Dambos und Sumpflandschaften ist die Graseule (*Tyto capensis*) vertreten. Sie ernährt sich von kleine Nagetieren. In Trocken- und Buschsavannen ist der Perlkauz (*Glaucidium perlatum*) manchmal auch am Tage zu sehen. Der große Berguhu (*Bubo africanus*) hat auffällige Federohren und sitzt bei Dunkelheit häufig auf den Straßen. Sehr typisch für die sambischen Flüsse ist die große, bräunlich gestreift und gefleckte Bindenfischeule (*Scotopelia peli*). Sie ernährt sich von Fischen.

Nachtschwalben - man nennt sie auch Ziegenmelker - sind nachtaktive Vögel mit großen Augen und langen Flügeln. Sie ernähren sich von Insekten und sitzen tagsüber getarnt und unbeweglich im Gehölz. Die Fahnennachtschwalbe (*Semeiophorus vexillarius*) ist in Sambia recht häufig vertreten.

Noch sehr viel mehr könnte über die vielfältige Vogelwelt geschrieben werden. Kuckuckswürger, Tauben, Stelzen und Pieper blieben unerwähnt, wie auch der scheue Angola-Pitta, der in Malawi häufige Palmensegler, die Trappe und die Paradieswitwe. In Anbetracht der Fülle an Arten sei jedem Vogelfreund die Investition in ein gutes Fernglas und ein informatives Vogelkundebuch empfohlen!

REISEBESCHREIBUNGEN SAMBIA

LUSAKA UND DER SÜDEN

Lusaka und der Süden bis zu den Viktoriafällen sind die am häufigsten besuchten Regionen Sambias. Die touristische Infrastruktur ist verhältnismäßig gut entwickelt.

Der Sambesi setzt hier seine weltberühmten Akzente: Mit fast 1700 m Breite stürzt er die gewaltigen Viktoriafälle hinab und bricht durch einsame Schluchten, bis er schließlich zum Karibasee aufgestaut wird. Der riesige Stausee hat die Landschaft eigenwillig verändert. Jenseits der Staumauer verleiht der Sambesi einem entlegenen Tal seinen unvergleichlichen Zauber. Kaum ein Bild spiegelt das afrikanische Klischee besser wider, als Elefanten im Abendrot am *'Lower Zambesi'*.....

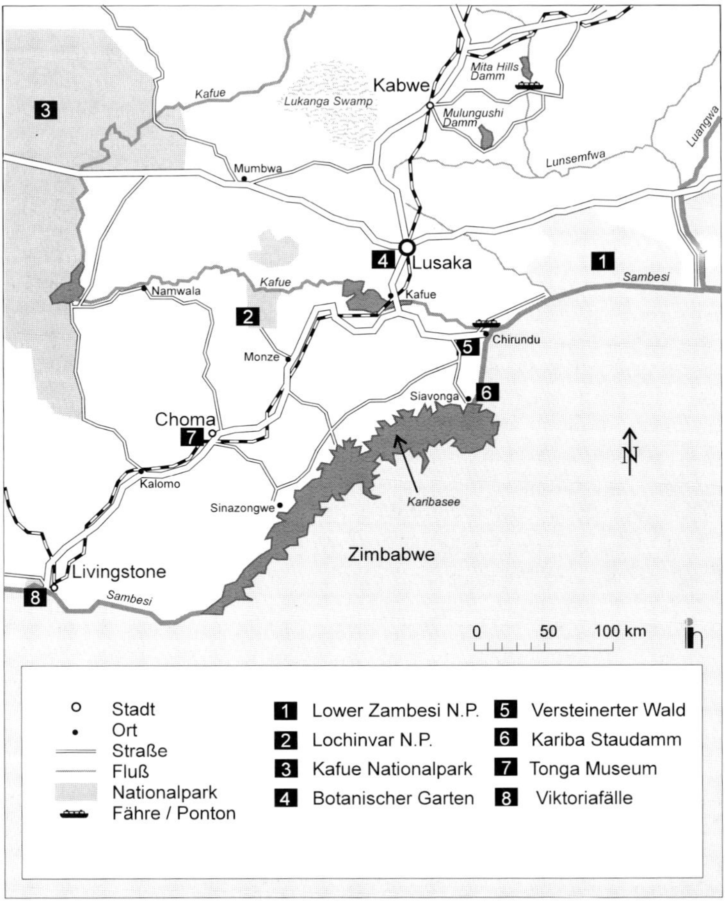

LUSAKA

Geschichte

Wie die meisten afrikanischen Städte hat Lusaka eine relativ junge Geschichte. Um die Jahrhundertwende nannte man das kleine verschlafene Nest *Lusakas* oder *Lusaakas*, nach dem Lenje-Häuptling Lusaakas, dessen Dorf an der Bahnlinie nach Kabwe lag. Man sagte ihm nach, ein besonders gerissener Elefantenjäger zu sein.

Es beginnt mit einer unbedeutenden Bahnstation im Jahre 1905

Lusakas Stadtgeschichte begann 1905 mit der Gründung einer Bahnstation. Damals wurde in raschem Tempo die Bahnlinie von den Viktoriafällen nach Kabwe verlegt. Exakt alle 32 km wurde eine Bahnstation gegründet, so auch im Oktober 1905 die Station Lusaka. Katholische Missionare und die ersten Geschäfte, gegründet zumeist von aus dem Süden kommenden Buren, folgten 1908. Zunächst blieb es aber ein unbedeutender landwirtschaftlicher Flecken. Die erste Schule entstand 1909, im Jahr darauf kam die erste Mühle, 2 Jahre später wurde das Grand Hotel gegründet, welches später in Lusaka Hotel umbenannt wurde.

Ab ca. 1910 entstand die Forderung nach einer Gemeindeverwaltung. Dies leitete die Entstehung des *Lusaka Village Management Board* ein. 1929 erhielt Lusaka den Status eines *Township*. Inzwischen war der Ort auf 282 Europäer und 1596 Afrikaner angewachsen.

Der kleine Ort wird 1931 Hauptstadt

Etwa zu gleicher Zeit suchte man nach einem geeigneten Platz für die Verlegung der Hauptstadt von Livingstone nach einem zentraleren Ort im Lande. In die Überlegungen wurden Kabwe und Ndola eingeschlossen, doch man entschied sich schließlich wegen des angenehmeren Klimas für die kleine Stadt Lusaka. Das war 1931. Der endgültige Umzug von Livingstone nach Lusaka erfolgte im Mai 1935, nachdem in der neuen Hauptstadt eifrig gebaut worden war.

Nach dem zweiten Weltkrieg entwickelte sich Lusaka recht schnell. Zu dieser Zeit muß die Stadt eine große Ausstrahlung gehabt haben, man gab ihr wegen seiner Grünflächen den Beinamen *'The Garden City'* und Königin Elisabeth lobte 1960 Lusakas „Stil und Würde".

Langsam entwickelte sich Lusaka zum industriellen und wirtschaftlichen Zentrum und vergrößerte sich weiter. Hatte Lusaka 1950 erst 26 000 Bürger, so waren es 20 Jahre später bereits 262 000 Einwohner. In den Jahren nach Erlangen der Unabhängigkeit entstanden die meisten großen Gebäude: die Universität, der Internationale Flughafen, die großen Hotels, das Findeco House, die Nationalversammlung und das Mulungushi Conference Center.

...und hat 60 Jahre später mehr als eine Million Einwohner

Gleichzeitig wurde das Stadtgebiet von 93 km^2 auf 360 km^2 ausgeweitet, wobei viele umliegende Ortschaften eingemeindet wurden. Die Bevölkerung wuchs weiter: 1980 hatte die Stadt schon über 500 000 Einwohner und Anfang der 90er Jahre wurde die Millionengrenze überschritten. Heute gilt Lusaka mit seinen 1,6 Mio. Menschen als die am schnellsten wachsende Stadt in Zentralafrika.

Bahnhof und Hochhäuser des Zentrums

Zugleich entstand Lusakas große Wohnungsproblematik, die bis in die heutige Zeit reicht: Bereits Mitte der 70er Jahre lebten 55 % der Einwohner in Notquartieren am Stadtrand. Andere sambische Städte, wie Ndola mit 9 %, oder Kitwe mit 15 %, litten deutlich weniger unter der Wohnungsnot. Trotz aller Versuche, die Situation zu entschärfen, breiten sich die Slums weiter aus.

Allgemeines

Wenn Sie vom Flugzeug aus beim Landen den ersten Blick auf diese Stadt werfen, so wird ihnen vielleicht zunächst der krasse Gegensatz zwischen den modernen Hochhäusern des Stadtzentrums und dem umgebenden, noch unverbauten Buschland auffallen.

Provinzielles Ambiente mit sozialistischen Gebäuden

Lusaka wirkt eher provinziell. Das moderne Stadtbild erscheint wie eine spröde Mischung aus sozialistischer Bauweise und bunten Bretterbuden. Die Luft ist meist voller Abgase und nach Einbruch der Dunkelheit empfiehlt es sich aus Sicherheitsgründen nicht, zu Fuß unterwegs zu sein. Touristische Highlights bietet Lusaka nur wenige.

Andererseits besitzt Lusaka große, breite Straßen, viele Grünflächen und Bäume, die das ganze Jahr über abwechselnd blühen. Es wurde sehr großzügig gebaut, nichts wirkt gedrängt oder eng.

Erste Orientierung

Die Cairo Road ist Lusakas Lebensader

Die Bahnlinie teilt Lusaka in eine östliche und eine westliche Hälfte. Im Westteil der Stadt befinden sich Industrie und Wirtschaft, wie Speditionen, Mechaniker, Großhändler aller Art und der sich unkontrolliert ausbreitende Soweto-Markt. Der Autoverkehr ist chaotisch, Lusaka zeigt sich hier nicht gerade von seiner attraktivsten Seite. Parallel zur Bahnlinie verläuft die Cairo Road, Lusakas Hauptstraße im Zentrum. In Stoßzeiten bewegt sich der Verkehr nur im Schrittempo durch diese städtische Lebensader. Neben staatlichen Komplexen, dem Postoffice und diversen Banken findet man hier Souvenirläden und Vertretungen mancher Fluglinien.

Im östlichen Teil Lusakas wurden großzügige Avenuen gebaut, die die großflächigen Ministerien, Schulen, Botschaften, einen Golfplatz und die großen Hotels verbinden. Die Straßen sind breiter und baumbestanden.

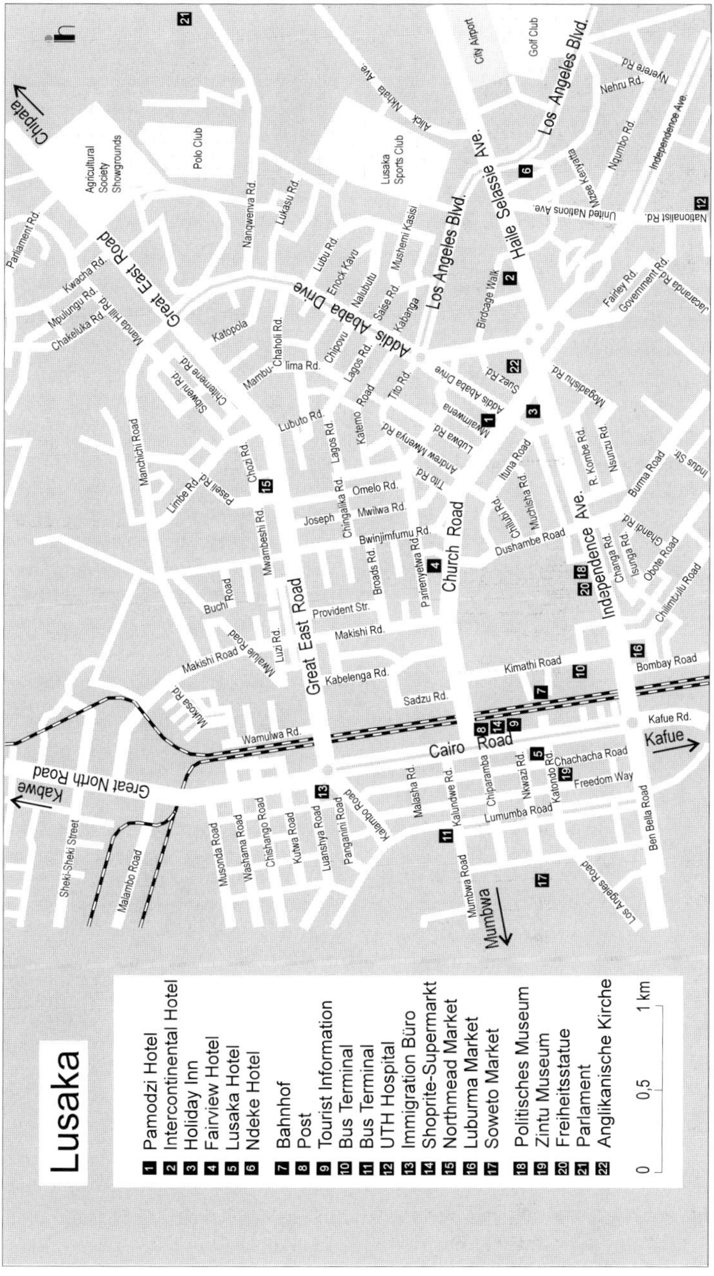
Lusaka
1 Pamodzi Hotel
2 Intercontinental Hotel
3 Holiday Inn
4 Fairview Hotel
5 Lusaka Hotel
6 Ndeke Hotel
7 Bahnhof
8 Post
9 Tourist Information
10 Bus Terminal
11 Bus Terminal
12 UTH Hospital
13 Immigration Büro
14 Shoprite-Supermarkt
15 Northmead Market
16 Luburma Market
17 Soweto Market
18 Politisches Museum
19 Zintu Museum
20 Freiheitsstatue
21 Parlament
22 Anglikanische Kirche
0
0,5
1 km
Chipata
Kabwe
Kafue
Mumbwa
Great North Road
Great East Road
Cairo Road
Church Road
Independence Ave.
Los Angeles Blvd.
Haile Selassie Ave.
Addis Ababa Drive
Agricultural Society Showgrounds
Polo Club
Lusaka Sports Club
City Airport
Golf Club
Alick Nkhata Ave.
Nehru Rd.
Nyerere Rd.
Independence Ave.
United Nations Ave.
Nationalist Rd.
Parliament Rd.
Kwacha Rd.
Mpulungu Rd.
Chakeluka Rd.
Manda Hill Rd.
Nangwenya Rd.
Lukasu Rd.
Lubu Rd.
Enock Kavu
Mushemi Kasisi
Nalubutu
Saise Rd.
Kabanga
Chipovu
Lagos Rd.
Katopola
Mambu-Chaholi Rd.
Ilima Rd.
Chilemene Rd.
Sibweni Rd.
Manchichi Road
Limbe Rd.
Paseli Rd.
Chozi Rd.
Lubuto Rd.
Katemo Road
Tito Rd.
Suez Rd.
Birdcage Walk
Mogadishu Rd.
Mwamwena
Lubwa Rd.
Andrew Mwenya Rd.
Ituna Road
Chilubi Rd.
Muchisha Rd.
R. Kombe Rd.
Nsunzu Rd.
Burma Road
Indus St.
Dushambe Road
Fairley Rd.
Government Rd.
Jacaranda Rd.
Ngumbo Rd.
Mzee Kenyatta
Omelo Rd.
Mwilwa Rd.
Joseph
Chingalika Rd.
Bwinjimfumu Rd.
Broads Rd.
Parirenyetwa Rd.
Mwambeshi Rd.
Buchi Road
Provident Str.
Makishi Rd.
Makishi Road
Mwalule Road
Luzi Rd.
Kabelenga Rd.
Sadzu Rd.
Kimathi Road
Bombay Road
Kafue Rd.
Changa Rd.
Isunga Rd.
Ghandi Rd.
Obote Road
Chilimbulu Road
Mukosa Rd.
Wamulwa Rd.
Chachacha Road
Freedom Way
Katondo Rd.
Nkwazi Rd.
Chiparamba
Lumumba Road
Kalundwe Rd.
Malasha Rd.
Kalambo Road
Panganini Road
Luanshya Road
Kutwa Road
Chishango Road
Washama Road
Musonda Road
Sheki-Sheki Street
Malambo Road
Mumbwa Road
Los Angeles Road
Ben Bella Road

Sehenswertes
in Lusaka

Political Museum

Ausstellung verschiedener Objekte aus dem Unabhängigkeitskampf. Das Museum ist seit kurzer Zeit in dem neuen Gebäude rechts neben der UNIP-Parteizentrale in der Independence Ave.
Öffnungszeiten: Offiziell täglich von 09.00 - 16.30 h, relativ häufig jedoch geschlossen. Eintritt kostenlos.

Zintu Community Museum

Wechselnde Kunstausstellung, vorwiegend Gemälde.
Öffnungszeiten: Dienstag bis Freitag, 10.00 - 15.00 h
Cha Cha Road, Southend, zwischen Katunjila Road und Ben Bella Road.

Kabwata Cultural Village

Ehemaliges Gelände für kulturelle Tanzdarbietungen, auf dem nun verschiedene Holzschnitzer arbeiten und ihre Werke verkaufen.
Burma Road, Ecke Mboya Road, täglich geöffnet.

Luburma Market

Größter Markt der Stadt, südlich der Independence Ave. Von der Brücke über der Bahnlinie ist er gut zu überblicken. Der Markt entstand bereits 1928.

Anglican Cathedral of the Holy Cross

Cathedral Hill, an der Independence Ave./Ecke Chikwa Rd. Erbaut zwischen 1957 und 1962 (Grundsteinlegung durch die britische Königin-Mutter).

Parlament

Geführte Touren jeweils am letzten Donnerstag im Monat. Öffentlich zugänglich jeweils am Freitagnachmittag. Das flache Gebäude mit dem Kupferturm befindet sich an der Parliament Road; es wurde 1967 eingeweiht.

Freiheitsstatue

Diese Statue vor der Parteizentrale der UNIP an der Independence Ave. zeigt einen Mann, der die kolonialen Ketten sprengt. Sie wurde zur Erinnerung an die Opfer des Unabhängigkeitskampfes errichtet.

Universität

Die 1966 eröffnete Universität von Lusaka befindet sich an der Great East Road nach den Agricultural Showgrounds.

Chilenje Haus Nr. 394

Dieses Haus, in Lusakas südlichem Vorort Chilenje gelegen, wurde von Januar 1960 bis Dezember 1962 von Dr. Kenneth Kaunda bewohnt. Im Haus werden Möbel und persönliche Gegenstände der Familie ausgestellt. Öffnungszeiten: Mittwoch - Sonntag von 10.00-13.00 h und 14.00-17.00 h.

Sehenswertes *in der Umgebung von Lusaka*

Lilayi Lodge und Game Park

Ebenfalls an der Kafue Rd., ca. 10 km südlich der Stadt, führt links ein beschilderter Weg weitere 10 km zu diesem privat geführten Wildpark. In dichtem Wald leben Zebras, Giraffen, Affen, Antilopen, allerdings keine großen Raubkatzen. Die Lodge wurde sehr hübsch in einer Lichtung angelegt und lädt zu einer Rast auf der schattigen Terrasse ein. Freundlicher Service, gehobene Preiskategorie. Für erholungssuchende Reisende bietet die Lodge zweifellos einen angenehmen Aufenthalt. (siehe Hotels).

Munda Wanga Zoo und Botanischer Garten

Tip!

Dieser durchaus sehenswerte Botanische Garten liegt ca. 18 km südlich der Stadt an der Kafue Road. Er umfaßt mehr als 300 verschiedene Pflanzen. Daneben befindet sich ein Tiergehege mit Antilopen und anderen Wildtieren. Anbei ist ein Restaurant und Hotel. An Wochenenden besuchen viele Familien den Garten zum Picknick. Geöffnet täglich von 10.00 - 17.00 h, der Eintritt beträgt ca. 1US$.

Kalimba Reptilienpark

Ein Reptilienpark mit Schlangen, Krokodilen und Chamäleons kann in Ngwerere, das etwa 20 km von Lusaka entfernt ist, besichtigt werden. Getränke und Snacks werden angeboten. Man verläßt Lusaka auf der Great East Road und zweigt nach wenigen Kilomatern an der Caltex-Tankstelle links ab. Nach 11 km muß man rechts abbiegen und erreicht die Farm nach einem Kilometer.

Info

Das Reiseunternehmen *Day Trippers*, Tel. 262281, hat sich auf Touren in Lusaka und seine Umgebung spezialisiert. So werden dort u.a. Stadtrundfahrten und Tagesausflüge zum Lake Kariba oder in die Lechwe Lodge, nahe Kafue, angeboten. Ein 'Night Game Drive' im Lilayi Game Park und der Besuch der Reptilienfarm gehören auch zum Programm. Buchungen: Telefonisch oder auch im Hotel Intercontinental.

Hotels
in Lusaka

- **Pamodzi Hotel:** Church Rd., Ecke Addis Ababa Drive und Church Road, P.O.Box 35450, Tel. 254455 oder 227965, Fax 250995, Lusaka. Das 5-Sterne-Luxushotel gilt als das beste Haus in Lusaka, mit Restaurant, Coffee Shop, Pool, Bar und Kasino.
  Preise ca. 120 US$/EZ und 130 US$/DZ für ÜF.
- **Inter-Continental Hotel:** Haile Selassie Ave., P.O.Box 32201, Lusaka, Tel. 250600, Fax 251880. Restaurant, Brasserie, Cocktailbar, Kasino. Internationales First-Class-Hotel mit großem Poolbereich. Ca. 155 US$/EZ und 180US$/DZ für ÜF.
- **Holiday Inn Garden Court:** Ecke Church Rd. und Independence Ave., P.O.Box 30666, Lusaka. Tel. 251666, Fax 254115. Das ehemalige Ridgeway Hotel wurde 1994 von Holiday Inn übernommen und grundlegend renoviert. Gutes Touristenhotel mit einem Krokodilteich im Innenhof, Steakhaus, Restaurant und Irish Pub. Ca. 85 US$/EZ und 110 US$/DZ für ÜF.
- **Lilayi Lodge:** P.O.Box 30093, Lusaka. Tel. 228682, Fax 222906. Sehr ruhige Bungalowanlage im Wildpark, ca. 20 km südlich der Stadt. Schöner Garten und Pool. Ca 80 US$/EZ, ca. 90 US$/DZ für ÜF. Vorausbuchung empfehlenswert. Transferdienste.
- **Fairview Hotel:** Ecke Church Rd. und Protea Rd., P.O.Box 33200, Lusaka. Tel. 215466, Fax 218432. Zentrales Mittelklassehotel, Dachterrasse, lebhaft. Preis pro Zimmer mit Frühstück ca. 50 US$.
- **Lusaka Hotel:** Cairo Rd., P.O.Box 30044, Lusaka. Tel. 229049/52, Fax 225726. Traditionsreiches, lebhaftes Mittelklassehotel in Lusakas Hauptstraße. Zimmerpreis mit Frühstück ca. 42 US$.
- **Andrews Motel:** P.O.Box 30475, Lusaka. Tel.272532, Fax 274798 An der Kafue Rd. gute 6 km südlich der Stadt gelegenes großes Motel mit Restaurant und Pool. Ca. 42 US$ pro Zimmer/ÜF.
- **Hillview Lodge:** P.O.Box 30815, Makeni. Tel. 252779. Abseits und ruhig gelegene, einfache Lodge. An der Kafue Rd. nach 7,5 km nach rechts abzweigen. Liegt 12,5 km von Lusaka. Schöner Ausblick. Preis pro Zimmer mit Frühstück ca. 37 US$.
- **Ndeke Hotel:** P.O.Box 30815, Lusaka. Tel. 252779. Longacres, Haile Selassie/ Saddam Hussein Blvd., gegenüber Lusaka Club.
- **Garden House Hotel:** P.O.Box 30815, Lusaka. Tel. 252779. Mumbwa Road, einige km westlich der Stadt.
- **Chainama Hills Hotel:** P.O.Box 51033, Lusaka. Tel. 292452, Lusaka. Liegt an der Great East Rd. zwischen Airport und Stadt.
- **The Barn Motel:** P.O.Box. 242**,** Lusaka. Tel. 282890, Fax 228949. Liegt ca. 25 km außerhalb von Lusaka an der Great East Road.

Info In den meisten Hotels, insbesondere den Touristen- und First-Class-Hotels, wird Ihnen als ausländischem Gast die Rechnung in US-Dollar ausgestellt. Die Zahlung in sambischen Kwacha wird häufig nicht akzeptiert.

Camping

- **Eureka Camping Park**, Tel. 272351, Lusaka. An der Kafue Road auf einem Farmgelände ca. 9 km südlich der Stadt. Sehr gepflegte, saubere und schattige Anlage mit einer kleinen Bar und Grillplätzen. Verkauf von Rindfleisch. Preis ca. 5 US$ p. P.
- **Pioneer Camping & Chalets**, Tel. 263973, Lusaka. Befindet sich östlich von Lusaka auf einem Farmgelände. Die Abzweigung ist ca. 3 km nach der Airport-Abzweigung, rechts. Bar und Kochgelegenheit vorhanden. Transfers möglich. Preise ca. 5 US$/Camping und 10 US$/Chalet.
- **Fringilla-Farm Camping & Chalets**, etwa 50 km nördlich von Lusaka an der Straße nach Kabwe gelegene große Farm mit Restaurant, Chalets und Camping. (Siehe Kapitel *'Der Nordosten, Kabwe'*)

Restaurants

- **Calabash Restaurant**, Showgrounds, Nangwenya Road, Tel. 254564. (Seafood)
- **Dil Restaurant,** Indische Küche, Ibix Hill, Kabulonga, Tel. 262391
- **Il Bambino Restaurant**, Lusaka Hotel, nur abends, Tel. 217370
- **Nsaku Chinese Restaurant**, Lusaka Square/Cairo Rd., (nahe Aeroflot), Tel. 222397
- **Pete's Steak House**, Panganani Road, Tel. 223428
- **The Polo Grill**, Nganwenya Road, am Poloclub, Tel. 250290
- **Golden Spur Steakhouse**, im Hotel Holiday Inn, Tel. 254571
- **Marco Polo**, italienisches Restaurant an den Showgrounds.
- **The Golden Bull**, Kafue Rd., 5 km südl. Lusaka, (Seafood)

Eine große Restaurantauswahl bieten auch die First-Class-Hotels Pamodzi, Inter-Continental und Holiday Inn.
Der Eingang zu den Showgrounds erfolgt über den Addis Ababa Drive und die Nangwenya Road.

Mietwagen

- **Avis Car Hire**, P.O.Box 35371, Cairo Road, Tel. 221098, sowie am Lusaka International Airport, Tel. 271217, Fax 271262. Außerdem Vertretungen in den Hotels Pamodzi und Inter-Continental.
- **Hertz Car Hire**, Mulungushi Conference Center, Great East Road. Tel. 290506, Fax 291991
- **Zungulila Car Hire**, Taz House, Chiparamba Rd., Tel. 227730, Fax 227729. Mietwagen mit und ohne Chauffeur.
- **Big Five Tours & Car Hire**, Sodala House, Mumbwa Road/Cairo Road, Tel. 288971, Fax 289362
- **Intercontinental Travel**, Woodlands Shopping Center und Mukuba Pension House, Dedan Kimathi Road, Tel. 223839-43, Fax 222904
- **Leasing Finance Company Ltd.**, Finance House, Heroes Place, nahe Cairo Road, Tel. 223586, Fax 224158

Der Northmead Market in Lusaka

Bahnhof Der Bahnhof kann nur über die Kimathi Road erreicht werden. Es gibt regelmäßige Verbindungen nach Kitwe und Livingstone. Dabei handelt es sich um Nachtzüge mit dreierlei Beförderungsklassen. Die 1.Klasse wird mit 2-4 Personen pro Abteil belegt, die 2. Klasse mit 3-6 Personen. Die Preise sind sehr niedrig, so kostet z.B. die elfstündige Fahrt im Nachtzug nach Kitwe in der 1. Klasse etwa 8 US$, in der 2. Klasse 7 US$ und in der 3. Klasse 4 US$. Die Abfahrt des Zuges ist in Lusaka um 21.30 h, Ankunft in Kitwe gegen 08.30 h.

Nach Livingstone fährt täglich der Nachtzug um 19.30 h ab und erreicht sein Ziel am nächsten Morgen gegen 08.00 h. Jeden Montag, Mittwoch und Freitag fährt ein Expreßzug, der ca. eine Stunde einspart und geringfügig teurer ist. Normalpreis der 1. Klasse ist etwa 9 US$, in der 2. Klasse etwa 8 US$ und in der 3.Klasse knapp 5 US$.

Info Reservierungen können entweder in den Hotels und Reisebüros oder aber direkt beim Railways Office, Tazara House, Dedan Kimathi Road, vorgenommen werden. Wer via Kapiri Mposhi nach Dar es Salaam, Tansania, reisen möchte, sollte hier reservieren. Diese Fahrt dauert etwa 60 Stunden. Checken Sie am Abreisetag noch einmal die genaue Abfahrtszeit! Besitzer von Studentenausweisen erhalten offensichtlich gelegentlich eine 50%ige Ermäßigung auf Bahnfahrten.

Reisebüros Die meisten Reisebüros befinden sich in der südlichen Cairo Road oder auch in den großen Hotels.

- **African Tour Designer**, Tel. 224248, Fax 224265
- **Big Five Travel & Tours**, Tel 221261, Fax 221031
- **Eagle Travel,** Tel. 228604, Fax 221827
- **Wilderness Trails**, Tel, 220112, Fax 220116
- **Inter Continental Travel Ltd.,** Tel. 223839, Fax. 222904
- **Grand Travel,** Tel.223113, Fax 226348

Banken

Es gibt eine große Anzahl Banken in der Stadt, vornehmlich im Bereich der Cairo Road. Alle größeren Hotels verfügen über Einrichtungen zum Geldwechseln. Auch am Internationalen Flughafen sind Wechselstuben. Die allg. Öffnungszeiten sind montags, dienstags, mittwochs und freitags von 08.15 - 14.45 h, donnerstags von 08.15 - 12.00 h. Einige Banken öffnen samstags von 09.00 - 11.00 h.

Airlines

- **Aeroflot**, Chester House, Cairo Rd., Lusaka Square., Tel. 222844
- **Air France**, Chindo Road, Woodlands, Tel. 264930
- **Air Namibia**, c/o Intercontinental Travels, Society House, Cairo Road, Tel. 223839
- **Air Zimbabwe**, Kalidas Bldg., Cairo Road, Tel. 225431
- **British Airways**, Holiday Inn und Findeco House, P.O.Box 32006, Tel. 228337
- **Kenya Airways**, Findeco House, P.O.Box 31856, Tel. 228484
- **South African Airways**, Bata House, Cairo Rd., P.O.Box 30272, Tel. 223655
- **KLM**, Pamodzi Hotel, Tel. 254455
- **Aero Zambia**, P.O.Bag E717, ZNIB-Bldg., Dedan Kimathi Road, Tel. 226111
- **Zambian Express**, Lusaka International Airport, Tel. 223653

Botschaften

- **Botswana**, Diplomatic Triangle, Tel. 250555
- **Bundesrepublik Deutschland**, Ridgeway, 5209 United Nations Ave., P.O.Box 50120, Tel. 250644
- **Malawi**, Woodgate House, Cairo Rd., Tel. 228296
- **Mosambik**, Kacha Road, Northmead, Plot 9592, Tel. 227176
- **Namibia**, 6968 Kabanga Rd., Rhodes Park, Tel. 252250
- **Österreich,** Mutende Rd., Woodlands, Box 310994, Tel. 260407
- **South Africa**, Bata House, Cairo Rd., Tel. 225829
- **Tansania**, Ujaama House, United Nations Ave., Tel. 253320
- **Großbritannien**, Independence Avenue, Diplomatic Triangle, Tel. 251133
- **Zaire**, 1124 Parirenyatwa Rd., Tel. 213343
- **Zimbabwe**, Memaco House, South End of Cairo Rd., Tel. 229382
- **Schweiz**, 5124 Lumumba Road, Tel. 223838

Lebensmittel

- **Shoprite Supermarket.** Cairo Road, neben der Post. Dieser im Oktober 1995 eröffnete Supermarkt bietet die größte Auswahl.
- **Northmead Market** (bestes Obst und Gemüse), Great East Road. Stadtauswärts, nach der Mobil-Tankstelle links in die Paseli Road einbiegen, dort die erste Straße wieder rechts.
- **Kabulonga Supermarket** (Fleisch und Milchprodukte), Kabulonga Road, Ecke Bishop Road, neben der BP-Tankstelle.

Souvenirs

- **Bushcrafts,** Farmers House, Ecke Cairo und Church Road
- **Drumbeat** (T-Shirts), Pamodzi Hotel
- **Kabwata Cultural Village** (siehe *Sehenswertes*)
- **The Wildlife Shop**, Farmers House, Ecke Cairo und Church Road
- **Zintu,** im Holiday Inn

Landkarten

- **National Archives**, Government Road. Im Erdgeschoß des *Mulungushi House*, das hinter dem Nationalarchiv liegt, werden detaillierte Landkarten und Karten für die Nationalparks verkauft.

Immigration Office

Wer sein Visum verlängern lassen bzw. ein **Re-Entry-Visum** beantragen möchte, muß dazu das Profund House am Roundabout der Cairo Road und Great East Rd. aufsuchen. Das Büro befindet sich im Erdgeschoß, der Eingang ist an der Rückseite des Gebäudes.
Ein Re-Entry-Visum kostet ca. 4 US$ und wird sofort ausgestellt. Es hat eine Gültigkeit von 7 Tagen, bis dahin müssen Sie bereits wieder in Sambia einreisen. Da dieser Zeitraum sehr knapp ist, ist es eventuell sinnvoller, sich ein Re-Entry-Visum in der letzten jeweiligen Stadt vor der Grenze ausstellen zu lassen (z.B. in Livingstone oder Chipata).

Hospital

University Teaching Hospital (UTH), Tel. 253955, Notruf-Nr. 254113, Nationalist Road, Lusaka.

Post Office

Das Hauptpostamt befindet sich in der Cairo Road, Ecke Church Road. Öffnungszeiten: 08.30 - 12.00, 14.00 - 16.00h. Samstags 08.30 - 12.00h.

Versicherung

Professional Insurance Corporation Zambia Ltd., Indeco House, südliche Cairo Road, Lusaka. P.O.Box 37782, Tel. 227509

Tourist Information

Zambia National Tourist Board, Chanik House, Lusaka. P.O.Box 30017, Tel. 217761. Liegt an der Cairo Road etwas zurückgesetzt hinter Aeroflot. Verkauf von Postern. Geöffnet Mo-Fr 08.00-12.00 h, 13.00-17.00 h. Sa. 08.00-13.00 h.

Bus Terminal

Langstreckenbusse fahren ab dem Bahnhof. Kurzstrecken-Minibusse stehen an der Lumumba Road/Ecke Mumbwa Road, an den Wasserbassins. Das Büro für die Express-Busse von Red-Heart-Intercity befindet sich in der Panganini Road.

National Park and Wildlife Service

Die Zentralverwaltung des NPWS befindet sich ca. 18km südlich von Lusaka in Chilanga an der Kafue Road, etwas zurückliegend linkerhand in einem Bungalow. Adresse: Chief Warden, NPWS, Privat Bag 1, Chilanga. Tel. 278187. Daneben befindet sich das Büro des WWF-Wetland -Programmes.

Wildlife Conservation Society

Los Angeles Blvd. (ehemals Saddam Hussein Blvd.), Ecke Lusaka Sports Club. Neben dem Gebäude des Roten Kreuzes. Jahresbeitrag für Ausländer ca. 10 US$.

Von Lusaka zum Karibasee und Sambesivalley

Verlassen Sie Lusaka auf der Kafue Road nach Süden. 18 km südlich der Stadt sehen Sie linkerhand das Gebäude des NPWS, gleich danach liegt auf der rechten Seite der Mundawanga Botanical Garden und Zoo (siehe *Sehenswertes in der Umgebung v. Lusaka*).

Die Straße verläuft durch Buschland bis zur Kleinstadt Kafue.

Kafue

Der kleine Ort beherbergt einige Motels und bietet einfache Versorgungsmöglichkeiten.

Unterkunft

- River Motel: Tel. 31-1309, das Motel liegt zwischen dem Ort und der Kafuebrücke.
- Bayi Motel und Munali Motel, beide im Ort

Kafue - Chirundu

10 km südlich der Stadt überqueren Sie den Kafue, danach passieren Sie eine Straßenkontrolle. 2 km weiter zweigt rechts die Straße nach Livingstone ab. Die Straße nach Chirundu ist gut ausgebaut. Durch hügelige Landschaft windet sie sich bald kurvig das Sambesi-Escarpment hinab.

Chirundu

Chirundu liegt 137 km von Lusaka entfernt. Der Ort, der eigentlich nur aus einigen Häusern, den Grenzgebäuden und einer Tankstelle besteht, ist der Hauptgrenzübergang zwischen Sambia und Zimbabwe.

Unterkunft

- Gwabi Lodge: P.O.Box 30813, Tel. 25-0772. Liegt 11 km östlich von Chirundu am Kafue. Camping möglich. Mittelklasse.
- Nyambadwe Motel, im Ort Chirundu

Chirundu Fossil Forest

Sehenswert!

Ein versteinerter Wald mit bis zu 150 Mio. Jahre alten Exemplaren (Karoo-Periode). Manche Stämme sollen noch bis zu drei Meter lang sein. Auch Werkzeuge aus der Steinzeit wurden hier gefunden. Von Lusaka kommend befindet er sich rechts, vier Kilometer vor der Abzweigung nach Siavonga, an der Straße nach Chirundu.

Ingombe Ilede

Sehenswert!

An der Straße nach Siavonga zweigt nach 13 km östlich eine Piste ab. Sie führt zu den Resten eines Eisenzeitdorfes aus dem 7. Jh. Die hier entdeckten Funde bezeugen bereits frühzeitige Handelskontakte zu den Küstenstämmen am Indischen Ozean.

Chirundu - Siavonga

18 km vor Chirundu zweigt die schmale Teerstraße in südlicher Richtung nach Siavonga am Karibasee ab. Die 65 Kilometer verlaufen durch dicht bewaldetes, hügeliges und wenig besiedeltes Land. Entlang der Straße bieten Tongakinder immer wieder Amethyst-Brocken zum Verkauf an, die zum Teil eine beachtliche Größe haben.

Siavonga hofft auf eine Zukunft als Erholungsziel

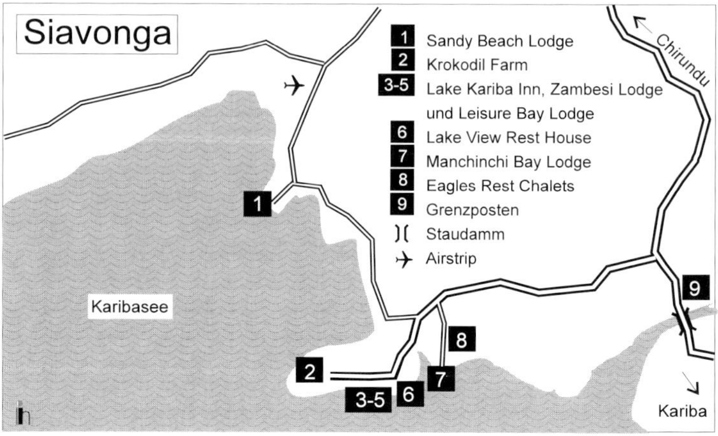

Siavonga

Siavonga ist noch immer ein recht verschlafenes Nest an der Grenze zu Zimbabwe. Als Grenzübergang ist es durchaus zu empfehlen, da man dabei direkt über den beeindruckenden Karibastaudamm fährt. Außerdem verlaufen die Grenzformalitäten in ruhiger Atmosphäre.

Kariba dient als Vorbild

Siavonga scheint sich ein wenig wie sein Nachbarort Kariba zu einer Erholungsdestination zu entwickeln. Verschiedenen Lodges sind entstanden, die Entspannung auf Bootsfahrten oder beim Fischen anbieten. Ein kleiner Flughafen wird derzeit gebaut und das Unternehmen African Tour Designer bietet Hausboote ab Siavonga an. Es gibt eine Krokodilfarm und das Schiff *MV Silweendo* bringt Reisende für wenig Geld bis zur Batokaschlucht am Westufer des Sees.

So sehr das Wasser auch einladen mag - baden Sie lieber nicht im Uferbereich (hier drohen Krokodile und Bilharziose)! In der Mitte des Sees vom Boot aus ein Bad zu nehmen, ist allerdings ein Genuß!

Unterkunft

- **Manchinchi Bay Lodge:** P.O.Box 115, Tel. 51-1299, Siavonga, bestes Haus am Platz und hat die schönste Lage. Zimmer mit Klimaanlage.
- **Zambesi Lodge:** P.O.Box 30, Siavonga, Tel. 51-1148, Pool.
- **Lake Kariba Inn:** P.O.Box 1, Tel. 51-1358, mittelmäßig
- **Eagle Rest Chalet:** P.O.Box 1, Tel. 51-1168, günstige Chalets für Selbstversorger, Restaurant, Bar, schöne Lage.
- **Leisure Bay Lodge:** Tel. 51-1135, P.O.Box 4, ehemals von *National Hotels*. Seit es privatisiert wurde, wieder deutlich besser.
- **Lake View Resthouse:** Tel. 51-1119
- **Sandy Beach Lodge:** neue Lodge am Sandy Beach, Tel. 511353

DER KARIBASEE UND DAMM

Die Staumauer

Die Staumauer des Karibasees ist ein unbedingt lohnenswertes Ausflugsziel bei einem Aufenthalt in Siavonga. Wenn Sie Ihren Paß am Grenzgebäude abgeben, dürfen Sie den Staudamm betreten.

Der Bau des Karibadamms

Aus wirtschaftlichen Gründen entschied sich die Zentralafrikanische Föderation 1955, den damals 100 m breit durch die Karibaschlucht fliessenden Sambesi zu stauen.

Das gigantische Projekt wird gegen den Willen der ansässigen Tonga durchgeführt

Der Bau des Dammes war umstritten: Die fast 60 000 am Sambesi ansässigen Tonga mußten zwangsumgesiedelt werden. Sie verloren ihre Heimat und wurden von ihren Verwandten auf der anderen Flußseite getrennt. Die Tonga leben sehr naturverbunden. In ihrer Glaubenstradition existiert der Geist des mächtigen Sambesi in Gestalt einer riesigen Schlange mit Namen Nyaminyami. Sie prophezeiten die Rache des Nyaminyami und werteten die Unglücksfälle beim Dammbau als Rachezeichen. So entstand die sog. 'Legende von Nyaminyami'. Die Tonga wehrten sich heftig gegen das Bauprojekt, es kam zu Unruhen mit Verletzten und Todesfällen, letztlich blieben sie aber erfolglos.

Die Legende von Nyaminyami

Die italienische Firma IMPRESIT erhielt den Auftrag. Das Gebiet war damals nur über uralte Elefantenpfade zugänglich und bot außerdem klimatisch erschwerte Bedingungen. Oft mußte bei mehr als 50°C Hitze gearbeitet werden. Baubeginn war im November 1956. Zunächst wurden auf der sambischen Seite riesige Silos für Zement gebaut und für die Turbinen Höhlen bis zu 150m tief in die Felsen gesprengt. Für die Staumauer wurden 1 Million Kubikmeter Beton und 11 Tonnen Stahl verarbeitet. Ab 1958 wurde gestaut, Bauende war am 22.06.1959.

1 Million Kubikmeter Beton stauen den Sambesi 290 km zurück

Fünf Jahre dauerte es, bis der See seine jetzige Größe erreicht hatte. Seine größte Ost-West-Ausdehnung beträgt ca. 290 km und von Norden nach Süden etwa 42 km. Der Karibasee zählt mit seiner 5200 km^2 großen Wasseroberfläche zu den größten Seen in Afrika. Bei Hochwasser strömen über 9000 km^3 Wasser durch die sechs Schleusen.

Am damals größten Damm der Welt hatten 10 000 Menschen gearbeitet. Dabei hatten sich einige schwere Unglücke ereignet, die 87 Arbeitern das Leben kosteten (so brach im Sommer 1957 der Damm unter dem Druck des nach ungewöhnlich starken Regenfällen angeschwollenen Sambesi, und im Februar 1958 wurde eine Verbindungsbrücke weggeschwemmt). Das Projekt kostete schließlich über 125 Mio. US-Dollar.

Operation Noah

Das ansteigende Wasser wird den Wildtieren zum Verhängnis

Als das Wasser stieg, kam es zu einem Massensterben der Wildtiere. Überall entstanden auf den Bergkuppen Inseln, die langsam im steigenden Wasser versanken. Die Tiere, die sich auf diese Inseln geflüchtet hatten, ertranken zu Tausenden. Engagierte Wildhüter und Tierfreunde versuchten zu helfen und starteten Anfang der 60er Jahre eine beherzte Aktion, die unter dem Namen *'Operation Noah'* Geschichte machte. Sie retteten etwa 5000 Tiere.

Die Fischindustrie am Karibasee

Der künstliche See schafft einen neuen Industiezweig: die Kapenta-Fischerei

Der Karibasee war zunächst sehr fischarm. 1966/67 wurden deshalb über 20 000 Kapentafische aus dem Tanganjikasee im Stausee ausgesetzt. Sie vermehrten sich ausgezeichnet. Heute ist die Kapenta-Fischerei der wichtigste Industriezweig am See. Kapenta sind eine Art Süßwassersardinen. Der Ort Sinazongwe ist ein typisches Fischerdorf. Die Fischer gehen nachts mit kleinen Booten auf den See und locken die Fische mit starken Lampen an. Das nächtliche Schauspiel der einsamen Lichter auf dem dunklen, stillen Wasser ist ein klassisches Bild am Karibasee. Im See werden auch bis zu 15 kg schwere Exemplare des begehrten Tigerfisches gefangen.

Die abgestorbenen Bäume, die wie mahnende Skelette an den Ufern im See stehen, sind für die Fischerboote nicht ungefährlich. Baumstümpfe und Äste unter der Oberfläche können die Boote leicht aufreißen.

Die wechselvolle Geschichte der Tonga

In der Vergangenheit waren die Tonga erfolgreiche Rinderzüchter, aber militärisch schwach. Das hatte zur Folge, daß sie von allen Seiten überfallen und beraubt wurden. Zunächst war es um das Vieh gegangen, doch als im letzten Jahrhundert der Sklavenhandel einsetzte, zählten die Tonga zu den besonders stark Betroffenen. Die ersten Forschungsreisenden berichteten immer wieder von vielen verlassenen oder zerstörten Dörfern im Tongaland. Übrigens waren auch damals schon die einst zahlreichen Elefanten ausgerottet. Ein gewisser Kanyemba, Führer eines riesigen afrikanischen Heeres, tyrannisierte die Gegend als Sklaven- und Elfenbeinjäger.

Auch unter britischer Verwaltung haben die Tonga Unrecht erlebt: Sie lebten und fischten entlang des Sambesi. Vor dem Bau des Karibadamms sorgten die jährlichen Überschwemmungen des Flusses für fruchtbare Schwemmebenen, in denen die Tonga intensiv Sorghum, Hirse und Mais anbauten. Als dieser zum Karibasee gestaut wurde, mußten tausende Menschen umgesiedelt werden - in das wasserlose Hinterland, das Zambesi-Valley. Dies ist eine der trockensten und heißesten Landesregionen. Die Tonga wehrten sich vergeblich, unter massivem Druck und leeren Versprechungen mußten sie dennoch weichen. Die erzwungene Umsiedlung in eine Region mit schlechten, trockenen Böden führte nicht nur zur Verarmung der Dörfer, sondern bringt zusätzlich auch große ökologische Schäden.

LOWER ZAMBESI NATIONAL PARK

Vom Karibastaudamm bis zur mosambikanischen Grenze durchfließt der Sambesi für rund 300 km das Sambesivalley. Es ist die klassische Region der mehrtägigen Kanusafaris. Beiderseits des Sambesi liegen traumhafte Nationalparks. Der Mana Pools N.P. in Zimbabwe zählt schon lange zu den besonderen Attrktionen im südlichen Afrika. Sein sambisches Gegenstück, der Lower Zambesi N.P., entwickelte erst in jüngster Zeit eine touristische Infrastruktur. Während der politischen Turbulenzen im damaligen Südrhodesien war er geschlossen worden, dafür lief die Wilderei auf Hochtouren. Inzwischen wurden einige exklusive Camps am Chongwe und Sambesi errichtet und mehrere Safariunternehmen bieten Kanusafaris in diese unerschlossene Wildnis an.

Baobab im Morgennebel

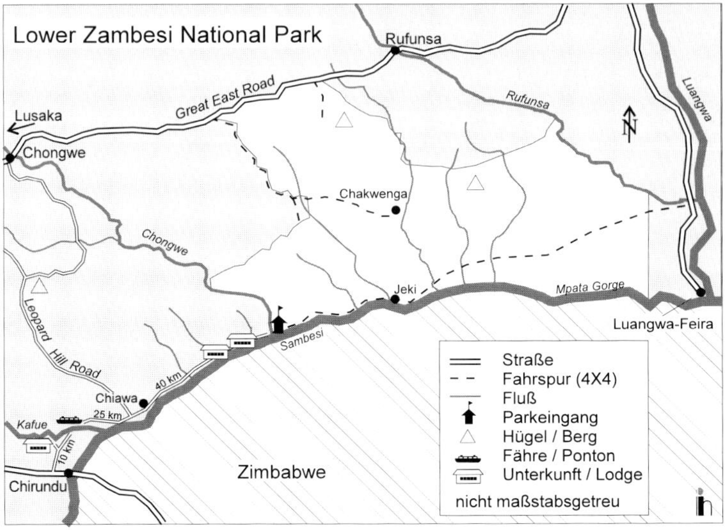

Anreise Der Park ist auf organisierte Safaris ausgelegt. Die Touristen werden in der Regel in den Park geflogen oder von den Safariorganisatoren per Geländefahrzeug oder Boot zu den Camps gebracht.

Hauptzufahrt ab Chirundu

Von Chirundu führt eine Piste an den Kafue, den man nahe der Gwabi Lodge per Ponton überquert. Die nächsten 25 km auf breit ausgebauter Schotterpiste führen durch kleine Dörfer bis Chiawa.

Alternative: Leopard Hill Road

Nach Chiawa gelangen Sie auch über die *Leopard-Hill-Road* ab Lusaka. Auf dieser Strecke werden regelmäßig Rallyes ausgetragen. Noch vor dem Abstieg in das Valley trifft die Straße an einer Schule auf eine Piste aus Chongwe (48 km). Dann geht es durch unbesiedelten Busch die nächsten 30 km steil das Escarpment hinab und weitere gute 20 km im flachen Valley (viele Gabelungen), bis man die Schotterpiste am Sambesi erreicht. Für diese Zufahrt ist Allrad erforderlich.

Von Chiawa zum Parkeingang

Am Ortsausgang von Chiawa befindet sich eine kleine Wildhüterstation. Obwohl ab hier eine GMA beginnt, entstehen links und rechts der Straße immer mehr Dörfer. Die erfolgreiche Bekämpfung der Tsetsefliege schuf bessere Lebensbedingungen für die Menschen, dadurch wird der Lebensraum für die Tiere jedoch immer kleiner. 17 km nach Chiawa erreichen Sie ein Gate mit dem Hinweis, daß Sie sich nun in einem privaten Wildschutzgebiet befinden. Die Piste verläuft 8 km durch das Schutzgebiet, auf dessen Gelände sich die exklusive Kayila-Lodge befindet. Nach dem privaten Schutzgebiet fährt man wieder durch die GMA, an diversen Camps und Lodges vorbei, bis zum 15 km entfernten Chongwe Gate des Lower Zambesi Nationalpark. Da viele kleine

Flußbette durchquert werden müssen und die Kafuefähre Zeit kostet, sollten Sie für die 75 km ab Chirundu etwa 2 Stunden Fahrt einplanen.

Die Uferstraße am Sambesi kann man vom Chongwefluß bis weit über Jeki und den Chakwengafluß fahren. Eine schmale Allradpiste führt schließlich landeinwärts zum Rufunsa und weiter nach Osten, bis sie auf der Höhe der Katondwe Mission auf die Straße zwischen Luangwa Bridge und Luangwa-Feira trifft. Achtung: Dieser Weg wird selten, und nur mit Scout befahren und ist meistens in schlechtem Zustand.

Zufahrt von Norden

Eine weitere Zufahrt existiert von der Great East Road. Gute 100 km nach Lusaka markiert eine Tsetsekontrolle den Beginn des Nationalparks. Etwa 100 m weiter zweigt rechterhand eine unbeschilderte Piste ab. Nach 21 km erreicht man ein Scoutcamp, danach führt die einsame Piste das Escarpment hinab. Die Orientierung an den verschiedenen Gabelungen ist schwierig, man sollte evtl. einen Scout mitnehmen. Über Chakwenga gelangt man schließlich bis an den Sambesi und kann den Park in Richtung Chirundu wieder verlassen. Die Zufahrt ist sehr zeitintensiv, angeblich soll es in der Region auch noch ein paar Landminen geben.

Daten

Der Park ist 4092 km^2 groß. Im Westen bildet der Chongwe die Grenze, im Norden reicht der Park bis an die Great East Road. Im Süden ist der Sambesi die natürliche Grenze. Das Sambesi-Escarpment mit bis zu 1500 m Höhe ist ebenso ein Teil des Parks wie der weitverzweigte Sambesi voller Inseln und Kanäle.

Ein Wort zum Klima: Der Park ist ganzjährig geöffnet, denn die Region erhält kaum Regenfälle. Da er aber weniger als 400 m über dem Meeresspiegel liegt, wird es ab Ende September bis in den Dezember unglaublich heiß. Tagestemperaturen von über 40°C sind keine Seltenheit, die Nächte kühlen kaum ab. Dagegen bietet das Tal in der kalten Jahreszeit angenehme Tages- und Nachttemperaturen.

Elefant und Flußpferd am Sambesi

Oben: Typische Vegetation im Lower Zambesi Nationalpark

Rechte Seite: Impressionen am Sambesi während einer Kanusafari

Natur und Tierwelt

Auf sambischer Seite des Sambesi-Valleys überwiegt ein wüstenhafter Sandboden ohne Grasbewuchs, auf dem viele Baum- und Dornbuschinseln stehen. Das Tal wird durch die steilen, bewaldeten Berghänge begrenzt. Unzählige sandige Flußbette führen nur nach Regenfällen Wasser. Eine besonders attraktive Landschaft hat sich um den Chongwe gebildet. In der Trockenzeit läuft Wasser des Sambesi in den Chongwe zurück und bildet Lagunen, die voller grüner Wasserpflanzen und Blumen sind und viele Tiere anziehen. Am Sambesiufer wechseln Palmen, Leberwurstbäume und große, schattenspendende Bäume. Der Fluß ist an manchen Stellen bis zu fünf Kilometer verzweigt, auf den unzähligen Inseln wandern Elefanten und Hippos. Am späten Nachmittag läßt das Licht der untergehenden Sonne phantastische Farben und Schatten entstehen und der Sambesi strahlt eine Stimmung aus, die ihn von allen anderen Flüssen unterscheidet. Die meisten Kanu-trips führen durch die Kanäle des Sambesi. Dies ist das Reich der Flußpferde, Krokodile, Elefanten und Büffel. Sie lassen sich am Ufer deutlich einfacher beobachten als im Busch des Hinterlandes. Das Kanufahren ist zweifellos die faszinierendste Art der Fortbewegung am Sambesi. Neben einer großen Anzahl an Raubvögeln, wie Schreiseeadler und Kormoran, lebt hier eine Reihe weiterer Vögel, z.B. der Scharlachspint, Angola Pitta und Narina Trogon. Eine Besonderheit des Sambesi ist die Tatsache, daß er für viele Vogelarten aus Zentralafrika die Südgrenze ihres Lebensraumes bildet. Zu ihnen zählen z.B. der Blaßschnabeltoko und der Füllebornpieper.

Leider haben die Wilderer hier lange Zeit ungestört gewütet. Durch die touristische Entwicklung des Parks konnte die Wilderei zwar stark eingedämmt werden, doch noch immer ist das Leben eines Elefanten nicht allzu viel wert auf dieser Seite des Sambesi...

Unterkunft / Camps

Die exklusiven Lodges, die zugleich den Ausgangspunkt für mehrtägige Kanutrips darstellen, liegen alle noch in der Chiawa-GMA.

- **Royal Zambesi Lodge:** nur 2 km vom Parkeingang am Westufer des Chongwe gelegen. Schönes Zeltcamp für max. 12 Personen, mit Elektro zaun am Flußufer.
- **Kayila Lodge:** etwa 20 km vor dem Chongwe im eigenen *Wildlife Sanctuary*. Sehr exklusive Lodge von *Safari-Par-Excellence*. Besonderheit: Eine Toilette in einem hohlen Baobab! Das Safariunternehmen hat weitere saisonale Buschcamps für Kanutouren, z.B. am Chongwe und Chakwenga.

Die Lodges sind nicht auf Individualreisende eingestellt. In der GMA werden derzeit weitere Camps und Unterkünfte errichtet.

Übernachtung & Camps

Camping

Im Nationalpark existieren keine Einrichtungen für Camper, dennoch wird Camping gestattet. Das heißt, daß Sie sich selbst einen Übernachtungsplatz Ihrer Wahl aussuchen können, aber entsprechend ausgerüstet sein sollten. Für Liebhaber von einsamen Buschübernachtungen am Sambesi eine grandiose Sache!

Am Westufer des Chongwe, also noch in der GMA, wird Camping ebenfalls gestattet, aber teurer berechnet, da in diesem Falle die Safariunternehmen zur Kasse bitten.
SOBEK und *Tongabezi* campen ebenfalls am Fluß in Zeltcamps.

Chongwe Falls

Sehenswert!

Sofern der Chongwe Wasser führt, stürzt der Wasserfall nicht weit von der Mündung in den Sambesi fast senkrecht in einen kleinen Pool. Baden ist leider nicht möglich - zu viele Krokodile! In der Trockenzeit ist nur die nackte Felswand zu bewundern.

Im Kanu unterwegs...

Für die Kanutouren werden Fiberglasboote mit je zwei Schalensitzen verwendet. Vorkenntnisse sind nicht erforderlich. Die größte Gefahr stellen die Flußpferde dar. Den Anweisungen des Safari-Leiters sollte man deshalb folgen und immer ein wenig defensiv den Flußpferdgruppen ausweichen. Hippos, die sich gestört fühlen, greifen auch mal ein Kanu an.... Um unliebsame Zwischenfälle zu vermeiden, führt man sein Kanu sehr nahe am Ufer an den Tieren vorbei.

...heißt Wildnis hautnah erleben

Bei einer solchen Gelegenheit, als sich die Insassen gerade auf die Flußpferde konzentrierten, passierte einer Freundin 1993 ein höchst ungewöhnliches 'Mißgeschick': Als sie und ihr Begleiter im Kanu an einer der Inseln an den Hippos vorbeitrieben, schreckten sie offensichtlich ein junges Krokodil auf. Dieses wollte sich mit einem langen Satz ins sichere Wasser retten, sprang - und landete direkt im Kanu! Es war knapp einen Meter lang und füllte das Boot gut aus! Der Schreck muß für alle Beteiligten gleichermaßen gewesen sein, das Krokodil sprang jedenfalls im nächsten Augenblick panikartig über Bord!

Daß Krokodile auf Sandbänken dösend in der Sonne liegen, ist nicht ungewöhnlich. Meistens gleiten sie beim Näherkommen rechtzeitig ins Wasser. Unliebsame Erfahrungen mit schlafenden Büffeln im hohen Gras kommen dafür öfter vor. Als Einzelgänger sind Büffel äußerst aggressiv, und im Gras liegend bemerkt man sie manchmal etwas spät....

Von Lusaka zu den Viktoriafällen

Sie verlassen Lusaka über die Kafue Road (südliche Verlängerung der Cairo Road). 2 km nach der Kafuebrücke beginnt rechts die Straße nach Livingstone. Sie verläuft nun durch bergige Landschaft über den Manali-Pass, von dem aus David Livingstone zum ersten Mal den Kafue erblickt haben soll. Nach 65 km erreichen Sie das landwirtschaftliche Zentrum **Mazabuka.** Es ist Sambias Zuckerstadt, riesige Zuckerrohrplantagen lassen die flache Landschaft selbst in der Trockenzeit frisch und grün aussehen.

Sie nähern sich nun den Kafue Flats, einer riesigen Ebene, die bis zum Bau des Itezhi-Tezhi-Damms alljährlich vom Kafue überflutet wurde. Nach 50 km erreichen Sie **Monze**. Der Ort verfügt über ein Hotel, Tankstellen und einfache Versorgungsmöglichkeiten.

Monze Festung

Sehenswert!

25km abseits von Monze stehen noch die Reste einer 1898 erbauten Festung. Es handelt sich um eine der frühesten kolonialen Festungsanlagen in Sambia. Am Friedhof sehen Sie die Gräber von Polizisten, die die Festung erbaut hatten.

Die Piste ist ab dem südlichen Ortsausgang beschildert, Allrad ist empfehlenswert.

LOCHINVAR NATIONAL PARK

Der Lochinvar Nationalpark ist die Heimat tausender Lechwe-Antilopen und gilt als einer der besten Beobachtungsplätze für Vögel in Sambia. Weite Teile des Parks liegen in den Kafue-Flutebenen.

Der Parkeingang liegt 37 km nördlich von Monze.

Anreise

Von Monze führt die zunächst gut beschilderte, breite Schotterstraße 15 km nach Norden. Biegen Sie dann an der Gabelung rechts ab in eine kleinere Piste. Nach 12 km links abbiegen, 1 km weiter wieder nach rechts und nun die restlichen 9 km geradeaus. Die Zufahrt weist viele Abzweigungen und Dörfer auf.In der Regenzeit ist Allrad erforderlich. Ab Lusaka dauert die Anreise je nach Straßenzustand ungefähr 3-4 Stunden.

Daten

Die Größe des Lochinvar N.P. beträgt 410 km². Er ist täglich zwischen 06.00 und 18.00 h geöffnet.

Der große hohle Baobab im Nationalpark gilt als eine Sehenswürdigkeit

Natur und Tierwelt

Kafue-Lechwe-Antilopen (Kobus kafuensis) kommen nur hier vor

Die etwa 30 000 Kafue-Lechwe-Antilopen sind in den wasserreichen Flutebenen endemisch. Die Lechwe wandern alljährlich durch weite Gebiete. Ihre Lebensweise ist an das Wasser gebunden. Sie waten und schwimmen häufig in den Lagunen. Dabei fressen sie Gräser, die bis zu einem Meter unter Wasser wachsen. Ihre Paarungszeit fällt in den Dezember und Januar. Bei Hochwasser im Mai halten sie sich bevorzugt in den offenen Grasflächen des Südens auf, bei Niedrigstand des Wassers wandern sie weit in den Norden in die Flutebenen.

Einige Büffelherden leben noch im Park, daneben vereinzelte Schirrantilopen und Affen. Von den angeblich 2000 Gnus und rund 700 Zebras sind leider kaum welche zu sehen, ihre Zahl dürfte stark dezimiert sein.

Bisher wurden im Park 428 Vogelarten registriert, davon allein über 50 Raubvögel. Der Großteil aber sind Wasservögel, wie Flamingos, purpurne und graue Reiher, rosa und weiße Pelikane, Kormorane, fahlgraue Wildenten und Gänse. Während der Regenzeit kommen zusätzlich viele Zugvögel aus dem Norden, um in den Kafue Flats zu überwintern.

Landschaftlich gliedert sich der Park in drei Bereiche: Im Norden liegen die feuchten Flutebenen, Sümpfe und Lagunen mit tausenden Vögeln und Antilopen. Der mittlere Teil des Nationalparks wird durch offenes Grasland, viele Termitenhügel, Dornbüsche, Palmen und Euphorbien gekennzeichnet. Hier halten sich Büffel, Zebras, Gnus und Oribi auf. Der Süden wird dominiert von Miombowäldern mit Akazien, Albizzia und Combretum. Es ist das Reich der Kudus, Buschböcke und Affen. Außer Büffeln und Flußpferden gibt es kein Großwild im Park.

Die imposanten Kronenkraniche bevorzugen Sumpfgelände

Pilotprojekt des WWF: Gleichzeitiger Schutz und wirtschaftliche Nutzung der Flutgebiete

Die Kafue Flats wurden von IUCN und WWF zu einem Feuchtgebiet von internationaler Bedeutung erklärt. In einem Pilotprojekt sollen die Flutgebiete und deren einmalige Tierwelt geschützt und erhalten werden, bei gleichzeitiger Nutzung durch den Menschen. Die Anwohner sollen dabei ein Eigeninteresse für den Erhalt des Ökosystems entwikkeln. Daher wird in den *Kafue Flats* und damit auch im Lochinvar N.P. gefischt. Der theoretische Gedanke dieses ADMADE-Programms hat sich in der Praxis nicht bewährt. Die Resultate muten eher traurig an: Die völlig heruntergewirtschaftete Lochinvar Lodge wurde Anfang des Jahres 1995 geschlossen und zum Verkauf freigegeben. Der vom WWF 1989 gebaute Campingplatz mit Bungalows ist noch immer unvollendet und bereits dem Verfall preisgegeben. Das Besucher-Informationszentrum ist geschlossen, die Infoblätter des WWF sind schon lange nicht mehr erhältlich, an den Hot Springs weiden Rinderherden und im Park fahren statt Touristen die Lkws der Fischer!

Im Herbst 1995 ist die Lochinvar Lodge privatisiert worden und wird nach gründlicher Renovierung 1996 wieder eröffnet. Die Investoren wollen den Tourismus ankurbeln. Da der kleine, zentral gelegene Park durchaus touristisches Potential aufweist, könnte er sich so zu einem interessanten Kleinod entwickeln.

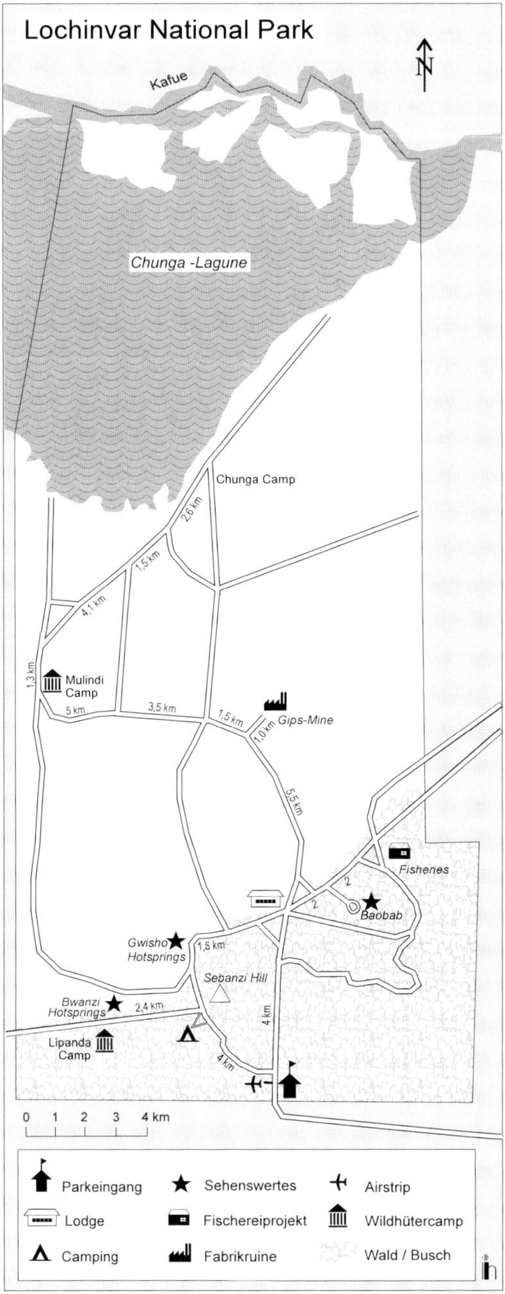

Gwisho Hot Springs

An diesen sehr heißen Quellen wurden Skelette aus der späten Steinzeit gefunden. Nicht weit entfernt liegen die *Bwanzi Hot Springs*, die allerdings als Rindertränke dienen.

Gips-Mine

Im offenen Grasland weithin sichtbar befinden sich die Überreste einer alten Gipsmine.

Sebanzi Hill

National Monument nahe der Hot Springs. Der Hügel war bereits in der Steinzeit besiedelt. Ein Fußweg führt den Hügel hinauf.

Baobab Tree

Dieser alte, ausgehöhlte Baobab bietet genug Platz für mehrere Menschen. Früher diente er deshalb angeblich auch als Versteck vor dem Steuereintreiber.

Unterkunft / Camps

- **Lochinvar Lodge:** Das alte Backsteingebäude im Stil der Kapprovinz stammt noch aus der Kolonialzeit. Die Lodge wurde 1995 von Wilderness Trails übernommen und soll nach grundlegender Renovierung wieder eröffnet werden.
- Der Campingplatz des WWF mit bislang noch nicht fertiggestellten Bungalows befindet sich wenige Kilometer vom Gate, leider an einer unattraktiven Stelle im Busch. Er wird von der Gemeinde unterhalten. Im Norden des Parks, direkt an der Chunga Lagune, gibt es das einfache Chunga Camp. Wenn Sie die Genehmigung am Gate einholen, können Sie dort sehr viel schöner campen. Zwar ohne Wasser und Toilette, dafür mit ausgezeichneten Möglichkeiten für Tierbeobachtungen.

Weiter auf der Straße nach Livingstone

Von Monze nach Choma

Von Monze verläuft die Straße nun durch die Kafue Flats. Vor dem Bau des Itezhi-Tezhi-Damms wurde die noch immer dünn besiedelte Region oft überschwemmt. 97 km nach Monze erreichen Sie Choma.

Choma

Choma ist die erste größere Stadt seit Lusaka. Es ist das Zentrum der in der Südprovinz lebenden Tonga.

Tonga Crafts Museum

Sehr sehenswert!

Das neu eröffnete Museum entstand mit Hilfe eines niederländischen Projekts und zeigt eine sehr sehenswerte Ausstellung zur Geschichte und Kultur der Tonga. Ebenso Photos aus der Kolonialzeit und Verkauf von kunstvollen Souvenirs. Das Museum befindet sich am Ortseingang rechts und ist täglich außer Montags von 08.00 - 17.00 h geöffnet.

Unterkunft

- In Choma befinden sich das Kalundu- und das Choma-Hotel.
- Wildlife Game Farm: Etwa 20 km von Choma entfernt am Nkanga River gelegene Lodge und Camping. Ab Choma beschildert.
- Gwembe Safaris bieten neben Camping und Chalets auch organisierte Touren in das Gwembe Valley/Karibasee an. Am Ortende rechts 2 km, beschildert. Tel. 20021-20169, Fax 20021-20054,

Von Choma nach Kalomo

Die Straße führt nun durch Buschland, das mit Euphorbien durchsetzt ist. Es ist seit jeher das angestammte Land der Tonga, die als traditionelle Rinderzüchter in dieser regenarmen Landschaft leben.

Kalomo

Kalomo, das 70 km von Choma entfernt liegt, war von 1902 bis 1907 Hauptstadt von Nordwestrhodesien. Die erste Stadtgründung verlief 4km weiter nordwestlich. Der Umzug zum heutigen Standort fand 1905 statt. Der Ort verfügt über eine Tankstelle, ein Hotel und ist Ausgangspunkt für Fahrten in den südlichen Kafue Nationalpark.

Administrators House

Sehenswert!

Das erste Regierungsgebäude Rhodesiens, erbaut 1903, befindet sich 4km von Kalomo in Richtung Kafue N.P. an der Gabelung rechts (unbeschildert). Nach 700 m erreicht man rechterhand die neue Administration, links führt eine kleine Piste zwischen Häusern durch. Nach 1 km endet diese an einer Kreuzung mit 5 Wegen. Hier geht es rechts weiter, nach 500 m steht das alte Gebäude unter einer Baumgruppe.

Die letzten 115 km bis Livingstone verläuft die Straße wieder durch dichten Busch und führt schließlich in das Sambesital hinab.
37 km vor Livingstone wird auf einer Farm Camping angeboten.

Die Viktoriafälle bei Hochwasser vom Devils Cataract aus gesehen

LIVINGSTONE

Livingstone ist die touristische Hauptstadt Sambias. Seine Nähe zu den berühmten Viktoriafällen machte die Stadt früh zu einem wichtigen Anziehungspunkt für Reisende. Bis 1935 war es auch die Landeshauptstadt gewesen und einige Gebäude erinnern noch an diese Zeit. Livingstone ist eine gemütliche sambische Stadt. Seine Sehenswürdigkeiten sind es unbedingt wert, einen Aufenthalt einzuplanen. Wenn Sie die Viktoriafälle von Sambia und Zimbabwe aus besuchen und die Attraktionen der Umgebung einplanen wollen, evtl. auch das große Angebot an Rafting, Kanutouren und Rundflügen auskosten möchten, haben Sie genug Programm für 4 bis 5 Tage.

Sonnenuntergang am Sambesi

Stadtgeschichte

1898 entstand am Nordufer des Sambesi die erste europäische Siedlung Nordwestrhodesiens. Sie befand sich ungefähr 9 km von Livingstone entfernt, direkt am Sambesi an jener Stelle, die als breite Furt zur Überquerung des Sambesi diente (Old Drift).

Die Siedlung war ein verlassener Außenposten im Norden. Sie befand sich 12 Tagesreisen von Bulawayo, der nächsten europäischen Siedlung, entfernt.

Mosi Oa Tunya, der "donnernde Rauch"

Ein kurzer Rückblick: 1889 hatte der Lozikönig Lewanika um britischen Schutz gebeten und Harry Ware hatte einen ersten Vertrag mit dem König ausgehandelt, den später die BSAC übernahm. 1890 handelte Frank Lochner für die BSAC Mineralrechte für das Barotseland aus. Die Deutschen hatten ebenfalls 1890 den Caprivi-Strip erhalten. Von 1897 an wurde das Land nördlich des Sambesi Nordrhodesien genannt. Gleichzeitig wurde mit Robert Cryndon ein erster britischer Vertreter in das neue Nordrhodesien gesandt, welcher 1899 Administrator Nordwestrhodesiens wurde.

Zwischen den Briten Südrhodesiens und den Lozi gab es einen regen Handel. Und da alle Wege über jene Furt an der Old Drift führten, erkannte der Allrounder F.J. 'Mopane'-Clarke seine Chance: Er organisierte die Flußüberquerungen und fungierte als Händler und Hotelbesitzer. Das Geschäft lohnte sich, langsam zogen weitere Händler zu und die Pariser Missionsgesellschaft gründete die erste Missionsstation. Im Jahre 1899 entstand die erste kleine Schule. Die Missionarsfrau Coisson blieb aber für zwei Jahre die einzige weiße Frau der kleinen Siedlung. Ein gewisser Fred Mills öffnete 1902 ein konkurrierendes Hotel. 1903 lebten an der Old Drift bereits 68 Europäer, davon 17 Frauen und 6 Kinder. Der Sambesi wurde noch immer in Booten zu je 8 Paddlern überquert. Das Siedlerleben jener Tage war sehr männlich geprägt.

Imbißbude am Straßenrand

Fast jeder fünfte Siedler stirbt an Malaria

Von Anfang an litten die Siedler unter den schlechten klimatischen Bedingungen. Die Siedlung lag direkt am sumpfigen und feuchtheißen Flußufer, die Bewohner litten gleichzeitig unter der schwülen Hitze und der verbreiteten Malaria. Da jährlich 20% der Bewohner an tropischen Krankheiten starben, wurde die Administration bereits 1901 an den *Constitution Hill* (Livingstone) verlegt. Die Siedler harrten aber weiterhin am Sambesiufer aus.

1905 wird die Brücke an den Viktoriafällen gebaut

Die Bahn wurde von Bulawayo nach Norden verlängert und erreichte im April 1904 den Sambesi. An den Fällen wurde noch im selben Jahr der Vorläufer des *Victoria-Falls-Hotels* gebaut, um die Arbeiter für den Brückenbau unterzubringen. Die Brücke wurde von beiden Seiten zugleich gebaut, die Bauphase dauerte 14 Monate. Die einzelnen Teile waren in England hergestellt worden. In Körben, mit Drahtseilen gesichert, wurden sie vor Ort montiert. Zuletzt wurde das Mittelstück eingesetzt. Am 01. April 1905 war der Bau vollendet, die offizielle Einweihung fand im September statt. Der Bau hatte zwei Menschenleben gefordert. Die Brücke wurde 150 m lang, 1868 Tonnen Stahl waren verwendet worden. Dabei war zunächst nur ein Bahngleis gebaut worden. Erst 1930 kam es zu einer Brückenerweiterung für Autos.

Die letzten Siedler an der Furt müssen zwangsumgesiedelt werden

Die Bahnstation am Nordufer wurde gleich einige Kilometer landeinwärts angelegt. Da nun die alte Furt ihre Bedeutung verloren hatte, ordnete die Administration die Umsiedlung nach Livingstone an. Die neue Stadt wurde systematisch geplant und errichtet, während sich einige der Old Drifter lange sträubten und erst Jahre später unter deutlichem Druck zum Umzug ins klimatisch begünstigte Livingstone bereit waren.

1907 konnte die Stadt nicht nur zwei Hotels und acht Läden vorweisen, sondern auch zwei Metzger, vier Baumeister, einen Friseur und eine Apotheke. Livingstone wurde nun zur Hauptstadt Nordwestrhodesiens. 1911 wurden die beiden Provinzen Nordwest- und Nordostrhodesien zusammengelegt und Livingstone blieb Hauptstadt Nordrhodesiens bis 1935.

Das erste Auto konnte auf Livingstones Straßen 1908 bewundert werden, und es blieb für viele Jahre auch das einzige.

Der abgelegene Außenposten wird Hauptstadt und entwickelt sich zu einem kosmopolitischen Zentrum

Die Stadt bekam regen Zustrom, die alte Gründerzeit war vorüber. Über 300 Europäer und 1700 Afrikaner lebten 1911 in Livingstone. Damit befanden sich mehr als 20% aller Europäer Nordrhodesiens in Livingstone. Im Jahre 1928 war die Stadt auf 1350 Europäer und 6000 Afrikaner angewachsen. Livingstones Geschichte blieb weiterhin von frischem Geist und kosmopolitischem Leben geprägt. Da es als Landeshauptstadt aber geographisch ungünstig lag, wurde der Regierungssitz 1935 nach Lusaka verlegt.

Die Bevölkerungsentwicklung nahm trotzdem rasant zu. Anfang der 70er Jahre wurden über 50 000 Einwohner registriert, Ende der 80er Jahre mehr als 100 000.

Sehenswertes in Livingstone

Livingstone Museum

Tip!

Sehr interessante und umfangreiche Ausstellung zu Völkerkunde, Tierkunde, Kolonialgeschichte und zu David Livingstone. Anbei ein günstiger Souvenirladen. Das Museum liegt sehr zentral an der Hauptstraße und ist täglich von 09.00 - 17.00 h geöffnet.

Railway Museum

Hier wird neben alten Dampfloks die Geschichte der Bahn in Sambia gezeigt. Für Bahnfreaks ein Muß, allerdings hohe Eintrittsgebühr. Das Museum liegt an der Chishimba Falls Road.

Maramba Cultural Village

Das Kulturzentrum befindet sich auf halbem Weg zwischen Livingstone und den Viktoriafällen. Neben einer Tanzbühne wurden Lehmhäuser in verschiedenen sambischen Baustilen gebaut. Unter der Woche ist das 'Dorf' frei zugänglich und eigentlich nicht viel zu sehen. An Samstagen und Sonntagen finden nachmittags von 15.00 - 17.00 h traditionelle sambische Tänze statt. Das Besondere an dieser Veranstaltung ist, daß meistens deutlich mehr sambisches Publikum als Touristen anwesend sind. Die Stimmung ist locker, die Atmosphäre unprofessionell und die einheimischen Kinder starren gebannt auf die maskierten Tänzer. Der Eintrittspreis ist sehr niedrig.

Traditionelle Tänze im Maramba Cultural Village

Lookout Point

Kurz nach Verlassen der Teerstraße auf dem Weg nach Mukuni Village befindet sich ein großer Baobab, den man besteigen kann. Dort bietet sich ein schöner Blick auf die Viktoriafälle.

Songwe-Schlucht und Masui-Falls

Am Lookout Point vorbei führt die beschilderte Stichstraße etwa 9 km an einfachen Dörfern vorbei und endet an der Songweschlucht. Von dieser Stelle aus bietet sich ein herrlicher Ausblick über den Sambesi und den kleinen Songwe-Zufluß. Der Platz wird gelegentlich zum Campen genutzt. Auf dem Gelände wurden Relikte aus der mittleren Steinzeit gefunden. Die 110m hohen Masui Falls befinden sich auf Zimbabwes Uferseite, sind aber von hier aus am besten zu sehen.

Fußwege führen bis an die Fallkante des Eastern Cataract

Wie ein Vorhang stürzt der Sambesi über 100 m senkrecht hinab

Traumhafte Lodges, wie Kubu Cabins, bieten ihren Gästen einen exklusiven Aufenthalt

Mukuni Village

Tip!

Das Dorf Mukuni liegt 9 km von Livingstone entfernt. Das Wort Mukuni bedeutet 'Lebender Stein' und ist zugleich die Bezeichnung für das Oberhaupt der Lea. Seit vielen Generationen lebt der jeweilige Mukuni in diesem Dorf, die Würde vererbt sich jeweils an einen Sohn, den er gezeugt hat, als er bereits als Senior-Chief im Palast lebte. Söhne aus den Jahren davor, als er sozusagen erst Anwärter auf den Titel war, haben keinen Anspruch auf die Erbfolge. Mukuni Village hat heute etwa 7000 Einwohner. Der regierende Mukuni gilt als sehr gebildeter Chief, der versucht, afrikanische Tradition und moderne Zivilisation zu verbinden. Die Lea gelten als gute Handwerker, sie fertigen seit langem Holzschnitzereien, die in den Hotels und Läden an den Viktoriafällen verkauft werden. Neben dem umfriedeten Palast wurde ein Handwerkermarkt gegründet. Die Schnitzereien können direkt von den Handwerkern gekauft oder eingetauscht werden (Kleidung, Schuhe und Holzfeilen sind begehrte Tauschwaren). Die Besucher werden eingeladen, das Dorf zu besichtigen. Dabei können mitunter traditionelle Tätigkeiten, wie z.B. das Bierbrauen oder Schmieden, beobachtet werden. Evtl. ist sogar eine Führung durch den Palast möglich. Und ein wenig Geschichte ist auch dabei: Man parkt sein Fahrzeug im Schatten eines großen, alten Baumes, unter dem schon David Livingstone 1855 mit dem damaligen Mukuni zusammensaß...

Ein Dorf zwischen Tradition und Tourismus

Batoka Gorge

Die Schlucht beginnt etwa 36 km östlich der Viktoriafälle und zieht sich bis zum Karibasee. Sie ist bei den Chimamba Rapids teilweise nur 20 m breit. Mit unglaublicher Gewalt bricht hier der Sambesi durch. In der Batokaschlucht leben 36 verschiedene Raubvögel, darunter der seltene Kurzschwanzfalke. Daneben bauen Schlangen- und Fischadler, Wanderfalken und der Fledermausbussard in der felsigen, steilen Schlucht ihre Nester. Es soll noch Leoparden in der Schlucht geben.

Der geplante Batoka-Staudamm

Als Gemeinschaftswerk a la Kariba-Damm plant die Zambesi River Authority einen gigantischen Staudamm in der Batokaschlucht, der den Sambesi bis unterhalb der Fälle stauen soll. Das Projekt ist heftig umstritten. Die Staumauer soll 196 m hoch und 600 m breit und damit größer als der Kariba-Damm werden. Als Alternative wurde bislang nur der Bau eines Staudamms in der Mpata-Schlucht angesehen. Doch dieses Gebiet, östlich des Lower Zambesi N.P. nahe Mosambik, ist eine von den Vereinten Nationen unter Schutz gestellte Naturwildnis, die damit unweigerlich zerstört würde. Nach neuesten Informationen ist Sambia allerdings aus dem Stauprojekt ausgestiegen und für Zimbabwe allein wird das Projekt wohl zu teuer. Bleibt also die Hoffnung, daß der Sambesi nicht mehr gestaut wird - an welcher Stelle auch immer.

Die Region der Viktoriafälle ist ein Nationalpark

Mosi Oa Tunya National Park

Sambias kleinster, aber meistbesuchter Nationalpark umfaßt in 66 km² einen Landstreifen zwischen dem Sambesi und Livingstone von etwa 30 km Länge. Der Park ist nur durch Hinweisschilder markiert. Auf seinem Gebiet befinden sich neben den Viktoriafällen diverse Sehenswürdigkeiten:

Zoologischer Garten / Tierpark

Tip!

Er befindet sich oberhalb der Fälle am Sambesi. Der Tierpark ist klein, doch er besticht durch eine wunderschöne Uferlandschaft und die doch relativ zahmen Tiere. Der ganze Stolz des Parks sind derzeit fünf enthornte Nashörner. Es mag sich wohl um die einzigen Nashörner Sambias handeln. Auch in diesem eingezäunten Tierpark haben sie nur eine Überlebenschance ohne Horn. Die erste Geburt eines Rhinos im vergangenen Jahr wurde mit Begeisterung gefeiert. Im Park leben ausserdem Büffel, Giraffen, Zebras, Gnus, Rappen- und Elandantilopen, Impala, Warzenschweine und Affen. Während der Trockenzeit wandern die Elefanten zwischen Zambia und Zimbabwe durch den Fluß, für Hippos und Krokodile gibt es sowieso keine Staatsgrenzen.

An der Uferstraße ist noch die alte Furt, *Old Drift*, zu erkennen und etwas weiter befindet sich der alte Friedhof. Der Park ist täglich von Sonnenauf- bis Sonnenuntergang geöffnet.

Victoria Falls Field Museum

Das kleine Museum befindet sich am Parkplatz der Viktoriafälle. Es umfaßt eine geologische Sammlung, naturgeschichtliche Ausstellung, Steinzeitfunde und Informationen zur Entstehung der Wasserfälle. Der Eintritt beträgt 2 US$, geöffnet ist das Museum von 08.00 - 16.30 h.

Touristische Attraktionen um Livingstone

White Water Rafting

White Water Rafting am Sambesi - ein Muß für jüngere Besucher

Seit 1986 bietet die Firma SOBEK White Water Rafting in den Rapids unterhalb der Fälle an. Die Wildwasserfahrten mit dem höchsten Schwierigkeitsgrad der Welt wurden bald weltberühmt. SOBEK erhielt große Konkurrenz, besonders stark vermarktet werden die Rafting-Touren auf Zimbabwes Seite. Bei Niedrigwasser (ungefähr von August bis Januar) wird in Sambia von Rapid 1 bis Rapid 23 , bei Hochwasser von Rapid 11 bis Rapid 23 geraftet. Direkt nach der Regenzeit ist allerdings aufgrund der Wassermassen kein Rafting möglich. In Zimbabwe kann generell erst ab Rapid 4 gestartet werden. Meistens werden eintägige Touren angeboten, es gibt inzwischen aber auch Halbtages- und mehrtägige Angebote. Vorkenntnisse sind nicht erforderlich, man sollte aber nicht vergessen, daß es sich nicht um einen ungefährlichen Spaziergang handelt... auf fast allen Touren kentern einige Boote in den Stromschnellen.

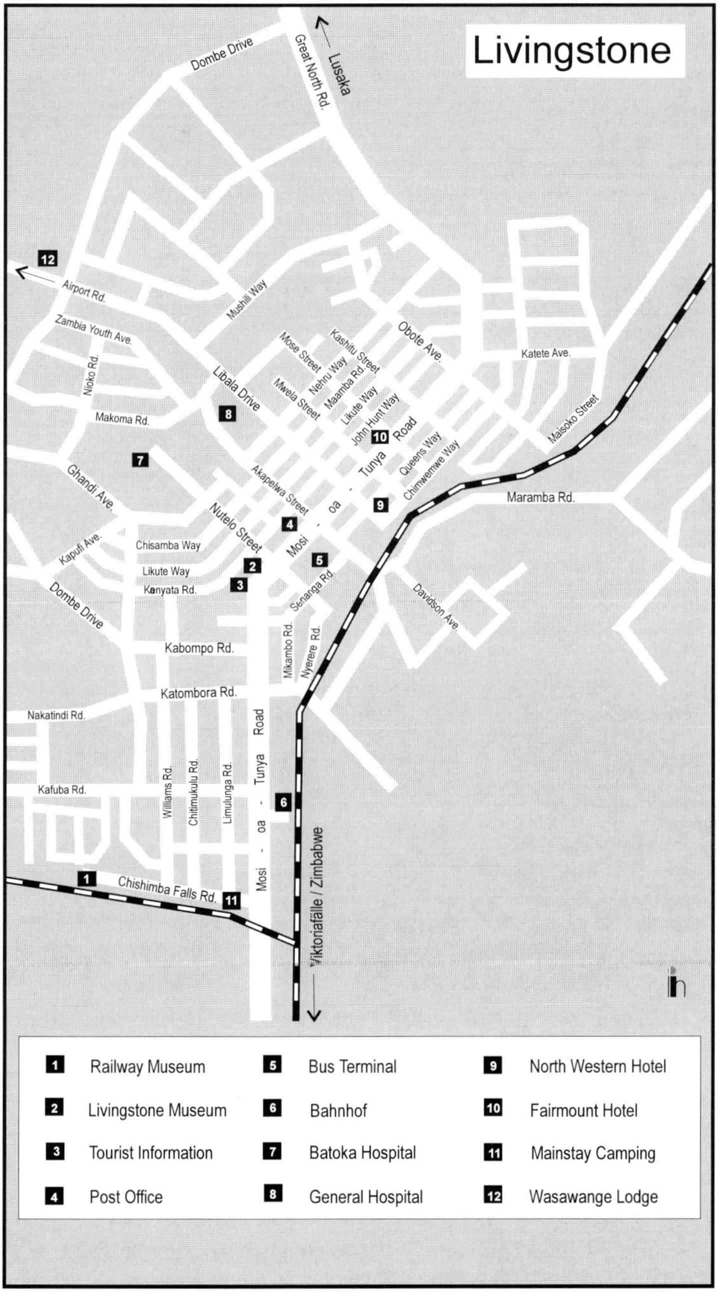
Livingstone
Lusaka
Great North Rd.
Dombe Drive
Airport Rd.
Zambia Youth Ave.
Mushili Way
Nioko Rd.
Makoma Rd.
Libala Drive
Mose Street
Kashitu Street
Nehru Way
Maamba Rd.
Mwela Street
Likute Way
John Hunt Way
Obote Ave.
Katete Ave.
Maisoko Street
Road
Tunya
Queens Way
Chimwemwe Way
Maramba Rd.
Ghandi Ave.
Akapelwa Street
Nutelo Street
Mosi - oa - Tunya
Chisamba Way
Kapufi Ave.
Likute Way
Kanyata Rd.
Dombe Drive
Senanga Rd.
Davidson Ave.
Kabompo Rd.
Mikambo Rd.
Nyerere Rd.
Katombora Rd.
Nakatindi Rd.
Kafuba Rd.
Williams Rd.
Chitimukulu Rd.
Limulunga Rd.
Mosi - oa - Tunya Road
Viktoriafälle / Zimbabwe
Chishimba Falls Rd.
1 Railway Museum
2 Livingstone Museum
3 Tourist Information
4 Post Office
5 Bus Terminal
6 Bahnhof
7 Batoka Hospital
8 General Hospital
9 North Western Hotel
10 Fairmount Hotel
11 Mainstay Camping
12 Wasawange Lodge

Kanu-Trips

Tip! Weniger aufregend und dramatisch verlaufen die Kanufahrten oberhalb der Fälle, wobei auch dabei einige kleinere Stromschnellen zu bewältigen sind. Hier steht das Naturerlebnis im Vordergrund, für den Nervenkitzel sorgen gelegentlich Begegnungen mit Hippos. Kanufahrten werden halb- und ganztägig angeboten und bilden die Alternative für alle, denen Rafting zu wild und ein Sundown-Cruise zu langweilig ist.

Sambesi-Cruises

Bootsausflüge auf dem Oberlauf des Sambesi haben eine lange Tradition. Es gibt denn auch eine große Vielfalt - Sundown-Cruise, Champagner-Cruise, Mor-ning-Cruise.....

Bungi Jumping

Seit 1993 kommen auch Anhänger dieses Extremsports auf ihre Kosten. Mit 111m gilt er als einer der höchsten kommerziellen Sprünge der Welt. Gesprungen wird von der berühmten Brücke zwischen Sambia und Zimbabwe.

Rundflüge

In Zimbabwe werden seit vielen Jahren Rundflüge über den Viktoriafällen in kleinen Motorfliegern durchgeführt. In Sambia bietet die Firma Batoka Sky Rundflüge in offenen Micro-Light-Fliegern an. Die Flüge sind wetterabhängig. Aus der Vogelperspektive bieten sich phantastische Aussichten auf die Viktoriafälle und die Zickzack-Schluchten des Sambesi. *Tip!*

Hotels / Lodges

Hotels am Sambesi

- **Mosi-Oa-Tunya-Intercontinental-Hotel:** P.O.Box 60151, Livingstone, Tel. 321122, Fax 321128, direkt an den Fällen, Pool, Kasino, allerdings schmucklose Anlage zu sehr hohen Preisen.
- **Rainbow Lodge:** P.O.Box 60090, Liv., Tel.321806, Die Lodge hat die beste Lage aller Hotels, war aber bislang recht heruntergewirtschaftet. Besonders stimmungsvoll ist ein Drink an der Hotelterrasse mit Blick auf die Hippos im Sambesi. Die Anlage wurde 1995 privatisiert und soll 1996 als Mittelklasse-Lodge wieder geöffnet werden.
- **Tongabezi Camp:** Privat Bag 31, Liv., Tel. 323235, Fax 323224, liegt knapp 20 km flußaufwärts. Sehr exklusives, britisches Zeltcamp am Sambesi, max. 16 Gäste, Pool mit Wasserfall, zusätzlich zwei Inselcamps: Sindabezi, max. 8 Gäste, und Livingstone Island Camp von Juni bis Dezember für max. 6 Gäste, direkt an den Fällen.
- **Chundukwa River Camp:** P.O.Box 61160, Liv., Tel./Fax 324006, ca. 20km von Liv. in Richtung Sesheke, Holzchalets am Sambesi, Reiten und Kanufahrten werden angeboten.

Hotels am Sambesi

- **Kubu Cabins:** P.O.Box 60748, Liv., Tel. 324093, Fax 324091, 28 km von Liv. an der Sesheke Rd., neue, stilvolle Chalets und Suiten in gehobener Mittelklasse, am Sambesi gegenüber des Nationalparks in Zimbabwe, Pool wird gebaut, gutes Essen und ruhiger, schöner Campingplatz.
- **Thorntree Tented Safari Camp:** P.O.Box 61009, Liv., Tel. 320823 Fax 320732, gute 10 km von Liv. am Sambesi gelegenes Zeltcamp

Hotels in der Stadt

- **New Fairmount Hotel:** P.O.Box 60096, Liv., Tel. 320726, Fax 321490, im Stadtzentrum
- **Wasawange Lodge:** P.O.Box 60278, Liv., Tel. 324066, Fax 3240067, am Stadtrand, Airport Rd., 6 neue Chalets, Pool
- **North Western Hotel:** Tel. 320711, altes Traditionshaus in Liv.
- **Zambesi Motel:** Tel. 321511, zwischen Livingstone und den Fällen gelegenes, einfaches Motel.
- **Chalets Motel:** P.O.Box 60700, Tel. 322556, in Liv.

Camping

- **Maramba River Campsite & Caravan Park:** P.O.Box 60957, Liv., Tel. 324189, Fax 324266, neu eröffneter Platz am Marambafluß zwischen Liv. und den Fällen, neben dem Traditional Village. Sehr saubere Einrichtungen, ruhige Lage und familienfreundlich. Schöne Atmosphäre und Hippos im Maramba River. Empfehlenswert.
- **Kubu Cabins:** ebenfalls sehr schöner, ruhiger Platz an der Lodge, allerdings etwas teurer.
- **Mainstay Campsite:** Chishimba Falls Road, Liv., laut und unruhig, sehr preisgünstig, beliebt bei Overlandern
- **Rainbow Lodge Campsite:** an den Fällen gelegen, aber relativ unsicher und etwas verkommene Einrichtungen. Da die Lodge verkauft wurde, ist das Schicksal des Campsites noch unklar.
- **Busiku Farms:** P.O.Box 60694, Liv. 10 km nördlich von Liv. Von der Mosi-Oa-Tunya Road in die Katete Ave. biegen, 8 km stadtauswärts, an der Gabelung zu *'Busiku Farm 1'* fahren. Ruhig gelegenes, einfaches Gästehaus und Camping (schattenlos), anbei auch neue Pfahlbautenchalets. Die Farm soll zu einer Game Farm verändert werden.

Verkehrsschild an der Uferstraße

Die Viktoriafälle im November und Dezember - großteils die nackte Felswand

Restaurants Der Gastronomiebereich ist nicht sehr ausgeprägt. Neben den Restaurants in den großen Hotels gibt es im Stadtzentrum einige einfache Lokale und Take Aways. Das Makumbi-Boot bietet auf den Sundown-Cruises Dinner an.

Immigration Office Das Office, in dem Sie recht unbürokratisch ein Re-Entry-Visum für einen Kurzbesuch (bis 7 Tage) in Zimbabwe erhalten, befindet sich in der Mosi-Oa-Tunya Rd., Ecke Airport Rd., in einem hellblauen Gebäude neben der Standard Chartered Bank. Es befindet sich dort in Zimmer 12 und ist montags bis freitags von 08.00 - 17.00 h geöffnet.

Banken Sie befinden sich in der Mosi-Oa-Tunya Road im Bereich der Post.

Versicherung Rechts neben der Post im Zambia State Insuarance Building.

Airport Der Internationale Flughafen liegt etwa 5 km nördlich der Stadt und ist über den Libala Drive erreichbar.

Bus Terminal Livingstones Busstation liegt beim Market an der Senanga Road, einer Parallelstraße zur Mosi-Oa-Tunya Road. Zu erreichen ist sie über die Nutelo Street.

Die Express-Busse von Red-Heart-Intercity können im Mosi-Oa-Tunya-Hotel gebucht werden. Die Busse fahren jeden So/Di/Do nach Lusaka, am Mo/Mi/Fr nach Livingstone.

Reisebüros Entlang der Mosi-Oa-Tunya Road haben sich mehrere Reisebüros etabliert, aber auch die Hotels haben oft eigene Reiseagenturen. Die Preise für die örtlichen Angebote sind ziemlich einheitlich.

Die Viktoriafälle

Sie zählen zu den ganz großen Naturwundern der Welt. Manche streiten darüber, welche die größten Wasserfälle sind, und je nach Kriterium - Wassermenge, Einzelfälle, Breite oder Tiefe - kommt man dann zu unterschiedlichen Ergebnissen. Doch die Superlative ist nicht das Wesentliche. Die Viktoriafälle sind einzigartig, weil sie völlig unerwartet wie ein gigantischer Vorhang vor den Augen des Betrachters in die brodelnde Tiefe stürzen. Bei Hochwasser sind die Fälle ein Hexenkessel, kaum zu erkennen in einem unglaublichen Spektakel aus Gischt, Getöse und ungebändigter Naturgewalt.

Die Viktoriafälle sind die meistbesuchte Sehenswürdigkeit in Sambia und Zimbabwe

David Livingstone sieht den Donnernden Rauch

Die Afrikaner nannten sie 'Mosi-Oa-Tunya': Donnernder Rauch. David Livingstone brauchte eine Weile, bis er erkannte, was damit gemeint war. Als er die Fälle sah, verstand er ihre Bezeichnung - und taufte sie Viktoriafälle zu Ehren von Queen Victoria.

Die unglaubliche Gischt, die mit 'Rauch' bezeichnet wurde, ist je nach Wasserstand bis zu 60 km weit zu sehen! Als Dauerniederschlag regnet sie um die Fälle ab und hat an der gegenüberliegenden Kante einen immergrünen Regenwald geschaffen.

Der Sambesi stürzt an den Viktoriafällen in eine 1688 m breite Spalte. Die maximale Falltiefe beträgt 108 m. Damit sind sie doppelt so hoch wie die Niagarafälle und eineinhalb mal so breit. Sie sind die größte einheitlich hinabstürzende Wassermasse der Welt.

Der tiefste Fall liegt im Bereich der Rainbow Falls

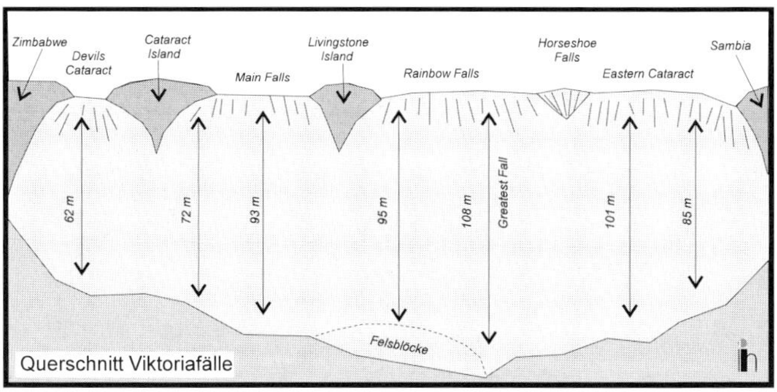

Querschnitt Viktoriafälle

Sie bestehen aus vier Einzelfällen:

Die Einteilung der Viktoriafälle

Devils Cataract: Am Zimbabweufer liegt der kleinste, nur 62 m hohe Fall, der durch Cataract Island von den restlichen Fällen getrennt ist und ganzjährig Wasser führt.

Main Falls: Auch die 830 m breiten Main Falls führen ganzjährig Wasser und werden östlich durch Livingstone Island begrenzt. Von dieser Insel ließ Livingstone eine Schnur mit in Kattun gewickelten Kugeln herunter hängen, um die Höhe zu messen. Nach ca. 90 m blieb die Schnur aber an einem Felsvorsprung hängen. Außerdem pflanzte er hier Kaffee an, da er die Bedingungen für ideal hielt. Flußpferde vernichteten seine Sämlinge. Heute können Touristen in exklusiven Zelten auf der Insel übernachten....

Rainbow Falls: Sie führen weniger Wasser als die Main Falls und bilden somit weniger Gischt. In diesem Bereich liegen der 108 m tiefe *Graetest Fall* und der Ablauf des Sambesi. Die hufeisenförmigen *Horseshoe Falls* bilden die Trennung zum Eastern Cataract.

Eastern Cataract: Sie liegen zwischen den Horseshoe Falls und dem sambischen Ufer.

Der Wasserstand weist extreme Unterschiede auf. Bei Niedrigstand stürzen pro Minute weniger als 20 Mio. Liter hinab. 30 mal soviel, etwa 550 Millionen Liter pro Minute sind es einige Monate später bei Hochwasser. Im Rekordjahr 1958 wurden sogar über 700 Mio. Liter gemessen. Praktisch bedeutet das, daß Sie im April die gegenüberliegende Fallkante vor Gischt und aufwirbelndem Wasser kaum sehen können. Im November dagegen liegen die östlichen Fälle meistens völlig trocken, so daß man entlang der Kante bis Livingstone Island laufen kann! Der Wasserstand des Sambesi hängt weniger von der Regenzeit in Sambia ab. Er sammelt seine großen Wassermassen im angolanischen Hochland an. Der Wasserhöchststand ist allgemein von März bis Mai, danach fällt der Wasserspiegel deutlich ab und erreicht meist im November/Dezember seinen Tiefstand. Die saisonalen Schwankungen wirken sich besonders stark unterhalb der Fälle aus. 1 Meter Höhenunterschied über den Fällen entspricht etwa 5 Meter Unterschied unterhalb der Fälle.

Ein ganz besonderer Höhepunkt ist eine Vollmondnacht an den Fällen, wenn selbst das Mondlicht einen Regenbogen produziert!

Fotografieren

Sonne und Gischt lassen an den Fällen herrliche Regenbögen entstehen. Die beste Tageszeit für einen Besuch der Fälle ist frühmorgens, wenn die Luft noch kühl ist, oder spätnachmittags zum Sonnenuntergang. Auf sambischer Seite lassen sich Sonnenuntergang und Regenbögen besser fotografieren als in Zimbabwe

Das imposante Schauspiel bei Hochwasser wird Ihre Kamera unweigerlich durchnässen und die Bilder vernebeln. Die schönsten Aufnahmen lassen sich dann bei einem Rundflug machen. Gute Photochancen bieten die Monate Juni bis August. Die Fälle stürzen noch in ganzer Breite hinab, sind aber nicht mehr vernebelt. Der Regenwald hebt sich von der braunen, trockenen Umgebung ab. Jetzt sind die Fälle eher schön als gewaltig.

rechts: Blick auf die Brücke vom Boiling Pot

Photografieren an den Fällen

Ab September wird der Wasserstand so niedrig, daß nackte Felswände den Gesamteindruck schon trüben können. Nichts erinnert mehr an die Wassergewalten. Reizvoll sind dann die Wanderungen entlang der Abbruchkante zur Livingstone Island.

Besuch der Fälle

Rundgang entlang der Viktoriafälle

Wie in Zimbabwe wurden die Viktoriafälle auch in Sambia inzwischen eingezäunt. Der Zugang liegt neben dem Grenzgebäude an der Hauptstraße. Seit 1996 werden 3 US$ Eintritt für den Besuch der Fälle verlangt. Am Parkplatz befinden sich die Buden der Souvenirverkäufer und das Field Museum (siehe *Sehenswertes in Livingstone*).

Gegenüber beginnt der Fußweg, der Sie zu verschiedenen Aussichtspunkten führt. Über den schmalen Grat *Knife Edge* führt eine Fußgängerbrücke und endet oberhalb des Abfluß des Sambesi. Von hier aus können Sie direkt in die tosenden Strudel blicken. Das Wasser sammelt sich an dieser Stelle in einer natürlichen, runden Vertiefung, die *Armchair* genannt wird. Es handelt sich um ein kleines Vulkanloch, das immer weiter ausgewaschen wird, wenn die Wassermassen aus dem Spalt treten und in die nächste Schlucht donnern.

Ein anderer steiler Weg führt an den *Boiling Pot*, den Abfluß des Sambesi, hinunter. Hier starten bei niedrigem Wasserstand die Wildwasserfahrten.

Der Aussichtspunkt, der dem Parkplatz am nähesten liegt, ist sehr beliebt für Sonnenuntergangsaufnahmen. Folgt man dem Ufer flußaufwärts, bieten sich immer wieder schöne Ausblicke auf den Sambesi und die Gischt. Für einen Ausflug zur Livingstone Island in der Trokkenzeit sollten Sie pro Strecke mit 20-30 Minuten Fußweg rechnen.

Die Tierwelt an den Fällen

Warzenschweine statt Müllabfuhr und Paviane am Hotelpool

David Livingstone fand vor gut 100 Jahren ein Natur- und Tierparadies vor. Besiedlung und Touristenströme drängten viele Tierarten zurück. Heute leben hier noch Buschböcke, Ducker und Wasserböcke. Auf den Campingplätzen durchwühlen Warzenschweine und Meerkatzen die Mülleimer, Pavianen und Mangusten begegnet man an Swimmingpools oder bei Uferspaziergängen.

Früher stürzten gelegentlich Flußpferde die Viktoriafälle hinab. Man konnte an den Kadavern keine Krankheiten erkennen und vermutet, daß die Tiere zu dicht an die Fälle geschwommen und mitgerissen worden waren. Da sich die Hippos flußaufwärts zurückgezogen haben, passieren solche Unglücke nur noch sehr selten. Mit etwas Glück kann man nachts Schakale, Hyänen oder Civetkatzen aufspüren. Am Oberlauf des Sambesi kann man neben Flußpferden und Krokodilen

Pavian und Chamäleon

auch Elefanten am Ufer oder auf den Inseln beobachten. In den Schluchten südlich der Fälle leben Leoparden und Greifvögel. Im Bereich der Viktoriafälle sind 358 verschiedene Vogelarten bekannt.

Bemerkenswert sind auch die Fische im Sambesi. Die unüberwindliche Barriere durch die Fälle führte zu völlig unterschiedlichen Entwicklungen. Oberhalb der Fälle leben 80 Fischarten, unterhalb 64. Doch nur 30 davon sind gemeinsame Arten!

Der Verlauf des Sambesi an den Viktoriafällen

Bis kurz vor den Fällen ist der Sambesi sanft und träge

Sanft und gemächlich legt der Sambesi 1440 km von seiner Quelle im äußersten Norden Sambias bis zu den Viktoriafällen zurück. Auf seinem Weg durch das angolanische Hochland sammelt er Wasser, durchfließt später die Barotse-Floodplains und die Caprivi-Sümpfe, vereint sich mit dem Chobe und fließt bis drei Kilometer vor den Fällen ruhig in östlicher Richtung. Dann knickt er nach Süden ab und gewinnt deutlich an Geschwindigkeit. Über viele Stromschnellen rauscht er der scharfen Abbruchkante entgegen.

Ohne Vorankündigung stürzen die Wassermassen schließlich über 100 m tief senkrecht in die schmale Schlucht. Brodelnd und kochend wirbelt das Wasser hoch, steigt als riesige Wolke in den Himmel und regnet als feiner Sprühregen ab. Nun zwängt sich der Sambesi mit immenser Kraft im Zickzack-Kurs durch vier steile, schmale Schluchten. Er erhält wenig später durch den Songwe-Zufluß weitere Wassermengen und bricht für ungefähr 100 km durch die Batokaschlucht. Dabei verliert er 260 Höhenmeter, während die Felswände immer steiler und höher werden. Der Sambesi durchfließt 60 Stromschnellen und einen Wasserfall bis er das Gwembe-Valley und den aufgestauten Karibasee erreicht. Bis dahin sind die Felswände der Schlucht auf 350 m angestiegen. Manche sagen, dieser Anblick sei wilder als die Viktoriafälle bei Hochwasser.

Einen Gesamteindruck der Fälle erhält man am besten aus der Vogelperspektive

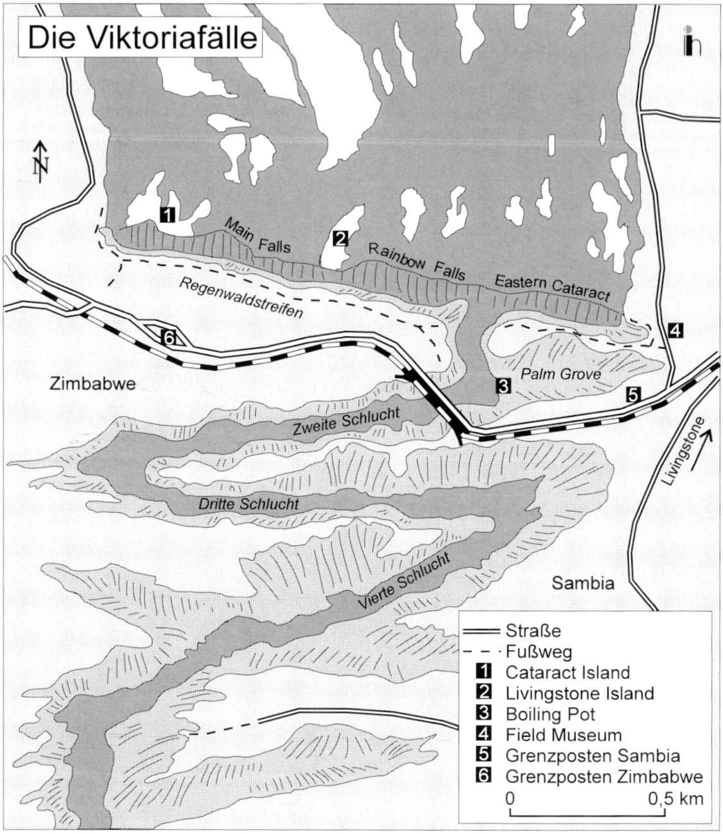

Die Entstehung der Viktoriafälle

Es begann vor 150 Mio. Jahren...

Die geologischen Voraussetzungen für die Viktoriafälle wurden vor etwa 150 Mio. Jahren geschaffen, als vulkanische Basaltlava die Oberfläche bedeckte. Mit dem Auskühlen und Erhärten der Lava entstanden tiefe Risse in Ost-West-Richtung. Im Laufe der Zeit vertieften sich die Risse. Ton-, Sand- und Kalkschichten lagerten sich auf der Lava ab und schufen Kalkstein in den Rissen. Durch Erdstöße und extreme Witterungsunterschiede verstärkten sich die Spalten. Als der Fluß seinen Lauf über diese Oberfläche führte, konnte sich das Wasser langsam immer tiefer hineinfressen. Die Entstehung des ersten Wasserfalls, etwa 8 km weiter im Süden, datiert man auf ungefähr 2 Mio. Jahre zurück. Flußaufwärts, also rückwärts, entstand dann ein Fall nach dem anderen. Die jetzigen Viktoriafälle sind vermutlich der 8. Wasserfall. Jede der steilen Zickzack-Schluchten stellte einmal die Fallkante dar.

Und da die Erosion fortschreitet, werden auch die Viktoriafälle irgendwann verschwinden und an einer neuen Kante ein Wasserfall hinunterstürzen. Am Devils Cataract haben sich bereits erste Spalten gebildet, man vermutet hier den Beginn der nächsten Bruchkante. Der Spalt wird sich dann entweder an den Inseln entlangziehen, oder aber weniger schräg durch Livingstone Island verlaufen. Sicher ist aber, daß diese Entwicklung nur noch für 3 km möglich ist und jeder neue Fall kleiner als der vorige sein wird. Danach wird es aufgrund der geologischen Bedingungen nur noch Stromschnellen geben, die Fälle also in fernen Zeiten ganz verschwunden sein.

Die Entdeckungsgeschichte der Viktoriafälle

Seit der Steinzeit lebten Menschen an den Fällen

Die Region um die Viktoriafälle weist eine sehr frühe Besiedlung auf, die bereits um die Mittlere Steinzeit begann. Bei der Chundu Farm wurden ein bedeutendes Grab und Skelett aus der Eisenzeit entdeckt. Tongefäße aus dem 8.Jh. wurden bei der Zambesi Farm gefunden.

Soweit bekannt entwickelte sich aus Ackerbauern, die bereits die Eisenverarbeitung kannten, zunächst die sog. Kalomo-Tradition. Tonga sprechende Völker zogen im 12. Jh. hinzu und machten ihren Einfluß geltend.

Die Tonga wurden später immer wieder von den aus Norden vordringenden Lozi bedrängt und ihr Land schließlich von den Kololo, die von Süden kamen, annektiert. Als die ersten Weißen auftauchten, herrschten denn auch die Kololo über die Region.

Wer hat die Viktoriafälle zuerst entdeckt?

Es ist allgemein bekannt, daß der Forscher und Missionar David Livingstone am 16.11.1854 vom Kololo-Häuptling Sekeletu per Kanu zu dem geheimnisvollen 'Donnernden Rauch' gebracht wurde. Auf Livingstone Island schlug er sein Lager auf und wagte den ersten Blick in den Abgrund.

Vor ihrer Entdeckung gab es schon eine Landkarte mit den Fällen

Weit weniger bekannt ist aber, daß Livingstone vermutlich gar nicht der erste Weiße gewesen sein dürfte, der dieses Naturschauspiels angesichtig wurde: Bereits ab etwa 1840 hörten die Europäer im Süden Afrikas von der Existenz gewaltiger Wasserfälle. Es klingt paradox - doch die Afrikakarte von W.D. Cooley aus dem Jahre 1852 zeigt bereits die Wasserfälle, und sogar relativ genau plaziert!

Neben Dr. Livingstone sind zwei weitere Kandidaten bekannt, die als erste Europäer die Wasserfälle gesehen haben könnten: Zum einen der portugiesische Sklaven- und Elfenbeinhändler Silva Antonio Francisco Porto, der 1848 von Bihe in Angola nach Osten zog.

Senkrecht steigt die Gischt aus dem Spalt

Und andererseits der Ungar Ladislaus Magyar, der 1851 aus dem heutigen Mwinilunga-District via Zambesi nach Süden reiste und vermutlich hier den Sambesi überquerte. Beidemal handelt es sich um Vermutungen, die nicht nachweisbar sind. Dokumentarisch bewiesen ist als erster Besuch der von Dr. David Livingstone (1854). Der zweite sichere Besucher war der britische Jäger William Baldwin am 02.08.1860.

Frühzeitig entwickelt sich die Region zum Anziehungspunkt für Weltenbummler

Noch ein Kuriosum: Wie alt ist der Tourismus an den Viktoriafällen? Ein gewisser Harry Ware warb bereits 1876 in einer Londoner Zeitung für seine Jagd- und Sightseeing-Touren zu den Fällen! In einer Zeit, in der es noch keine einzige europäische Siedlung in der gesamten Region gab, lange bevor die BSAC die ersten Verträge abschloß....

Der Brite Westbeech wurde 1871 in Pandamatenga im heutigen Zimbabwe an der Grenze zu Botswana seßhaft. Er rüstete Safariunternehmen aus und organisierte für Händler und Missionare die Reise in den unerforschten Norden. Mit der Zeit erhielt er eine einflußreiche Sonderstellung im Barotseland und fungierte als Berater für die Litunga (Lozi-Könige) Sipopa und Lubosi/Lewanika. So hatte er lange Zeit das alleinige Monopol, im Barotseland Elefanten zu jagen. In manchen Jahren brachte er bis zu 15 Tonnen Elfenbein über den Sambesi.

Souvenirs und Kunsthandwerk

Den ersten Souvenirladen öffnet ein König

Das Kunsthandwerk hat eine lange Geschichte. Schon König Lewanika erkannte die Einnahmequelle und öffnete 1905 den ersten Andenkenladen an den Viktoriafällen!

Sehr typisch sind die Schnitzereien der Lozi, wobei diese eine deutliche Entwicklung durchgemacht haben. Ursprünglich waren die Motive Tiere und Masken, die Formen dabei einfach und stilistisch. Später, unter dem Einfluß der Lunda und Luvale, wurden die Formen feiner, zierlicher und naturalistischer, es wurden nun auch Farben verwendet. Dennoch muß man sagen, daß die Lunda und Luvale eine höhere Schnitzkunst erlangt haben. Sollten Ihnen Salatbestecke und Schilde begegnen, handelt es sich dabei um aus Ostafrika importierte Ideen. Schilde hat es in dieser Region nie gegeben.

Für die Schnitzereien werden verschiedene Hölzer mit unterschiedlichen Härtegraden verwendet. Rötliche Teakhölzer und das dunkle Ebenholz finden die häufigste Verwendung.

Hölzerne Flußpferde sind offensichtlich der Dauerrenner unter den Souvenirs. An den kleinen Exemplaren wird etwa 3-5 Tage gearbeitet, an einem grossen Hippo bis zu 2 Wochen.

Die Mainfalls bei Hochwasser

Besuch der Fälle von Zimbabwe aus

Es lohnt sich, die Viktoriafälle von beiden Seiten zu besuchen

Um einen guten Gesamteindruck von den Viktoriafällen zu erhalten, empfiehlt es sich, diese auch von Zimbabwe aus zu besuchen. Nicht zuletzt deshalb, weil in Zimbabwe deutlich mehr Fußwege angelegt wurden.

Info

Der Grenzübertritt erfolgt rasch und unproblematisch, man ist die Grenzgänger mit Photo und Videokamera gewöhnt. Die Grenze ist täglich von 06.00 - 20.00 h geöffnet. Deutsche, Österreicher und Schweizer benötigen zur Einreise nach Zimbabwe nur einen Reisepaß, kein Visum. Sambia wird Ihnen bei der Wiedereinreise erneut ein Visum für 2o US$ berechnen, sofern Sie sich nicht ein Re-Entry-Visum für 5 US$ haben ausstellen lassen. (siehe *Wichtige Adressen in Livingstone*).

Ein Taxi von Livingstone zur Grenze kostet etwa 5 US$. Zwischen den beiden Grenzstationen können Sie entweder zu Fuß gehen oder für ca. 2 US$ ein Taxi nehmen. Die Brücke ist einspurig, eine Ampel regelt den Verkehr. Bei der Einreise nach Zimbabwe wird für Fahrzeuge derzeit keine Versicherung verlangt.

Rundgang in Zimbabwe

Ein kurzes Wegstück nach der Grenzstation befindet sich der Eingang zu den Fällen. Es wird eine kleine Eintrittsgebühr berechnet. Gehen Sie zunächst geradeaus vor zu den Wasserfällen und dort links zum Livingstone Memorial und dem Devils Cataract, da Sie sich dort noch außerhalb der nassen Gischt befinden. Der Weg verläuft dann durch den kleinen Regenwald gegenüber der Fälle. Der Wald ist voller Palmen, Schlingpflanzen, Fackellilien, seltener Vögeln und Schmetterlingen. Nahe der Felskante wachsen dann allerdings nur Gräser und niedriges Gebüsch, die dem ständigen starken Wind aus der Schlucht standhalten können. Der Fußweg bietet immer wieder faszinierende Aussichtspunkte und endet am sog. *Danger Point*, der dem sambischen

Die Viktoriafälle von Zimbabwe aus

Aussichtspunkt bei Knife Edge gegenüber liegt. Bei Hochwasser ist der Danger Point ein glitschiger Duschfelsen, bei Niedrigwasser ein hübscher Picknickplatz. Ein Weg führt weiter durch hohes Gras an eine Stelle, die einen Ausblick auf die Brücke und die waghalsigen Bungi-Jumper gewährt. Ein anderer Pfad führt direkt zum Ausgang zurück. Er ist weniger stark frequentiert und bietet die Chance, evtl. Pavianen, Duckern oder scheuen Antilopen zu begegnen.

Victoria Falls ist ein kleiner Ort, der ganz auf den Tourismus eingestellt ist. Hotels, Souvenirläden, Reisebüros, Imbißlokale und Banken prägen das Bild. Der Ort vergrößert sich ständig und quillt förmlich über von Touristen aller Art. Dabei ist es eine freundliche Stadt geblieben, in der es sich leicht ein paar Tage aushalten läßt. Die großen Hotels bieten mittags und abends Buffets, Barbecue oder A-La-Carte-Restaurants zu vernünftigen Preisen an. Je nach Geschmack kann man auf der Terrasse des nostalgischen 'Victoria-Falls-Hotel' einen Drink nehmen, durch die Läden schlendern, eine Krokodilfarm und den altehrwürdigen Bahnhof besuchen oder beim Golfspiel zwischen Warzenschweinen den Schläger schwingen!
Nur eine Warnung sei erlaubt - hüten Sie sich davor, auf dem Schwarzmarkt Geld zu tauschen! Es ist nicht nur illegal, sondern auch ziemlich wahrscheinlich, dabei Betrügern in die Hände zu fallen.

Blick aus dem Flugzeug auf den Boiling Pot

DER WESTEN

Die Westprovinz wird geprägt vom Sambesi, der weit im Norden im Lundaland in einer unscheinbaren Quelle entspringt und die ganze Region durchfließt. Während seines langen Weges verändert er sich vom Bach im sambisch-zairischen Grenzgebiet zu einem breiten, trägen Fluß, der riesige Landstriche unter Wasser setzen kann. Wer in den Westen reist, wird Menschen begegnen, deren Traditionen und Überlieferungen noch sehr lebendig geblieben sind.

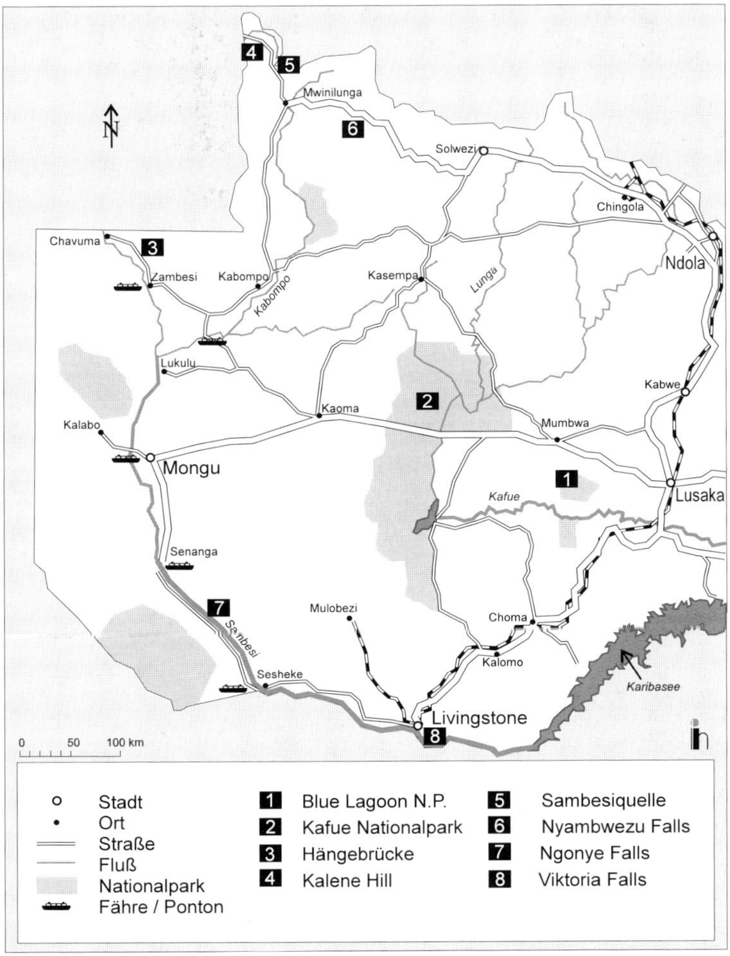

Von Lusaka nach Mongu

Man verläßt Lusaka auf der Kalundwe Road, welche an den beiden Wasserbassins und dem Minibus-Terminal von der Lumumba Road abzweigt. Außerhalb Lusakas sieht man bald auf der rechten Seite das Garden House Motel. Die Landschaft ist flach. Kleine Ortschaften, grosse Farmen und Busch wechseln sich ab. Nach etwa 30 km führt links ein Weg in den Blue Lagoon N.P.

Blue Lagoon National Park

Ein kleiner, touristisch noch unentdeckter Nationalpark

Der 420 km² große Nationalpark liegt nördlich des Kafue in den Kafueebenen. Er ähnelt landschaftlich dem Lochinvar Nationalpark. Auch hier kann man die seltenen Kafue-Lechwe-Antilopen entdecken. Der Park ist jedoch schlecht zu erreichen. Er war lange Zeit dem Verteidigungsministerium unterstellt und nicht öffentlich zugänglich. Von Tierschutz konnte kaum die Rede sein.

Ein ehemaliges Camp wurde vor Jahren zerstört. Das alte Farmhaus wurde zuletzt von Armee- und Regierungsmitgliedern als Erholungsstätte genutzt, soll aber bald zu einer Lodge umgewandelt werden. Am Gate ist Camping erlaubt.

Offiziell ist der Park für Touristen zugänglich, weist jedoch derzeit keine Infrastruktur auf und ist nicht beschildert. Es hat ein wenig den Anschein, der NPWS wolle zunächst die touristische Entwicklung in den erst kürzlich erschlossenen Parks, wie z.B. North Luangwa und Lower Zambesi, abwarten.

Weiterfahrt nach Mongu

Auf der Straße nach Mongu fahren Sie zunächst auf recht beschädigtem Asphalt. Teilweise besteht die Straße mehr aus Löchern als aus Teer. Bei Nangoma, etwa auf halbem Weg nach Mumbwa, ist eine Tankstelle und evtl. ein Roadblock an der Polizeistation.

151 km von Lusaka erreichen Sie die Abzweigung nach **Mumbwa**. Die kleine Stadt liegt 3 km nördlich der Teerstraße, verfügt über eine Tankstelle und drei kleinere Hotels .

Die Straße wird nun deutlich besser. Nach kurzer Zeit erreichen Sie einen Roadblock des NPWS und nach weiteren 58 km die Kafuebrücke mit dem chinesischen Baucamp und einem Militärposten. Von nun an führt die Straße direkt durch den Kafue N.P. und teilt ihn in einen nördlichen und einen südlichen Sektor.

KAFUE NATIONAL PARK

Mit dem Kafue Nationalpark ist das so eine Sache! Einerseits ist er mit Abstand der größte Park Sambias und relativ gut zu erreichen, andererseits hat er aber vergleichsweise wenige Besucher. Es gibt einige in privater Initiative entstandene Exklusiv-Lodges, dagegen sind die ursprünglichen staatlichen Camps entweder bereits völlig zerstört oder in traurigem Zustand. Man kann im Park stundenlang durch eintönigen, dichten, tsetseverseuchten und großflächig abgebrannten Busch fahren, aber ebenso phantastischen Flußläufen folgen und Wildtiere durch weite Grasebenen voller Bauminseln ziehen sehen. Kurzum, der Kafue Nationalpark macht es dem Fremden zunächst nicht leicht, entdeckt und geliebt zu werden, doch die Mühe lohnt sich!

Anreise

Zufahrten in den nördlichen Sektor

Es gibt verschiedene Zufahrten in den Kafue N.P. Von Lusaka kommend ist die zuvor beschriebene Straße die typische Anreise. Direkt nach der Kafuebrücke ist das Gate in den nördlichen Sektor. Von hier führt die Piste zu den Camps Kafwala, Lufupa und in die Busanga Plains.

Eine interessante Zufahrt in den nördlichen Teil des Nationalparks ist ab Mumbwa möglich: Biegen Sie in Mumbwa an der Tankstelle links in Richtung Kasempa ab. Nehmen Sie nach 2 km rechts die Abzweigung zur Hippo Mine (95 km). Es geht durch einsamen Busch. Nach 17 km erreichen Sie eine Tsetse-kontrolle, nach weiteren 16 km eine Gabelung. Biegen Sie links in die kleinere, steinige Piste. Sie kommen einmal an einer Schule vorbei und erreichen nach 32 km das Kabalushi-Gate. Die nächsten 30 km sind eine tsetseverseuchte Transitstrecke durch den Kafue N.P. Dann erreichen Sie den Lubungu Ponton über den Kafue und befinden sich in der Lunga Luswishi GMA. Die wunderschöne Flußlandschaft entschädigt für die strapaziöse Anfahrt. Nach 3 km erscheint die Leopard Lodge, 6 km weiter die Chamafumbu Lodge mit Camping, dann erst 48 km weiter die Abzweigung zu den Lunga Cabins. 86 km nach der Fähre über den Kafue ist der Lunga per Ponton zu überqueren. Von hier aus führt eine gute Piste nach Kasempa. Fahren Sie 17 km in diese Richtung, dann biegen Sie in die kleine, unauffällige und völlig unbeschilderte Piste nach Süden. Nach 18 km auf einsamer Allradpiste stehen Sie vor dem Kabanga-Gate im äußersten Norden des Kafue N.P. Bitte beachten Sie, daß dieser Teil des Parks nur in der Trokkenzeit ab Mai oder Juni erreichbar ist!

Zufahrten in den südlichen Sektor

Für den südlichen Teil des Kafue N.P. gibt es folgende Zufahrten: Die einfachste Anreise erfolgt über die Lusaka-Mongu-Straße. Kurz nach der Kafuebrücke zweigt eine Piste links ins nahe gelegene Chunga Camp

Zufahrten in den südlichen Teil

ab. Vorsicht! Die in den Landkarten eingezeichnete Straße von Chunga nach Ngoma existiert nicht mehr! Es ist nicht möglich, von Chunga in die weiter südlich gelegenen Regionen zu fahren.

Anreise zur Ngoma Region von Norden

Um den Itezhi-Tezhi-Damm und die umliegenden Camps zu erreichen, müssen Sie bereits 60 km vor der Kafue Bridge auf einer ehemaligen Teerstraße nach Süden abzweigen. Die Straße ist mit *'Nanzhila and Ngoma Lodges 120 km'* ausgeschildert. Der alte Teerbelag wurde großteils abgezogen, schmale Teerstreifen blieben zurück. Die Straße ist einsam, nach 45 km befindet sich ein NPWS-Checkpoint, 3 km weiter die Abzweigung zur Puku Pan Lodge. Insgesamt beträgt die Entfernung zum Itezhi-Tezhi-Damm 105 km. Durch den Dammbau bildete sich ein 370 km^2 großer Stausee. Zwei Checkpoints unterstreichen die Wichtigkeit des Damms. Direkt neben dem Damm überqueren Sie den Kafue. Gleich danach führt rechts eine Piste auf den Hügel hinauf zu den verschiedenen Camps und weiter über das Musa-Gate in den Park.

Anreise zur Ngoma-Region von Süden

Von Süden kommend gibt es zwei Zufahrten nach Ngoma: Entweder von Monze über Namwala nach Ngoma. Die kleine, landschaftlich reizvolle Straße ist nur in der Trockenzeit befahrbar. Oder aber, wenn Sie von Livingstone kommen, die Zufahrt ab Kalomo. Die 75 km lange Piste zum Park ist in Kalomo ausgeschildert. Der Weg führt durch viele Tongadörfer (obwohl es eine GMA ist) und eine reizvolle, hügelige Landschaft zum Ndumdumwenzi-Gate. Da die weitere Straße nach Ngoma unbeschildert ist, sei sie hier kurz beschrieben: Nach 2 km zweigt eine Piste nach Westen zum Mulobezi-Gate ab. Sie fahren jedoch geradeaus durch schöne Graslandschaft mit Bauminseln. Nach 54 km erreichen Sie dann das Kalenje Wildlife Camp. Nach weiteren 22 km durch teilweise dichten Busch befinden Sie sich in einer offenen Ebene an einer unbeschilderten Wegkreuzung. Fahren Sie hier nach links für 4 sandige Kilometer. Man stößt nun auf eine breite Piste, auf der man rechts nach 14 km Ngoma erreicht. Die Straße im Park ist nur in der Trockenzeit befahrbar.

Daten

Der Kafue N.P. ist mehr als halb so groß wie die Schweiz

Der Nationalpark wurde 1950 gegründet, er ist damit der älteste des Landes. Mit 22400 km^2 ist er mehr als halb so groß wie die Schweiz und zugleich einer der größten Parks der Welt!

Die Saison dauert von April/Mai bis Oktober/November, je nach Einsetzen der Regenzeit manchmal bis in den Dezember. Für die Busanga- und Nanzhila-Plains beginnt die Saison erst gegen Ende Mai und in diesen Regionen sollten Sie generell nur mit einem Geländefahrzeug unterwegs sein.

Ein Großteil des Parks ist verkehrstechnisch nicht erschlossen

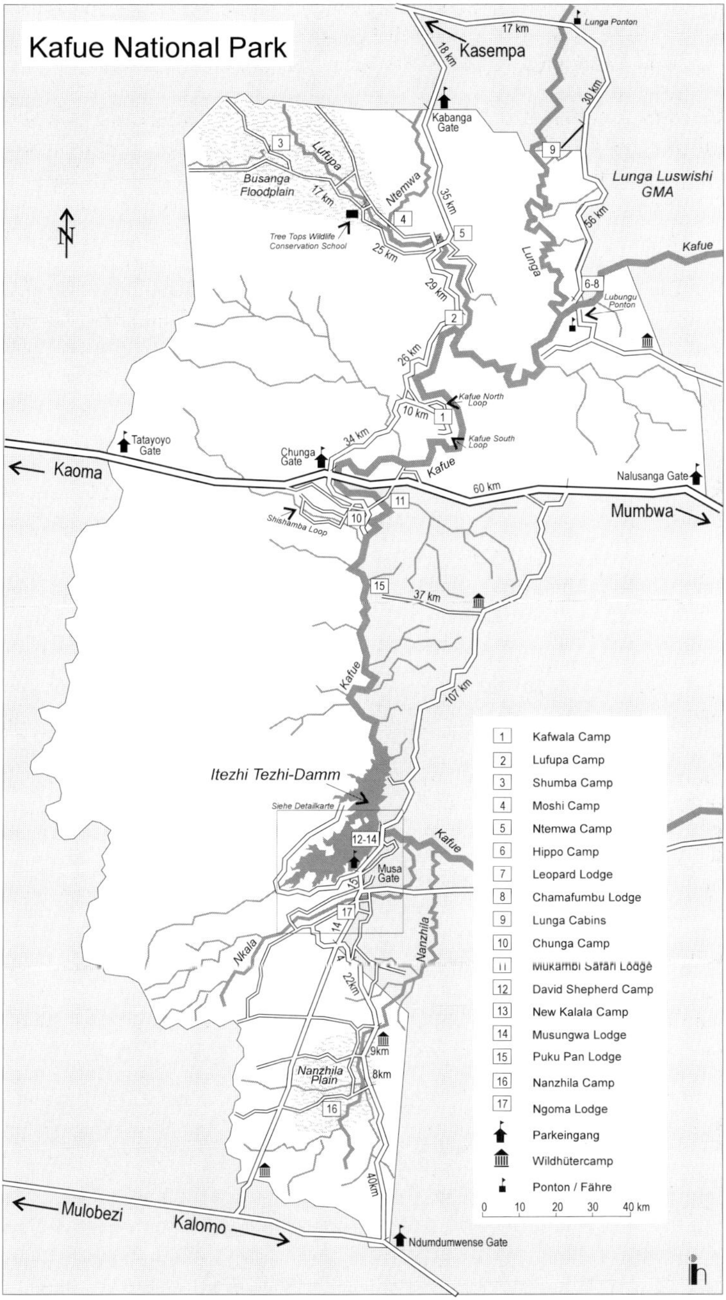

Vegetation und Natur

Dambos und Miombo-Wälder sind charakteristisch für den großen Park, also weite, offene Schwemmgebiete und Laubwälder.

Die Busanga-Plains im Norden

Während der Regenzeit verwandelt sich die Busanga-Ebene in einen riesiegen See

Der Lufupa fließt im äußersten Norden in den Park. In der Regenzeit tritt er über die Ufer und überflutet großflächig das flache Land. Man nennt dies die Busanga-Flutebene. Während der Regenmonate sieht sie aus wie ein riesiger See und ist unbefahrbar. Sie trocknet später als fruchtbares Grasland ab.

Aber auch in der Trockenzeit bleiben Wasserläufe erhalten und stellen somit einen hervorragenden Lebensraum für große Antilopenherden dar. Raubkatzen folgen den Antilopen und machen die 750 km² große Busanga-Ebene berühmt für ihre Löwen.

Der Lufupa mündet beim gleichnamigen Camp in den breiten Kafue. Der ganze Bereich vom Norden bis hier ist wohl der landschaftlich reizvollste. Die Wege führen oft an den gewundenen Flußläufen entlang, flaches Schwemmland mit unzähligen Termitenhügeln wechselt mit sanften Grasflächen voller großer Euphorbien, Palmen, manchmal Baobabs, Mukwa- und Leberwurstbäumen.

Südlich vom Lufupa Camp wird der Busch deutlich dichter. Das erschwert die Tierbeobachtung und ist eine Brutstätte der Tsetsefliege.

Der trockenere Süden

Unterhalb des Itezhi-Tezhi-Damms zweigt der Kafue nach Osten ab. Der Südteil des Parks ist daher recht trocken. Der Nanzhila überflutet nur in der Regenzeit das flache Schwemmland der Nanzhila Plain. Hier liegen bereits Kalahari-Sandfelder, die für gelegentlich recht tiefsandige Weg-

Dörfer und Palmenwälder am Musa-Gate

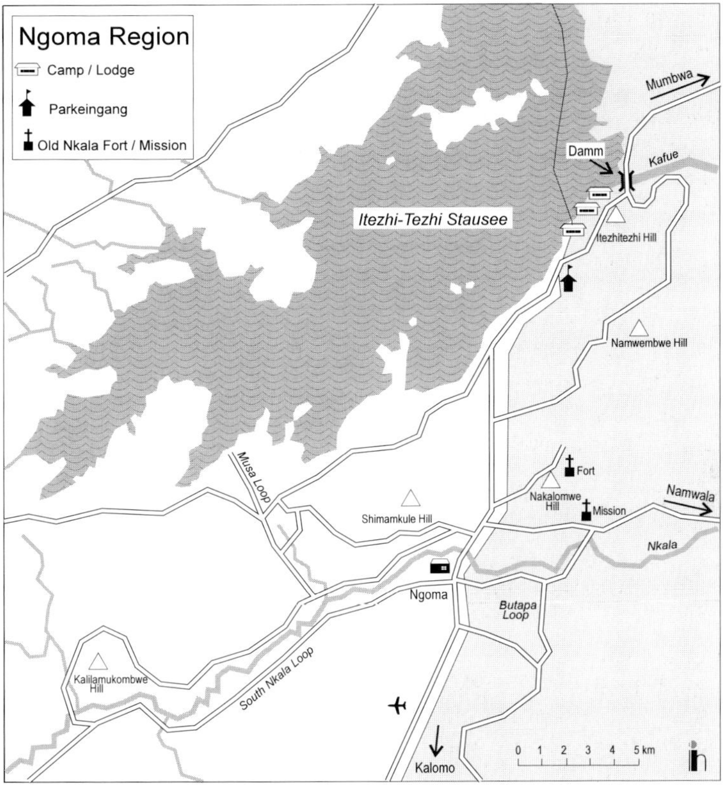

Detailkarte der Ngoma-Region

passagen sorgen. Daneben treten Mopanewälder auf und auch wieder Baobabs, Termitenhügel und Euphorbien. Besonders reizvoll ist die Region um das Nanzhila Camp.

Tierwelt

Der Kafue N.P. bietet die größte Vielfalt an Wildtieren in Sambia. Lediglich die Giraffe fehlt unter den Großwildtieren. Die Größe des Parks schafft einerseits auch wandernden Tierarten genügend Lebensraum, erschwert andererseits aber den Tierschutz. Im Park wird nach wie vor stark gewildert. Das letzte Nashorn ist schon lange tot und die Elefantenpopulation stark verringert. Aber auch Antilopen, Zebras und Büffel wurden und werden noch immer als begehrte Fleischlieferanten gejagt. Sogar die zahlreichen Roten- oder Sambesi-Moorantilopen waren in den 40er Jahren bis auf 100 Exemplare dezimiert worden. Heute leben allerdings wieder Tausende im Park, besonders in den Busanga Plains.

Für die vielen Löwen und Leoparden sind die Busanga-Plains und die Region um das Lufupa Camp berühmt. Elefanten sieht man häufig um Chunga, Ngoma und Lufupa. In allen Flüssen leben Hippos, Krokodile und Leguane. Die scheuen Sitatunga kann man mit etwas Glück an den Busanga Plains und Oribi an der Nanzhila Plain antreffen.

Vögel

Über 400 verschiedene Vogelarten sind im Kafue N.P. registriert worden, darunter z.B. der Schreiseeadler, Weißkopf-Bartvogel, Scharlachspint und die Stanleytrappe. In den Busanga Plains findet man häufig den Klunkerkranich, die Brachschwalbe, den Braunen Sichler und den Braunmantel-Scherenschnabel.

Nkala Fort

13 km südlich des Musa-Gate, auf dem Weg nach Ngoma, befindet sich auf dem Nakalomwe Hill ein 1901 erbautes Polizeifort. Es liegt etwa 2 km von der Hauptpiste entfernt und hat eine schlechte Zufahrt. Die Mauern sind längst eingestürzt, der Grundriß kann aber noch erkannt werden. Ursprünglich sollte die Bahnlinie von Livingstone über Nkala in die Kupferregion verlegt werden. Nachdem diese Pläne geändert wurden, verlor das Fort an Bedeutung. Nicht weit entfernt ist die Ruine der 1890 gegründeten Nkala Mission.

Bilder von oben:
Hippopool und Tüpfelhyäne
in den Busanga Plains
Fischbarrieren am Lufupa
Kudubock

Übernachtung / Camps

Im Norden

- **Kafwala Camp:** nur für WCS-Mitglieder, man kann allerdings eine temporäre Mitgliedschaft bei der *Wildlife Conservation Society* erwerben (siehe *Lusaka*). Das einsam an den Kafue Rapids liegende Camp steht meist leer.
- **Lufupa Camp:** 87 km von der Teerstraße am Zusammenfluß von Lufuba und Kafue. Camping und Chalets, Pool, Bootstouren, Fischen. Nur während der Trockenzeit ab Mai geöffnet.
- **Shumba Camp:** Privatcamp von Busanga Trails, einziges Camp in den Busanga Plains, nur Juli-Oktober.
  Die alten Camps **Moshi** und **Ntemwa** sind völlig zerstört.

Im Nordosten

- **Hippo Camp:** exklusives Zeltcamp am Kafue für max. 12 Gäste
- **Leopard Lodge:** vernachlässigtes Camp am Kafue nahe des Lubunga Ponton, Lunga Luswishi GMA.
- **Chamafumbu Lodge** und Camping: von Mbizi Safaris, am Kafue nahe der Leopard Lodge gelegen.
- **Lunga Cabins:** von African Experience Ltd., weit im Norden am Lungafluß gelegene, schöne Anlage. Bootstouren, Fischen, Pool, nur max. 12 Gäste. Dazugehörig das Lupemba Buschcamp mit 3 Zelten, das nur per Boot erreichbar ist.

Im Süden

- **Chunga Camp:** nahe NPWS Headquarters, das am einfachsten zu erreichende Camp liegt nur 21 km südlich der Teerstraße. Kleine, schöne Anlage am Kafue, 6 Rondavels, Camping.
- **Mukambi Safari Lodge:** am Ostufer des Kafue gelegen, außerhalb des N.P., 10 Chalets. Einfach zu erreichen auch ohne Allrad.

Im Südosten

- **David Shepherd Camp:** Selbstversorger-Chalets für Mitglieder der WCS, liegt zwischen großen Felsen mit grandiosem Blick am Hochufer des Stausees. Camping auf Anfrage möglich.
- **New Kalala Camp:** einfacheres Camp am Stausee.
- **Musungwa Safari Lodge:** große, exklusive Lodge am Stausee nahe dem Musa-Gate. Tennis, Pool, Bootstouren.
- **Puku Pan Lodge:** weiter im Norden gelegene, neue Lodge am Ostufer des Kafue, außerhalb des Parks.
- **Nanzhila Camp:** halbverfallenes Camp, einsam inmitten der Plains gelegen, mit Aussichtsplattform. Camping erlaubt, jedoch keinerlei Einrichtungen.
- **Ngoma Lodge:** die große Anlage war einmal die größte Lodge im Süden. Heute ist sie halb verfallen, stillgelegt, in den Chalets leben viele Familien mit Kind und Kegel mitten im Nationalpark. Daneben existiert noch das Office des NPWS.

Kaoma - Mongu

Weiterfahrt auf der Straße nach Mongu

78 km westlich des Kafue-Westgate liegt etwas nördlich der Straße die Stadt **Kaoma.** Der Ort wurde 1907 mit dem Namen *Mankoya* als zweiter Verwaltungssitz im Barotseland nach Mongu gegründet. Kaoma bietet einfache Versorgungsmöglichkeiten und eine Tankstelle.

Die Straße führt weiterhin durch dichte Wälder. Nach 186 km erreicht man Mongu.

Mongu

Mongu ist Provinzhauptstadt und Verwaltungssitz. Die 1906 gegründete Stadt bietet gute Versorgungsmöglichkeiten und mehrere Hotels (z.B. Lyambai Hotel, Nqulu Hotel). Mongu ist inmitten der Barotse-Flutebenen auf einem leichten Hügel gelegen. Nur wenige Kilometer westlich fließt der Sambesi, mit dem die Stadt durch einen 8 km langen Kanal verbunden ist.

Sehenswert!

Lozi- Palast in Lealui

Zwischen dem Sambesi und Mongu liegt die alte Hauptstadt des Lozireiches. Hier steht der Palast des Litunga (siehe *Kuomboka-Zeremonie*). Das Museum der Lozi-Kultur ist sehenswert. In der legendären Königstadt Lealui waren u. a. die Missionare Coillard und Arnot im letzten Jahrhundert zu Gast.

Die Lozi - das stolze Volk vom Barotseland

Das Barotseland im Herzen der Westprovinz ist die Heimat der Lozi. Das stolze Volk war vor Jahrhunderten aus dem heutigen Zaire eingewandert und hatte ein mächtiges Königreich aufgebaut. Die Lozi dominierten über die Lunda, Luvale und Tonga. Sie handelten mit ihnen und überfielen sie gelegentlich. Gegen 1835 unterlagen sie den aus Süden eindringenden Kololo, lehnten sich gute 30 Jahre später gegen deren Herrschaft auf und ergriffen erneut die Macht. Zu dieser Zeit kamen die ersten europäischen Händler, Jäger und Missionare. Skurrile Persönlichkeiten waren darunter, wie der portugiesische Händler Silva Porto, der schon lange vor Livingstone das Barotseland bereiste und auch dort lebte. Sein tragisches Ende, als er sich nach Zwistigkeiten mit den Einheimischen selbst durch den Kamin seines Hauses in die Luft jagte, ist in die Geschichte eingegangen. Livingstone brachte die Kunde vom Barotseland nach Europa. Bald drangen Jäger wie George Westbeech, und Missionare wie F.S. Arnot und Dr. Fisher vor, und hatten einen großen Einfluß am Hofe der Lozi. Sie berichteten von unvorstellbaren Greueltaten und blutrünstigen Menschenopfern. König Lewanika, der später den Vertrag mit der BSAC abschloß, soll sich besonders grausam die Macht erkämpft haben. In späteren Jahren wurde er allerdings als besonnener und intelligenter Herrscher beschrieben. Die Lozi haben ihren Nationalstolz auch in diesem Jahrhundert bewahrt und oftmals versucht, sich vom restlichen Sambia abzuspalten. Kaundas lebenslanger Kampf gegen den Tribalismus wurde hier auf eine besonders harte Probe gestellt. Das Selbstverständnis der Lozi und ihre ausdruckstarke Kultur kommen am Besten bei der alljährlichen Kuomboka-Zeremonie zum Ausdruck (siehe *Zeremonien und Feierlichkeiten*).

Von Mongu nach Livingstone

Die Straße nach Livingstone beträgt 525 km. Die Teerstraße verläuft bis Senanga zunächst östlich des Sambesi durch die flache Marsch- und Schwemmlandschaft der Barotse-Flood-Plain.

Die Barotse-Flutebenen

Zwischen Lukulu und den Ngonye Falls erstrecken sich die riesigen Barotse-Flutebenen. Sie sind bei Mongu bis zu 50 km breit und insgesamt fast 250 km lang.

Durch die Regenfälle am Oberlauf des Sambesi schwillt der Fluß alljährlich derart an, daß er zwischen Februar und April weite Landstriche überflutet. Auf bis zu 17 Billionen m³ steigt dann das Wasser in der Ebene. In kleinen, temporären Fischerdörfern leben die Menschen äußerst abgeschieden auf Sandbänken. In der flachen Landschaft voller Kanäle existieren nur noch Wasserwege. Die Vogelwelt ist zahlreich und vielfältig. Nach der großen Flut trocknet die Ebene ab und bildet einen sehr fruchtbaren Boden.

Von jeher waren die Bewohner des Schwemmlandes gewöhnt, in temporären Dörfern zu leben. Kam die Flut, zogen sie auf Sandbänke oder Hügel, die als Inseln trocken blieben. Und wenn das Land abtrocknete, folgten sie dem Sambesi an seine Ufer. Selbst der Litunga, der Lozikönig, lebte dieser Tradition gemäß in verschiedenen Palästen.

Senanga

Auf einem Hügel liegend bietet Senanga einen weiten Blick über den Sambesi. Neben einem Government Resthaus sind diverse, schön gelegene Lodges für Hobbyfischer entstanden.

Unterkunft

- Barotse Fishing Safari Lodge, v. Barotse Fishing Safaris
- Senanga Safari Lodge, (Rondavels)

Die Fähre nach Sitoti

Bis Sitoti verläuft die Straße weiterhin durch eine sumpfige Landschaft, die in der Regenzeit vollkommen überschwemmt wird. Die Fähre nach Sitoti zählt für ausländische Fahrzeuge zu den teuersten des Landes. Sambische Fahrzeuge überqueren den Sambesi um ein vielfaches billiger. Im Gegensatz zu den vielen anderen kleinen Fähren und Pontons in Sambia sind die Sambesifähren immer kostenpflichtig. Bei Hochwasser muß die Fähre gelegentlich viele Kilometer nach Norden ausweichen, doch sie wird ganzjährig bedient.

Sitoti ist nur ein größeres Dorf. Von hier führt die Piste durch dünn besiedeltes Gebiet entlang des Sambesi nach Sesheke.

Ein Trick rettet die Kololo vor den Invasoren aus dem Süden

*Auf dem Weg zu den Ngonye Falls bei Sioma fährt man an der grossen Sambesi-Insel **Mbeta** vorbei. Manchen Quellen zufolge sei die Insel der Schauplatz des bemerkenswerten militärischen Schachzuges der Kololo gegen die Matabele gewesen. Im letzten Jahrhundert wurden die Kololo von Matabelekriegern bedroht, welche am Westufer des Sambesi stromaufwärts vordrangen. Durch einen Trick legten sie die überlegenen, aber ortsunkundigen Matabele herein: Die bedrohten Kololo brachten all' ihre Rinder auf die Insel Mbeta. Der Lärm der Rinder ließ die Matabele glauben, die Insel sei das bewohnte Ostufer des Sambesi. Deshalb zogen sie auf die Insel, wo die Kololo in der selben Nacht die Kanus der Eindringlinge stahlen. Die Matabele saßen in der Falle - sie konnten nicht schwimmen, gerieten in Panik und wurden vernichtet.*
Andere Quellen beschreiben den Schauplatz des Gemetzels in den Linyanti-Sümpfen südlich von Sesheke.

Ngonye Falls

Sehenswert!

Nahe dem Dorf Sioma stürzt der Sambesi die 21m tiefen Ngonye Falls hinab. Von F.S. Arnot ist bereits überliefert, er habe gesagt, die Ngonye Falls wären berühmt geworden, wenn sie nicht lediglich 300 km stromaufwärts der Viktoriafälle lägen. Der Wasserfall ist am Schönsten im Juni und Juli, wobei in dieser Jahreszeit die Nächte feuchtkalt und neblig sind. Im Kanu kann man sich nahe an die Fälle bringen lassen.

Angeblich soll eine Lodge gebaut werden und selbst von Rafting in den Stromschnellen ist die Rede. Bislang ist Sioma aber eher ein verschlafenes Nest. Neben den Fällen steht eine kleine Hütte des NPWS, wo man sich in das Besucherbuch eintragen kann.

Der Sambesi bildete einst den wichtigsten Transportweg der Lozi. Doch die Ngonye Falls unterbrachen diesen Wasserweg. Daher ließ der Lozikönig Lewanika schon im letzten Jahrhundert bei Sioma Träger stationieren, um die von Livingstone kommenden Waren um die Fälle zu tragen.

Die Ngonye Falls bei Sioma

Sioma National Park

Der Nationalpark liegt im Grenzgebiet zu Angola und Namibia. Er ist touristisch nicht erschlossen und leidet unter der Wilderei. Wer dennoch den Park besuchen möchte, sollte sich bei Sioma an die Scouts des NPWS wenden und ggf. auch nur mit einem Scout in diese vernachlässigte Wildnis fahren. Die wenigen im Park existierenden Strassen sind überwuchert und kaum zu finden. Allrad ist unbedingt erforderlich, die Ausrüstung muß umfangreich sein. Angeblich wird darüber nachgedacht, den Park touristisch zu erschließen. Dazu müßten aber zunächst die Wilderei bekämpft, aktiver Tierschutz betrieben, die Zufahrtsstraßen verbessert und die Wege im Park repariert und erhalten werden. Derzeit ist davon abzuraten, sich allein und unvorbereitet in den Park zu begeben. Informieren Sie sich vorher bei der NPWS-Zentrale in Chilanga, obwohl die Ihnen vermutlich auch keine besseren Informationen geben wird.

Der Nationalpark wird im Westen durch den Grenzfluß Kwando begrenzt. Die Vegetation besteht aus trockenen Laubwäldern, offenen Kalahari-Sandfeldern und Tümpeln. In den Wäldern sollen noch mehrere tausend Elefanten leben, daneben Tsessebe, Pferde- und Rappenantilopen. Alle Tiere sind aufgrund der starken Wilderei sehr scheu. Der Sioma N.P. beherbergt als einziger Park außer dem Luangwatal Giraffen.

Von Sioma nach Livingstone

Südlich von Sioma verändert sich die Landschaft. Die relativ gute Piste verläuft nun durch dicht besiedeltes Buschland weiter am Sambesi entlang. Das Gebiet ist bereits stark abgeholzt. 140 km nach Sioma erreicht man die Grenze zu Namibia und die Fähre nach Sesheke. Ab hier bieten sich zweierlei Wege nach Livingstone an.

Via Namibia und Botswana nach Livingstone

Transit durch Namibia und Botswana

Der Grenzübertritt nach Katima Mulilo im Caprivistreifen von Namibia ist unproblematisch. Sie können sich in Katima Mulilo recht gut versorgen, es stehen einige Lodges und Camps am Sambesi zur Verfügung. Nach einer Stunde Fahrt auf guter Schotterstraße erreichen Sie bereits bei Ngoma Bridge die Grenze zu Botswana. Nach 64 km Transit durch den Chobe N.P. können Sie bei Kasane mit der Kazungula- Fähre wieder nach Sambia einreisen (an ein Re-Entry-Visum denken!) oder aber nach Victoria Falls in Zimbabwe weiterfahren und dort die Brücke über den Sambesi zur Wiedereinreise nach Sambia nützen. Die beschriebene Strecke ist reizvoll und abwechslungsreich, doch beinhaltet sie bis zu vier Grenzübergänge.

Verkaufsstand am Straßenrand

Von Sesheke nach Livingstone

Die Direktverbindung nach Livingstone

Überqueren Sie den Sambesi mit der kostenpflichtigen Fähre nach Sesheke, einem ehemaligen Königsitz der Lozi. Deshalb reiste schon 1851 David Livingstone nach Sesheke. Heute erinnert allerdings nichts mehr an die alte Bedeutung des Ortes.

Die Straße nach Kazungula ist in schlechtem Zustand. Unterwegs kommen Sie durch Mwandi. Der Ort war 1903 als *Old Sesheke* gegründet worden. Bis 1945 wurde das Dorf noch Sesheke genannt. Seinen jetzigen Namen erhielt es nach einem Chief der Region. Heute ist Mwandi der Sitz eines Litunga-Sohnes.

Kazungula

Der kleine Ort hat historische Bedeutung: Auf seinem Weg zu den Viktoriafällen im Jahre 1855 übernachtete Dr. Livingstone unter einem großen Kazungula-Baum. Der Baum steht heute noch und nach ihm wurde der Ort benannt. Der Kololokönig Sebitwane hatte ebenfalls hier den Sambesi überquert, um das Barotseland zu erobern. Er starb später in Livingstones Armen. Sein Sohn Sekeletu war es, der den Forscher zu den Fällen führte.

Kazungula ist ein Grenzort, man kann von hier mit der Sambesifähre nach Kasane in Botswana übersetzen. Seit Jahren wird übrigens geplant, die Fähre durch eine Brücke zu ersetzen.

Kazungula liegt nur noch 60 km von Livingstone entfernt. Etwa 30 km vor Livingstone erreicht man die ersten Safarilodges (siehe *Livingstone*).

Mit dieser Vorrichtung wird Bier gebraut

Von Mongu nach Norden

Westlich des Sambesi

Das Gebiet westlich des Sambesi

Westlich des Sambesi ist Sambia weitgehend unerschlossen und nur in der Trockenzeit mit Geländefahrzeugen erreichbar. Bei Sandaula und Libonda existieren zwei Fähren über den Sambesi, die beide nur in der Trockenzeit fahren. Daneben gibt es ein Postboot zwischen Mongu und Kalabo, das bei Hochwasser eingesetzt wird. Die einzige, ganzjährig sichere Fähre ist die bei Sitoti im Süden von Senanga.

Da die Grenze zu Angola unbewacht ist, gibt es in der Region relativ viele angolanische Flüchtlinge und Wilderer.

Liuwa Plain National Park

Der Nationalpark liegt nördlich von Kalabo und ist schwer zu erreichen. Wie der Sioma N.P. ist auch dieser Park stark von Wilderei betroffen. Er weist keine Infrastruktur auf und es gibt kaum Straßen. Ohne vorherige Genehmigung des NPWS ist der Zutritt nicht möglich. Aufgrund der schlecht erkennbaren Wege ist ein Scout auch hier unerläßlich. Es wird gelegentlich vor stark bewaffnete Wilderern aus Angola gewarnt.

Tip!

Wer unbedingt den Liuwa Plain N.P. besuchen möchte, sollte sich an Robin Pope Safaris wenden, die einmal jährlich eine Tour in den Park unternehmen.
Die Landschaft im Park ist überwiegend eben und weist weite, sanfte Grasflächen auf.

Die Fähre über den Kabompo

Nördlich von Mongu: Von Mongu nach Chavuma

Zwischen Mongu und Lukulu prägen die Barotse-Flutebenen die Landschaft. Die Straßen sind nur in der Trockenzeit befahrbar und sehr sandig. Die kürzeste Verbindung von Mongu in den Norden verläuft via Silonga nach Lukulu. Von dort führt die Strecke dann über die 72 km entfernte Watopafähre, die den Kabompo, einen bedeutenden Sambesizufluß, überquert. Er unterscheidet sich deutlich durch sein grünes Wasser und den dichten Uferbewuchs. Seine Ufer sind stärker mit Feldern bebaut, da er nicht zu Überschwemmungen neigt. Relativ viele Flußpferde und eine vielfältige Vogelwelt zeichnen den Kabompo aus.

Eine einfachere, und für Reisende aus Lusaka auch deutlich kürzere Verbindung nach Norden stellt die kleine Piste dar, die 10 km hinter Kaoma nach Norden abzweigt. Die einspurige Sandpiste führt durch sehr einsame Urwaldlandschaften und gelegentlich offene Grasebenen zur handbetriebenen Watopafähre. Erst kurz vor der kostenlosen Fähre sind die ersten Dörfer.

21km nach der Fähre trifft man auf die breite Straße zwischen Zambesi und Kabompo. Nach Westen fahrend erreicht man nach 72km die Stadt Zambesi. Die Piste ist gut ausgebaut und führt durch dichten Wald mit hohen Bäumen.

Zambesi

Zambesi ist eine verschlafene Stadt, die wohl schon bessere Zeiten gesehen hat. Die Tankstelle ist nicht immer in Betrieb, die Versorgungsmöglichkeiten recht eingeschränkt, selbst der Postdienst ist unzuverlässig. Und doch hat die Stadt eine originelle Atmosphäre.

Zambesi wurde 1908 gegründet und erhielt damals den Namen *Balovale* (nach dem Volksstamm Luvale). Nach der Unabhängigkeit wurde der neutrale neue Name gewählt, da hier auch viele Lunda leben.

Info

Am besten steigt man im *Zambesi Motel* ab. Dort genießt man einen weiten Blick über den breiten Fluß und ein Restaurant mit afrikanischem Ambiente. Neben der Fähre über den Sambesi ist ein größerer Platz, an dem gelegentlich gecampt wird.

Von Zambesi nach Chavuma

82 Kilometer nördlich von Zambesi liegt der letzte Außenposten Sambias. Die Piste ist in gutem Zustand und führt durch ein stark bewohntes Gebiet. Die Dörfer wirken sehr gepflegt und sind mit großen Bäumen aufgelockert.

Chinyingi-Hängebrücke

Sehenswert!

Auf dem Weg nach Chavuma befindet sich nahe der Chinyingi Mission eine Fußgängerhängebrücke über den Sambesi!

Die Mission war 1954 am Westufer gegründet worden und zunächst nur mit Booten zu erreichen. Als sich ein tragisches Unglück mit mehreren Todesopfern ereignete, bauten die Missionare die Hängebrücke. Zwischen Angola und den Viktoriafällen ist sie die einzige Brücke über den Sambesi.

Chavuma

Ein Britischer Gouverneur nannte Chavuma einst den entlegensten Fleck des Britischen Empire. Zur Kolonialzeit, vor dem Straßenbau, gab es auch nur unregelmäßige Bootsverbindungen nach Chavuma. Damals verlief der Handel nur über den Sambesi. Die Luvale tauschten Kanus gegen Rinder und verkauften den Lozi Cassava.

Chavuma liegt 11 km von der angolanischen Grenze entfernt. Der kleine Ort wird von der großen CMML Mission (Christian Missions in Many Lands) überragt, die auf dem einzigen größeren Hügel liegt. In weitem Umkreis weisen viele kleine Kirchen auf die Aktivitäten der Missionsstation hin.

Missionsarbeit in Chavuma

Die Mission entspricht einer kleinen Siedlung, die sich selbst versorgt. Neben dem großen Krankenhaus, einer Schule, der Kirche und einem religiösen Buchladen gibt es auch eine eigene Tankstelle und eine Werkstatt. Die Häuser der Missionare sind sehr gepflegt, die Gärten grün und voller Bäume, der Ausblick über den Sambesi grandios. An der Mission wird ein interessantes Handelskonzept praktiziert: An mehreren Tagen in der Woche kommen die Bauern der Umgebung mit den verschiedensten Ernteerträgen. Der Reihe nach liefern sie Unmengen von Obst und Gemüse ab und erhalten im Gegenzug eine Quittung. Mit dieser wiederum können sie auf der Mission gleich oder später Kleidungsstücke eintauschen.

Ein Schmied bei seiner Arbeit

Honigkörbe und Stricke aus Baumrinde zählen zu den Besonderheiten im Nordwesten Sambias

Chavuma Falls

Bei Chavuma ist der Sambesi bereits 300 km lang durch Angola geflossen und mächtig angeschwollen. Etwa einen Kilometer südlich der Mission fließt der Sambesi über einen sehr felsigen Abschnitt. Bei Hochwasser handelt es sich eher um Stromschnellen als um einen Wasserfall. Den besten Blick haben Sie auf die 'Fälle', wenn Sie von der Straße in Richtung Fähre abbiegen. Man fährt an einem Rest Camp vorbei und erreicht das Ufer.

Die Bevölkerung ist sehr freundlich und man wird in der ganzen Region immer wieder Männer mit Pfeil und Bogen sehen. Vielleicht haben Sie auch das Glück, einen Schmied bei der Arbeit zu sehen. Die Hackbeile, die fast jeder auf der Schulter trägt, werden noch traditionell gefertigt. Auf einem Holzkohlenfeuer, das mit dem Blasebalg erhitzt wird, werden alte Lkw-Blattfedern zu Hakken und Äxten geschmiedet.

Lunda und Luvale

Die beiden großen Volksstämme der Region sind miteinander verwandt. Die Luvale sind stärker an den Fluß orientiert und konnten sich immer besser gegen fremde Angriffe, wie die der Kololo, wehren. Wo sie sich nicht wehren konnten, agierten sie geschickt. So handelten sie z.B. mit den Sklavenjägern, anstatt von ihnen gejagt zu werden.

Die Lunda sind Nachfahren des mächtigen Lundareiches. Seit dessen Untergang gelten sie als weniger dominant und schlechter organisiert als die Luvale. Sie wurden so auch leicht zu Opfern des Sklavenhandels. Die Lunda haben eine ausgefeilte Handwerkskunst und sind begnadete Jäger.

Seit der Ankunft der Europäer haben die Luvale einige Niederlagen erlitten. Als die BSAC ihre Landrechte mit König Lewanika aushandelte, zählte sie die Luvale fälschlicherweise zu Lewanikas Volk. Die Luvale fühlten sich sehr zurückgesetzt. Erst 1941 erhielt der Ort Balovale/ Zambesi die Selbstbestimmung durch die sog. *Mac Donnel Kommission*. Dann teilten die Briten 1948 alles Land westlich des Sambesi den Luvale und das Land östlich davon den Lunda zu. Da beiderseits des Sambesi die Besiedlung aber gemischt ist, mußte die neue Regelung zu Problemen führen. Chavuma, eher eine Luvale-Stadt, sollte z.B. von einem Lunda-Chief regiert werden, der aber schon bald resignierte. Die Situation ist inzwischen völlig verfahren und bis heute ungelöst.

Chavuma bis Mwinilunga

Von Chavuma nach Mwinilunga

Die Straße führt zunächst zurück nach Zambesi und dort weiter durch dichten Wald nach Kabompo. Sehr viele Mukwabäume wachsen entlang der einsamen Straße. Hohe, schmale Termitenhügel begleiten den Reisenden jetzt bis Mwinilunga und Solwezi.

Kabompo

Der kleine Ort verfügt über eine katholische und eine CMML Mission, ein Government Rest House und eine Fabrik für Waldhonig.

Von Kabompo können Sie auf der gut ausgebauten Piste nach 327 km Solwezi erreichen. Die Direktverbindung nach Mwinilunga zweigt in Manyinga, ca. 40 km nach Kabompo ab. Die Tankstelle ist geschlossen, doch erhalten Sie auf dem dahinterliegenden Gelände der Holzfabrik *Muzama Crafts Ltd.* Sprit aus Fässern. Sie finden die Straße nach Mwinilunga am einfachsten, wenn Sie der Beschilderung in Richtung Hospital folgen und auf diesem Weg Manyinga verlassen. Die schmale Straße trifft bald auf eine etwas breitere Piste und verläuft nun durch dichte Wälder nach Norden. Es wird zunehmend einsamer. Die wenigen kleinen Lundadörfer sind durch dichten Urwald geschützt. Nach der Regenzeit, wenn das Gras bis zu 2 m hoch steht, ist die Strekke besonders faszinierend. Viele Affen leben in den Wäldern.

Honigkörbe in den Bäumen

Eine sehr interessante Fertigkeit, die in Westsambia besonders verbreitet ist, kann man hier gut beobachten: In den Astgabelungen der hohen Bäume sind häufig längliche Behältnisse aus Baumrinden abgelegt. Es handelt sich dabei um Bienenkörbe (siehe Bild auf Seite 178). Aus dem Honig wird gerne Bier gebraut. Dazu werden dem Honig Wasser und Hefe zugesetzt und das Gemisch in einem Behälter gelagert, bis es gärt (Bild Seite 175).

Die Menschen leben hier sehr einfach und bescheiden. Das Leben ist eintönig und hart. Wer krank wird oder aus anderen Gründen in die Stadt muß, läuft 3 Tage durch den Wald. Busse gibt es zwischen Manyinga und Mwinilunga nicht. Die Kinder haben kaum eine Chance auf gute Schul- und Berufsausbildung und werden schließlich auch von der Subsistenzwirtschaft leben. So schließt sich der Kreis. Durch den fehlenden Anschluß der Region an die Errungenschaften der Zivilisation, haben sich bei den Lunda alte Traditionen erhalten. Fertigkeiten, die anderswo verschwunden sind, gehören noch zum Alltag. Ein schönes Beispiel dafür sind die wie Garne aufgerollten Stricke, die geschickt aus der Rinde eines Baumes geschnitten werden (siehe Bild auf Seite 178).

Der mittlere Teil der insgesamt 220 km ist eine sandige Allradpiste mit teilweise tief ausgewaschenen Fahrrinnen. Rechnen sie mit 8 bis 9 Stunden für die Fahrt. Seit 1995 wird die Straße von Manyinga aus verbreitert und ausgebaut. Wenn die neue Straße einmal fertig ist, wird sie deutlich besser zu befahren sein, aber dafür vielleicht auch etwas von ihrem Charme einbüßen.

Kleinere Straße nach der Regenzeit

West Lunga National Park

Auch dieser ist leider ein kaum zugänglicher Nationalpark, in dem angeblich mehr Menschen als Tiere leben, viel gewildert wird und die verbliebenen Tiere sehr scheu sind. Er liegt zwischen den Flüssen West Lunga und Kabompo. Der Zugang von Süden bei Jivundu ist zur Zeit nicht möglich, weil der Ponton über den Kabompo zerstört worden ist. Im Park existiert derzeit keinerlei touristische Infrastruktur.

Dafür kursiert eine Anekdote über den Park: Ein ehemaliger Wildhüter namens Mushala soll vor ungefähr 20 Jahren nach Angola in den Untergrund gegangen sein. Anschließend sei er zurückgekehrt und habe im West Lunga N.P. eine Freischärlergang gegründet. Er soll Banken überfallen und die Dörfer terrorisiert haben. Die Soldaten, die in den Park geschickt wurden, hätten 10 Jahre gebraucht, um ihn in den Wäldern zu fassen. Und nun bleibt umstritten, ob die Wildtier-Dezimierung ihm oder der verfolgenden Armee zuzuschreiben ist.

Mwinilunga

Unterkunft finden Sie am Ortseingang im *Lunga Bridge Resthouse*. Es gibt eine Tankstelle und einfache, kleine Läden. Hier beginnt die neue Teerstraße, die Mwinilunga mit den Städten im Copperbelt und Lusaka verbindet. Von Mwinilunga aus sollten Sie aber auf alle Fälle erst einen Abstecher zur Sambesiquelle und nach Kalene Hill unternehmen. Wie wär's z. B. mit einem Bad im Sambesi?

Holzbrücke bei Ikelenge

Nördlich von Mwinilunga - der Ursprung des Sambesi

Nördlich von Mwinilunga liegt der äußerste Zipfel von Sambias Nordwesten. Die krisengebeutelten Staaten Angola und Zaire umschließen die kleine Region und nur eine einzige Straße stellt die Verbindung dar. Man könnte meinen, es sei ein recht vergessener, bedeutungsloser Fleck in Sambia. Dabei ist er von besonderer geologischer und historischer Bedeutung. Immerhin befindet sich hier die große Wasserscheide zwischen dem Kongobecken und dem Sambesi-Flußsystem. Und die Missionstätigkeit eines britischen Arztes machte Kalene Hill zu einem Begriff......

Luakera Falls

Sehenswert!

Bereits 5 km nach Mwinilunga wird die Teerstraße zu einer mittelmäßigen Piste. Nach weiteren 20 km entlang der Straße nach Ikelenge überquert man den Luakera. Einige hundert Meter vor der Brücke zweigt rechts ein Weg ab, der an die Wasserfälle des Luakera führt. Der Platz eignet sich zum Campen. Unterhalb des Wasserfalls liegt eine schöne Badestelle.

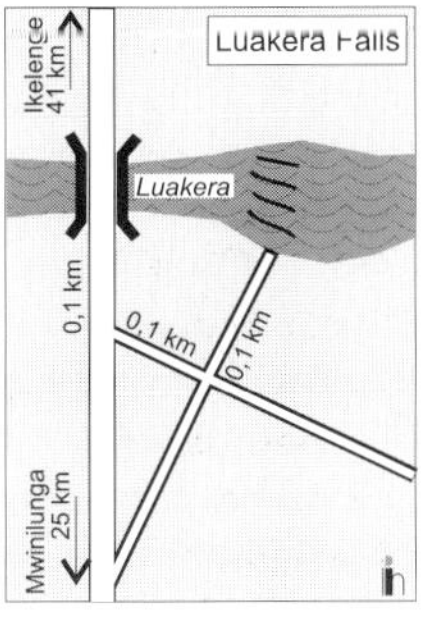

Die Region um Ikelenge bietet abwechslungsreiche Sehenswürdigkeiten

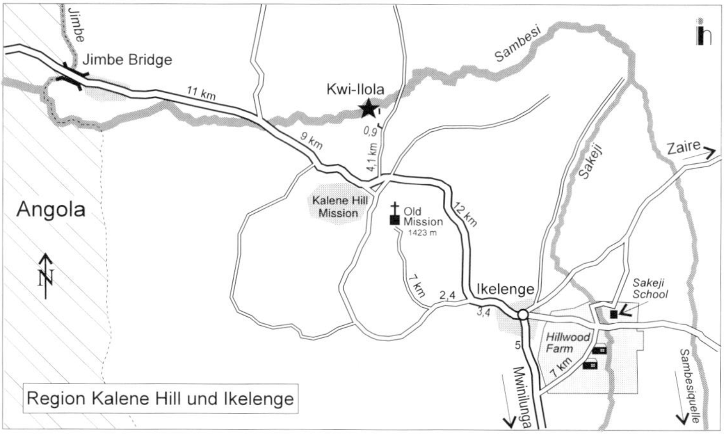

Die Lundaschwelle ist die größte Wasserscheide im südlichen Afrika

Die Lundaschwelle - Wasserscheide zwischen Sambesi und Zaire

Der Sambesi entspringt 1433m über dem Meeresspiegel. Von seiner Quelle aus fließt der noch unscheinbare Fluß zunächst nordwärts und erhält durch den Sakeji seinen ersten Zufluß. Bald knickt er nach Westen ab und fließt in einem Bogen schließlich nach Angola. Der sambische Staatsgrenze orientiert sich am Lauf des Sambesi.

Das Hochplateau, auf dem der Sambesi entspringt, führt ganzjährig Wasser. Unzählige Bäche lassen rasch größere Flüsse entstehen. Das ist noch nichts Ungewöhnliches. Doch ganz nahe der Sambesiquelle hat auch der mächtige Zaire seinen Ursprung. Auf der einen Seite fließen alle Flüsse, jedes Gewässer, nach Süden dem Sambesi zu und schließlich in den Indischen Ozean. Wenige Meter daneben fließt jedes Rinnsal nach Norden in die mächtigen Urwaldflüsse des Kongo/Zaire und mündet in den Atlantik. Diese Wasserscheide verläuft quer durch Angola und weiter bis an den südlichen Tanganjikasee.

Das Plateau leidet keinen Wassermangel, erhält mehr Regen als das übrige Sambia und gilt als sehr fruchtbar. Die Landschaft ist teils von dichtem Wald, teils von sumpfigen Marschen geprägt. Überall stehen Termitenhügel, auf manchen wachsen Bäume. Die Region war einst sehr wildreich. Doch die Lunda gelten als gute Jäger, und seit die Flüchtlinge aus den Nachbarländern einströmen, gibt es kaum noch freilebendes Wild. Selbst Vögel und Affen werden gejagt.

Sehenswert!

Sambesiquelle

Etwa 21 km nach der Brücke über den Luakera liegt die Quelle des Sambesi. Ein Schild weist rechts zur Quelle. Zunächst werden Sie an der Schranke in das Gästebuch eingetragen. Danach endet der 4,8 km lange Waldweg an einem Parkplatz. Ein kleiner Fußweg führt in eine Senke. Dort plätschert ein klares Rinnsal durch das Dickicht. Die eigentliche Quelle liegt etwa 10m über dieser Stelle und wurde vom britischen Missionar F.S. Arnot entdeckt.

Weiterfahrt bis Ikelenge

Von der Abzweigung zur Sambesiquelle haben Sie bis **Ikelenge** nur noch ca. 20 km zu fahren. Eigentlich ist es nur ein Dorf, hat aber ein Immigration-Office, ein Gesundheitszentrum, einen Buchladen, eine Mission und einen kleinen Markt. Hier gabelt sich die Straße. Links geht es nach Jimbe Bridge, an der 36 km entfernten Grenze zu Angola. Geradeaus erreicht man den Buchladen, wo sich die Straße erneut gabelt. Links führt sie nach Zaire, rechts zu Hillwood Farms und Sakeji School.

Kleiner Ausflug nach Zaire.....

Wer von hier nach Zaire reisen möchte, sollte einige Dinge wissen...

In Ikelenge ist zwar das Immigration Office, das Haus mit den 7 blauen Türen, doch zum Zoll muß man nach Jimbe Bridge fahren. Die Beamten werden recht überrascht und über die Abwechslung erfreut sein, denn Touristen überqueren die Grenze sehr selten. Da sowieso keine Grenzgänger erwartet werden, kann es auch passieren, daß man den Officer zu Hause abholen muß. Es sind oft junge Beamte aus den großen Städten, die ihren Dienst hier oben als Strafversetzung empfinden.

Man verläßt Ikelenge auf einer schmalen Piste, überquert den Sakeji und den Sambesi und hat nach 13 km die letzte Ansiedlung hinter sich gelassen. Die Straße wird zum Feldweg. Nach insgesamt 30 km durch dichten Wald erreicht man das erste Dorf Zaires, Kabanga. Das provisorische Grenzgebäude hat nicht einmal die Größe einer Garage. Jetzt braucht man etwas Glück, damit der reisefreudige Beamte auch da ist, und nicht vielleicht gerade mit seiner Familie in Sambia weilt, denn man braucht die Einreisestempel!

Die Waldpiste bleibt schmal und einsam. Es handelt sich um eine alte Sklavenroute. In den wenigen Dörfern wird man angestarrt. Touristen sind eine Sensation. Bei einer Durchreise 1995 wurde immer wieder beteuert, daß die letzten Touristen 1989 dagewesen seien.... Die erste Stadt in Zaire ist Mutshatsha. 30 km vorher spielt ein militärischer Checkpoint seine Macht aus. Da Soldaten in Zaire selten eine Besoldung erhalten und ein langweiliges, entbehrungsreiches Leben führen, kommen die fremdartigen, reichen und sprachunkundigen Touristen gerade recht!

Irgendwie kommt man irgendwann auch wieder weiter, doch noch viele weitere Kontrollposten und katastrophale Straßen trüben die Reisefreuden in Zaire....!

Angola-Markt in Jimbe Bridge

An der angolanischen Grenze, in Jimbe Bridge, findet jeden Mittwoch und Samstag ein großer Markt statt. Neben der Grenzbrücke entsteht auf sambischer Seite ein lebhaftes Treiben. Die Angolaner bieten Lebensmittel aller Art an, z.B. Kuchen, Fisch, Fleisch, Bohnen und Früchte. Die Sambianer verkaufen Haushaltswaren, wie Seife oder Scheren, und Fahrradersatzteile. Der Grenzmarkt ist eine bedeutende Institution und entsprechend stark besucht. Mit etwas Glück kann man vielleicht einen der kunstvollen Cassavakörbe erstehen. Sie haben ein wenig die Form einer langen Blumenvase und werden jeweils in mehreren unterschiedlichen Techniken geflochten. Dabei erhalten sie neben der dekorativen Besonderheit eine ganz verblüffende Festigkeit.

Sehr sehenswert!

Kwi-Ilola - Baden in den Sambesi-Rapids

Sicher ein ganz besonderes Vergnügen bereitet Kwi-Ilola, der Badeplatz am Sambesi. Der Fluß hat bereits eine ordentliche Größe erreicht und fällt an dieser Stelle über mehrere Kaskaden und Felsen. Es gibt keine Krokodile oder Bilharziose, dafür Affen und bunte Schmetterlinge. Urwaldreste schirmen den Platz ab. Wenn man den Sambesi durchquert und flußaufwärts läuft, erreicht man die Stromschnellen. Außerdem fließt ein Teil des Sambesi am Parkplatz unterirdisch weiter und kommt einige Meter weiter als Bach wieder an die Oberfläche. Seit Jahrzehnten ist dies ein Ausflugsplatz der Missionare von Kalene. Er eignet sich gut für Camping. Baden ist ganzjährig möglich.

Anfahrt ab Ikelenge: Man fährt in Richtung Jimbe Bridge, nach 15 km erreicht man die Gabelung zur neuen Kalene Mission mit Krankenhaus. 500 m weiter zweigt zwischen ein paar Hütten ein Feldweg rechts ab. Hier biegt man ab und trifft nach 4 km auf eine Abzweigung mit dem Schild 'Zambesi'. Diese Piste führt nun links 900m zur Badestelle hinab.

Old Kalene Hill Mission

Ruinen einer verlassenen Missionsstation

3,4 km westlich von Ikelenge, an der Jimbe-Straße, ist an einem blauen Haus die Abzweigung zur alten Mission. Weitere 2,4 km später biegt nach rechts eine schmale Spur ab. Diese führt nach 7 km zu den Ruinen der alten Mission. Der Weg verläuft immer leicht bergauf und abwechselnd durch Busch und Felder. Nach der Regenzeit steht das Gras

Fröhliche Kinder mit selbstgebasteltem Spielzeug

hier bis zu 2m hoch. Das letzte Wegstück ist steinig. Von der Mission sind nur noch Mauerreste zu sehen. Ein Fußweg führt zu einem grossen Felsblock mit herrlichem Blick auf das weite, flache Land zu Füßen des Kalene Hill. Von hier sieht man die neue Mission im Tal und dahinter den Verlauf des Sambesi. An klaren Tagen blickt man bis nach Zaire und Angola.

Unterhalb des Aussichtspunkts führt ein Weg zu den drei Gräbern von Dr. Walter und Anna Fisher und ihrer Tochter Hettie. Dr. Fisher gründete die Mission 1906, wegen Wassermangels wurde sie in den 30er Jahren in die Ebene verlegt.

Kalene Hill, sowie die Fisher-Familie, beeinflussen bis heute die Geschicke im Lundaland und verdienen daher besondere Beachtung.

Die Geschichte eines ungewöhnlichen Mannes

Dr. Walter Fisher und die Kalene Hill Mission

Im Juni 1889 trifft in Banguella, einer Hafenstadt in der portugiesischen Kolonie Angola, eine Handvoll Missionare ein. Es sind Männer und Frauen, die unter der Führung von F.S. Arnot ins völlig unerschlossene Innere Afrikas gehen wollen. Unter ihnen befindet sich der 23jährige Walter Fisher. Ein langer Treck mit über 100 Trägern wird zusammengestellt. Die Frauen werden in Hängematten getragen, die Männer laufen. Jeden Tag bricht die Gruppe vor dem Morgengrauen auf, mittags wird bereits ein Rastplatz gesucht. Am Abend

Die Afrikaner halten die ersten Missionare für geisteskrank

singen die angehenden Missionare und predigen den Trägern das Wort Gottes. Diese halten die Briten für harmlose Geisteskranke, weil sie unbewaffnet durch halb Angola ziehen und von verrückten Dingen sprechen. Nach wenigen Wochen sind bereits zwei Missionare dem Fieber erlegen.

Zunächst bleibt die Gruppe im angolanischen Bihe. Sie lernen die Landessprache, ihre Wohnhütten selbst zu bauen und mit der einseitigen, fremdartigen Nahrung zurechtzukommen. Ihr größter Feind ist die Malaria, da zu diesem Zeitpunkt Chinin noch nicht zur Vorbeugung eingesetzt wird.

Walter Fisher heiratet Anna. Gemeinsam gründen sie ihre erste Mission

Die irische Krankenschwester Anna Darling kommt 1891 nach Bihe. Ein Jahr später heiraten Walter Fisher und Anna und ziehen bald weiter. Sie wollen selbst eine Missionsstation weit im Innern Afrikas aufbauen. Etwa auf halbem Weg nach Bunkeya in der Katangaprovinz, wo Arnot bereits früher lange Zeit missionierte, gründen sie die Station Kavungu. Die Fishers sind der einzige Arzt und die einzige Krankenschwester der Region. Sie bauen die Mission selbst auf. Zur Außenwelt besteht kaum Kontakt, alle Waren müssen mühsam aus den Häfen Angolas herangeschleppt werden. Sie leiden Not an Mehl und Zucker, ernähren sich vorwiegend von Maniok, Honig und wilden Früchten. Immer wieder sind sie wochenlang fieberkrank. Deshalb geben sie Kavungu bald auf und ziehen nach Kazombo, welches ein deutlich gesünderes Klima aufweist. In Kazombo herrscht der König Sakawumba, der den Missionaren erst äußerst kritisch, ja fast feindlich gegenübersteht. Im Laufe der Zeit verbessert sich das Verhältnis zunehmend, und als Sakawumba im Sterben liegt, ruft er sogar nach Dr. Fisher. Dieser kann zwar nichts mehr für ihn tun, verhindert aber, daß ein alter Brauch durchgeführt wird. Demzufolge wären 5 der 10 Witwen getötet und mit ins Grab gelegt worden. Zwei weiteren wären die Arme und Beine abgehackt worden, und wären so als Wachposten ans Grab gelegt worden.

Walter Fisher sucht nach seiner Lebensaufgabe...

Walter Fisher ist ruhelos. Er wünscht sich, eine Mission dort zu gründen, wo die Menschen noch nie von Christus gehört haben. 1906 besucht er das Sambesiquellgebiet, das ganzjährig Wasser führt. Es liegt im hochgelegenen Grenzbereich zwischen Portugiesisch-Angola und Belgisch-Kongo. Noch hat keine Nation so recht Anspruch auf diese Region erhoben. Einen einsamen Hügel im Flachland hatte Arnot einst 'Border Craig' genannt. Walter Fisher gibt ihm den Namen Kalene Hill und gründet hier sein Lebenswerk.

und entdeckt Kalene Hill

Mit seiner Familie zieht er 1906 an den Kalene Hill, der mitten im Lundaland liegt. Der Sklavenhandel ist noch immer nicht vorbei, eine Sklavenroute führt sogar durch das Gebiet. Das Land ist verwüstet, die Menschen sind verschreckt. Alle Dörfer sind durch Palisaden geschützt. Durch die vielen Angriffe herrscht eine Atmosphäre voller Angst. Viele Dörfer liegen sehr einsam im Urwald, nicht einmal

Pfade führen dorthin. Dr. Fisher findet sie nur, wenn er abends vom Berg Ausschau hält und irgendwo Rauch aufsteigen sieht. Wenn er dann am nächsten Tag zu den Dörfern läuft, flüchten die Menschen in Panik. Die Stammeskriege zwischen den Häuptlingen Ikelenge, dem Elefantenjäger, Ibala Mukangala, der seit dem Kampf mit einem Löwen einäugig ist, und Swanakabinda verschlimmern die Lage im Land der Lunda. Es kursiert ein bezeichnender Name: Hungry Country.

Die Familie zieht um - in das Land der Sklavenjäger und der kriegerischen Stammesfürsten

Walter Fisher muß unglaublich viel Geduld aufbieten. Lange wird er für einen Menschenfresser gehalten. Neben der schweren Aufgabe, auf einem Steinhaufen eine blühende Mission zu errichten, muß er sich das Vertrauen der Afrikaner erarbeiten. Noch in den 20er Jahren laufen manche Menschen davon, wenn ihnen auf der Straße ein Weißer begegnet. Die Fisher-Familie ist zäh. 1908 wird der erste Hospitalblock fertiggestellt. Weitere Wohnhäuser und Gästehäuser kommen hinzu. Dann wird Kalene Hill zur Poststation - ein ferner Außenposten der britischen Kolonie. Die Mission bekommt Unterstützung durch weitere Missionare, viele sind nur vorübergehend zur Schulung da. Kalene Hill blüht auf und ist weithin ein Begriff. In wirtschaftlicher, medizinischer und geistiger Hinsicht hat Dr. Walter Fisher die Entwicklung der Region in die Wege geleitet.

Nach Jahren gewinnen die Fishers das Vertrauen der Bevölkerung.

Kalene Hill wird das blühende Zentrum der Region

Das Ehepaar hat 8 Kinder. Nach einigen Jahren in England bleiben sie alle in Afrika und setzen sich in ganz unterschiedlichen Bereichen für das Land ein: Der Sohn Singleton heiratet Kitty Marks. Sie gründen im heutigen Zaire weitere Missionsstationen in Mutshatsha und Kasaji und übersetzen die Bibel in die Lundasprache. Kitty wird im hohen Alter eine große Ehre zuteil, als sie 1971 die Häuptlingswürde der Lunda verliehen bekommt mit dem Namen ' Mutter des Lichts'. Die Lunda begründen dies damit, daß Kitty noch jene ersten Missionare verkörpere, die das Licht ins Lundaland brachten.

Auch die Kinder engagieren sich für die Menschen Afrikas

Tochter May Fisher heiratet den Lehrer Dr. Julyan Hoyte, der die Sakeji School leitet. Sohn Ffolliott wird Farmer und gründet Hillwood Farms. Der jüngste Sohn Charles wird ein anerkannter Chirurg in Sambia.

In den 30er Jahren wird Walter Fishers Gesundheit schwächer, sein Augenlicht läßt nach und er kann nicht mehr operieren. Dennoch bleibt er in Kalene und besucht mit seinem Fahrrad die umliegenden Dörfer. 1935 stirbt er auf Hillwood Farms und wird in grossen Ehren auf Kalene Hill beigesetzt. Anna Fisher überlebt ihren Mann nur um 2 Jahre. Die Mission auf dem Hügel wird 1935 verlassen und in die Ebene verlegt.

1935 stirbt Dr. Walter Fisher und die Mission wird in die Ebene verlegt

Wer mehr über die Familie Fisher, bzw. Kalene Hill erfahren möchte, sollte versuchen, in Ikelenge oder evtl. an der Sakeji School die Publikationen 'Ndotolu' und 'Lampposts to Searchlights' zu erstehen. In sambischen Buchläden kann man außerdem das Buch 'Nswana - The Heir' finden.

Sehenswert!

Hillwood Farms

Auf Hillwood Farms lebt nun bereits die 5. Generation der Fishers. Die Farm ist der größte Arbeitgeber nördlich von Mwinilunga. Dabei handelt es sich keineswegs um ein verstaubtes Familienunternehmen. Mit großem sozialen Engagement wird nach neuen Wegen für eine erfolgreiche Landwirtschaft gesucht. Hier identifiziert man sich seit Generationen mit dem Land und seinen Bewohnern. Die Bemühungen sind vielseitig, ehrlich und erfolgreich. Die Farm betreibt u.a. Maisanbau und Rinderzucht und verkauft in einem kleinen Laden Fleisch, Käse und Milchprodukte. 1993 entstand auf einem naturbelassenen Waldstück ein Wildreservat. Einerseits soll es ein Reiseziel für Touristen werden. Andererseits kann das sich sehr rasch vermehrende Wild gezielt geschossen und zu einer finanzierbaren Fleischquelle für die unter starkem Proteinmangel leidenden Lunda werden. Auf dem Farmgelände wird außerdem immer noch das Waisenhaus aufrechterhalten, das einst Anna Fisher auf Kalene Hill führte.

Lohnenswerter Besuch bei einem Aufenthalt in dieser Region

Durchschnittlich 25 Kinder leben im Waisenhaus. Einer alten Tradition zufolge werden bei den Lunda Neugeborene, deren Mutter im Kindbett starb, auf ihrem Grab ausgesetzt. Solche Halbwaisen werden seit Jahrzehnten im Waisenhaus aufgenommen. Im Alter von vielleicht 4 oder 5 Jahren werden sie meist in ihre eigentliche Familie integriert, die sie dann auch gerne wieder aufnimmt.

Tip!

Sakeji School

Auf dem Farmgelände befindet sich auch die Sakeji School. Sie wurde zunächst als Schule für Missionarskinder errichtet. Als die Missionstätigkeit im Norden Sambias zunahm, bedurfte es einer Internatsschule für die vielen Kinder. 1923 nahm Dr. Julyan Hoyte den Schulbetrieb auf. In den Anfangsjahren kamen die Missionskinder von weit her. Bis zu 3 Wochen dauerte die Anreise von mancher entlegenen Missionsstation. Heute ist es eine gemischte Primary School mit strenger Disziplin. Etwa 100 Schüler besuchen die ersten 8 Schulklassen. Die soziale Gemeinschaft hat einen hohen Stellenwert. Selbst die Kinder der Hillwood Farm leben während der Schulzeit im Internat.

Tip!

Nchila Wildlife Reserve

Das Wildreservat liegt auf dem Farmgelände in einem dichten Wald mit drei Bächen und einigen großen, offenen Grasebenen. Es wurden bereits 15 verschiedene Antilopenarten angesiedelt, daneben gibt es Otter, Mangusten und Affen. Um Warzenschweine anzusiedeln, mußten 1995 erst deren künftige Behausungen geschaufelt werden. Für Ornithologen bietet das Wildreservat sehr gute Beobachtungsmöglichkeiten. Ein Campingplatz unter Mukwabäumen existiert bereits und soll ausgebaut werden. Evtl. entstehen auch einige Chalets. Gäste sind willkommen und ein Besuch der Farm und des Wildreservats rundet eine Reise durch das Lundaland ab.

Unterkunft

DER OSTEN

Im Osten Sambias liegt die Perle des Landes: das Luangwa Valley. Wer hierher reist, geht auf Tuchfühlung mit der afrikanischen Wildnis. Kein Massentourismus, sondern eher noch ein Geheimtip. Zu Fuß durch den Busch, am Lagerfeuer Hyänen, nachts im Camp Elefanten - immer wieder Tiererlebnisse, die unter die Haut gehen! Exklusive Buschcamps verwöhnen den Reisenden, erfahrene Scouts zeigen ihm die Geheimnisse der Natur. Eine Safari im Luangwatal ist auf alle Fälle ein unvergleichbares Erlebnis.

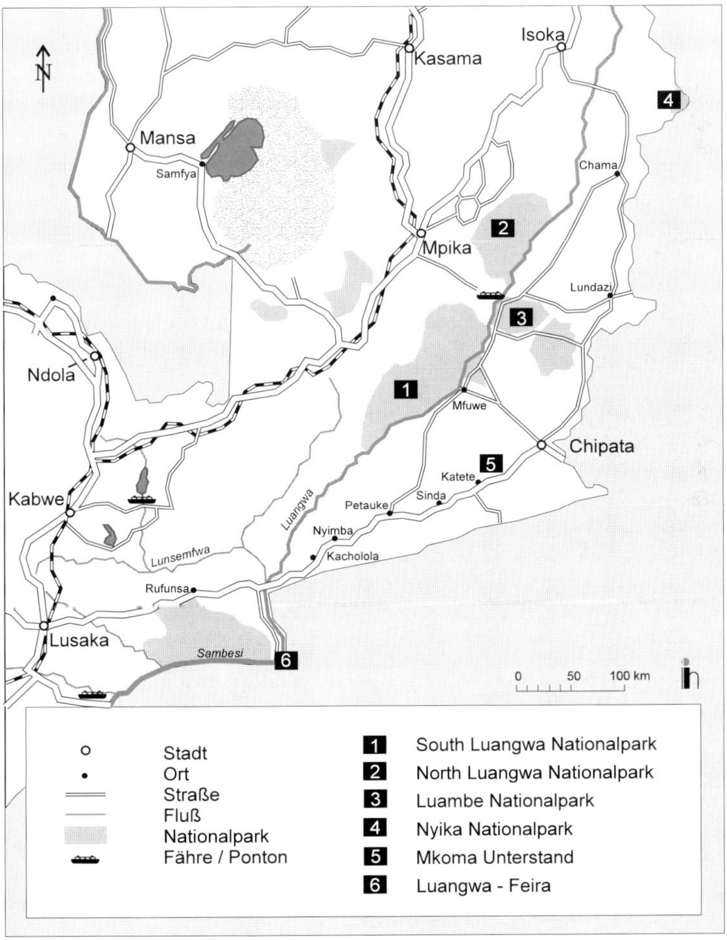

Von Lusaka nach Chipata

Lusakas Vororte breiten sich mittlerweile bis zur Abzweigung der Airport Road aus, danach verläuft die Straße durch flaches Farmland. Nach 50 km erreichen Sie **Chongwe** mit der letzten Tankstelle für die nächsten 275 km. Kurz vor der Ortschaft beginnt bei dem Schild *'Chalimbana 6 km'* eine Zufahrt zur *Leopard Hill Road* (siehe *Lower Zambesi N.P.*) Die Landschaft wird hügelig, der Busch ist aufgelockert mit kleinen Dörfern und Feldern. 100 km nach Lusaka ist eine Tsetsekontrolle, wo jedoch nur Fahrzeuge in Richtung Lusaka überprüft werden. Ab hier fahren Sie entlang des Lower Zambesi Nationalparks, wobei die vielen Dörfer die Wildtiere längst verdrängt haben. Eine Zufahrt in den Park beginnt ca. 100 m nach der Tsetsekontrolle.

Von Rufunsa zur Luangwabrücke

Ab **Rufunsa**, 164 km von Lusaka entfernt, gibt es bis zum Luangwa kaum noch Ansiedlungen. Die Straße schlängelt sich durch eine trockene, bergige Waldlandschaft und schließlich in das Tal des Luangwa hinab. In der nahezu unbesiedelten Region sieht man häufig Affen.

Das Dorf Luangwa-Bridge
Tip!

Oberhalb der Luangwabrücke ist ein bemerkenswertes Dorf entstanden. Es scheint nur aus Korbwaren zu bestehen! Ein Verkaufsstand steht neben dem anderen, die Käufer sind oft Fernfahrer, die diese Waren in den Städten verkaufen. Die Preise sind deutlich niedriger als auf Touristenmärkten. Gleichzeitig ist das Dorf einer der wichtigsten Lkw-Fahrer-Treffs. Hinter den Korbläden sind Minigasthäuser und Verkaufsbuden. Abends brennen unzählige Kerzen und Spirituslampen, die dem Dorf eine ungewöhnliche Atmosphäre verleihen.

Abstecher nach Luangwa-Feira

Von hier führt eine gut ausgebaute Piste den Luangwa entlang nach Süden. Die Strecke verläuft durch eine Tiefebene mit sehr vielen Baobabs, Palmen und Sterkulienbäumen. Die hier ansässigen Senga produzieren Unmengen von Bastmatten, die im ganzen Land Abnehmer finden. Nach 64 km erreicht man eine Tsetsekontrolle, an der es rechts in die Rufunsa GMA und weiter in den Lower Zambesi Nationalpark geht. Die Zufahrt ist allerdings nur mit genauer Ortskenntnis und Allrad möglich.

Nach 90 km endet die Straße in Luangwa-Feira am Dreiländereck Sambia, Mosambik und Zimbabwe. Hier mündet der träge Luangwa in den breiten Sambesi. Luangwa-Feira ist ein ruhiges Dorf mit einem Motel, einem Resthouse und einer Gedenktafel am Sambesi gegenüber der Polizeistation.

Geschichte

Seit dem 16.Jh. erreichten sporadisch Portugiesen die Mündung und bereits im frühen 18.Jh. gründeten sie hier einen Handelsposten namens Feira. Sie siedelten weiter nördlich in Zumbo. Eine der großen Sklavenrouten verlief über Feira. Im Jahre 1745 erhielt Feira eine Kirche und ein Kloster. Als im Jahre 1804 der Senga-Chief *Mburuma* Zumbo zerstörte, flüchteten die meisten Händler nach Feira.

30 Jahre später verließen sie allerdings beide Siedlungen und zogen sich vom Luangwa zurück.

David Livingstone besuchte 1856 die Ruinen von Feira. Einige Jahrzehnte später drangen die Briten vor. Die BSAC machte Luangwa-Feira zu einem Verwaltungssitz. Seine Bedeutung wuchs zunächst, da es direkt an der Handelsroute für Rinder zwischen Tanganjika und Südrhodesien lag. Durch den Ausbau der Bahn und die Great East Road geriet der Ort allerdings rasch wieder in Vergessenheit.

oben: Bastmatten an der Straße nach Luangwa-Feira
Mitte: Baobabs prägen hier die Landschaft
unten: Korbwarenangebot in Luangwa-Bridge

Weiterfahrt nach Chipata

Von der Luangwabrücke nach Chipata

Am Dorfausgang befinden sich ein Veterinär- und an der Brücke ein militärischer Checkpoint. Gelegentlich werden Sie dazwischen auch noch von der Polizei kontrolliert. An der Brücke sollte man unbedingt die Verkehrszeichen beachten und warten, bis der Soldat das Zeichen zum Weiterfahren gibt. Fahrzeuge dürfen die Brücke nur einzeln und in Schrittgeschwindigkeit befahren.

Der Luangwa ist hier sehr breit und träge. Seine Ufer sind mit unzähligen Baobabs bewachsen. Auf etwa 10 km vor und nach der Brükke fallen die ungewöhnlichen Sterkulienbäume, *Sterculia quinqueloba,* mit ihrer silberweißen Rinde auf.

Kacholola

Nach 60 km erreichen Sie die Ortschaft Kacholola mit dem kolonialen *Kacholola Hotel.* Es liegt ungefähr auf halber Strecke zwischen Lusaka und Chipata und bietet einen weiten Blick in die Berge Mosambiks. Nachdem das Hotel 1995 wegen Mißwirtschaft geschlossen wurde, ist es nun verpachtet worden. Die Zimmer sind einfach, Camping ist notfalls möglich.

40 km weiter liegt Nyimba. Unterwegs werden in einigen Dörfern große Bambuskörbe hergestellt. Nyimba hat die erste Tankstelle seit Chongwe.

Petauke

Die Besiedlung nimmt nun langsam zu, die Landschaft wird weitläufiger, im Hintergrund sind Berge. **Petauke** liegt etwas abseits der Great East Road. Die Ortschaft ist in den letzten Jahren stark gewachsen. Massive Abholzung hat das Landschaftsbild verändert. Unterkunft bietet das Nyika Motel, zwischen Petauke und der Great East Road gelegen. (Eine der Zufahrten in den South Luangwa N.P. beginnt hier. Siehe *South Luangwa N.P.*)

Zwischen Petauke und Sinda fallen pittoreske Felsformationen und malerische Dörfer auf. 75 km östlich von Petauke liegt **Katete**. Der Ort bietet einfache Versorgungsmöglichkeiten und eine Tankstelle.

Die Region um Chipata ist die Heimat der selbstbewußten Ngoni. Sie sind überwiegend Rinderzüchter und bevorzugen Berglandschaften und Hochplateaus, nie siedeln sie in den heißen Niederungen. Zwei Dinge fallen in ihren Dörfern auf: Sie haben sehr große runde, geflochtene Maisspeicher und eine spezielle Bauweise beim Hausbau: Die Lehmhütten haben weit vorgezogene Dächer, die mit zusätzlichen Pfosten abgestützt werden.

Der Mkoma Unterstand

Sehenswert!

Etwa 20 km nach Katete oder 66 km vor Chipata führt eine unscheinbare Abzweigung zum Mkoma Unterstand. Die Felszeichnungen aus der Eisenzeit befinden sich 5 km nördlich der Great East Road auf dem Gelände der *'Zambia National Service Farm'*. Man erreicht die Farm, wenn man in die Piste mit der Beschilderung zur *'Lupande Bridge'* abzweigt. Die verschiedenen Felsmalereien befinden sich unter einem Felsüberhang.

oben: Wohnhäuser und Speicher der Ngoni und die vielfach ausgebesserte Great East Rd.

Chipata

Chipata liegt auf gut 1000 m Höhe und hat eine hügelige, bewaldete Umgebung. 1898 gründete der britische Regierungsbeauftragte F.C. Worringham die Siedlung mit der Absicht, von hier aus die Aktionen der BSAC zu kontrollieren. Er gab ihr den Namen *Fort Jameson* nach dem Mann, der 1890 die Rebellion der Ngoni niedergeschlagen hatte. Bald darauf wurde Fort Jameson die Hauptstadt Nordostrhodesiens. Der Ort entwickelte sich zum Zentrum des Baumwollanbaus und zur wichtigsten Stadt im Osten, verkehrstechnisch günstig gelegen an der Straße nach Malawi. Heute ist Chipata die Hauptstadt der Ostprovinz und bietet einfache Versorgungsmöglichkeiten und ein Hospital. Die Straße zwischen der Polizei und dem Municipal Council führt zum Markt. Die erste Straße rechts hinter dem Markt führt zum Bus Terminal. Es verkehren täglich Busse nach Lusaka und Lilongwe. Die sympathische und beschauliche Stadt wimmelt neuerdings von jugendlichen Geldwechslern.

Unterkunft

Unterkunft finden sie in einem der Rasthäuser und Motels, dem Crystal Springs Hotel oder dem Campingplatz des WCS (an der Caltex-Tankstelle abbiegen).

Ausreise nach Malawi

Gute 20 km nach Chipata liegt die Grenzstation. Es handelt sich um einen stark frequentierten Grenzübergang, die Abwicklung ist daher zügig und routiniert. Wenn Sie nach dem Besuch von Malawi nach Sambia zurückkehren möchten, sollten Sie sich in Chipata beim Immigration Office ein Re-Entry-Visum ausstellen lassen.

Das Lundazi-Castle Hotel ist die größte 'Sehenswürdigkeit' in Lundazi

Von Chipata nach Norden

Am Ortseingang von Chipata zweigt direkt vor dem Welcome-Bogen die Straße nach Lundazi und Mfuwe nach Norden ab. Um nach Lundazi zu fahren, muß man nach 8 km rechts abzweigen.

Lukusuzi National Park

Als einer der ältesten Nationalparks des Landes ist er heute wie so mancher andere sambische Park vergessen und den Wilderern ausgeliefert. In der Trockenzeit trocknet der Lukusuzifluß ab, die Tiere wandern dann an den Luangwa ab. Der 2720 km^2 große Park liegt in einem sehr bergigen Gelände mit dichtem Wald und Busch. Gute hundert Kilometer nördlich von Chipata, an der Straße nach Lundazi, zweigt die Piste ab, die den Park durchquert und bei Yakobe auf den Luangwa trifft. Die Piste ist nur in der Trockenzeit mit Geländefahrzeugen befahrbar.

Lundazi

Eine kleine Ortschaft nahe der malawischen Grenze, die eigentlich nur durch das *Old Lundazi Castle Hotel* auffällt. Das alte Gebäude ist im Stil eines englischen Landschlosses gebaut worden. Doch die Mauern bröckeln und der Garten am Stausee ist verwildert.

Abstecher in das Luangwatal

Ab Lundazi führt ein Weg in das Luangwatal. Die Piste zweigt nach dem Hotel links ab und führt am Stausee vorbei. Die Abfahrt ins Luangwatal ist steinig, einsam und verläuft streckenweise durch die Lumimba GMA. Im Tal wird die Piste sandig. Von Lundazi bis zum Gate des Luambe Nationalpark beträgt die Entfernung 125 km.

Nyika Plateau National Park

Sambias kleiner Anteil an dem Hochplateau

Das Nyika Plateau liegt größtenteils in Malawi, nur 80 km^2 befinden sich auf sambischem Staatsgebiet. Der Nationalpark ist von Malawi aus erreichbar. Auf dem Plateau befindet sich auf 2150 m das nostalgische *Zambian Resthouse*. Es gehört zu Robin Pope Safaris und kann in Sambia und Malawi in Reisebüros gebucht werden. Hier arbeitet bereits seit 38 Jahren der 70jährige Koch Mr. Gondwe! Er liebt seine Aufgabe und verstärkt den Eindruck, daß die Zeit stehengeblieben sei im Zambian Resthouse. Alles wirkt schon etwas verstaubt, hat aber zweifellos Atmosphäre.

Ab Sambia ist der Park am schnellsten zu erreichen über den Grenzübergang bei Lundazi. Eine zweite Zufahrt verläuft ab Lundazi nordwärts entlang der Grenze und an der *Vwaza Marsh* vorbei. Erst bei Katumbi wird nach Malawi eingereist. Die Region ist allerdings sehr einsam und die Orientierung nur mit gutem Kartenmaterial möglich. Die Beschreibung des Nyika Plateau befindet sich im Malawi-Reiseteil.

Bei Hochwasser reißt der Luangwa viele Bäume mit

Das Luangwa-Valley

Das 15 500 km² große Tal des Luangwa birgt einen der größten Schätze der Natur. Der Fluß verläuft zu Füßen des mächtigen Muchinga-Escarpments, welches eine natürliche Barriere darstellt. Es ist Teil des großen Ostafrikanischen Grabenbruchs. Diese abgeschiedene Wildnis bot einst einer unermeßlichen Anzahl an Wildtieren einen Lebensraum. Auch heute noch - oder wieder - beherbergt das Tal ein faszinierendes Naturparadies. Doch auch das traurige Kapitel der Wilderei ist untrennbar mit ihm verknüpft.

Tausende Pukus leben im Luangwatal

Die Wilderei hat im Luangwatal eine lange Geschichte: Bereits im letzten Jahrhundert wurden Elefanten und Nilpferde derart von den Sklavenhändlern und dem Chikundastamm gejagt, daß man sie fast ausrottete. Daher wurden von der BSAC noch vor der Jahrhundertwende erste Schutzmaßnahmen eingeleitet, z.B. indem man die Jagd auf Nilpferde verbot. Die Population dieser Tierarten erholte sich daraufhin wieder. Um die letzten Überlebenden der im Luangwatal endemischen Thornicroft's Giraffe zu schützen, wurde 1904 ein erstes Schutzreservat eingerichtet, welches aber schon 7 Jahre später wieder aufgelöst wurde.

Die Elefanten vermehrten sich in den folgenden Jahren so stark, daß sie den in der Umgebung lebenden Kleinbauern Probleme bereiteten. Man engagierte sog. 'White Hunters' um nomadisierende Elefanten zu schießen.

Die klassische sanfte Parklandschaft des Luangwa Valley

Die Arbeit der White Hunter war nicht gerade ungefährlich. Einer von ihnen wurde von einem Löwen, und ein anderer von einem Elefanten getötet.

Im Mai 1938 entstanden drei Tierreservate: South Luangwa (ohne Nsefu-Sektor und Chifungwe Plain), North Luangwa und Lukusuzi. Im darauffolgenden Jahr wurde ein Mann White Hunter, der später der *'Vater des Tierschutzes im South Luangwa'* genannt werden sollte: Norman Carr. Er engagierte sich stark für den Naturschutz unter Einbezug der umliegenden Dörfer. Den Chief Nsefu überredete er 1949, einen Teil seines Landes in ein privates Wildreservat umzuwandeln.

Paviane lieben offenes Gelände wie diese frische Wiese

Norman Carr leistete Pionierarbeit: Er gründete 1961 nach seiner Pensionierung das erste Safariunternehmen Sambias und führte erstmals Besucher zu Fuß durch den Busch. Die *Walking Safari* war erfunden! Von den Kritikern zunächst als unverantwortlich und gefährlich bemängelt, entwickelte sich dieses Modell jedoch derart, daß es heute weit über die Grenzen Sambias bekannt und beliebt ist.

In den 70er Jahren wurden im Bereich des South Luangwa Allwetterstraßen und Brücken gebaut. Alle Tierreservate wurden 1972 in Nationalparks umgewandelt, wobei das Nsefu-Reservat und die Chifungwe Plain in den South Luangwa N.P. integriert wurden. Dann setzte Mitte der 70er Jahre erneut die Wilderei ein. Und diesmal wurde

Wilderei im großen Stil

mit modernen Schußwaffen für den internationalen Markt gewildert. Das Ausmaß war dramatisch: Während 1975 noch rund 8000 Nashörner im Luangwatal lebten, wurden sie in den nächsten Jahren dort völlig ausgerottet. Das Horn wurde teurer als Gold gehandelt.

Innerhalb von nur 10 Jahren wurden allein im Luangwatal fast 80000 Elefanten abgeschlachtet und alle Nashörner ausgerottet

Von den fast 100 000 Elefanten im Luangwatal wurden dreiviertel in nur 10 Jahren abgeschossen! Expertenschätzungen zufolge wurden Ende der 70er Jahre allein im Luangwatal **täglich** 20 Elefanten und 2 Nashörner getötet! Eine ähnlich erschreckende Bilanz wiesen alle Naturschutzgebiete Sambias auf. Der *National Parks and Wildlife Service* (NPWS) war hoffnungslos überfordert. Zu wenig Geld floß in Ausbildung und Ausrüstung der Wildhüter. 1980 brachte die unabhängige Organisation *'Save the Rhino Trust'* (SRT) finanzielle Unterstützung durch den WWF. Spenden aus aller Welt wurden erwartungsvoll für die von der Regierung eingesetzten Scouts und Ranger verwendet. Doch der große Optimismus wurde enttäuscht. Die Scouts waren 20 Tage im Monat zu Fuß auf Streife unterwegs, um Wilderer aufzuspüren. Nur mit Jagdgewehren ausgerüstet, die sie allein zum Selbstschutz einsetzen durften, blieben sie den schwerbewaffneten Wilderern unterlegen. Bei einem Schußwechsel gab es für die Scouts kaum eine Rechtsgrundlage, sie sollten aber in Gruppen von nur 5 Personen die Wilderertrupps stellen. Diese Ungleichheit führte immer wieder zu Verletzten und demoralisierte die Wildhüter. 1987 lag der Verdienst eines Scouts bei etwa 30 US-Dollar im Monat, wohingegen die Wilderer zum Teil grosse Profite erzielten.

Die meisten Gegenmaßnahmen blieben ein Tropfen auf dem heißen Stein

Dennoch konnte der SRT in den ersten 8 Jahren seiner Tätigkeit 1500 Wilderer verhaften, 500 Waffen, 58 Hörner von Nashörnern und 1260 Elefantenstoßzähne beschlagnahmen. Die Wilderei konnte insofern beeinträchtigt werden, als daß nur noch in kurzen, eiligen Aktionen gewildert werden konnte und die Wilderer keine Camps mehr im Tal zu errichten wagten.

Zu dieser Zeit verfügte der SRT über 73 Scouts und viele Wildlife Ranger, die in 4 Einheiten aufgeteilt waren. Jeweils 5 Scouts wurden mit mehreren Trägern auf Patrouille geschickt. Ein großes Handicap stellte der Mangel an Funkgeräten dar. Eine Patrouille war praktisch ohne Verbindung zur Außenwelt unterwegs. Besonders schwierig wurde es, Mittels- und Hintermänner im Elfenbeinhandel zu erwischen.

Erst das nternationale Handelsverbot zeigte Wirkung

Seit 1987 unterstützt das *'Luangwa Independent Rural Development Projekt'*, LIPDP, die Bemühungen.

Das Inkrafttreten des Internationalen Handelsverbots von Elfenbein 1990 entzog der Wilderei endlich den Absatzmarkt. Für die Nashörner vom Luangwa kam dies zu spät - die Elefanten haben gerade noch einmal eine Chance bekommen.

SOUTH LUANGWA NATIONAL PARK

Der South Luangwa N.P. zählt zweifellos zu den schönsten Nationalparks in Afrika. Er ist unverwechselbar und unbestritten ein „Muß" für Tier- und Naturfreunde während einer Sambiareise. Die offene und parkähnliche Weitläufigkeit entlang des Luangwa ermöglicht hervorragende Tierbeobachtungen. Auf den Sandbänken des trägen Flusses sonnen sich Flußpferde und Krokodile. Die sanfte Schönheit dieser Szenen ist beeindruckend.

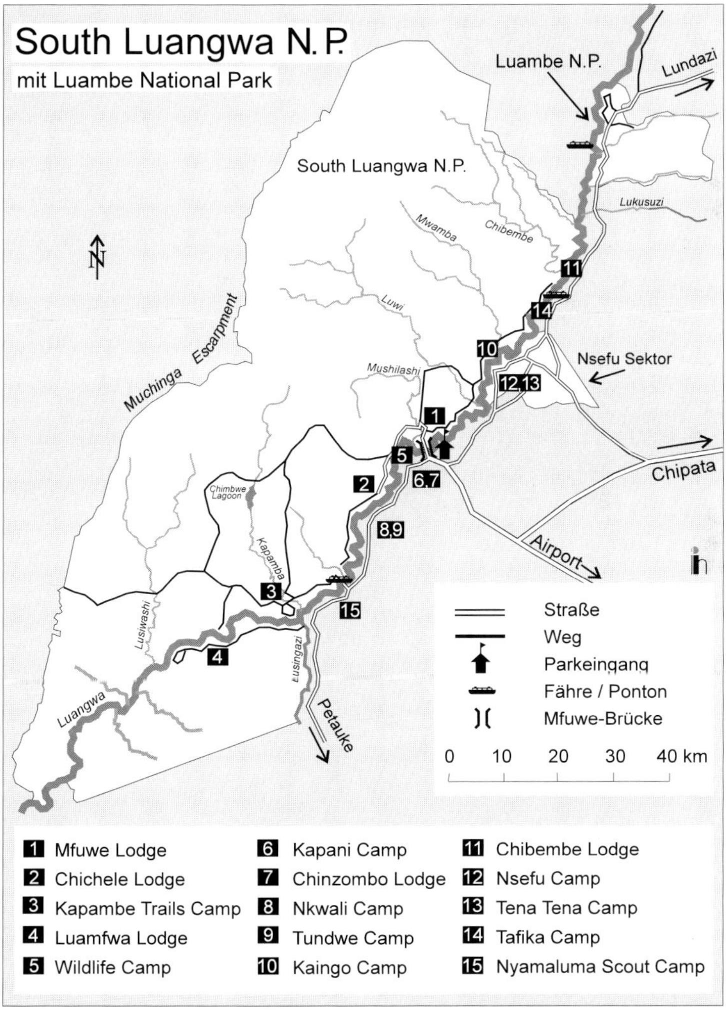

Selbstbewußte Löwen und Flußpferde zwischen Schlingpflanzen

Anreise

Die meisten Besucher reisen per Flugzeug an. Der kleine Flughafen mit Namen Masumba Airport liegt etwa 25 km südöstlich von Mfuwe an der Straße nach Chipata. Der Zusammenbruch von *Zambia Airways* beendete die regulären Flugverbindungen. Seither werden Charterflüge eingesetzt. Die Safariunternehmen sind ihren Gästen bei Flugreservierungen behilflich. Der Preis für den Flug Lusaka - Mfuwe und zurück liegt bei ca. 150 US$, die Flugdauer beträgt etwa 75 Minuten.

Seit November 1995 bietet Air Malawi einen wöchentlichen Flug zwischen Lilongwe und Mfuwe an. Preis: Ca. 100 US$ einfach, 150 US$ für Hin- und Rückflug.

Wer mit einem Fahrzeug anreist, wird vermutlich die Hauptroute von Chipata wählen. Am Ortseingang von Chipata zweigt vor dem Welcome-Bogen die Teerstraße in Richtung Lundazi ab. Nach 10 km endet der Teer und die Weiterfahrt verläuft auf einer gut ausgebauten Piste. Nur die steilen Passagen sind zwischendurch geteert. Zunächst ist die Region noch stark besiedelt und es wird viel Tabak angebaut. Das Mittelstück ist einsam, doch je näher man dem Luangwa kommt, desto dichter wird auch wieder die Besiedlung. Hier werden runde Bastmatten und

Körbe hergestellt, die in ganz Sambia verkauft werden. Nach 107 km trifft man auf die Teerstraße zwischen Mfuwe Airport und Mfuwe Bridge. Nach weiteren 20 km erreicht man den Nationalpark. Die Strecke ist gut beschildert.

Für Reisende aus Lusaka besteht ab Petauke eine reizvolle Anreisealternative. Die Strecke ist allerdings nur in der Trockenzeit und mit einem Geländefahrzeug befahrbar, auch wenn sich der Straßenzustand in den letzten Jahren deutlich verbessert hat. Im Ort Petauke zweigt die sogenannte *Ukwimi Road* nach dem Funkmast links ab. Die breit ausgebaute Piste führt durch eine sehr dicht besiedelte Region. Noch vor wenigen Jahren handelte es sich um einen unbedeutenden Weg durch tsetseverseuchten Busch. Heute ist es eher ein Reihendorf und der Busch leider massiv abgeholzt. Nach 57 km erreicht man ein Gate. Wer auf der breiten Straße geradeaus fährt, landet im Ukwimi-Flüchtlingsdorf. Zu den Zeiten des Bürgerkriegs in Mosambik lebten hier knapp 3 000 Flüchtlinge. Die meisten sind in ihre Heimat zurückgekehrt, kaum mehr als 100 sollen noch in Ukwimi leben. Um zum Nationalpark zu gelangen, müssen Sie am Gate links in den kleineren Weg einbiegen, der nur mit *'Nyamaluma Resthouse 72 km'* ausgeschildert ist. Sogleich beginnt der steile Abstieg ins Tal. Nach 47 km biegen Sie an der Gabelung nach rechts in Richtung 'Tundwe'. Leider entstehen auch hier immer mehr Dörfer, die die Tierwelt zurückdrängen und die alten Wälder vernichten. Konnte man hier vor 5 Jahren schon die ersten Elefanten und Giraffen sehen, laufen heute Kinder mit 'Sweety!Sweety!'-Rufen auf die Autos zu. Nach

Die Ukwimi Road ab Petauke sollte nur mit geländegängigen Fahrzeugen befahren werden

Geflochtene Bastmatten werden bei Mfuwe am Straßenrand verkauft

weiteren 25 km erreichen Sie das *Nyamaluma Training Center*, einen Ausbildungsplatz des NPWS für Scouts. Wenn das preisgünstige Resthouse nicht belegt ist, werden auch schon mal Touristen aufgenommen. Unmittelbar danach liegt der Ponton von Kapamba Trails. Das Kapamba Trails Camp liegt sehr einsam im südlichen Teil des Parks und ist über diese kleine Fähre zu erreichen.

Die Weiterfahrt bis Mfuwe führt parallel zum Fluß an den Camps Tundwe, Nkwali, Chinzombo und Kapani vorbei.

Nsefu-Sektor

Um von Mfuwe in den Nsefu-Sektor zu gelangen, fahren Sie zunächst die Hauptstraße in Richtung Chipata. 4,5 km nördlich der Tankstelle zweigt an der YOSEFA Primary School eine kleine Piste nach Norden ab. Der verwitterte Markierungsstein ist nicht mehr lesbar. Entscheidend ist, ob Sie nach wenigen hundert Metern den Fluß durchqueren können. Alle weiteren Flüsse sind nicht mehr so tief. Ab Juni führen die Flüsse kein Wasser mehr. Nach 16 km erreichen Sie das Milyoti Gate zum Nsefu-Sektor.

Daten

Der South Luangwa Nationalpark hat eine Größe von 9 050 km^2. Er erstreckt sich zwischen dem etwa 1100 m hohen Muchinga-Escarpment und dem 600 m tiefer gelegenen Luangwafluß.

Der Park ist zwar ganzjährig geöffnet, die meisten Lodges und Camps sind allerdings nur während der Trockenzeit von April bis Oktober/November geöffnet sind. Die schwachen Regenfälle der letzten Jahre haben die Saison bis in den Dezember verlängert. Der Nsefu-Sektor ist allerdings erst ab Anfang Juni zugänglich. Ab Ende September wird es im Tal sehr heiß.

Das Luangwatal ist stark moskitoverseucht und leider auch voller Tsetsefliegen. Die Malariavorsorge sollte besonders ernst genommen werden. Ab September läßt die Mückenplage aber merklich nach. Kurz vor der Brücke in den Nationalpark befindet sich eine BP-Tankstelle.

Natur

Noch immer gilt der Luangwa als einer der unberührtesten Flüsse Afrikas. In ihm sollen mehr Krokodile leben, als in irgendeinem anderen Fluß. Er durchfließt auf seinem langen Weg zum Sambesi ein flaches Tal entlang des mächtigen Muchinga-Escarpments. An dessen steilen Hängen hat sich eine herrliche abgeschiedene Wildnis erhalten. Der Luangwa ist ein mächtiger Fluß, der seinen Lauf ständig ein wenig ändert. Jedes Jahr frißt er sich weiter in die steile Uferböschung. Nahe

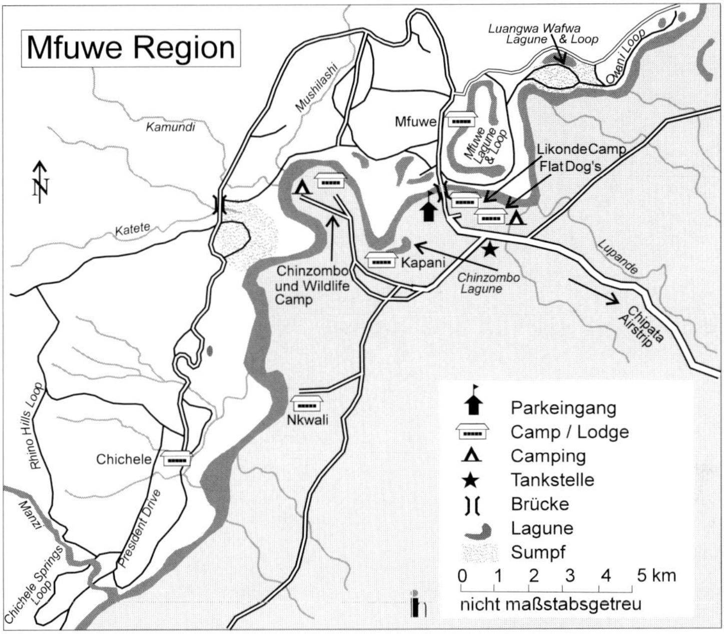

Die Mfuwe-Region ist das Herz des Nationalparks

dem Haupteingang ist bereits das ehemalige Wildlife Camp weggespült worden. Auch die Chibembe Lodge hat z.B. schon einige Bungalows an den Luangwa verloren!

Der Luangwa ist einer der wildesten Flüsse Afrikas

Im Park dominieren sanfte, parkähnliche Landschaften mit offenen Grasebenen und Lagunen. Klassisch sind die großen Leberwurstbäume am Ufer. Daneben sind Palmen, Baobabs, Leadwood- und Mahagonibäume typisch. Auffallend ist die große Anzahl hoher, alter Bäume am Ufer. Bis zu 1200 Jahre alt sind manche Exemplare. Im dichten Busch herrschen Mopane und Combretum vor. Die Tümpel und Lagunen des Luangwa sind voller Schlingpflanzen.

Tierwelt

In der Trockenzeit ziehen viele Tiere an den Fluß

Die Tierwelt ist vielfältig. Tausende Pukus leben im Park und weiden an den fruchtbaren Lagunen. Wasserböcke, Impala, Kudus und Schirrantilopen zählen zu den häufigsten Antilopen im Park. Im Luangwatal sind die *Thornicroft's Giraffe* und das *Cockson-Gnu* endemisch. Hippos und Krokodile liegen träge am Ufer und im Fluß. Boas, Skorpione, Mangusten, Buschhörnchen und Nilwarane sind ebenso vertreten, wie Paviane und Meerkatzen, Ducker, Riedböcke und Büffel. Warzenschweine, Zebras und Elefanten sind häufig an den Lagunen zu sehen. Zu den vertretenen Jägern zählen Löwen, Leoparden, Hyänen und Schakale. Die besten Chancen, Tier zu sehen, hat man ent-

Tierisch einladend, diese Lodges!

lang des Luangwa und an Lagunen. Die nachtaktiven Honigdachse, Galagos und Ameisenbären kann man mit Glück bei Nachtfahrten entdecken. Nächtlicher Tierbesuch in den Camps ist durchaus nicht ungewöhnlich (grasende Hippos, badende Elefanten, hungrige Hyänen auf der Suche nach Abfällen).

Vögel

Mehr als 400 Vogelarten sind bekannt, wie z.B. das Erdbeerköpfchen, der Braunmantel-Scherenschnabel, der Scharlachspint, der Kapbreitrachen und die Fischeule. Auch Papageien und Schreiseeadler sind häufig. Weitere typische Vögel sind der Goliathreiher, der Heilige Ibis, der Afrikanische Löffler und der Sattelstorch.

Unterkunft / Camps

In diesem Bereich gibt es große Veränderungen. Zunächst existieren im Park drei große staatliche Lodges, Mfuwe, Chichele und Luamfwa, und das Kapamba Trails Camp. Außerdem diverse Buschcamps für die Walking Safaris, die zu den jeweiligen Lodges gehören. Die privaten Lodges befinden sich dagegen ausserhalb des Parks in der GMA, meist direkt am Luangwa. Eine Ausnahme bilden die Camps Tena Tena und Nsefu, die direkt im Nsefu-Sektor liegen. Die staatlichen Lodges Mfuwe und Chichele wurden 1995 privatisiert und werden

renoviert, die Luamfwa Lodge ist derzeit geschlossen. Einige der privaten Camps wechselten ihren Besitzer und eine neue Luxuslodge ist geplant. Die Lodges bieten großteils einen sog. *All-Inclusive Service*, d.h. im Tagessatz sind Vollpension und alle Getränke, sowie Pirschfahrten und Wanderungen nach Wahl inklusive.

Elefantenbesuch und Buschdusche!

Unterkünfte im Park

- **Mfuwe Lodge:** Mittelmäßige Lodge in schöner Lage, die 1995 privatisiert wurde. Pool. Viel Wild in der direkten Umgebung.
- **Chichele Lodge:** Die sehr große Anlage liegt auf einem Hügel und wurde 1995 von Wilderness Trails übernommen.
- **Kapamba Trails Camp:** Mittelklasse, einsame Lage im Süden, bietet Badegelegenheit im Fluß.
- **Tena Tena:** Im Nsefu Sektor gelegenes, exklusives Zeltcamp von Robin Pope Safaris. 6 Zelte, obere Preisklasse, Juni bis Oktober.
- **Nsefu Camp:** Das älteste Camp Sambias! 6 Rondavels in exponierter Lage im Nsefu Sektor. Traditionsreich und stilvoll. Juni bis Oktober (Wilderness Trails)
- **Kaingo Camp:** Neuere Lodge im nördlichen Teil des Parks von Shenton Safaris. Vier Chalets, Juni bis Oktober.

Camps im South Luangwa N.P.

Außerhalb des Parks am Luangwa:

- **Chibembe Lodge:** Die nördlichste Lodge liegt zwischen dem Nsefu-Sektor und dem Luambe N.P. in sehr reizvoller Umgebung. Relativ große Lodge mit Holzchalets, Camping und Pool in familiärer Atmosphäre. Um den kleinen Gemüsegarten vor den häufigen Hippo- und Elefantenbesuchen zu schützen, müssen zwei Wachposten eingesetzt werden! Juni bis Oktober. Wilderness Trails.
- **Kapani:** Von Norman Carr. Ganzjähriges, schattiges, altmodisch-edles Camp nahe Mfuwe in der GMA. 8 gelbe Doppelchalets, Pool, Aussichtsplattform an der Lagune. Obere Preisklasse. Zur Lodge gehören zwei Buschcamps im Park: Luwi und Nsolo.
- **Chinzombo:** Von 'Safe the Rhino Trust', liegt sehr schön nahe Kapani. 9 schattige Chalets, Pool, gute Wildbeobachtung. Obere Preisklasse. Geöffnet von April bis Dez./Januar. Im Park sind die Buschcamps Kuyenda und Chamilandu.

Wer's einsamer mag, ist im Nsefu-Sektor genau richtig

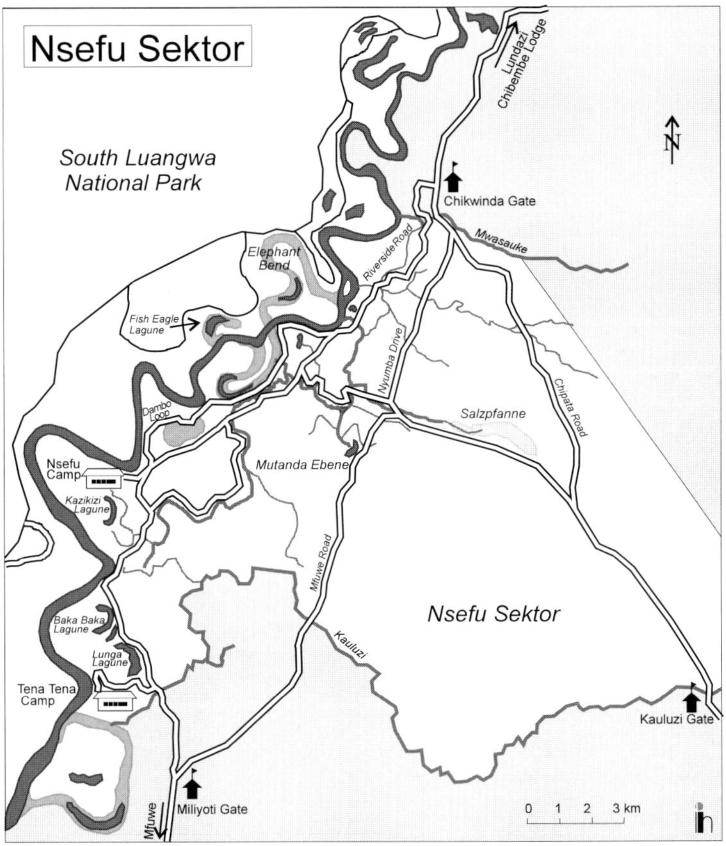

Camps im South Luangwa N.P.

- **The Wildlife Camp:** Das neu aufgebaute Camp des WCS steht unter deutscher Leitung. Preisgünstige, saubere Chalets und guter Campingplatz in sehr schöner Lage. Restaurant, Pirschfahrten und Buschwanderungen. Ganzjährig geöffnet.
- **Nkwali:** Auch von Robin Pope Safaris, auf Privatgrund gelegen. Etwas rustikaler als das 30 km nördlichere Tena Tena. Schöne Bar unter einem großen Baum. Sehr schattig, idyllisch und einsam. Obere Preisklasse.
- **Tundwe Camp:** Liegt etwa 25 km südlich von Mfuwe. Ehemals von SOBEK, jetzt unter indischer Führung. Einsame Lage. Dazu gehören zwei Buschcamps im Park.
- **Likonde Camp oder James Shultz Camp:** Vernachlässigte Chalets für Selbstversorger. Liegt direkt an der Mfuwebrücke.
- **Croc Farms und Flat Dog Campsite:** Renovierte Anlage in Mfuwe mit Selbstversorger-Chalets, Camping, Bar und Restaurant. Anbei die Krokodilfarm (1995 ohne Krokodile!). Beliebter Platz bei Overlandern. Pirschfahrten werden angeboten.

Camping

Die neuerdings entstehenden Campingplätze ermöglichen auch einen preisgünstigeren Aufenthalt im Luangwatal. Die Anlagen befinden sich alle außerhalb des Nationalparks direkt am Fluß. Nähere Beschreibung siehe *Chibembe Lodge, The Wildlife Camp und Flat Dogs Campsite.*

Puku

Buschbrand in der Trockenzeit

Ein erlebnisreicher Tag am Luangwa klingt langsam aus...

LUAMBE NATIONAL PARK

Winziges Kleinod mit phantastischer Natur

Der kleine Nationalpark besticht durch seine Einsamkeit, die schöne Atmosphäre und die beeindruckenden Bäume. Er bietet einen landschaftlichen Genuß mit Lagunen, Tümpeln und verschlungenen Flußläufen. Nur 254 km^2 groß und 22 km breit, weist er keinerlei Infrastruktur auf und stellt eigentlich nur eine reizvolle Transitstrecke nach Norden dar. Dementsprechend wird an den Gates auch kein Eintritt verlangt. Vor langer Zeit gab es ein Camp, inzwischen ist der kleine Park in Vergessenheit geraten. Für die Tiere stellt er einen Korridor dar. In der späten Trokkenzeit sind hier viele Antilopen, Elefanten, Affen und Warzenschweine zu sehen.

Der Luambe N.P. ist aufgrund der vielen Flußdurchfahrten nur in der Trockenzeit ab Mitte/Ende Mai mit Allrad erreichbar.

24 km nördlich der Chibembe Lodge befindet sich das Chakolwa Gate. 3 km weiter wird der Kangwa durchquert, hier beginnt der Nationalpark. Die Straße ist ruppig und von Elefanten ausgetreten.

Verbindung zur Escarpment Road

Nach 11 km zweigt links ein kleiner Weg zum *Niampala-Ponton* am Luangwa ab. Die Privatfähre wird während der Trockenzeit eingesetzt. Am Westufer des Luangwa beginnt die berüchtigte *Escarpment Road.* Sie führt als steile, ausgewaschene Piste durch ein einsames Jagdgebiet zur Great North Road (nur mit Allrad und möglichst im Konvoi fahren)!

Nach weiteren 11 km erreicht man das Chipuka Game Camp und befindet sich wieder in einer dicht besiedelten GMA. Bis Lundazi sind es nun noch 125 km, zunächst durch idyllische Dörfer, später einsam.

NORTH LUANGWA NATIONAL PARK

North Luangwa ist der Name einer der wildesten Plätze der Welt! Der Nationalpark, kaum zugänglich zwischen dem steilen Muchinga-Escarpment und dem Luangwafluß gelegen, muß einst ein Tierparadies gewesen sein. Ganzjährig fließende Flüsse und riesige Waldflächen boten tausenden von Wildtieren einen Lebensraum.

Ein Paradies wird zugrunde gerichtet

Bis die Wilderei begann. Den einsamen, unbeaufsichtigten North Luangwa Park traf es besonders hart: Jedes Jahr wurden 1000 Elefanten gewildert. Das Ausmaß der Abschlachterei nahm derart verheerende Züge an, daß es sehr düster für die Zukunft des Parks aussah. Mitte der 80er Jahre waren die Nashörner ausgerottet und es schien nur noch eine Frage weniger Jahre, bis auch das Schicksal der Elefanten besiegelt sein würde. Der North Luangwa schien niemandem von Wert oder Nutzen, man überließ ihn seinem traurigen Schicksal und hatte ihn praktisch schon abgeschrieben.

Nur wenige Safariveranstalter dürfen den North Luangwa N.P. besuchen.

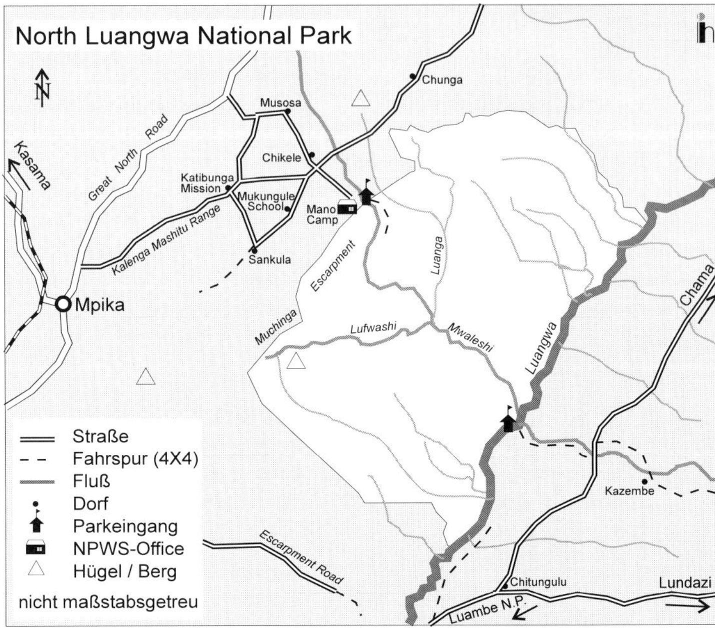

Der konsequente Einsatz der Owens sichert die Zukunft des Parks und seiner Tiere

Zu dieser Zeit lenkte ein amerikanisches Ehepaar seine Aufmerksamkeit auf die abgelegene Wildnis: Die Forscher Mark und Delia Owens hatten bereits 7 Jahre mit den Löwen der Kalahari verbracht und bereisten 1986 erstmals die Wildnis am Nordluangwa. Sie verliebten sich in den Park. Ein ganzes Jahr verstrich, bis sie alle erforderlichen Genehmigungen für die Forschungstätigkeit im Park erhielten. Deutlich wurde ihnen von dem neuen Domizil abgeraten - zu zerklüftet, unberechenbar und überflutet während der Regenzeit sei es am Nordluangwa, als daß man dort leben könnte. Im Oktober 1987 begannen die beiden ihre Arbeit im Park. Sie bauten das Camp Marula Puku und eine Landepiste. Mit Entsetzen erkannten sie dabei die ganze Tragödie der Elefantenwilderei. Anstatt ihre geplanten Forschungen an den Löwen aufzunehmen, verschrieben sie sich dem Kampf gegen die Wilderei.

Es muß in den folgenden Jahren ein verzweifelter Kampf von David gegen Goliath gewesen sein. Die Wilderer waren zahlreich und schwer bewaffnet, der Park groß und weitläufig, die wenigen Scouts desinteressiert oder sogar in den Elfenbeinschmuggel verwickelt. Die Männer der umliegenden Dörfer verdingten sich als Träger für die Wilderer. Und selbst die Behörden hatten teilweise ihre Finger im Spiel. Unermüdlich flog Mark Owens Aufklärungsflüge über den Park, fand oft genug nur mehr die Kadaver der gewilderten Elefanten oder nachts die Lagerfeuer der Jäger. Zugleich begannen die Owens eine intensive Aufklärungsarbeit in den Dörfern am Nordrand des Parks. Sie gründeten Naturschutzclubs für die Kinder, versuchten die Menschen für den Tierschutz zu sensibilisieren und boten den Männern Arbeit und Unterstützung an. Das große Ziel war, den Menschen glaubhaft zu vermitteln, daß ein lebender Elefant mehr Wert hat als ein toter. Ihre Arbeit zeigte lange mehr deprimierende Rückschläge als zaghafte Erfolge.

Eine Besserung zeichnete sich erst 1991 ab, als die Auswirkungen des 1990 in Kraft getretenen CITES- Abkommen spürbar wurden. Der Elefant war zur gefährdeten Tierart erklärt und weltweit der Handel mit Elfenbein verboten worden. Diese längst fällige Entscheidung zeigte endlich ihre Wirkung auf dem ganzen Kontinent. Außerdem förderte Sambia nach dem Regierungswechsel den Tourismus stärker. Touristen bringen Devisen, doch nicht in einen leergewilderten Park.

Das *North Luangwa Conservation Projekt*, NLCP, unterstützt von der Zoolog. Gesellschaft in Frankfurt, erhielt endlich die dringend notwendige Unterstützung durch den sambischen Staat. Die Wildhüter wurden besser ausgebildet und versorgt, die Truppe verstärkt und die Wege im Park verbessert. Seit 1992 reisen die ersten Safariunternehmen mit Touristen für exklusive Walking Safaris in den Park. Sie begegnen dort einer herrlichen Wildnis, einer großartigen und vielfältigen Tierwelt und endlich auch wieder Elefanten. Die Wilderei ist fast völlig zurückgegangen.

Ihre Erfahrungen und den Kampf gegen die Elefantenwilderei haben Mark und Delia Owens in ihrem Buch „The Eye of the Elephant“, dt. Titel „Das Auge des Elefanten“, sehr anschaulich beschrieben. Nicht nur für Reisende in das Luangwatal bietet das Buch beeindruckende Informationen.

Der Status des Nationalparks ist allerdings (noch?) ungeklärt. Einerseits untersteht er dem NPWS, andererseits sind es die Owens, die über die Geschicke am Nordluangwa entscheiden. So kommt es zu widersprüchlichen Aussagen. Es scheint so, als ob der Park ein exklusives Reiseziel in der oberen Preisklasse bleiben soll, wobei nur einige wenige Safariunternehmen das Monopol für den Park behalten. Im Büro des NPWS in Chilanga wird man jedoch erfahren, daß der Nordluangwa wie alle anderen sambischen Parks nach Genehmigung durch den NPWS frei zugänglich ist. Vor Ort werden individuell Anreisende aber dennoch in der Regel abgewiesen. Mit diesem Vorbehalt sind die Zufahrtsstraßen hier erwähnt.

Wer derzeit den Park besuchen möchte, muß sich an eines der ausgewiesenen Safariunternehmen wenden

Von Norden

Fahren Sie die Great North Road von Mpika in Richtung Tansania. Nach gut 55 km, gerade an einer starken Steigung der Straße, zweigt eine kleine, unbeschilderte Piste nach rechts ab. Sie ist noch etwa 50m geteert, dann verläuft sie als gut befahrbarer Weg 33 km durch dichten Busch. Man passiert zwei kleine Dörfer. Dann erreicht man eine Gabelung. Biegen Sie dort links ab, es geht über eine kleine Brücke und nach 1,5 km wieder nach rechts für 10 km, ignorieren Sie die vielen Gabelungen unterwegs. Hier liegt das Mano Camp der Wildhüter mit einem großen neuen Nationalparksgebäude. Nach dem Gate überqueren Sie auf einer Holzbrücke den Mwaleshi. Die Straße führt dann knapp 30 km das Escarpment hinab und erreicht schließlich das Camp der Owens. Diese Zufahrt wird von Shiwa Safaris genutzt.

Anreise

Von Süden

Die Zufahrt ab Mfuwe verläuft zunächst durch den Nsefu-Sektor des South Luangwa N.P. und durch den Luambe N.P. Am *Chipuka Game Camp* biegt man links ab und hält sich in dem nun folgenden Wegegewirr immer links entlang des Luangwa. Die Wege sind schmal und führen durch dichten, einsamen Busch. Den Lundazifluß erreicht man nach etwa 50 km, je nach eingeschlagener Piste. Dort befindet sich das *Kanunshya Gate*. Um in den Nord Luangwa N.P. zu gelangen, muß der Luangwa an einer seichteren Stelle durchquert werden. Nur in der Trockenzeit möglich! Remote Safari Ltd. reist von Süden in den Park.

Achtung!

Es sei noch einmal ausrücklich darauf hingewiesen, daß ein OK des NPWS derzeit noch keine Garantie für den Einlaß in den Park darstellt!

Daten

Der North Luangwa Nationalpark ist 4 636 km^2 groß. Der westliche Teil wird vom Muchinga-Escarpment abgegrenzt, die südöstliche Grenze bildet der Luangwafluß. Dazwischen liegen dichte Wälder, Hügel, Flüsse und Flußbette.

Es existieren nur wenige Wege im Park und diese sind nur mit Geländefahrzeugen in der Trockenzeit von Ende Mai bis Mitte Oktober befahrbar.

Natur

Der Park ist überwiegend bewaldet. Hier sieht man sehr schöne Marula- und Leberwurstbäume. Auch Palmen sind typisch. Als Juwel des Parks gilt der *Mwaleshi*, der das Escarpment in mehreren Wasserfällen hinabstürzt. An seinem Ufer liegen die temporären Camps der Safariunternehmen.

Die Flüsse *Lukokwa* und *Mulondoshi* trocknen in den Sommermonaten aus und hinterlassen Pools, die den Wildtieren als Tränken dienen. Nach Regenfällen können diese Flüsse unglaublich stark anschwellen und weite Flächen überschwemmen. Dadurch werden immer wieder Bäume entwurzelt.

Tierwelt

Die Tierwelt ist sehr artenreich. Der Park ist besonders für seine grossen Büffel- und Antilopenherden berühmt, außerdem gibt es sehr viele Löwen und andere Raubkatzen. Man kann sogar Elenantilopen und Oribi entdecken. Die Elefantenpopulation erholt sich langsam wieder. In den Flüssen leben Hippos und Krokodile. Einige Vertreter dieser Gattung am Mwaleshi sind sogar in der Lage, Löwen ihre Beute abzunehmen. Es sind mehr als 350 Vogelarten bekannt.

Übernachtung und Camps

Eine touristische Infrastruktur ist in den letzten Jahren insofern entstanden, als daß die speziell autorisierten Veranstalter kleine, temporäre Buschcamps für ihre Touren errichten dürfen. Die Camps werden jedes Jahr nach der Regenzeit neu aufgebaut und sind nicht für Privatpersonen zugänglich.

DER NORDOSTEN

Wasserfälle, Sümpfe, Fähren und Seen! Nirgendwo sonst in Sambia gibt es eine solche Anhäufung von attraktiven Wasserfällen! Hier liegen auch die meisten großen Seen des Landes. Der geheimnisvolle Tanganjikasee weist als zweittiefster See der Erde eine gigantische, unerforschte Artenvielfalt auf. Der mächtige Luapula entspringt in den Bangweulusümpfen und strömt in einem großen Bogen durch den Mwerusee dem Kongo zu. Eine faszinierende Tierwelt hat sich in den gigantischen Bangweulusümpfen erhalten können. Kleine, meist handbetriebene Fähren halten den Verkehr aufrecht. Die meisten stammen noch aus der Kolonialzeit.

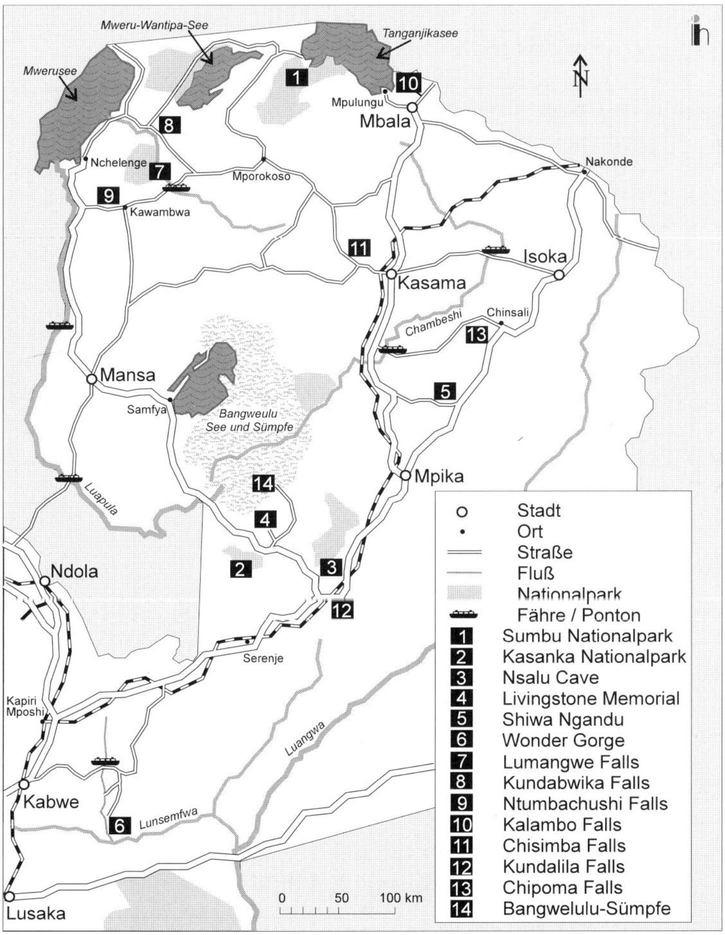

Von Lusaka nach Mpulungu

Von Lusaka nach Kabwe

Man verläßt Lusaka auf der Great North Road, der Verlängerung der Cairo Road. Linkerhand lassen Sie bald das Lusaka Stadion zurück. Die Straße verläuft nun durch den sog. *Chisamba Farming Block*. Beiderseits der Straße befinden sich große Farmen, manchmal sieht man die kleinen Townships der Landarbeiter und schöne wildwachsende Euphorbien.

Unterkunft

50 km nördlich von Lusaka befindet sich rechts die Fringilla Farm, eine große Farm mit hübschen Chalets, einem Campingplatz, Laden, Metzgerei, Bar und Restaurant. Preise: 15–25 US$/Chalet und 5 US$/Camping. Fringilla Farm: Fam. Woodley, P.O.Box 31449, Lusaka.

Nach 69 km erreichen Sie **Landless Corner**, einen kleinen Flecken mit Verkaufsständen für Frischwaren und der Abzweigung nach Mumbwa. Bis Kabwe sind es weitere 69 km durch überwiegend flache Graslandschaften. Die neue Straße ist stark befahren.

Kabwe

Anfang dieses Jahrhunderts wurden bei Kabwe Blei- und Zinnvorkommen entdeckt, welche seit 1906 in der Broken Hill Mine abgebaut werden. Als bald darauf die Bahnlinie von Süden nach Katanga verlängert wurde, gewann der Ort an Bedeutung. Die Briten gaben der Stadt den Namen Broken Hill. Nach der Unabhängigkeit erhielt sie ihren Namen nach der früheren Ortsbezeichnung *Kabwe ka Muluba*. Kabwe ist heute die ruhige, angenehme Hauptstadt der Zentralprovinz mit rund 200 000 Einwohnern und guten Versorgungsmöglichkeiten. Am Ortsausgang befindet sich eine große Textilfabrik.

Unterkunft

- Elephant Head's Hotel, P.O.Box 80410, Tel. 22-2522 direkt im Zentrum, Pool, gehobene Mittelklasse
- Masiye Motel, P.O.Box 81210, Tel. 22-3221
- Mulungushi Motel, P.O.Box 80408, Tel. 22-4602

Sehenswert!

„Der große Baum von Kabwe“

Dieser alte Baum im Zentrum der Stadt war früher der Versammlungsplatz der ersten Siedler in der Gründerzeit.

Wonder Gorge / Bell Point Road

Abstecher zur Wonder Gorge

Eine einsame Straße führt zu einem Aussichtspunkt am Rande des Muchinga-Escarpments, der einen weiten Blick in die Schlucht gewährt, in der die Flüsse Mulungushi und Lunsemfwa sich vereinigen. Es ist ein schöner, abgelegener Übernachtungsplatz. Der erste Europäer entdeckte 1913 den Aussichtspunkt und gab ihm den Namen nach seiner Freundin Miss Bell.

Ab Kabwe führt die Piste am neuen Mulungushi Damm vorbei nach Osten und trifft nach 90 km auf den Lunsemfwa. 13 km nach der Fähre

Abstecher zur Wonder Gorge

erreicht man eine Gabelung mit zwei runden Verkehrsschildern. Wenn Sie hier geradeaus fahren, treffen Sie bei Mkushi wieder auf die Great North Road. Fahren Sie dazu an der nächsten Gabelung nach 15 km links, dann 50 km geradeaus durch freundliche Lala-Dörfer bis Masansa. Nach weiteren 45 km geradeaus durch Farmland treffen Sie auf die Teerstraße.

Um zur Wonder Gorge zu gelangen, biegen Sie an der Gabelung mit den Verkehrsschildern scharf rechts ab. Nach 10 km macht die Piste eine 90°- Kurve nach rechts, während ein schmaler Feldweg geradeaus weiterläuft. Dies ist die völlig einsame, 34 km lange Bell Point Road. Der Weg ist nur in der Trockenzeit befahrbar und sollte nur mit einem intakten Allradfahrzeug gefahren werden. Der Busch ist sehr dicht, man sieht Paviane und schreckt ein paar Turakos und Kaffernhornraben auf. Die letzten 13 km sind in schlechtem Zustand, 2 km vor dem Ziel liegt mahnend die verrostete Karosserie eines alten Vauxhall. Rechnen Sie für die 34 km mit ca. 2 Fahrstunden.

Von Kabwe nach Serenje

Auf der Weiterfahrt entlang der einsamen Great North Road erreichen Sie nach 60 km den Ort **Kapiri Mposhi**. Hier beginnt die berühmte TAZARA-Verbindung nach Dar-es-Salaam. Der Ort ist ein lebhafter Fernfahrertreff mit diversen Lokalen, Verkaufsständen und einfachen Unterkünften.

5 km weiter gabelt sich die Straße, die Great North Road zweigt nach Nordosten ab und verläuft parallel zur TAZARA. Von Zeit zu Zeit wird die Bahnlinie überquert.

Unterkunft

Nach 63 km befindet sich mitten im Wald rechts das Forest Inn, ein neueröffneter Campingplatz mit guter Ausstattung und Chalets (25-45US$): Forest Inn, P.O.Box 810064, Kapiri Mposhi. Tel./Fax 05-362188

Die meisten Ortschaften entlang der Great North Road sind Bahnstationen und liegen daher nicht direkt an der Straße. 86 km weiter erreichen Sie die Abzweigung nach **Mkushi**, einem kleinen Ort, der seit seiner Gründung schon viermal verlegt worden ist. Etwa 22 km weiter zweigt vor der Bahnunterführung eine Piste südlich nach Old Mkushi und der Bell Point Road ab.

Unterkunft

Gute 30 km östlich von Mkushi bietet das **Sweatwater Guesthouse** Unterkunft im Farmhaus (ca. 25 US$) und einen schönen Blick in die Ebene. Hier kocht die Chefin selbst. Camping wird gestattet. Chalata Farm, P.O.Box 840041, Mkushi. Tel./Fax 05-362245.

Die nächste Stadt ist **Serenje**, das in einer bergigen Landschaft liegt. Bereits an der Abzweigung gibt es mehrere Restaurants, ein einfaches Hotel und eine Tankstelle. Serenje hat eine große Busstation, ein Hospital, viele Kneipen und einen Freiluftmarkt.

Die Kundalila Falls

40 km weiter gabelt sich die Straße. Links führt die neue Teerstraße am Kasanka N.P. vorbei nach Samfya und Mansa. Geradeaus erreichen Sie als nächstes die Bahnstation Kanona.

Kundalila Falls

13 km vor Kanona zweigt eine beschilderte Piste nach Süden zu den Kundalila Falls ab. Der Kaombe ist ein relativ schmaler Fluß, der aber 65 m in freiem Fall von einer Felskante hinab stürzt. Ein Fußweg führt an den Wasserfall und bietet immer wieder herrliche Aussichten in die weite Landschaft bis ins Luangwatal. Links der Holzbrücke kann man baden. Camping ist auf dem Parkplatz gegen eine geringe Gebühr (ein Caretaker stellt die Quittung aus) erlaubt.

Felsmalereien der Nsalu-Höhle

Felszeichnungen der Nsalu-Cave

In der geschützten Berghöhle sind Felszeichnungen aus unterschiedlichen Zeit- und Entwicklungsepochen entdeckt worden. Die Höhle wurde vermutlich schon vor 20 000 Jahren bewohnt. Die Felsmalereien gelten als die bedeutendsten in Sambia. Um so trauriger ist die Tatsache, daß der schützende Zaun zerstört und die Malereien größtenteils überschmiert worden sind. Der Laie kann kaum unterscheiden, was davon alte Relikte und was moderne Schmierereien sind. Von der Höhle bietet sich ein herrlicher Ausblick. Zu erreichen ist die Nsalu-Höhle über eine schmale Piste, die 20 km nach von Kanona an einem Parkplatz (Laybay) nach Norden von der Hauptstraße abzweigt. Nach 14 km weist ein Schild nach links, nach weiteren 7 km erreicht man den Berg. Ein Fußweg führt zur Höhle hinauf.
Hinweis: Eine Weiterfahrt zum Livingstone Memorial ist auf dieser Strekke derzeit nicht möglich.

Von Kanona nach Mpika

Die Fahrt von Kanona nach Mpika verläuft zunächst durch eine Landschaft mit steinigen Bergen. Später wird es wieder flacher und eintöniger. Die Bahnlinie ist meist in Sichtweite.

Etwa 45 km vor Mpika zweigt eine Erdstraße zum nördlich gelegenen **Lavushi Manda Nationalpark** ab. Auch hier wurden die Tiere nicht geschützt, sondern gewildert. Eine touristische Infrastruktur ist ebenfalls nicht vorhanden. Die Fahrt durch den Park empfiehlt sich aber als landschaftlich reizvolle Direktverbindung von Mpika zu den Bangweulusümpfen und zum Livingstone-Denkmal.

Mpika

Ausblick von der Nsalu-Cave

Die Stadt Mpika liegt 165 km von Kanona entfernt und ist ein landwirtschaftliches Zentrum, was man unschwer an der starken Abholzung ringsum erkennen kann. Eine Bäckerei, Metzgerei, Tankstelle und der große Markt ermöglichen eine recht gute Versorgung. Ab hier verlassen wir die Great North Road und zweigen nördlich in Richtung Kasama und Mbala ab. Die Straße verläuft weiterhin entlang der TAZARA und durch teilweise eintönigen Busch.

Querverbindung zur Great North Road

124 km vor Kasama ist nach einer starken Linkskurve zwischen einigen Hütten eine unmarkierte Abzweigung nach Osten. Der kleine Waldweg führt kurvenreich durch eine einsame, karstige Landschaft mit Akazienwäldern und steinigen Hügeln. Nach 45 km trifft man auf die Kapishya Hot Springs bei Shiwa Ngandu (siehe *Shiwa Ngandu*).

Abstecher zu den östlichen Bangweulusümpfen

90 km vor Kasama wird der Chambeshi überquert. Eine Piste führt den Fluß entlang bis Mbati, das bereits in der Randzone der Bangweulusümpfe liegt. Nördlich des Chambeshi liegt der **Isangano Nationalpark**. Seine Landschaft besteht aus sumpfigen Flutebenen und Wasserläufen. Er gilt als unbefahrbar. Es wird auch hier gewildert.

Denkmal von Lettow-Vorbeck

Sehenswert!

An der Nordseite der Brücke über den Chambeshi steht ein Denkmal, das an die Niederlage der deutschen Armee im 1.Weltkrieg erinnert. Am 14.November 1918 ergab sich General von Lettow-Vorbeck an dieser Stelle. In Europa war der Krieg schon 3 Tage eher beendet. Der General hatte von der Kapitulation nichts erfahren. Eine deutsche Feldkanone aus dem Krieg ist im Denkmal eingemauert.

Denkmal zur Erinnerung an die deutsche Kapitulation im Ersten Weltkrieg

General von Lettow Vorbeck (1870-1964) war ein geschickter Feldherr, der in den ersten Kriegsjahren keine einzige Schlacht verlor. Er war eher ein Guerillakämpfer und Taktiker, der direkten Kämpfen aus dem Weg ging. Der stolze General galt als charakterstark und verstand es, eine hohe Truppenmoral aufrecht zu erhalten.

Im November 1917 drang er von Deutsch-Ostafrika nach Portugiesisch-Ostafrika (Mosambik) vor. Dort erlebte der Stratege erstmals

Die Kapitulation des General von Lettow-Vorbeck

Niederlagen und die Truppe wurde durch eine Grippewelle stark geschwächt. Als er im September wieder nach Deutsch-Ostafrika zurückkehrte, bestand die ganze Kompanie nur noch aus knapp 200 Deutschen und etwa 1500 Askaris. Seine Hauptsorge galt der Nahrungsmittelbeschaffung. Da Isoka in Nordrhodesien ein wichtiges Proviantlager der Briten war, drang er nach Rhodesien ein, um Isoka einzunehmen. Als er erfuhr, daß die Stadt Truppennachschub erhalten hatte, vermied er einen Kampf und drehte nach Westen ab. Ungehindert durchquerte er die Chambesi-Ebene und nahm am 09.11.1918 Kasama ein. Dann zog der General weiter nach Süden. Sein nächstes Ziel sollte Kabwe sein, wo er die Bahnlinie zerstören wollte, um anschließend in den Copperbelt und nach Angola vorzustoßen. Am 13.11.1918 lagerte die Kompanie am Chambeshi, als sie von der deutschen Kapitulation erfuhr.

Selbstbewußt begab sich General von Lettow-Vorbeck in Kriegsgefangenschaft. Er war bis zum Schluß in strategisch ausgezeichneter Position geblieben. Mit seiner Truppe marschierte er nach Abercorn (Mbala) zurück, wo die offizielle Kapitulationszeremonie stattfand. Die Askaris der Deutschen warfen ihre Waffen in den Chilasee, die Offiziere durften ihre Waffen als Anerkennung ihrer Leistung behalten. Deutsch-Ostafrika wurde nach dem ersten Weltkrieg Britisches Mandat.

Kasama

Kasama ist die Hauptstadt der Nordprovinz. Die wichtige Bahnstation liegt außerhalb der Stadt. Zwischen Bahnhof und Stadtzentrum befinden sich mehrere Hotels. Das Zentrum Kasamas bildet der große Markt. Viele, zum großen Teil asiatische Läden sind um den Markt entstanden.

Sehenswert!

Chisimba Falls

Sie bestehen aus drei verschiedenen Einzelfällen. Dazwischen wurde der Lwondefluß mehrmals gestaut. Obwohl der Fluß dadurch verändert wurde, blieben die Fälle erhalten. Mutumuna Fall, der erste Wasserfall, wirkt sogar besonders schön über einem kleinen Stausee. Am Parkplatz befindet sich ein Steinhaus mit Tischen und Bänken. Camping ist erlaubt. Zu erreichen sind die Fälle 36 km von Kasama an der Straße nach Mporokoso. Vor der Brücke über den Lwonde biegt links der kurze Weg zum Chisimba Falls Kraftwerk und den Fällen ab.

Von Kasama nach Mbala

Auf der Weiterfahrt nach Norden steigt das Plateau langsam an. Bei Nseluku knickt die Bahnlinie endgültig nach Osten zur tansanischen Grenze ab.

Mbala

Mbala und Umgebung

1893 wurde am rechten Ufer des Lucheche die erste Siedlung gegründet und nach dem Präsidenten der BSAC Abercorn genannt. Es wurde die wichtigste Station in der Region des Tanganjikasees, um die Deutschen an einer weiteren Expansion zu hindern. Nach dem Tod des mächtigen Königs Mwamba gründete die BSAC 1898 ihre erste Poststation im Bembaland. Viele Kolonialbauten entstanden in den folgenden Jahren, das älteste noch vorhandene ist das Gefängnis von 1912. Im Ersten Weltkrieg war Abercorn Schauplatz jahrelanger Kämpfe, da es sich direkt an der Front befand. Nach der Unabhängigkeit wurde Abercorn in Mbala, das bedeutet Buschbock, umbenannt. Die Stadt verfügt über mehrere Hotels, z.B. das alte Arms Hotel oder das etwas bessere Grashopper Inn. Die Versorgungsmöglichkeiten sind allerdings sehr einfach.

Moto Moto Museum

Sehr sehenswert!

Das Museum hat eine ausgezeichnete ethnologische und kolonialgeschichtliche Ausstellung. Es wurde nach Bischof Joseph Dupond von den White Fathers benannt, der seit 1891 zahlreiche Missionen im Bembaland gegründet hatte und den Namen Moto Moto 'König der Bemba' trug. Es ist täglich von 09.00-16.45 h geöffnet, der Eintritt beträgt 5 US$.

Im Ersten Weltkrieg lag Mbala an der Kriegsfront

Die Kriegsfront befand sich im ersten Weltkrieg zwischen Abercorn und Karonga am Malawisee. Die Kämpfe spielten sich zunächst auf britischem Boden ab, da die Deutschen zu Beginn des Krieges viele Angriffe starteten. Ab 1916 verschob sich die Front nach Deutsch-Ostafrika. Die britischen Garnisonen in Abercorn und Old Fife (Nakonde) wurden durch belgische Truppen unterstützt. Fast 7000 afrikanische Militärträger waren vorwiegend für den Transport von Nahrungsmitteln im Einsatz. Die Lebensmittel wurden von Dorf zu Dorf in fünf Tagen von Mporokoso nach Abercorn getragen. 10 km südlich von Abercorn mußte für die vielen Träger ein Lager an den Uningi Pans eingerichtet werden.

Chief Zombe der Lungu, dessen Land genau an der Front lag, sandte für die Briten Späher aus und erwies sich als sehr hilfreich. Eines seiner Dörfer, Malwilo, wurde während einer Schlacht völlig zerstört. Auch am Jericho Hill am Seisi-Fluß war es zu schweren Kämpfen gekommen. Die Deutschen gerieten aber bald in die Defensive und schließlich fielen die deutschen Städte Bismarcksburg am Tanganjikasee und Namema.

Noch immer sind die alten Schützengräber des Krieges vorhanden und aus dem Chilasee werden immer wieder Waffen gefischt.

Kalambo Falls

Sehr sehenswert!

221 m tief stürzt der Kalambo senkrecht in eine schmale Schlucht und fließt 8 km weiter in den Tanganjikasee. Damit sind die Kalambo Falls mehr als doppelt so hoch als die Viktoriafälle. Sie sind die zweithöchsten Wasserfälle in Afrika (nach den Chutes Kaloba in Südzaire) und die zwölfthöchsten der Welt. Seinen Wasserhöchststand hat der Fluß im Februar/März. In der über 300 m tiefen Schlucht nisten Marabustörche. Die steile Berglandschaft ist unzerstört und dicht bewaldet.

Zweithöchste Wasserfälle Afrikas

Die Kalambo Falls liegen unmittelbar an der Grenze zu Tansania und sind 36 km von Mbala entfernt. Fahren Sie durch Mbala hindurch bis zum Ende der Teerstraße am Chilasee und dem Golfclub, sowie weitere 5 km geradeaus auf der Piste. Hier sind nun drei Linksabzweigungen, die mittlere ist die Richtige. Ab hier geht es immer geradeaus. Bald wird es sehr einsam und man fährt durch Urwald, in dem Paviane leben. Ca. 1 km vor dem Ziel gabelt sich der Weg. Geradeaus führt er zum Mpulungu Viewpoint. Rechts geht es steil bergab direkt zum Wasserfall.

Es ist erlaubt, am Parkplatz zu campieren. Ein 'Caretaker' trägt Sie ins Buch ein und berechnet einen kleinen Betrag. Steinstufen führen vom Parkplatz zum Wasserfall und ein kleines Stück entlang der Schlucht. Folgt man vom Parkplatz dem Weg, der den Berg hinauf führt, erreicht man nach etwa 1,5 Std. bei Mwina Point die Mündung des Kalambo in den Tanganjikasee.

Ausreise nach Tansania

Es ist möglich, ab Mbala über Zombe nach Tansania auszureisen. Die Grenze ist allerdings nur sehr schwach frequentiert.

Der Hafen von Mpulungu

Zwischen Mbala und Karonga am Malawisee verläuft die alte Stevenson-Road. Sie war früher die Hauptverbindungsstrecke zwischen den beiden Seen. Die Piste zweigt 13 km südlich von Mbala am Schild 'Nchanga Farms' von der Teerstraße ab und verläuft durch überwiegend einsame Landschaft mit teilweise alten Urwäldern. Nach 185 km erreicht man Nakonde.

Mpulungu

Kurz vor Mbala zweigt die Teerstraße nach Mpulungu am Tanganjikasee ab und windet sich steil und kurvig 38 km zu Sambias einzigem Hafen hinab. Die beiden Orte haben ein völlig konträres Klima. Während Mbala in kühler Höhe auf 1647m liegt, herrscht in Mpulungu das schwüle Klima des unter 800 m gelegenen Sees.

Die Teerstraße endet am Hafen, der mehrmals wöchentlich von Frachtschiffen angelaufen wird. Die beiden Motorschiffe *Liemba* und *Mwongozo* nehmen Passagiere und Fahrzeuge an Bord. Eine Fahrt nach Burundi dauert im Durchschnitt 3 Tage. Die Liemba ist ein altes Schiff mit bewegter Geschichte. Sie verfügt über drei Klassen, das Essen soll fast schon kriminell sein! (siehe *Anreise auf dem Schiffsweg*)

Die wechselvolle Geschichte der MV Liemba:

Deutsch-Ostafrika wird zu Beginn dieses Jahrhunderts verkehrstechnisch erschlossen. Von der Küste des Indischen Ozeans wird eine Bahnlinie nach Kigoma, der größten deutschen Stadt am Tanganjikasee, gebaut. Gleichzeitig wird in Deutschland ein Dampfschiff angefertigt, das den Handel auf dem riesigen See ermöglichen soll. 1914 kommen die Einzelteile des Dampfschiffes 'Von Gotzen' in Kigoma an und werden dort mühselig zusammengesetzt. Ab Januar 1915 wird es als Frachtschiff eingesetzt. Doch schon vier Monate später wird die 'Von Gotzen' wegen des Kriegsausbruchs dem Militär unterstellt und mit Kanonen ausgestattet. Zu diesem Zeitpunkt fehlen noch immer der Anker, Ketten und Lichter, die durch die Kriegswirren Kigoma nicht mehr erreichen.

Zweimal sinkt das Dampfschiff und ist danach immer noch funktionsfähig

Das Schiff wird im Juni 1916 von belgischen Fliegern bombardiert und sinkt. Nach Kriegsende erhalten zunächst die Belgier die Kontrolle über die Region des Tanganjikasees. Sie heben die gesunkene 'Von Gotzen' und bringen sie nach Kigoma, wo sie allerdings gleich wieder sinkt. Ab 1921 übernehmen die Briten die Verwaltung der ehemaligen deutschen Kolonie. 1924 wird das Schiff zum zweiten Mal aus dem See gehoben und man stellt überrascht fest, daß es noch voll funktionsfähig ist. So wird beschlossen, die 'Von Gotzen' wieder als Frachtschiff einzusetzen. Selbstverständlich konnte es seinen Namen nicht behalten. In den folgenden Jahren werden verschiedene Namensvorschläge unterbreitet und verworfen (z.B. Livingstone oder Kagaru). Man entscheidet sich schließlich für den Namen Liemba, den David Livingstone einst dem Volk am Tanganjikasee gab.

Seit 1927 wird die SS Liemba für reguläre Fahrten eingesetzt. Später eingesetzte Motoren funktionieren das Dampfschiff zur Motor Vessel MV Liemba um. Das Schiff faßt 500 Passagiere.

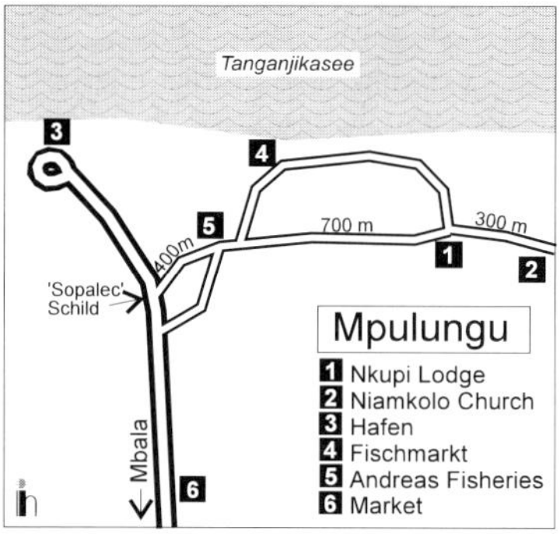

Mpulungu - Orientierungsplan

In Mpulungu herrscht das typische lebendige, bunte Treiben von Hafenstädten und die Atmosphäre erinnert stark an Ostafrika. Viele Händler aus Zaire und Tansania verkaufen ihre Waren auf den Märkten, Kisuahili wird genauso gesprochen wie Bemba und Lungu, die sambischen Sprachen. Besonders freitags und montags, wenn die Schiffe anlegen, quillt Mpulungu förmlich über. Durchaus sehenswert ist der Markt an der Teerstraße. Völlig untypisch für Sambias Märkte gibt es hier Marktschreier und laute Musik. Schneider und Friseure arbeiten in kleinen Blechhütten neben den Ständen für Seife, Stoffe, Erdnüsse und Öl, das in Fantaflaschen verkauft wird. Es ist eng, unruhig und voller fremder Gerüche.

Info Der Fischmarkt befindet sich direkt am Seeufer. Frischen Fisch bekommt man auch am Eingang zu *'Andreas Fisheries'*.

An der Caltex-Tankstelle am Ortseingang werden Käse, Brot und Fleisch aus Farmbeständen verkauft. Dort kann man übrigens auch Informationen und Reservierungen für die umliegenden Lodges und für Bootstouren in den Sumbu Nationalpark erhalten.

Direkt am Markt fahren die Minibusse nach Mbala ab. Es gibt Busverbindungen bis Kasama und sogar nach Lusaka (18-25 Std.).

Unterkunft

- **Nkupi Lodge:** Einfache Chalets und Camping zu günstigen Preisen, direkt in Mpulungu gelegen, unter indischer Leitung.
- **Lake Tanganyika Lodge:** Direkt am See gelegen (Steinstrand), relativ moskitofrei. Einfache Chalets und Camping. Bootstransfer, Bootsausflüge, Baden und Tauchen möglich. Die schlechte Zufahrt zweigt 5 km vor Mpulungu von der Teerstraße ab (beschildert).

Niamkolo-Kirche

Sehenswert! An der Uferstraße, etwa 2 km östlich des Hafens, steht die Ruine der ältesten erhaltenen Steinkirche Sambias. Der Kirchturm ist 15 m hoch und weithin sichtbar.

1880 gründeten Missionare der Londoner Missionsgesellschaft eine erste Mission am Ufer des Tanganjikasees. Aufgrund der Aggressionen der Sklavenjäger verließen die Missionare schon fünf Jahre später den Ort. 1887 kehrten sie aber zurück, um die Mission wieder zu eröffnen. Im August 1895 begann der Kirchenbau. Sie war im Jahr darauf vollendet. Doch kaum 12 Jahre später verließen die Missionare den Ort aufgrund der verbreiteten Schlafkrankheit endgültig. Sie zogen sich 15 km in die Berge zurück. Kurz danach brannte die verlassene Kirche ab. 1962 hat man sie renoviert, und heute steht sie zwar ohne Dach, aber mit intakten Steinwänden.

DER TANGANJIKASEE

Der Tanganjikasee hat eine Größe von fast 34 000 km^2 und ist bis zu 1395 m tief. Mit einer Nord-Süd-Ausdehnung von fast 700 km ist er der längste See der Welt.

Nach dem Victoriasee ist er der zweitgrößte See Afrikas und der siebtgrößte der Welt. Nur noch der Baikalsee in Sibirien ist tiefer als der Tanganjikasee.

Niamkolo-Kirche in Mpulungu

Sambias Anteil an dem riesigen Gewässer beträgt nur 7%, das sind 2160 km^2 bei 240 km Küste. Den Rest teilen sich die Länder Zaire, Tansania und Burundi.

Ostafrikanischer Grabenbruch

Der Tanganjikasee liegt in einer tiefen Falte des Ostafrikanischen Grabenbruchs eingebettet. Dieser durchzieht das ganze östliche Afrika vom Jordan im Nahen Osten bis nach Mosambik. Eine ganze Reihe weiterer Seen liegt in diesem Bereich. Alle diese Seen haben eine langgezogene Form, häufig steile Ufer und eine beachtliche Tiefe.

Der sambische Teil des Seeufers ist nur dünn besiedelt und teilweise schwer zugänglich. Ein großer Anteil entfällt auf den Sumbu Nationalpark. Der Tierreichtum am See war einst grandios.

Die Artenvielfalt stellt die Forschung vor ein Rätsel

Der Artenreichtum an Fischen und Unterwasserpflanzen ist im Tanganjikasee derart ungewöhnlich, daß der See zum Objekt unzähliger Forschungen wurde. Die Biologie ist im Tanganjikasee einen ganz eigenen Weg gegangen. Man vermutet heute, daß chemische Interaktionen in den großen Tiefen des Sees zu der beispiellosen Vielfalt und Entwicklung der Arten führte. So gibt es hier z.B. eine Süßwasserqualle und auch eine Wasserkobra, die Fische innerhalb von Sekunden töten kann. Auch Krabben und tropische Fische leben im See. Viele Lebewesen sind noch nicht erforscht, manche noch völlig unbekannt. Der See gilt als das südlichste Gewässer, in dem Nilbarsche leben.

Die kommerzielle Fischerei führt bereits zu ökologischen Schäden

Die kommerzielle Fischerei begann in den 50er Jahren in Burundi. Seit 1962 wird in Sambia kommerziell gefischt. Von den etwa 60 Unternehmen am See, sind etwa ein Drittel in Sambia ansässig. Der massive Ausbau der Fischindustrie führte aber bereits zu deutlichen Anzeichen von Überfischung. So sank der durchschnittliche nächtliche Fang eines Bootes von 3,5 Tonnen Fisch in den 60er Jahren auf heute kaum mehr als 1 Tonne. In erster Linie werden Nilbarsche, Buka Buka-Fische und zweierlei Sardinenarten gefischt.

Sambischer Checkpoint vor einem National Monument

Sehenswert!

Good-News Monument an der Kitutabucht

Die *SS Good News* der Londoner Missionsgesellschaft war das erste Dampfschiff, das den Tanganjikasee befuhr. Seine Geschichte reicht zurück bis 1880, als die ersten Missionare nach Niamkolo kamen. Man war von Anfang an auf der Suche nach einem geeigneten Standort für das in Aussicht gestellte Dampfschiff. Wegen der arabischen Übergriffe schien es sehr schnell unmöglich, das Schiff in Niamkolo zu stationieren. So wurde ein entlegener Platz an der Mündung des Lufubu gewählt. Das in England gebaute Schiff hatte nun eine bemerkenswerte Anreise: Zunächst wurde es nach Quelimane an der Sambesimündung in Mosambik gebracht. Dann segelte die SS Good News den Shire hinauf, wurde um die Stromschnellen geschleppt und segelte bis an das Nordende des Nyasasees (Malawisee). In Karonga wurde das Schiff zerlegt und in einzelnen Teilen durch eine unwegsame Berglandschaft über 400 km weit bis an den Tanganjikasee geschleppt. Von der Ankunft des ersten Teilstücks am Tanganjikasee bis zum Einsatz der SS Good News vergingen dann noch einmal knapp 2 Jahre! Reste des Wracks liegen am Strand der Kitutabucht. Dorthin führt keine Straße, die Bucht ist ab Mpulungu nur per Boot erreichbar. Einige Schiffsteile werden im Moto Moto Museum ausgestellt.

Vom Kasanka N.P. zu den nördlichen Seen

Zwischen Serenje und Kanona zweigt die neue Teerstraße nach Mansa von der Great North Road ab. Die Straße wurde von den Chinesen gebaut. Nach 55 km zeigt kurz nach dem Checkpoint des NPWS ein Wegweiser zum Kasanka Nationalpark.

KASANKA NATIONAL PARK

Dieser Park hat eine gewisse Sonderstellung. Er steht unter dem Management des *Kasanka Trust*, in Zusammenarbeit mit dem NPWS und den dörflichen Gemeinden. Im Kasanka Nationalpark war derart gewildert worden, daß manche Tierarten vor der Ausrottung standen, und dem Park Mitte der achtziger Jahre beinahe der Status eines Nationalparks entzogen wurde. In Privatinitiative wurde der Kasanka Trust gegründet und ein Schutzprogramm entwickelt. Wege wurden gebaut, Wildhütercamps eingerichtet und über 100 Wildhüter engagiert, um die Wilderei, unkontrollierte Buschfeuer und illegale Abholzung zu bekämpfen. Mit der Einrichtung von Touristenunterkünften sollte sich der Park in Zukunft selbst tragen und den Gemeinden ein Einkommen verschaffen. Damit wurde eine Region gerettet, die gleich zwei Schätze der Natur beherbergt:

Der Kasanka N.P. gilt heute als der vermutlich beste Platz in Afrika, um die scheuen, seltenen Sitatunga-Sumpfantilopen zu sehen. Und jedes Jahr zu Beginn der Regenzeit bieten Schwärme von vielen Millionen Fruchtfledermäusen ein unvergleichliches Schauspiel!

An den Tümpeln und Pfützen tummeln sich hunderte bunter Schmetterlinge

Teilweise war das Projekt erfolgreich, dennoch stellt die Wilderei - vornehmlich nach Fleisch - noch immer ein Problem dar. Die Camps sind hübsch, nicht überteuert, das Personal ist engagiert und freundlich. Die Gastfreundschaft wird deutlich, wenn der Wildhüter am Gate das eigens komponierte „Welcome Visitor-"Lied singt! Zum Abschied gibt es entsprechend ein „Goodbye Visitor-"Lied...

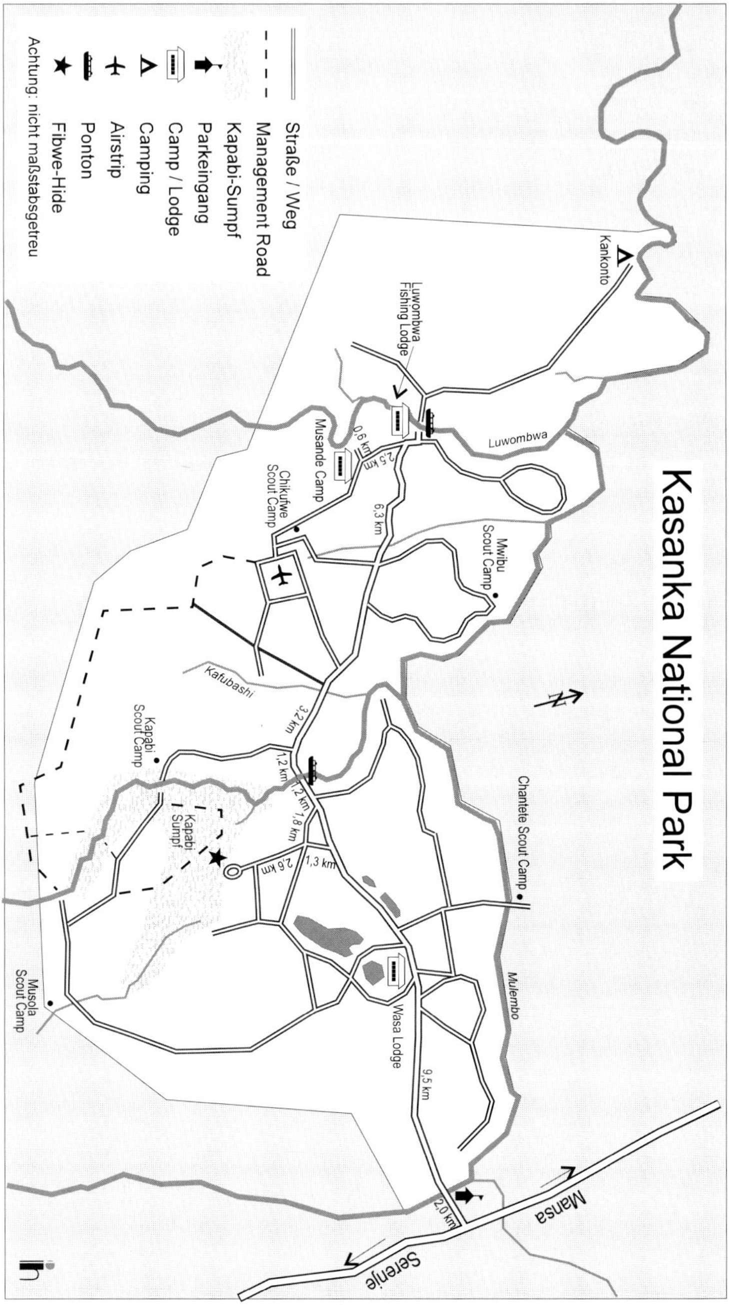
Kasanka National Park
Straße / Weg
Management Road
Kapabi-Sumpf
Parkeingang
Camp / Lodge
Camping
Airstrip
Ponton
Fibwe-Hide
Achtung: nicht maßstabsgetreu
Kankonto
Luwombwa Fishing Lodge
Luwombwa
Musande Camp
0,6 km
2,5 km
6,3 km
Chikufwe Scout Camp
Mwibu Scout Camp
Kafubashi
3,2 km
Kapabi Scout Camp
1,2 km
1,2 km
1,8 km
Kapabi Sumpf
1,3 km
2,6 km
Chantete Scout Camp
Mulembo
Wasa Lodge
Musola Scout Camp
9,5 km
2,0 km
Mansa
Serenje

Daten

Mit 420 km² ist der Kasanka Nationalpark einer der kleinsten sambischen Parks. Seine maximale Ost-West-Ausdehnung beträgt 35 km, von Norden nach Süden nur 15 km. Er liegt nahe der Bangweulusümpfe und weist zum Teil ähnliche Landschaftsformen auf. Gleichzeitig befindet er sich in einem sehr regenreichen Gebiet Sambias. Hauptsächlich wird er vom Luwombwa und seinen drei Zuflüssen Mulembo, Kasanka und Musola bewässert. Seine Höhe liegt bei 1200 m über dem Meeresspiegel.

Mit diesem Ponton wird der Kasanka überquert

Natur und Tierwelt

Besonderheit im Park: die scheuen Sitatunga

Im Kasanka N.P. wechseln sich Sümpfe, Marsche und Feuchtebenen mit dichten Miombo-Waldlandschaften und Trockenbusch ab. Die acht kleinen Seen liegen fast alle im östlichen Teil des Parks. Durch die unterschiedlichen Landschaftsformen ist auch die Flora sehr vielfältig.

Am häufigsten sind im Park Pukus. Aber auch Wasserböcke, Riedböcke, Warzenschweine und Schakale sind verbreitet. Die Elefantenpopulation hat wieder zugenommen. Löwen, Hyänen, Galagos und Meerkatzen sind vertreten. Flußpferde und Krokodile leben in den Lagunen und Flüssen. Besondere Beachtung findet allerdings die recht große Anzahl an Sitatunga, die in den dicht bewachsenen Sümpfen ideale Lebensbedingungen vorfinden. Sie sind sehr scheu. Da sie sich gerne im Kapabi-Sumpf aufhalten, wurde dort der *Machan Sitatunga Hide* errichtet. Sitatunga lassen sich dort am ehesten frühmorgens oder spätnachmittags entdecken.

Machan Sitatunga Hide / Fibwe Hide

Tip!

Es handelt sich um eine hölzerne Plattform, die geschützt in die Krone eines großen Mahagonybaumes gebaut wurde. Eine steile Leiter führt die 18 m hinauf. Der Ausguck ist ein absolutes Muß für Besucher des Kasanka Nationalparks (siehe Bild auf Seite 229)!

Millionen von Fledermäusen verdunkeln den Himmel

Das Spektakel der Fledermäuse, die nach Sonnenuntergang für etwa eine halbe Stunde in gigantischen Schwärmen auf Futtersuche ausfliegen, läßt sich im November und Dezember beobachten. Die schwarzen Silhouetten von einer Million Tiere verdunkeln dann den Himmel.

330 Vogelarten wurden bisher registriert, man geht sogar von einer steigenden Tendenz aus. Für Vogelbeobachtungen bieten sich ebenfalls die Monate November und Dezember an. Großwild läßt sich am besten von August bis Oktober beobachten. Von April bis Juni steht das Gras noch sehr hoch, außerdem wüten dann die Tsetsefliegen im dichten Busch.

Unterkunft / Camps

Zunächst waren drei Camps und ein Campingplatz eingerichtet worden. Seit Wilderer den Ponton über den Luwombwa beschädigt haben, ist der westlich gelegene Kankonto-Campingplatz aber nicht mehr erreichbar. Die Camps sollten möglichst vorreserviert werden.

- **Wasa Lodge:** am Wasasee gelegen. Schöne Lage mit einigen Hippo-Tümpeln. Max. 12 Personen. Wahlweise Selbst- oder Vollverpflegung.
- **Luwombwa Fishing Lodge:** am Luwombwa gelegen. Besonders zum Fischen geeignet. Kanufahrten möglich. Sehr schön am Fluß gelegen, max. 10 Gäste. Selbstversorgung.
- **Musande Tented Camp:** festes Zeltcamp mit schöner Atmosphäre, ebenfalls am Luwombwa. Selbstversorgung. Neuerdings hier auch Camping.

Weiterfahrt nach Norden

Auf der Weiterfahrt nach Norden erreicht man schon 10 km nach der Kasanka-Abzweigung die Zufahrt zum Livingstone Memorial und zu den Bangweulusümpfen.

oben: Musande Camp im Kasanka Nationalpark
links: Kalebassen als Vorratsbehälter in einem Dorf

Livingstone Memorial

Biegen Sie in die beschilderte Piste ein. Nach ca. 9,5 km weist ein reichlich verblichenes Schild nach links zum 26 km entfernten Memorial.

Alternativ: Bereits 1,5 km nach der Teerstraße weist ein Schild links zu *'Chief Chitambos Palace'*. Biegen Sie hier ein. Einige hundert Meter weiter weist wieder ein Schild nach links zum Palast. Ignorieren Sie diese Abzweigung und fahren Sie geradeaus durch ein Gebiet voller freundlicher Batwa-Dörfer und bunt bemalter Häuser. Nach 25 km erreichen Sie das Memorial.

Beide Straßen treffen aufeinander und sind sandig, aber gut befahrbar. Die Alternativstrecke ist aber deutlich kürzer.

Das Memorial markiert die Stelle, an der Dr. David Livingstone am 1.5.1873 starb. Sein Herz wurde unter einem alten Muvalebaum begraben, der inzwischen gefällt wurde. Der Körper des Toten hatte aber noch eine lange Reise vor sich......

Livingstones Tod und seine „Heimreise"

Ende April 1873 liegt Livingstone fiebernd in einer notdürftig gebauten Hütte. Er ist oft bewußtlos, kann nicht mehr laufen, behält das Essen kaum noch. Seit Wochen irrt der alte Mann mit seinen schwarzen Gefährten durch unwegsame Sümpfe. Regen von oben und Sumpf von unten! Sie sind ständig durchnäßt, Kleidung und Zelte zerrissen, die Vorräte aufgebraucht und dabei noch nicht einmal dem Ziel nahe. So krank Livingstone auch ist, sein einziges Interesse gilt der Nilquelle, die er im Süden der Bangweulusümpfe vermutet.

Er befindet sich am Dorf des Häuptlings Chitambo, ist aber schon zu schwach, ihn zu empfangen. Am Abend des 30.April wird er zuletzt lebend gesehen. Nachts sehen ihn seine Gefährten wie im Gebet knien. Aber er rührt sich nicht, und als sie ihn berühren, ist er schon kalt. Livingstone stirbt im Alter von 60 Jahren einsam in einer kalten, mondlosen Nacht.

rechts oben: Der Fibwe Hide ist 18m hoch
rechts: Feuerstelle in einem sambischen Dorf

Dr. David Livingstones Leiche wird einbalsamiert...

Susi und Chuma hießen seine langjährigen, treuen Begleiter. Zusammen mit über 50 Trägern, Frauen und Kindern befanden sie sich 1 500 Meilen von ihrer Heimat auf Sansibar entfernt. Eigentlich eine verzweifelte Lage, verloren in einer fremden Region voller kriegerischer Stämme und Sklavenjäger. Susi und Chuma fällten noch in dieser Nacht eine bemerkenswerte Entscheidung, die in die Geschichte eingehen sollte: Sie wollten zusammenbleiben und die einbalsamierte Leiche quer durch Afrika zu den Briten bringen!

Daraufhin wurde der Leichnam gesalzen, tagelang in der Sonne getrocknet und nachts gegen die Hyänen bewacht. Sie wickelten ihn dann in Tücher und in die Rinde eines Myongobaumes. Die wurde wiederum in Segeltücher gehüllt und mit Teer aus Livingstones Beständen überzogen. Sodann verabschiedeten sie sich von Chief Chitambo und zogen los....

...und quer durch Afrika nach Sansibar geschleppt

5 Monate später, im September 1873, traf die Truppe in Tabora, in Zentraltansania auf die ersten Engländer. Der Offizier Cameron führte die letzte Suchexpedition nach dem vermißten Forscher. Völlig überrascht traf er auf die zerlumpte Gruppe, die Livingstones Leichnam seit 5 Monaten durch Afrika schleppte. Er wollte ihn sofort begraben lassen, stieß aber auf den Widerstand der Afrikaner. So trennten sie sich wieder. Cameron durchquerte in den nächsten Jahren den afrikanischen Kontinent, Susi und Chuma trugen die Mumie weiter bis Sansibar.

Von dort wurde der Leichnam nach England überführt. 11 Monate nach seinem einsamen Tod in den sambischen Sümpfen erhielt David Livingstone ein Heldenbegräbnis in der Westminster Abbey. Später entdeckte Tagebuchaufzeichnungen zeigen aber, daß Livingstone sich gewünscht hatte, irgendwo im einsamen, afrikanischen Busch begraben zu werden.

Gedenkplatte am Memorial

Livingstones Tod und seine Umstände wühlten die britische Bevölkerung auf. Nicht nur die hohe Moral des Verstorbenen, sondern insbesondere auch die uneigennützige Initiative und der große Charakter seiner treuen Begleiter beeindruckten die Bevölkerung. Susi und Chuma hatten mit Ausdauer, Geschick und Diplomatie die Mannschaft sicher durch feindliche und gefährliche Landstriche geführt. Ihre Tat zeichnete ein ganz neues Bild vom schwarzen Menschen.

Heute regiert Chief Chitambo der Vierte über die Region.

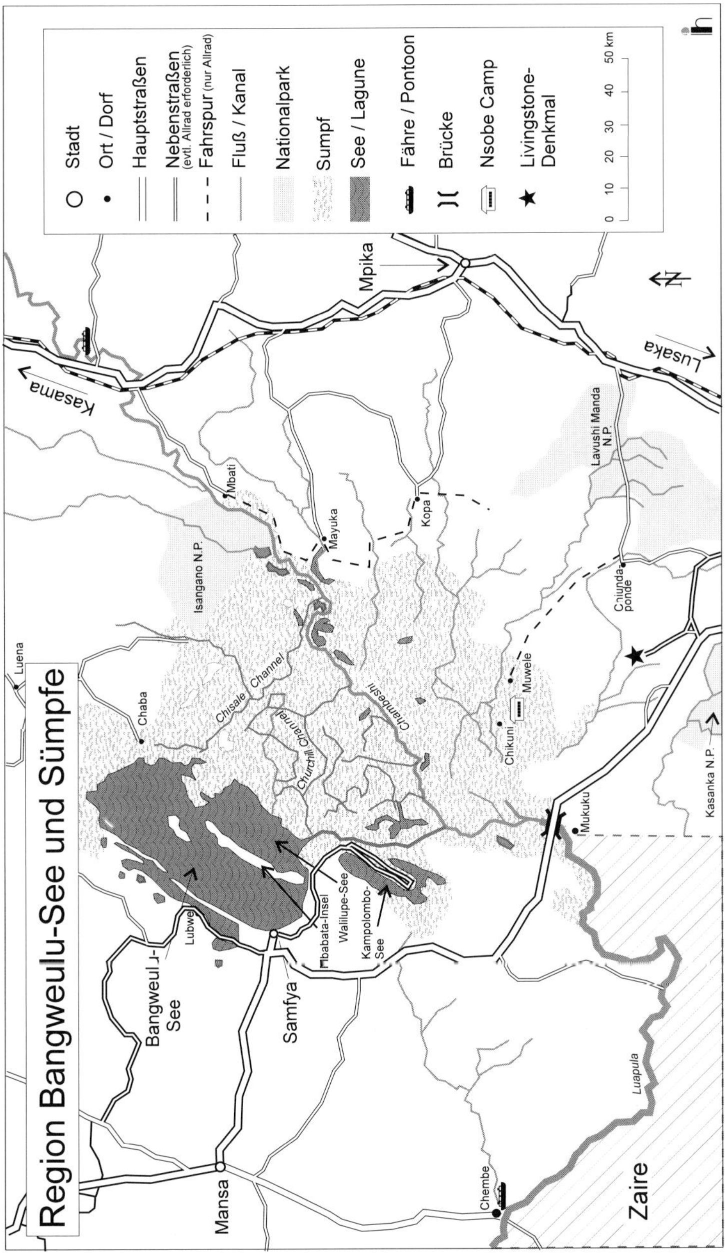

Die in die Sümpfe führenden Wege sind nur in der Trockenzeit befahrbar

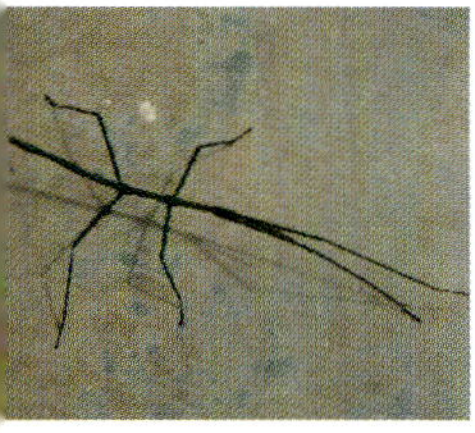

Stabheuschrecke und Fledermaus

DIE BANGWEULUSÜMPFE

Der Name Bangweulu bedeutet soviel wie ' wo das Wasser den Himmel trifft'. Es ist die passende Beschreibung für eine Landschaft, die in erster Linie aus Wasser besteht.

Südlich des Bangweulusees befindet sich eine riesige Sumpflandschaft. Die Ausmaße der Sumpfregion sind mit bis zu 15 000km² noch dreimal größer als die des See. In diesem Bereich liegen sechs verschiedene Game Management Areas und ein Nationalpark. Ein Teil der Sümpfe untersteht dem WWF-Wetlands-Programm. Die Sümpfe stellen aufgrund ihrer besonders geschützten, für den Menschen lebensfeindlichen Land-schaftsform ein einzigartiges Naturparadies dar. Unzählige Kanäle und Lagunen sind voller Papyrus- und Sumpfgewächse. Daneben bleiben leicht erhöhte Inseln ganzjährig trocken. Bislang haben die Bisa, die als Fischer durch die Kanäle zogen, die Natur kaum beeinträchtigt. Inzwischen drängen aber auch hier die neu entstehenden Dörfer die Wildnis zurück. Die überwiegend kargen Regenfälle der letzten Jahre ließen die Sumpfregion schrumpfen.

Die wenigen existierenden Wege am Rande der Sümpfe sind nur in der Trockenzeit ab Mai befahrbar. Ansonsten muß man sich in Booten fortbewegen. Generell sind die Straßen direkt nach der Regenzeit im schlechtesten Zustand, Wasserlöcher und Schlammstellen können noch vorhanden sein. Das Gras steht hoch, die Sicht ist erschwert.

oben: riesige Herden von Bangweulu-Moorantilopen

Anreise

Verlassen Sie die Teerstraße bei der Abzweigung zum Livingstone Memorial. Nach 34 km erreichen Sie das einfache **Waka Waka Buschcamp** am Lake Waka Waka. Nach 2 km ist eine Gabelung, 1 km weiter noch eine. Fahren Sie beidemal links. Jetzt geht es 32 km durch dichten Busch bis Chiundaponde.

Nach Chiundaponde macht die Straße eine starke Rechtskurve und man durchfährt eine Betonfurt. Biegen Sie gleich danach links in die schmale Piste ein. (Geradeaus führt die breitere Straße durch den Lavushi Manda Nationalpark zur Great North Road).

Auf der Weiterfahrt in die Sümpfe fährt man durch viele kleine Bisa-Dörfer und später durch Cassavafelder und Dambos. Man befindet sich in der Bangweulu GMA. Nach 36 km ist eine Gabelung, an der man wieder links einbiegt. Der Weg führt jetzt mitten durch das große Dorf Muwele und gabelt sich nach 6 km erneut. Hier beginnt die Chikuni GMA. Links geht es direkt zum Nsobe Camp, während man geradeaus in eine große, baumlose Ebene gerät und nach 8 km die Chikuni Forschungsstation erreicht. In dieser Ebene grasen nach der Regenzeit tausende Moorantilopen.

unten: Fischerhütten der Bisa in den Sümpfen

Tierwelt

Je weiter man in die Sümpfe gelangt, desto vielfältiger wird die Tierwelt. Die Schwarze oder Bangweulu-Moorantilope, *Kobus leche smithemani*, ist in den Bangweulusümpfen endemisch. Viele tausend Tiere leben in den Überflutungsmarschen und verbringen quasi fast ihr ganzes Leben in stehenden Gewässern. Ihr größter Feind ist der Mensch. Früher waren die Schwarzen Moorantilopen in Nordsambia weit verbreitet. Als standorttreue Tiere ziehen sie aber nie mehr in ein Gebiet, in dem sie ausgerottet wurden. Ihren Bestand in den Sümpfen zu sichern, ist daher von besonderer Bedeutung.

Schuhschnabelstorch

Außerdem leben in den Sümpfen und den geschützten Trockengebieten noch Bleichböckchen, Sitatunga und Leierantilopen und große Büffelherden. Riedböcke, Schakale und Hyänen sind häufig. In den Wasserläufen leben große Flußpferdgemeinschaften und Krokodile. Elefanten wandern gelegentlich zwischen den Sümpfen und dem Kasanka N.P.

Die Vogelwelt ist ebenso faszinierend wie einzigartig. Unter den rund 200 verschiedenen Vogelarten in den Sümpfen verdient der große graue Schuhschnabelstorch besondere Beachtung. Vermutlich existieren in Afrika weniger als 1500 Exemplare dieser Gattung, die Bangweulusümpfe stellen dabei eines seiner letzten natürlichen Lebensräume dar. Um die gefährdete Tierart zu schützen, steht der Schuhschnabelstorch im Mittelpunkt diverser Schutzprogramme. Weitere typische Vogelarten sind z.B. der Kronenkranich, die Stanleytrappe, Kaffernhornraben, der Heilige Ibis, der Stummelwida, der Afrikanische Löffler, die Trauerschmuckralle, Sumpftschagras, Marabus, Schreiseeadler, Rotbauchreiher, Graufischer und Sattelstörche.

Reisezeit

Wer bereits im Mai anreist, muß mit schlechten Straßen rechnen. Weite Teile der Flutebenen sind noch mit Wasser bedeckt und Tausende von Schwarzen Moorantilopen grasen in der Ebene. Leider herrscht in diesem Monat eine lästige Fliegenplage. Ab Juni wird das hohe, frische Gras systematisch abgebrannt. Für die Beobachtung von Antilopen gelten Juni und Juli als beste Reisezeit. In der Trockenzeit muß man schon sehr weit in die Sümpfe fahren, um Wasser und Antilopen zu sehen. Dafür gelten September und Oktober als beste Reisemonate für die Vogelbeobachtung.

Unterkunft / Camps

- **Nsobe Camp:** 1994 als Gemeindeprojekt der Bisa entstandenes Selbstversorgercamp. Es ist von Mai bis November per Fahrzeug erreichbar und kann reserviert werden beim WWF-Büro in Chilanga, neben dem NPWS-Gebäude. Einfache Hütten, Zelte und Campinggelegenheit. Im Preis (ca. 50 US$/ Chalet) sind Wandersafaris und Bootsausflüge mit Scout inklusive. Camping: 5 US$.

- **Shoebill Island Camp:** Kleineres und exklusiveres Camp etwa 4 km nördlich der Chikuni Forschungsstation. Reservierungen bei: Kasanka Wildlife Conservation Ltd., P.O.Box 36657, Lusaka. Tel. 260106, 362164. Vollpension oder Selbstversorgung. Mai - November.

Die Bisa der Bangweulusümpfe

Die Lebensweise der Bisa

Etwa im März ziehen viele Bisa aus den Dörfern des Südens in die Bangweulusümpfe. Bis September leben sie in einfachen, temporären Strohhütten, die sie auf trockenen Inseln errichten. Dort fischen und jagen sie. Den Rest des Jahres leben sie in den Dörfern und bauen in erster Linie Cassava, das Hauptnahrungsmittel, an. In den Sumpfregionen wächst Cassava besonders schnell und kann bereits nach einem Jahr geerntet werden. Mais wird meist nur angebaut, um durch den Verkauf Bargeld zu erwirtschaften. Aus Fingerhirse werden von den Frauen Katata und Chipumu, zwei Biersorten, gebraut.

In Sambia leben etwa 10 000 Bisa, vorwiegend in der Bangweulu-Region und um Mpika. Zur Weihnachtszeit feiern die Bisa eine zweitägige Zeremonie, bei der traditionelle Kleider aus Tierfellen und Federschmuck, sowie Waffen getragen werden.

Stirbt ein Chief, pflegen die Bisa eine spezielle Zeremonie: Die Leiche wird einbalsamiert und an einem geheimen Ort aufbewahrt. Nach exakt einem Jahr wird der Chief beerdigt. Doch in der Nacht vor seiner Beerdigung werden alle kleinen Kinder versteckt, denn es herrscht der makabere Brauch, ein Kind zu töten und mit dem verstorbenen Chief zu beerdigen. Familien, die in der Vergangenheit auf diese Weise ihr Kind verloren hatten, gingen nicht vor Gericht. Die Angelegenheit wurde stammesintern geregelt, indem der neue Chief den Kindsvater für den Verlust seines Kindes entlohnte.

oben: Samfya am Bangweulusee

oben: Die Statue ist inzwischen umgestürzt
unten: Ein Ibis am See

Weiterfahrt nach Samfya

Wieder auf der Hauptstraße nach Norden, wird die Landschaft zunehmend flacher und sumpfiger. Beiderseits der Straße sind Lagunen mit klarem Wasser und Schilfgras, Papyrus, Seerosen und Palmen. Man nähert sich dem Luapula, der die Bangweulusümpfe entwässert und träge in einem großen Bogen dem Mwerusee zufließt. Nach 76 km erreicht man bei Mukuku die Brücke über den Luapula.

Die Straße und die Brücke über den Luapula sind eine Meisterleistung: Für die Straße mußte ein 40 km langer Damm gebaut werden, die Brücke ist 3 km (!) lang! Bis 1983 gab es keine Straßen durch dieses Labyrinth von Wasserläufen, Lagunen und Sümpfen. Jeglicher Verkehr und Handel zwischen der Luapulaprovinz und dem Süden des Landes mußte über den Transit durch Zaire erfolgen. Immer wieder gab es dadurch Probleme und Verzögerungen. Sambia hatte mehrere Staaten um den Bau einer Direktverbindung gebeten, doch Europäer wie Amerikaner hielten das Projekt für undurchführbar. Sambia wandte sich daraufhin an China - und bekam seine Straße! Im August 1983 wurde die Brücke fertiggestellt, seither wird sie an jeder Seite von einem Militärposten bewacht.

Die Fahrt über die Brücke ist beeindruckend. Bis zum Horizont sind nur wenige Bauminseln und Palmen zu sehen, alles ist völlig flach und scheint nur aus Wasser zu bestehen. Im Frühjahr kann man nicht einmal erkennen, wo der Fluß endet und die

Sümpfe und Lagunen beginnen. Man bekommt unweigerlich eine Ahnung davon, welche Ausmasse die Bangweulusümpfe haben. Hier sieht man nur wenige kleine Fischerhütten der Ushi, die wie Gras-Iglus gebaut sind. Es wird mit Netzen und Reusen gefischt, in Einbäumen staken die Fischer durch die klaren Wasserläufe. Der Fang sind meist kleine Fische, die getrocknet oder geräuchert werden.

Etwa 20 km nördlich der Brücke weicht die Sumpflandschaft zurück und nach 113 km trifft man auf die Straße zwischen Mansa und Samfya. Fährt man hier rechts, erreicht man nach 8 km Samfya und den Bangweulusee.

Samfya

Der große, flache Bangweulusee weist riesige jahreszeitliche Schwankungen auf und kann bis zu 5000 km² groß werden. Seine Ufer sind sandig, sumpfig und flach. Samfya ist die einzige nennenswerte Stadt am See neben unzähligen abgelegenen Fischerdörfern. Hier ist auch der Ausgangspunkt des Postschiffes. Zweimal wöchentlich fährt es die vielen einsamen Fischerdörfer an. Daneben veranstaltet der *Bangweulu-Water-Transport*, BWT, gelegentlich Ausflugfahrten auf dem See. Es ist möglich, das Postschiff auf seiner Tour zu begleiten. Derzeit wird jeden Montag und Freitag gefahren, die

oben: Jeder will mit aufs Bild!

oben: Blühende Landschaft im Mai
unten: Fischreusen

Tour beginnt um 06.00 h morgens und endet gegen 23.00 h. Die Tickets sind günstig und werden beim BWT-Restaurant und Resthouse (Chalets) in Samfya verkauft.

Am Strand von Samfya, der 1 km vor dem Ort liegt, stehen mehrere Häuser und diverse Bars aus besseren Zeiten. Es werden hier aber derzeit schöne neue Unterkünfte gebaut.

Baden ist aufgrund der Bilharziosegefahr wohl nicht besonders empfehlenswert, außerdem sollen sich eine Menge Krokodile im See herumtreiben. Der Strand ist zugleich Fischmarkt. Die Fischer werfen in Ufernähe ihre Netze aus und verkaufen frischen Fisch direkt aus dem Boot.

Von Samfya nach Mansa

Auf der Weiterfahrt von Samfya führt die Teerstraße durch dichtbesiedelte, flache Ebenen. Nach der Regenzeit stehen auch hier noch Marsche unter Wasser. In der Luapulaprovinz wird intensiv Landwirtschaft betrieben. An vielen Häusern fällt als Besonderheit auf, daß die Eingangstüren zurückgesetzt sind.

Mansa

Von Mansa nach Nchelenge

Als Hauptstadt der Luapula Provinz stellt Mansa auch die einzige Stadt dar, in der man sich einigermaßen versorgen kann. Neben dem grossen Mansa Hotel bietet die Stadt weitere einfachere Unterkünfte.

Verlassen Sie Mansa auf der breiten Teerstraße nach Norden. Nach 9 km zweigt die Straße nach Nchelenge links ab. Wenn man hier geradeaus fährt, endet der Teerbelag nach 15 km, und die Piste führt über eine einsame Bergstrecke nach Kawambwa (144 km).

An der Straße nach Nchelenge zweigt nach 37 km links ein Weg zu den 8 km entfernten *Mumbuluma Falls* ab. 51 km nach Mansa erreicht man die Brücke über den Luonga. Etwa 500 m weiter kann man links die *Musonda Falls* sehen. Die Straße folgt nun einige Zeit dem Luapula und bietet immer wieder schöne Ausblicke auf verschiedene Stromschnellen. Die Ufer sind voller Palmen und schöner Bäume.

Die *Mambilima Falls* vor dem gleichnamigen Dorf sind eher Stromschnellen. Ab hier verändert sich die Landschaft wieder. Es wird flach und ist sehr dicht besiedelt. Die Straßen sind voller Menschen. Die Natur wirkt immer tropischer. Palmen, Bananenstauden und Mangobäume prägen das Bild. Der Luapula wird breiter, träger und bildet Lagunen. Die ganze Region wirkt wohlhabend und lebensfroh. Hier liegt Kazembe, wo nach alter Lunda-Tradition alljährlich der *Mutomboko* gefeiert wird (siehe *Zeremonien und Feierlichkeiten*).

Die Straße führt an der Mofwe-Lagune vorbei und nähert sich der Mündung des Luapula in den **Mwerusee.** Große, weite Sümpfe und Tümpel voller Seerosen gehen langsam in den See über. Die neue Teerstraße ist auf einem Damm gebaut. In den fließenden Wasserläufen sind viele Fischreusen angebracht.

Im Süden des Mwerusees liegt die größte Ortschaft, **Nchelenge**. Der ganze Ort ist fest im Griff der *Fishing-Company*. Die Fischer geben ihre Erträge komplett bei der Company ab. Nchelenge bietet diverse einfache Unterkünfte und eine sehr einfache Grundversorgung, Sprit ist erhältlich, aber teuer.

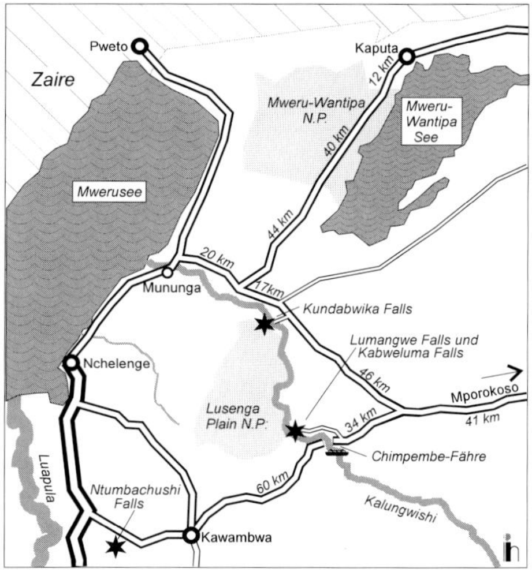

Die Teerstraße geht noch einige Kilometer weiter am Ufer entlang und endet bei Kashikishi an der holländischen St. Pauls Mission und dem Krankenhaus. Danach verläuft die Straße als ausgewaschene Piste am Ufer entlang nach Norden und endet vor Pweto an der Grenze zu Zaire.

Mweru-Wantipa Nationalpark. und Kaputa

Etwa auf halbem Weg zweigt bei Mununga eine Piste in Richtung Mporokoso ab. Auf dieser Straße erreicht man nach gut 20 km die Abzweigung nach Norden, die durch den Mweru-Wantipa-Nationalpark hindurch nach Kaputa und weiter in den Sumbu-Nationalpark führt. Obwohl der Mweru-Wantipa N.P. keinerlei touristische Infrastruktur aufweist, kann die Fahrt entlang des großen Mweru-Wantipa-Sees als Panoramastrecke bezeichnet werden. Im Park leben u.a. Büffel, Pukus, Hyänen, Affen und Hippos. Wenn über längere Zeit zu wenig Regen gefallen ist, trocknet der See völlig aus.

Weiterfahrt zu den Kundabwika Falls

Wenn man aber nicht in Richtung Kaputa abzweigt, trifft man nach weiteren 17 km auf einen Weg, der mit *'Hydro'* beschildert ist. Hier erreicht man nach 5 km den Kalungwishifluß und die Kundabwika Falls.

Kundabwika Falls

Sehr sehenswert!

Der Kalungwishi hat die schönsten Wasserfällen in Nordsambia. Seine nördlichsten Fälle sind die Kundabwika Falls. Dabei handelt es sich eigentlich um zwei Fälle. Auf der Zufahrt kommt man etwa auf halber Strecke an einer auffälligen Felsformation vorbei. Hier sind rote Felszeichnungen aus der Eisenzeit, die von Straße aus gut sichtbar sind. Nach 5 km erreicht man das zweite *'Hydro'*-Schild. Hier kommt man geradeaus direkt an den oberen Wasserfall, der eher eine Ansammlung von Stromschnellen ist. Nach rechts endet die Fahrspur sehr bald zwischen einigen Felsen. Man muß noch einige hundert Meter zu Fuß durch den Busch laufen, bis man auf den schöneren zweiten Wasserfall blicken kann. Der etwa 70 m breite Fluß stürzt hier 25 m senkrecht

Die einsame Schönheit der Kundabwika Falls

Pflanzen an den Kundabwika Falls

Die Lumangwe Falls am frühen Morgen

Fähre in der Luapula-Provinz

Die meisten Gewässer im Norden sind sehr klar

Ntumbachushi Falls

Kundabwika Falls

über eine Abbruchkante und fließt dann durch eine steile Schlucht. Der Blick auf den unberührten Urwald ist phantastisch. Der untere Fall weist auch eine ganz spezielle Vegetation auf: es wachsen Baumflechten, Moose, Farne und Sukkulenten (Bilder Seite 240).

Der Kalungwishi bildet die östliche Grenze des Lusenga Plain Nationalparks. Der Park ist touristisch nicht erschlossen.

Folgt man der schlechten Straße weiter nach Südosten, erreicht man nach 46 km die Straße zwischen Kawambwa und Mporokoso. Von hier sind es noch 41 km bis Mporokoso.

Nchelenge - Kawambwa

Von Nchelenge nach Kawambwa und Mporokoso

Die einfachere Verbindung vom Mwerusee nach Mporokoso verläuft über Kawambwa. 46 km südlich von Nchelenge zweigt bei Mbereshi die Straße nach Kawambwa ab. Die Straße ist frisch geteert und führt durch dichte Wälder und Berge. Bei Mbereshi steht eine große Kirche aus der Jahrhundertwende.

Ntumbachushi Falls

17 km vor Kawambwa führt ein kurzer Abstecher (1 km) zu den Ntumbachushi Falls (Bild Seite 240). Je nach Wasserstand stürzen 2 oder 3 Fälle etwa 20 m von einem Felsen herab. Davor bilden sich kleine Pools, die zum Baden einladen, und eine phantastische, tropische Vegetation. Es wachsen Farne, Moose, Bromelien, Palmen und Schlingpflanzen. Gischt und Sonne lassen Regenbögen entstehen, am Fuße der Fälle wird es spürbar kühl. Am Parkplatz führen Stufen den Felsen hinauf zu einem weitverzweigten Wegenetz. Man kann flußaufwärts zu weiteren kleinen Wasserfällen laufen. Am Parkplatz ist Camping gegen eine kleine Gebühr möglich (keinerlei Einrichtungen).

Von Kawambwa zu den Lumangwe Falls

Bei Kawambwa befindet sich Sambias einzige Teeplantage, das Kawambwa Tea Estate. Bis hierher wurde die Straße geteert, sie verläuft danach als schmalere Piste in gutem Zustand weiter. Nach 60 km erreicht man die Chimpembe-Fähre über den Kalungwishi. Es ist eine kleine Fähre, die von Hand betrieben wird. 2,5 km weiter geht es links zur Eingangsschranke und nach 9 km zu den bedeutendsten Wasserfällen der Region.

Lumangwe Falls

Die Lumangwe Falls liegen in dichtem Urwald eingebettet

Wer vor den Lumangwe Falls steht, wird unwillkürlich an die Viktoriafälle denken müssen. Sie sehen aus, wie deren kleiner Bruder! Und nicht nur das, sie sind heute so, wie die Viktoriafälle vielleicht vor 100 Jahren waren: Sie sind abgelegen und kaum bekannt, schwer zu erreichen und liegen mitten im dichten Urwald. Kein Hotel wurde bisher gebaut, kein Rafting, keine Souvenirs, keine Brücken und Wege. Wer derzeit die Lumangwe Falls besucht, wird höchstens eine Handvoll Gleichgesinnter treffen, ansonsten ist er allein mit der Natur (Bild Seite 240).

Der Kalungwishi stürzt malerisch in einer Breite von über 100 m eine Felswand 30 m senkrecht hinab. Der Fluß liegt eingebettet in dichten, hohen Urwäldern. Man kann direkt an der Abbruchkante in die Tiefe sehen und einen kleinen Pfad zum tosenden Wasser hinabsteigen.

Der schattige Campingplatz liegt direkt am Wasserfall, die sanitären Einrichtungen sind leider unzumutbar. Die niedrige Eintritts- und Campinggebühr ist bereits an der Schranke nahe der Fähre zu bezahlen.

Ganz in der Nähe sind auch die *Kabweluma Falls*. 1,9 km bevor man die Lumangwe Falls erreicht, biegt rechts ein kleiner Weg ab. Man fährt 5,5 km durch dichten Busch und muß die letzten hundert Meter laufen, wobei ein Führer ratsam ist. Der breite Wasserfall ist von Urwald und Dickicht eingesäumt. Für viele ist er noch schöner als Lumangwe Falls.

Mporokoso

Mporokoso-Körbe

Von der Chimpembe-Fähre erreicht man nach rund 75 km auf angenehmer Piste den Ort Mporokoso. Neben einem Krankenhaus, einer handbetriebenen Tankstelle und dem Freiluftmarkt hat die Stadt nicht viel zu bieten. Das Lebensmittelangebot ist äußerst eingeschränkt.

Eine Besonderheit sind die sog. *Mporokoso-Baskets*, die nur nördlich von Mporokoso hergestellt werden, weil das dabei verwendete Gras nur am Ufubufluß wächst. Die runden Körbe werden aus etwa 1 cm breiten Bambusstreifen geflochten, wobei die Böden zunächst viereckig sind. Um diese Körbe wird dann als zweite Schicht außen ein zweifarbiges Dekorband aus jenem Ufubugras gefertigt. Diese eigenwillige Flechtkunst droht leider auszusterben, weil die jungen Leute wenig Interesse an diesem Handwerk zeigen.

Von Mporokoso nach Kasama und Mbala

Eine relativ gute Straße verbindet Mporokoso mit Kasama. Die Strecke ist dünn besiedelt, meist geht es durch Buschlandschaften.
Wer nach Mbala und an den Tanganjikasee fahren will, kann die Abkürzung über Senga Hill nehmen. Man biegt 80 km nach Mporokoso links ab und fährt 70 km auf einer schmalen, reizvollen Bergpiste (Allrad empfohlen). Dann trifft man 11km vor Senga Hill, bzw. 72 km vor Mbala auf die Teerstraße.

SUMBU NATIONAL PARK

Die Buchten des Sumbu Nationalparks zählen zu den schönsten Flekken Sambias. Die Kasaba Bay Lodge ist berühmt dafür, daß am Abend Elefanten durch das Camp laufen. Anglerherzen schlagen höher, wenn sie an die Fischgründe des Tanganjikasees denken. Insider wissen die Strände des Parks für ruhige Erholungsaufenthalte zu schätzen. Die Motive für einen Besuch sind vielfältig. Daß der abgelegene Park ein Juwel ist, steht außer Frage.

Anreise

Anreise mit dem Auto

Es gibt nur eine einzige Zufahrt in den Park. Es ist auch nicht möglich, den Park zu durchqueren, da der Lufubu nicht überquert werden kann. Bei der Anreise über Mporokoso erreicht man nach 138 km die Schranke der Naturschutzbehörde und nach weiteren 34 km das Dorf Sumbu am Tanganjikasee. Hier ist der Eingang in den Nationalpark. Da die Straße im Park zuletzt 1991 instand gesetzt worden war, ist sie in einem schlechten Zustand. Die steilen Passagen sind sehr steinig.

Wenn man aus Kaputa anreist, verläuft die Straße durch Schwemm- und Sumpflandschaften nahe der Grenze zu Zaire und trifft nach 80 km an der NPWS-Schranke auf die Straße aus Mporokoso. Auf alten Karten ist noch eine Fähre bei Bulaya eingezeichnet. Heute ist der Straßenverlauf jedoch verändert, und die neue Piste umkreist die Ausläufer des Mweru-Wantipa-Sees.

Boots- und Fluganreise

Eine beliebte Anreisealternative zur langwierigen Straße bietet der Bootstransfer ab Mpulungu. Die Fahrt dauert etwa 3 Stunden.
An der Kasaba Bay Lodge existiert eine Landebahn. Früher flog Zambia Airways dreimal wöchentlich hierher. Derzeit wird die Bucht nur von Charter-Maschinen angeflogen.

Traumhafte Ausblicke entschädigen für die langwierige Anreise

Auf dem Landweg ist der Nationalpark nur von Westen erreichbar

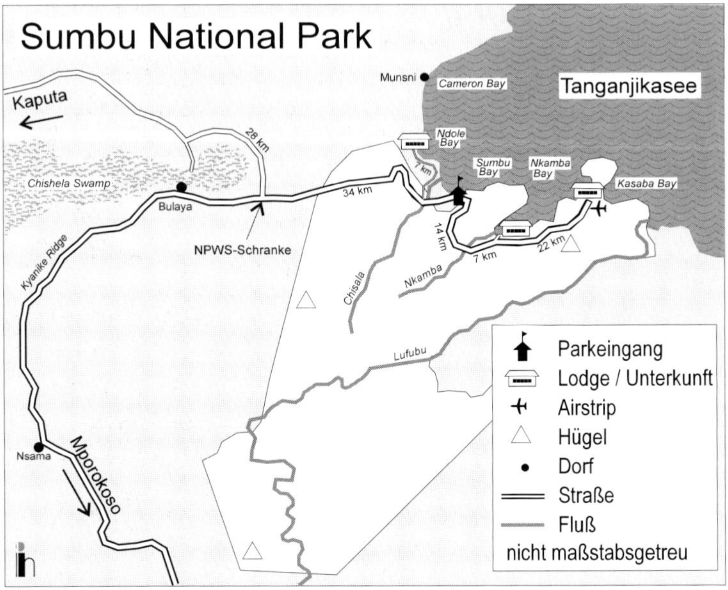

Natur und Tierwelt

Ein Elefant namens Tusker besucht seit Jahren die Lodges

Der Sumbu Nationalpark hat eine Größe von 2020 km^2 und eine rund 80 km lange Küste. Die Strände und Buchten sind sandig und der See wirkt geradezu einladend. Im Hinterland herrscht jedoch eine eigentümlich dichte Vegetation vor, die Tierbeobachtungen erschwert und ein Paradies für Tsetsefliegen zu sein scheint. Combretum-Dickicht, Dorngestrüpp, Akazien und Euphorbien sind die klassischen Pflanzen im Landesinnern. Typische Wildtiere im Sumbu Nationalpark sind Pukus, Elefanten, Hippos, Krokodile, Löwen, Büffel, Meerkatzen, Warzenschweine und Hyänen. Auch Leoparden, Zebras, Gnus, Ducker, Elen- und Pferdeantilopen leben im Park. Tierbeobachtungen macht man am besten am Ufer, in den Buchten oder auch in der flachen Ebene des Nkamba nahe der Nkamba Bay Lodge.

Die Bucht der Kasaba Bay Lodge ist das Zuhause einer großen Flußpferdgemeinschaft, die nachts auch gerne grasend durch die Anlage läuft. Seit vielen Jahren ein regelmäßiger Besucher ist *Tusker*, der Elefant, der nur einen Stoßzahn hat. Er wandert häufig zwischen Sumbu und der Kasaba Bay Lodge und besucht dabei die Lodges und Scouts. Manche Wildhüter glauben, er würde auf seinen Namen hören!

Vögel

Vogelfreunde werden hier Vögel finden, die weiter südlich in Sambia gar nicht oder nur selten vorkommen. Besondere Gattungen sind z. B. der Langschnabel-Sylvietta und der Diademhaarbärtling. Zwischen August und Oktober hält sich der Prachtglanzstar hier auf. Auch Pelikane, Flamingos und der Afrikanische Löffler sind häufig zu sehen.

von oben: Marabu-Storch, Pool der Nkamba Lodge

Fischen im Tanganjikasee

Die Lodges vermieten Boote und Angelzeug. Ein Großteil der Gäste kommt ganz gezielt zum Angeln. Im Tanganjikasee werden bis zu 35 kg schwere Goliath-Tigerfische gefischt. Auch die Barsche und der berühmte Vundu, ein Riesenkatzenfisch, werden bis zu 50 kg schwer. Die beste Angelsaison ist von November bis März, wenn die großen Raubfische näher an die Küste kommen. Im März finden hier auch die alljährlichen sambischen Meisterschaften im Fischen statt.

Unterkunft / Camps

- **Kasaba Bay Lodge:** Diese an der beschaulichen Kasaba Bay gelegene Anlage war einst die Vorzeige-Lodge Sambias. Der ehemalige Präsident hielt gerne Konferenzen und wichtige Empfänge in der Bucht ab. Nachdem die staatliche Lodge heruntergewirtschaftet war, wurde sie 1995 geschlossen und privatisiert. Ein südafrikanisches Unternehmen hat die Anlage 1996 übernommen, aber derzeit noch keine Veränderungen vorgenommen. Nahe der Lodge sind die Ruinen einer Krokodilfarm und *Pebble Beach*, eine kleine Bucht voller bunter Steine.
- **Nkamba Bay Lodge:** Diese Anlage an der Nkamba Bay ist von *Gametrackers Safaris* übernommen und zur Exclusiv-Lodge der obersten Preisklasse ausgebaut worden. Sehr ansprechend am Hang gebaut. Pool. Die Errichtung eines eingezäunten Campingplatzes ist geplant.

Außerhalb des Nationalparks, einige Kilometer vor der Eingangsschranke, steht eine preisgünstige Alternative zu den Unterkünften im Park zur Verfügung:

- **Ndole Bay Lodge:** Mittelklasse-Lodge und Camping am Rande der Ndole Bay, direkt am Strand. Baden möglich. Preise: ca. 20 US$/Chalet und 5US$/Camping. Anreise: 5 km vor dem Eingang in den Park führt links eine Piste zur Ndole Bay. An der Gabelung nach 5 km geradeaus fahren, nach weiteren 2 km in schlechtem Zustand endet die Piste an der Lodge.

Post Office in Shiwa Ngandu

Von Mpika zur Grenze nach Tansania

Die Great North Road erreicht 375 km nach Mpika bei Nakonde die Grenze zu Tansania. Die Landschaft ist größtenteils dicht bewaldet, hügelig und kaum besiedelt. Nach etwa 90 km befindet sich auf der linken Seite die Abzweigung nach Shiwa Ngandu (12 km).

Shiwa Ngandu

Sehenswert!

Shiwa Ngandu ist ein altes britisches Herrschaftsanwesen in der kühlen, einsamen Wildnis der sambischen Berge. Ein einzelner Mann ließ hier in wenigen Jahren eine Ansiedlung entstehen. In der weiten, hügeligen Landschaft am 'See der königlichen Krokodile' und kühle 1600 m hoch gelegen errichtete Steward Gore-Brown ein britisches Herrenhaus. Er hatte sich um 1920 in die Landschaft verliebt und davon geträumt, die einsame Wildnis in ein elegantes Anwesen zu verwandeln.

Bilder, Bücher und Möbelstücke wurden einzeln hierher geschleppt

1928 begann er mit 1000 Arbeitern. Das Baumaterial mußte von weit her geschleppt werden. Dann ließ er englische Möbel kommen und sie von Ndola hunderte Kilometer quer durch die Sümpfe tragen. Alte Familiengemälde und eine große Bibliothek kamen hinzu. Nach vier Jahren war das Gebäude fertig. Mit dicken Steinmauern, Türmchen und schmalen Fenstern glich es einer mittelalterlichen Burg. Er wäre kein Brite gewesen, hätte er nicht auch gleich einen großen englischen Garten und eine Eukalyptusallee angelegt. Shiwa Ngandu entwickelte sich zu einer eigenständigen Siedlung. Es gab ein Hospital, eine Poststation, ein Marktgebäude, Steinhäuser für die Arbeiter. Alles war im gleichen Stil gebaut.

Gore-Brown begann als Farmer. Mit Zitrusöl verdiente er seinen Lebensunterhalt, bis ein Virus seine Pflanzen tötete. Später ging er in die Politik. Mit Kaunda verband ihn ein freundschaftliches Verhältnis. Als er 1967 starb, wurde er in Ehren beigesetzt.

Herrschaftshaus Shiwa Ngandu

Heute ist es still geworden in Shiwa Ngandu. Die Häuser verfallen und wirken verlassen. Das große Anwesen wird zwar von den Enkeln bewohnt, wirkt aber modrig und verstaubt. Die Räume sind kalt und dunkel, das Gebäude sollte dringend renoviert werden. Die Besitzer veranstalten Safaris und haben eine Zeit lang Gästezimmer für Touristen zur Verfügung gestellt. Das nostalgische, altenglische Ambiente ließ man sich mit Firstclass-Preisen bezahlen.

Wenn Sie von Shiwa Ngandu noch 20 km weiter auf der Piste nach Nordwesten fahren, erreichen Sie die **Kapishya Hot Springs** und gleichnamige Lodge. Sie gehört auch noch zum Shiwa Estate. Die heiße Quelle ist Lebensspender für eine phantastische, dichte Vegetation und riesige Palmen. Mit etwas Glück kann man Palmengeier sehen. Die Lodge liegt idyllisch an einem kleinen Fluß, Camping wird gestattet. Für den Besuch der heißen Quellen wird ein mutiger Eintrittspreis berechnet.

Chipoma Falls

Sehenswert!

24 km vor Chinsali zweigt die 6 km lange Zufahrt zu den Chipoma Fällen ab. Auf 500m Länge stürzt der Chimanabwe über eine Reihe von Stromschnellen und Kaskaden. Die einzelnen Fälle sind aber immer nur wenige Meter hoch.

Weiterfahrt zur Grenze

Ausreise nach Tansania und Malawi

Die letzte Versorgung vor der Grenze ermöglicht **Isoka**. 120 km weiter erreichen Sie die Ortschaft Nakonde, die fast schon mit Tunduma, der tansanischen Grenzstadt, zusammenwächst. Die Grenze ist stark frequentiert. Direkt vor den Grenzgebäuden in Nakonde zweigt eine Piste, die alte Stevenson-Road, nach Malawi ab. Sie führt durch eine einsame, grandiose Berglandschaft, ist allerdings nur mit Allrad befahrbar. Hier leben die Namwanga, die sehr viel Holzkohle produzieren, und diese vorwiegend nachts über enorme Entfernungen zum Verkaufen nach Nakonde bringen. Nach 83 km erreicht man die sambische Grenzstation, 10 km weiter die malawische Grenze und die Stadt Chitipa.

DER NORDEN

Der Copperbelt, die „Kupfergürtel"-Region im Norden Sambias, ist die größte Bergbauregion in Schwarzafrika. Die Region ist verkehrstechnisch sehr gut erschlossen, es reihen sich große Minen und Minenstädte aneinander. Für den Touristen hat dieser Landesteil, wenn man nicht an Bergbau interessiert ist, wenig zu bieten. Die Provinz wird daher meist nur als schnelle Transitstrecke auf dem Weg in den äußersten Nordwesten besucht. Aufgrund der wirtschaftlichen Bedeutung gibt es hier mehr Straßenkontrollen (Roadblocks) als im übrigen Land. In den großen Townships der Arbeiter haben sich die sozialen Probleme durch die wirtschaftliche Stagnation verschärft. Neben Lusaka zählt der Copperbelt daher zu den unsichersten Landesregionen. Die Minen dürfen übrigens nur mit einer Sondergenehmigung besichtigt werden.

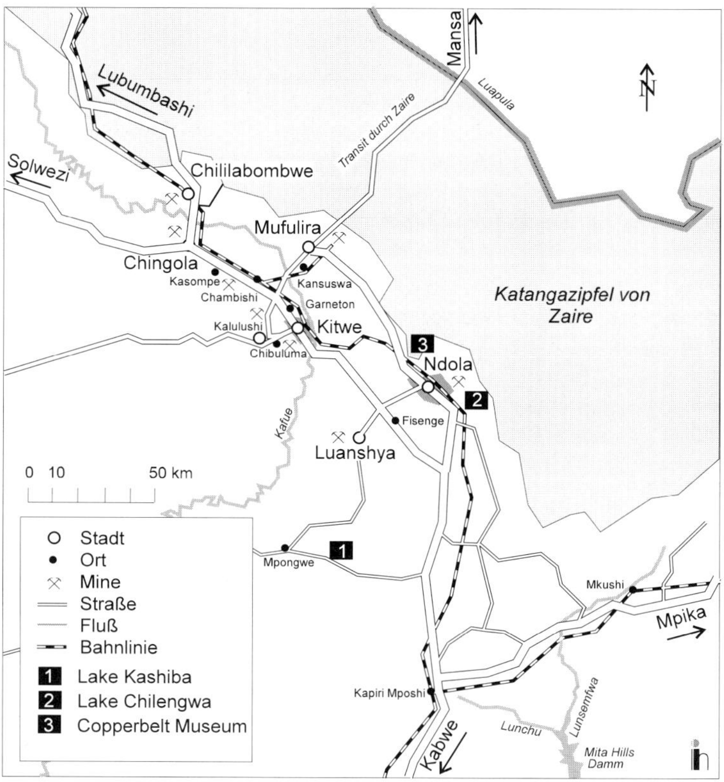

Von Lusaka nach Solwezi

Fahren Sie die bereits im Kapitel 'Der Nordosten' beschriebene Great North Road über Kabwe nach Kapiri Mposhi. Während hier die Great North Road in Richtung Nordosten nach Tansania abzweigt, führt eine ausgezeichnete Teerstraße weiter nördlich in den Copperbelt.

Lake Kashiba

Sehenswert!

Ca. 30 km nördlich von Kapiri Mposhi zweigt eine Straße westlich nach Mpongwe ab. Dieser Weg führt nach 32 km an den Lake Kashiba nahe der St. Anthony's Mission. Durch unterirdische Einstürze entstand ein über 100 m tiefer Kratersee, in dem man sogar baden kann, da es keine Krokodile gibt. Der See wird gerne für Campingausflüge genützt. Einer alten Legende nach soll vor langer Zeit das Volk Bena Mbushi im See Massenselbstmord begangen haben. Nur eine schwangere Frau habe überlebt, sie sei die Urahnin der heutigen Anwohner des Sees.

NDOLA

1904 war eine erste Siedlung am Ufer des Kafue nahe den *Nakupata Hills* gegründet worden. Mit dem Bau der Bahnlinie wurde die Siedlung 1911 einige Kilometer flußaufwärts verlegt. Die Stadt entwickelte sich rasch durch den Ausbau der Minen. Es setzte ein solcher Wachstum ein, daß sie zur kommerziell wichtigsten Stadt des Nordens wurde. Heute ist Ndola die zweitgrößte Stadt in Sambia mit über einer halben Million Einwohner. Das Stadtbild ist aber weniger industriell als vielleicht zu vermuten wäre. Ndola ist weitläufig mit breiten Straßen.

Sehenswertes
in Ndola und Umgebung

Copperbelt Museum

Das Museum für die Geschichte des Copperbelt ist die wohl interessanteste Sehenswürdigkeit in Ndola. Buteko Avenue.

Alter Sklavenbaum, Mupupabaum

Der Mupupabaum erinnert an den Umschlagplatz der Swahili-Sklavenhändler aus dem letzten Jahrhundert. Makoli Ave, zu erreichen über die Nkana Road.

Dag Hammarskjöld Memorial

An der Mufulira Road, 10 km außerhalb von Ndola, führt eine Abzweigung südwestlich in ein Forstreservat. Das Memorial befindet sich an der Stelle, wo am 18.09.1961 der ehemalige UN-Sekretär mit dem Flugzeug abstürzte.

Lake Chilengwa

Ein durch unterirdische Einstürze entstandener See, ähnlich dem Lake Kashiba, allerdings kleiner. Er befindet sich ca. 16 km südöstlich von Ndola an der Grenze zu Zaire.

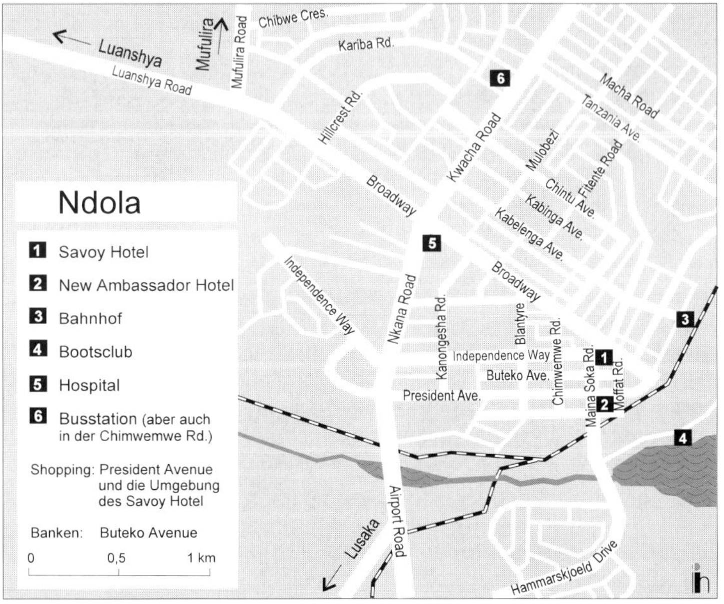

Hotels in Ndola

- **Savoy Hotel:** Buteko Ave., P.O.Box 71800, Tel. 61-1097, Fax 61-4001, bestes Haus in Ndola, sehr zentral, Kasino.
- **New Ambassador:** President Ave., P.O.Box 71538, Tel. 61-3038, gute Mittelklasse, zentral.
- **Mukuba Hotel**: P.O.Box 72120, Tel. 65-5545, Fax 65-5729, an der Straße nach Lusaka gelegen

Weiterreise nach Luanshya

Die nächstliegende Stadt zu Ndola ist **Luanshya.** Der 1902 gegründete Minenort hieß zunächst Roan Antelope, in Erinnerung an den Kupferfund von W. Collier. Übernachten können Sie im Baluba River Motel.

Sehenswertes in Luanshya und Umgebung

Das Collier Denkmal

Der Legende nach schoß der Prospektor William Collier im Juni 1902 eine Pferdeantilope und entdeckte genau an dieser Stelle das erste Kupfer. Heute erinnert ein etwa 6 Meter hoher Kupferobelisk daran.

Chichele Mofu Baum

Dieser Baum ist seit 1976 ein Nationalmonument. Er befindet sich auf der Straße zwischen Ndola und Kitwe. Der Legende nach soll darin der Geist eines lange verstorbenen Chiefs fortleben. Am Stamm ist eine Mahntafel mit einem Gedicht gegen die Abholzung angebracht.

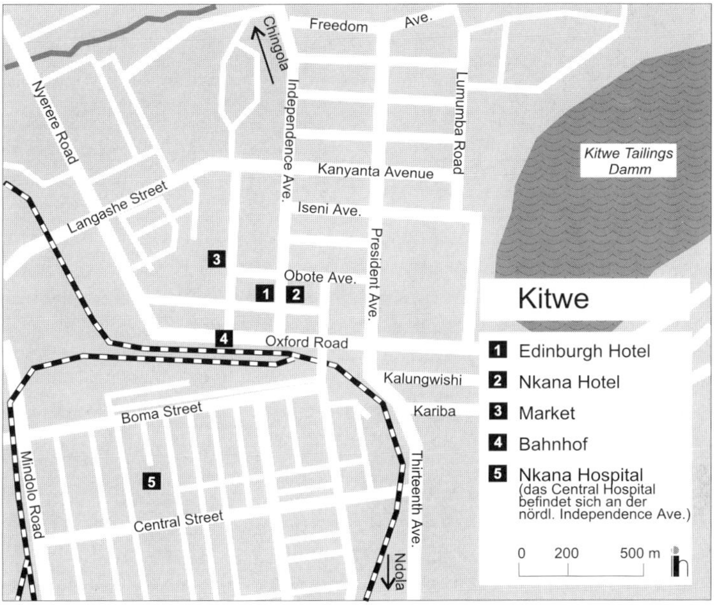

KITWE

Die Siedlung entstand 1935 nahe dem Kitwefluß, um eine Handelsstation für die nahe Nkana Mine zu schaffen. Kitwe ist heute eine angenehm weitläufige Stadt mit etwa einer halben Million Einwohner, jedoch ohne Attraktionen. Sie bietet gute Versorgungsmöglichkeiten.

Hotels in Kitwe

- **Edinburgh Hotel:** Independence Ave., P.O.Box 21800, Tel. 21-2188, altes Traditionshaus, zentral, Kasino, Pool.
- **Nkana Hotel:** Independence Ave., P.O.Box 20664, Tel. 22-4166, gute Mittelklasse, zentral gelegen

Hospital: nördliche Independence Ave.
Shopping: zwischen Independence u. President Ave.
Market: Chisokone Ave.

Weiterreise nach Chingola

Die 50 km lange Weiterfahrt bis Chingola verläuft auf einer neu ausgebauten Straße. Es gibt kaum Dörfer, gelegentlich große Farmen und Townships. Eintöniger Busch wechselt ab mit Aufforstungsgebieten. Die Straße ist in ausgezeichnetem Zustand.

Chingola

Eine große Minenstadt, geprägt von den Abraumhalden und der Mine in ihrer Umgebung. Mittelmäßige Versorgungsmöglichkeiten, letzte größere Stadt vor der Grenze zu Zaire ohne touristische Attraktionen.

Unterkunft

- **Lima Hotel:** P.O.Box 10497, Tel. 31-1894, am südlichen Ortsrand
- **Nchanga Hotel:** P.O.Box 10024, Tel. 31-2148, gilt als bessere Wahl

Weiterfahrt von Chingola

Etwa 20 km nördlich von Chingola liegt **Chililabombwe**, der letzte Ort vor der Grenze. Er wurde erst 1955 als Vorort zu Chingola gegründet. In diesem Bereich sind mehrere militärische Roadblocks, denn hier liegt der Hauptgrenzübergang zwischen Sambia und Zaire. Sehr viele Transportfahrzeuge und Busse verkehren zwischen Lubumbashi und den sambischen Städten.

Auf der Weiterfahrt von Chingola in das 169 km entfernte Solwezi wird die Strecke zunehmend einsamer und stärker bewaldet.

Chimfunshi Wildlife Orphanage

Sehenswert!

Das britische Ehepaar Sheila und David Shiddel haben auf ihrem Farmgelände, das ca. 70 km nordwestlich von Chingola an der Hauptstraße liegt, seit 1987 Schimpansenwaisen in Obhut. Sie versuchen die Tiere, deren Mütter meist von Jägern getötet wurden, wieder an ein Leben in freier Natur zu gewöhnen. Inzwischen gibt es dort auch andere Tierwaisen, selbst ein verletztes Hippo fand eine Zuflucht!

Solwezi

Der Ort bietet mittelmäßige Versorgungsmöglichkeiten. Ein indischer Supermarkt befindet sich an der BP Tankstelle. Die Unterkünfte sind sehr einfach. Solwezi wirkt bereits wieder wie eine typische afrikanische Stadt.

Von Solwezi führt eine neue Teerstraße nach Mwinilunga. Die Strasse verläuft durch hügeliges, einsames Land mit riesigen Wäldern. Nun beginnen die für den Mwinilunga-District so typischen großen Termitenhügel.

Nyambwezu-Falls

Sehenswert!

72 km vor Mwinilunga zweigt eine Piste nach Süden ab, führt 13 km südlich und verläuft dann etwa 2 km als schlechter Fahrweg nach Westen zum Wasserfall und zu Felszeichnungen.

Die Beschreibung von Mwinilunga befindet sich im Kapitel „Der Westen".

MUFULIRA UND DER TRANSIT DURCH ZAIRE

Mufulira ist eine etwas abseits der Hauptstraße liegende Minenstadt ohne besondere Attraktionen. Einziger Grund, nach Mufulira zu reisen ist wohl die mögliche Transitstrecke durch den sog. Katangazipfel Zaires.

Unterkunft

- **Mufulira Hotel:** P.O.Box 40727, Tel. 41-1477
- **Kamuchanga Hotel:** P.O.Box 40798, Tel. 41-2377

Der Transit durch Zaire

Der zairische Katangazipfel spaltet Sambia fast in zwei Teile. Wer von Westsambia in den Nordosten reisen möchte, hat daher einen enormen Umweg über Kapiri Mposhi und Kanona zu fahren. Verkehrstechnisch gesehen bietet der Transit durch Zaire zwischen Mufulira und Chembe eine schnelle Alternative. Dabei sollte man nur nicht übersehen, daß man eben durch Zaire reisen muß....!

Für diesen Transit benötigen Sie offiziell kein Visum für Zaire und Sie befahren eine sambische Straße. Demzufolge haben Sie auch keine Wiedereinreise in Sambia in Chembe. Ihr Paß wird an keiner Grenzstation abgestempelt.

16 km östlich von Mufulira erreichen Sie nach einer Militärkontrolle den sambischen Grenzposten. Einige Kinder und Jugendliche werden vielleicht versuchen, Ihnen einen offizielles Formular zum Ausfüllen zu verkaufen. Ignorieren Sie das Papier getrost, es ist nicht für Privatpersonen gedacht. Die sambischen Grenzbeamten prüfen korrekt und höflich Ihre Papiere, und stellen auf einem Stück abgerissenen Papiers den Passierschein aus. Damit ausgerüstet begeben Sie sich auf die andere Seite der Schranke, nach Zaire.

Die Durchreiseerlaubnis für Zaire zu erhalten wird nun ein Akt, der irgendwo zwischen Komödie und Spießrutenlauf anzusiedeln ist. Bevor man die 72 km lange Piste durch den Katangazipfel befahren darf, werden die persönlichen Dokumente, alle erdenklichen Fahrzeug- und Zolldokumente, sowie die Gesundheitspapiere auf eine Gelbfieberimpfung hin nacheinander von mehreren Beamten überprüft. Die Grenzer erwarten, bzw. fordern offen eine finanzielle „Unterstützung" oder zumindest ein Bier. In vier dicke Bücher werden Ihre Daten eingetragen. Das Militär wird dann auch noch das Wageninnere überprüfen. Diese Prozedur kann durchaus bis zu zwei Stunden in Anspruch nehmen. Für die Fahrt benötigen Sie dann noch eine gute Stunde. Es gibt keinerlei Abzweigungen an der Straße, nur wenige, sehr einfache Dörfer, ansonsten geht es durch Buschland. Angeblich hat Sambia mehrfach angeboten, die Straße zu asphaltieren, was allerdings von Zaire

Der Transit durch den Katangazipfel ist nur für nervenstarke Reisende geeignet!

abgelehnt worden sein soll. Kurz vor der Fähre über den Luapula erreicht man dann den zairischen Ausreiseposten, wo man bereits erwartet wird und das Spiel von neuem beginnt...

Der breite Luapula bildet die Grenze zwischen den beiden Ländern. Die Autofähre wird von Sambia aus betrieben und in Kwacha (ca. 3 US$) am östlichen Ufer abgerechnet. 2 km vom Ufer entfernt befindet sich der sambische Grenzposten. Die letzte Fährfahrt ist bei Sonnenuntergang, danach schließt auch die Grenze. Rechnen Sie aufgrund der Verzögerungen durch die Beamten Zaires also genügend Zeit für den Transit ein, um nicht unfreiwillig am westlichen Ufer des Luapula übernachten zu müssen!

Fazit: Wer über stabile Nerven und Geduld verfügt, möglichst gepaart mit Französischkenntnissen, kann bei diesem Transit lange Fahrtstrecken vermeiden und einen kleinen Einblick in die berüchtigten Zustände Zaires bekommen. Zartbesaiteten Naturen sei der Umweg empfohlen!

REISEBESCHREIBUNGEN MALAWI

DER NORDEN

VON LILONGWE IN DEN NORDEN

Im Norden Malawis findet man Berge und Schluchten, Urwaldreste, Steilküsten und einsame Strände. Besondere Attraktionen stellen der außergewöhnliche Nyika Nationalpark und die historisch interessante Livingstonia Mission dar.

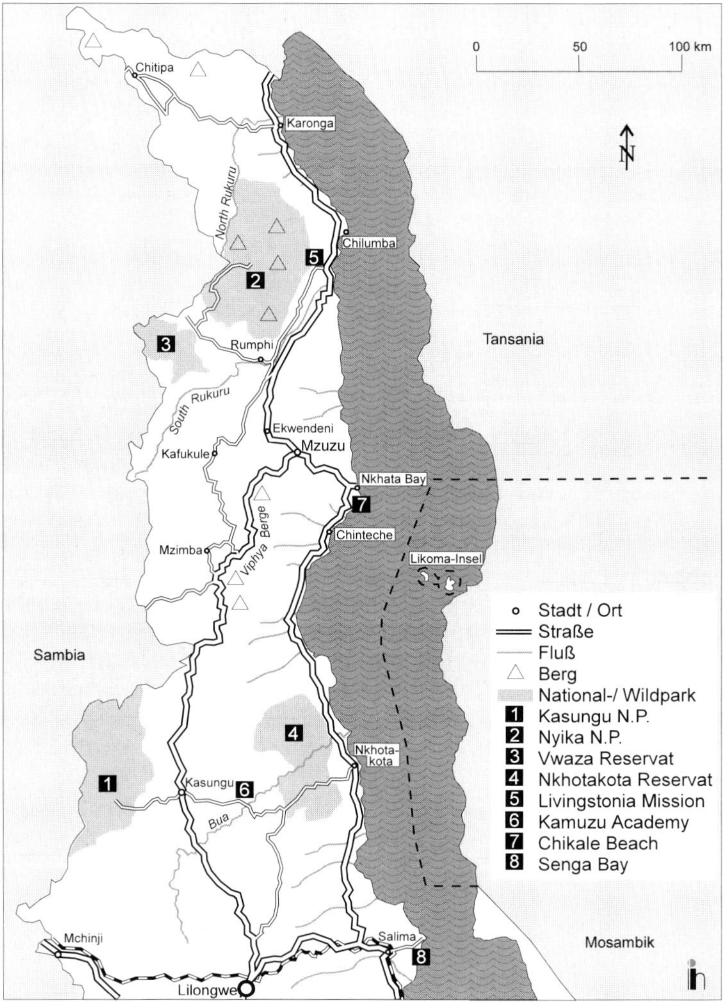

LILONGWE

Wer auf dem Luftweg nach Malawi reist, landet 26 km von Lilongwe entfernt auf dem *Kamuzu International Airport*. Der erste Eindruck wird von landwirtschaftlich genutzten Flächen und Ortschaften geprägt sein. Wo in Sambia Busch herrscht, ist hier die Landschaft nahezu abgeweidet und kahl. Dazwischen stehen markante Felshügel.

Lilongwe ist eine Stadt, die man so gar nicht als afrikanisch bezeichnen möchte. Wie den meisten der 'geplanten' Hauptstädten fehlt ihr die pulsierende Eigendynamik alter Städte.

Geschichte

Die zentrale Lage, das angenehmes Klima und eine freundliche Bevölkerung gaben im Jahre 1902 den Ausschlag, einen kleinen Verwaltungssitz am Westufer des Lilongweflusses zu gründen. Die Siedlung wurde via Dedza mit den britischen Stationen im Süden verbunden. 1906 vergrößerte sich Lilongwe, als sich am Ostufer asiatische Händler und die *African Lakes Company* niederließen. 1909 wuchs seine Bedeutung durch den Bau der Straße nach Fort Jameson (Chipata) in Nordrhodesien. Das erste Hotel öffnete 1929. Lilongwe wuchs und entwickelte sich zu einem wichtigen landwirtschaftlichen Zentrum für Tabak. Den Status eines Township erhielt Lilongwe 1947. Bis zur Unabhängigkeit Malawis 1964 war seine Bevölkerung auf 20 000 Einwohner angewachsen - eine nette, kleine Stadt.

Die landwirtschaftliche Kleinstadt wird planmäßig zur neuen Hauptstadt ausgebaut

Präsident Banda erkannte bald das starke Süd-Nord-Gefälle seines Landes. Er überzeugte die internationalen Geldgeber von der Notwendigkeit einer zentralen Hauptstadt. Seine Wahl fiel auf Lilongwe. Baubeginn war 1969. Besonders Südafrika beteiligte sich finanziell am Bau der neuen Hauptstadt. Für die Geschäfts- und Regierungsviertel mußten riesige Flächen an Busch- und Waldlandschaften abgeholzt und planiert werden. Die Planer bemühten sich um den Erhalt der ursprünglichen Natur, indem sie Naturreservate und Erholungsgebiete einrichteten. Von Anfang an wurde sehr weitläufig gebaut. Die verschiedenen Stadtviertel sind heute durch breite Straßen miteinander verbunden, vermischt haben sie sich nicht.

Allgemeines

Seit 1975 ist Lilongwe die Hauptstadt Malawis. Das Stadtgebiet umfaßt 585 km² und liegt auf etwa 1000-1100 m Höhe. Ca. 350 000 Menschen leben heute in Lilongwe. Auf dem Capital Hill befindet sich das neue Regierungsviertel. Südlich davon schließt sich das neue City Center an, mit modernen Bürogebäuden, Banken und Botschaften. Das Viertel wirkt ordentlich, verschlafen und sehr weitläufig. Ein paar Kilometer weiter im Südwesten befindet sich an der Kamuzu Procession Road die Old Town. Hier befinden sich Restaurants, Läden, Reisebüros u.s.w. Man findet hier eher das, was man sich unter einem Zentrum vorstellt. Östlich des Lilongweflusses liegen das lebendige, enge, indische Viertel und der große Markt von Lilongwe.

Sehenswertes in Lilongwe

Lilongwe Old Market

Der überquellende Freiluftmarkt befindet sich in der Malangalanga Road im indischen Viertel. Es gibt so ziemlich alles zu kaufen - Berge von Obst und Gemüse, Gewürze, Brote, getrockneten Fisch und Fleisch. Manche verkaufen Werkzeuge und Metalle, in einer Ecke sitzen Schmiede und Metallarbeiter und stellen Öfen her. Selbst ein traditioneller Heiler hat hier seine Praxis. Touristen werden wohlwollend akzeptiert. Vor dem Fotografieren dennoch immer erst fragen - und sicherheitshalber keine Wertsachen dabeihaben!

Lilongwe Nature-Sanctuary

Um die spezielle Flora und Fauna der Region zu erhalten, wurde dieses 120 ha große Schutzgebiet entlang des Lingadziflusses angelegt. Der Eingang befindet sich an der Kenyatta Road. Besucher können allein durch die Waldlandschaften laufen, in denen neben diversen Antilopen auch Hyänen, Leoparden, Krokodile, Affen und sehr viele Vögel leben. Das Schutzgebiet ist ganzjährig täglich von 06.30-17.00 h geöffnet, der Eintritt ist sehr gering.

Safari Camp am Kamuzu Damm

Etwa 25 km südwestlich von Lilongwe befindet sich am 8 km langen Kamuzu Damm das Safari Camp unter deutscher Leitung. Das eingezäunte Gelände ist ein Refugium für Tierwaisen. Bei Georg und Susi finden in der Wildnis aufgefundene Tierkinder ein Zuhause und werden liebevoll mit der Flasche aufgezogen. Inzwischen leben hier ein paar Antilopen, zwei Eulen, ein Krokodil, ein zahmer Affe etc. Die größte Attraktion ist Salima, der neugierige Buschbock, der sich vorzugsweise bei den Lodge- und Campinggästen aufhält! Es werden Bootstouren auf dem Kamuzu Damm angeboten, sowie Ausflüge in das nahe Waldreservat. Das kleine Restaurant bietet gute schwäbische Küche, mittwochs bis samstags gibt es abends afrikanische Lifemusik. Zufahrt: Am Lilongwe Golf Club vorbei stadtauswärts fahren (gut beschildert).

Safari Camp am Kamuzu Damm

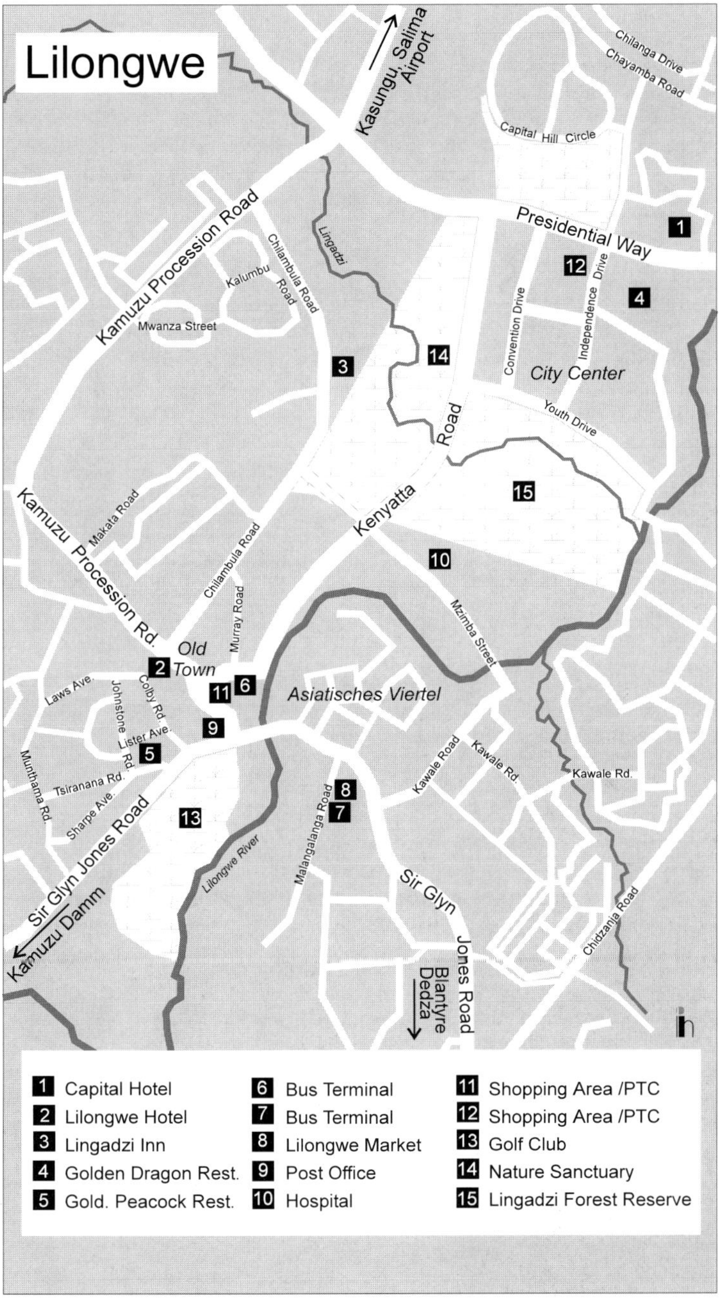
Lilongwe
Kasungu, Salima Airport
Chilanga Drive
Chayamba Road
Capital Hill Circle
Presidential Way
Kamuzu Procession Road
Chilambula Road
Lingadzi
Kalumbu Road
Mwanza Street
Convention Drive
Independence Drive
City Center
Youth Drive
Road
Kenyatta
Makata Road
Kamuzu Procession Rd.
Chilambula Road
Murray Road
Mzimba Street
Old Town
Asiatisches Viertel
Laws Ave.
Johnstone Rd.
Colby Rd.
Lister Ave.
Munthama Rd.
Tsiranana Rd.
Sharpe Ave.
Sir Glyn Jones Road
Kamuzu Damm
Lilongwe River
Malangalanga Road
Kawale Road
Kawale Rd.
Kawale Rd.
Sir Glyn Jones Road
Chidzanja Road
Blantyre Dedza
1 Capital Hotel
2 Lilongwe Hotel
3 Lingadzi Inn
4 Golden Dragon Rest.
5 Gold. Peacock Rest.
6 Bus Terminal
7 Bus Terminal
8 Lilongwe Market
9 Post Office
10 Hospital
11 Shopping Area /PTC
12 Shopping Area /PTC
13 Golf Club
14 Nature Sanctuary
15 Lingadzi Forest Reserve

Hotels

- **Capital Hotel:** P.O.Box 30018, Capital City, Lilongwe, Tel. 783388, Fax 781273. Luxushotel im Regierungsviertel. Ruhig, großer Poolbereich. Preise ca. 100 US$/EZ, 130 US$/DZ für ÜF.
- **Lilongwe Hotel:** P.O.Box 44, Kamuzu Procession Rd., Tel. 740488 Fax 740505. Zentrales First Class Hotel mit kleinem, ruhigen Pool. Preise ab 80 US$/EZ und 100 US$/DZ mit ÜF.
- **Safari Camp - Ethnic Lodge:** P.O.Box 1971, Tel./Fax 721458, Lilongwe. Ca. 25 km südwestlich von Lilongwe gelegene, liebevoll ausgebaute Lodge. Einfache, saubere Rondavels (siehe *Sehenswertes*). Preise ca. 20 US$ pro Person mit ÜF. Ab Sir Glyn Jones Road beschildert.
- **Lingadzi Inn:** P.O.Box 30367, Chilambula Rd. Tel. 720644, Fax 620154. Mittelklassehotel in ruhiger Lage. Ca. 40 US$/EZ und 50 US$/DZ.
- **Capital City Motel:** P.O.Box 30454, Tel. 784911. Mittelklassehotel im neuen Stadtteil.
- **Kalikuti Hotel:** P.O.Box 503, Tel. 721477. Im Stadtteil Biwi gelegenes Mittelklassehotel.
- **Golden Peacock Resthouse:** P.O.Box 793, Johnstone Rd. Tel. 722002. Einfacheres Hotel in der Old Town. Treffpunkt für junge Traveller.

Info In Malawi werden auf Hotelpreise in der Regel noch 20 % Steuern und 10 % Service berechnet!

Camping

- **Safari Camp:** ca. 25 km von Lilongwe am Kamuzu Damm. (siehe *Hotels/Sehenswertes*). Sehr ruhig und schön gelegen. Empfehlenswert!
- **Lilongwe Golf Club:** Sehr zentrale Campinggelegenheit auf dem städtischen Golfplatz in der Old Town. Teuer und unfreundlich, aber Treffpunkt der jungen Individualreisenden.

Restaurants

- **Golden Dragon Chinese Restaurant:** Sehr gute, preiswerte Küche im City Center nahe der National Library.
- **Causerie:** Ebenfalls im City Center am Independence Drive gelegenes Restaurant.
- **Korean Garden Restaurant:** Johnstone Rd. in der Old Town, koreanisches Restaurant am Golden Peacock Resthouse.
- **Huts:** Indisches Restaurant, Old Town, zwischen Lilongwe Hotel und Post Office.

Die großen Hotels der Stadt bieten feinere Restaurants. Einfache, häufig indische Lokale befinden sich entlang der Kamuzu Procession Road.

Mietwagen Mietwagen bucht man am besten über die großen Hotels oder in einem Reisebüro. Am Airport sind Schalter von diversen Anbietern, wie z.B. *U-Drive Car Rentals Ltd.*

Banken Verschiedene Banken befinden sich entlang der Kamuzu Procession Road und am Independence Drive. Die freien Wechselstuben haben allerdings oft bessere Umtauschkurse, so z.B. *Midlands Forex* im Nico Center gegenüber der Post.

Reisebüros

- **Rainbow Travel Ltd.:** P.O.Box 840, Tel. 740963
- **G & T Tour and Travel:** P.O.Box 30553, Tel. 733895
- **AMI Travel:** P.O.Box 30074, Tel. 783220
- **Heart of Africa Safaris:** P.O.Box 8, Tel. 740848
- **Central African Wilderness Trails:** P.O.Box 489, Tel. 781393

Airlines

- **Air Malawi:** P.O.Box 89, Tel. 780352
- **Air France:** P.O.Box 30365, Tel. 780452
- **KLM:** Capital Hotel, Tel. 781413

Botschaften

- **Deutschland:** P.O.Box 30056, Tel. 782555
- **Mosambik:** P.O.Box 30579, Tel. 784100
- **Großbritannien:** P.O.Box 30042, Tel. 782400
- **Sambia:** P.O.Box 30138, Tel. 782100
- **Zimbabwe:** P.O.Box 30187, Tel. 784988

Immigration-Büro

Falls Sie Ihr Visum verlängern lassen wollen, finden Sie das Büro in der Murray Road, die beim Busdepot von der Kenyatta Rd. abzweigt

Hospital

Das Kamuzu Central Hospital befindet sich zwischen den alten und neuen Stadtteilen in der Mzimba Street. Tel. 721555

Post Office

Das Hauptpostamt befindet sich in der Old Town. Kamuzu Procession Road/Ecke Sir Glyn Jones Road. Hier kann man auch nach Übersee telefonieren.

N.P. Office

Nationalparks-Büro: Murray Road, neben dem Immigration-Büro.

Versicherung

National Insuarance Company , Independence Drive.

Busstation

Die Hauptbusstation liegt gegenüber dem großen Markt an der Malangalanga Road. Das Stagecoach-Bus-Depot und die Buchungsstelle sind neben dem PTC in der Kenyatta Road.

Souvenirs

Vor dem Post Office in der Old Town hat sich ein großer Souvenirmarkt ausgebreitet (Holzschnitzereien). Auch auf dem Lilongwe Market kann man Andenken erstehen. Am Independence Drive befinden sich einige Souvenirläden.

Lebensmittel

Die beste Nahrungsmittelauswahl bieten die *PTC Hyperstores* am Independence Drive und im Nico-Center in der Old Town, gegenüber dem Post Office. Im selben Gebäude ist eine ausgezeichnete Bäckerei. Die größte Auswahl bei Obst und Gemüse finden Sie auf dem Markt.

Landkarten

Department of Survey, Old Town, Sir Glyn Jones Road, P.O.Box 120.

Gas-Auffüllen

Industrial Gas Company: Lilongwe nach Norden verlassen, nach 11 km in Richtung *'Central Hatchery'* (Straße nach Salima) abbiegen. Die erste Straße links abbiegen, geradeaus erreicht man die Company.

Von Lilongwe nach Kasungu

Von Lilongwe zum Kasungu Nationalpark

Die M1 verläßt Lilongwe im Norden. Nach 11 km zweigt die neue Teerstraße nach Salima ab (am Schild zur *Central Hatchery*), nach 25 km fährt man am *Kamuzu International Airport* vorbei. Viele Ortschaften prägen hier die Landschaft. Die Abholzung ist bereits fortgeschritten und führt zu Erosionsschäden. Nach 124 km auf der sehr gut ausgebauten Straße erreichen Sie **Kasungu.** Die kleine Stadt ist ein landwirtschaftliches Zentrum im größten Tabakanbaugebiet des Landes. Unterkunft bietet das *Kasungu Inn* (an der Hauptstraße in Richtung Mzuzu, nach der Tankstelle).

KASUNGU NATIONAL PARK

Er ist einer der am leichtesten zu erreichenden Nationalparks Malawis und weist eine relativ große Vielfalt an Wildtieren auf. Die Lodge am Lifupa-Damm wurde 1995 vollkommen umgebaut und renoviert. Der Park vermittelt einen guten Eindruck für typische Busch- und Waldlandschaften in Zentralafrika.

Anreise 3 km südlich der Stadt Kasungu zweigt die beschilderte Zufahrt nach Westen ab. Der schmale Teerbelag endet nach 2 km am weißen Palast des Ex-Präsidenten Banda. Die Piste verläuft durch dicht besiedeltes Gebiet voller Tabakfelder und erreicht nach 35 km den Parkeingang. Die Lodge liegt noch 20 km vom Tor entfernt. Ab Lilongwe (158 km) dauert die Anreise 2-3 Stunden. Ein Airstrip befindet sich nahe der Lodge.

Steppenzebras

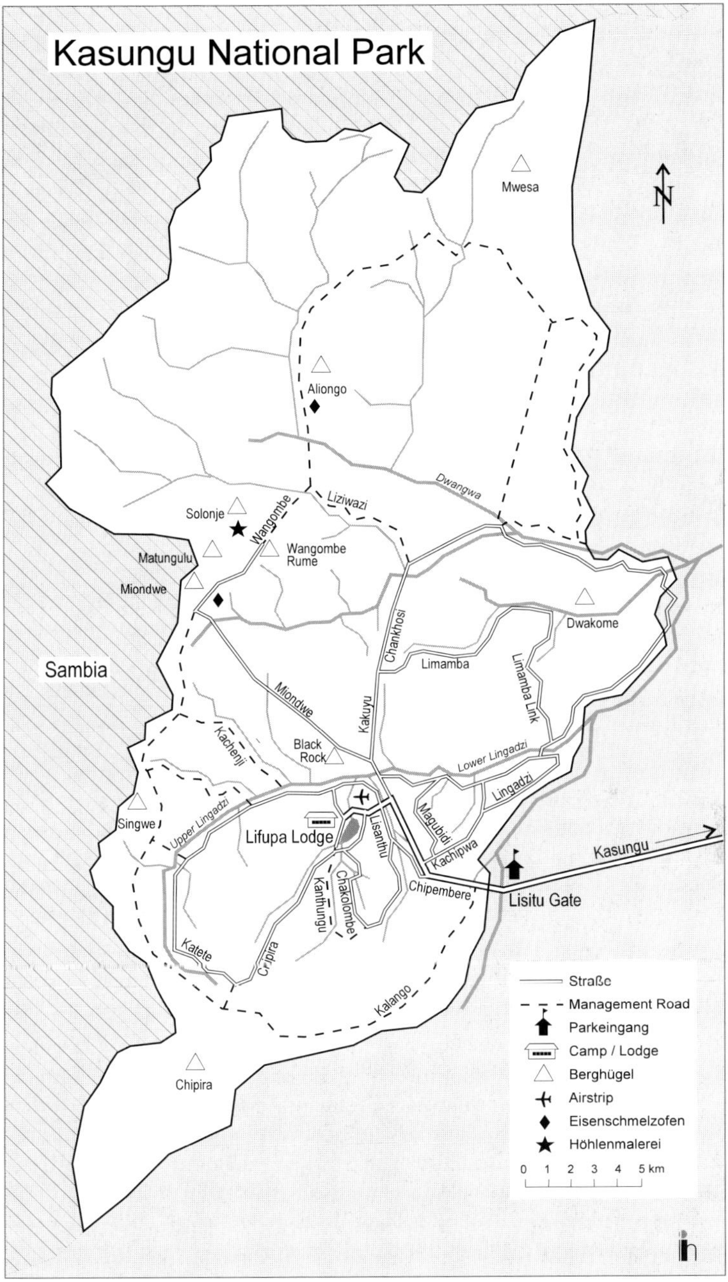
Kasungu National Park
Mwesa
N
Aliongo
Dwangwa
Liziwazi
Solonje
Wangombe
Wangombe Rume
Matungulu
Miondwe
Sambia
Dwakome
Chankhosi
Limamba
Limamba Link
Miondwe
Kakuyu
Kachenji
Black Rock
Lower Lingadzi
Lingadzi
Singwe
Upper Lingadzi
Lifupa Lodge
Lisanthu
Magubidi
Kachipwa
Kasungu
Chakolombe
Kanthungu
Chipembere
Lisitu Gate
Katete
Chipira
Kalango
Chipira
Straße
Management Road
Parkeingang
Camp / Lodge
Berghügel
Airstrip
Eisenschmelzofen
Höhlenmalerei
0 1 2 3 4 5 km

Daten Der Nationalpark liegt auf der zentralen Hochebene (ca. 1000 m) und direkt an der sambischen Grenze. Die tsetseverseuchte Region war für menschliche Ansiedlungen ungeeignet und wurde daher schon 1922 zum Waldreservat erklärt. Der Park umfaßt heute 2000 km². Durch die Erfolge der neuen Tsetse-Programme wurde die Plage deutlich eingedämmt und der Nationalpark damit touristisch interessanter. Der Park ist ganzjährig von 06.00-18.00 h geöffnet. Da die Wege nicht befestigt sind, werden sie in der Regenzeit teilweise gesperrt. Generell ist für manche Straßen im Park Allrad empfehlenswert, nach Regenfällen sogar erforderlich. Die beste Reisezeit ist die späte Trockenzeit von August bis November. An der Lodge ist eine Tankstelle, man sollte aber sicherheitshalber bereits in Kasungu volltanken.

Natur Die Landschaft des Nationalparks besteht vorwiegend aus *Brachystegia*-Wald (Miombo) und offenen, sumpfigen Grasebenen (Dambos). Größtenteils ist der Park flach, nur im Westen wird die Landschaft hügelig und steinig. Dort befinden sich auch verschiedene Höhlen- und Felsmalereien, der *Black Rock* und zwei alte Eisenschmelzöfen.

Nach der Regenzeit ist der Park vielfach undurchdringlich dicht bewachsen, wobei ab Mai das systematische Busch-Abbrennen beginnt. Viele kleine Flüsse trocknen aus und lassen sumpfige Tümpel zurück, die am Ende der Trockenzeit in staubige Pfannen und Bachbette abtrocknen. Die Tsetseplage erlebt nach der Regenzeit ihren Höhepunkt und wird dann von Monat zu Monat schwächer. Die landschaftlich schönsten Regionen sind am *Lifupa-Damm*, am *Lower Lingadzi* und am *Lisanthu-Drive*.

Tiere Die Tierwelt ist sehr artenreich, wenn auch deutlich zu erkennen ist, daß der Park unter massiver Wilderei leidet. Im Kasungu N.P. lebte einst die größte Elefantenpopulation Malawis, doch ihre Zahl ist in wenigen Jahren auf kaum mehr als 200 Elefanten geschrumpft. Im Park leben Büffel, Zebras, Pferde-, Rappen- und Elenantilopen, Kudus, Wasserböcke, Buschböcke und Pukus. Doch die Herden werden zunehmend ausgedünnt. Unter den Raubtieren sind Löwen, vereinzelt Hyänen und noch einige Wildhunde vertreten. Die unter dem Bevölkerungsdruck leidenden Malawier drängen an den Park, die sog. Pufferzone ist viel zu schmal und eher von symbolischer Bedeutung.

Viele Wege im Park führen durch dichten Busch. Es empfiehlt sich daher, die Pirschfahrten entlang der Wasserläufe zu unternehmen oder sich ruhig am Lifupa-Damm *'auf die Lauer'* zu legen und abzuwarten. Dort besteht die größte Chance, Elefanten, Büffel, Warzenschweine u.v.m. am Ufer zu beobachten.

Unter den rund 200 bekannten Vogelarten findet man viele am Damm. Typische Vertreter sind der elegante Sattelstorch, der Klunkerkranich, aber auch Kiebitze und Reiher.

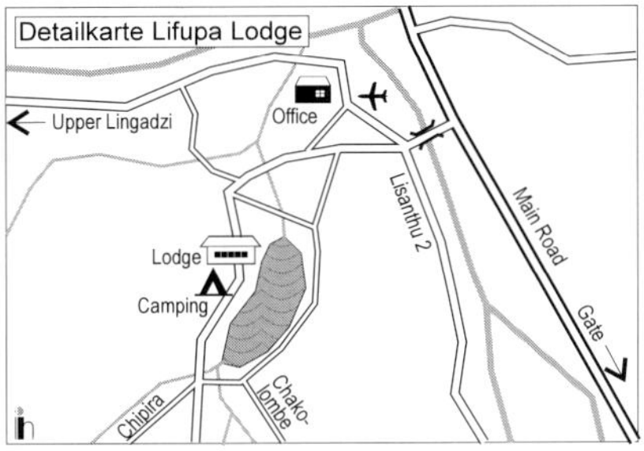

Detailkarte der Region Lifupa-Lodge und Damm

Unterkunft / Camps

Die staatliche **Lifupa Lodge** wurde 1995 privatisiert und zur grundlegenden Renovierung geschlossen. Seit Frühjahr 1996 ist sie bereits teilweise wieder geöffnet. Die Anlage befindet sich in schöner Lage direkt am Damm. Daneben wurden ein festes Zeltcamp und ein Campingplatz errichtet.

Die Lodge kann bei der Omar Sharif Gruppe (Capital Hotel Lilongwe) gebucht werden. Preise: All-Inclusive-Lodge ca. 80 US$ pro Person, Zeltcamp etwa 30 US$ pro Person, Camping etwa 3 US$.

Von Kasungu nach Nkhotakota

Von Kasungu wird derzeit eine breite Teerstraße zur 30 km entfernten *Kamuzu Academy* gebaut.

Kamuzu Academy

Sehenswert!

Nahe seines Heimatdorfes eröffnete Dr. Banda 1981 diese Eliteschule. Britische Lehrer unterrichten die begabtesten und betuchtesten Schüler des Landes nach europäischem Vorbild. Breite Straßen, Gartenanlagen, Blumenbeete und Straßenbeleuchtung stehen in starkem Kontrast zur Umgebung. Als Nationalmonument gilt der *Kachere Tree*, unter dem Banda seinen ersten Schulunterricht erhielt.

Weiterfahrt nach Nkhotakota

Kasungu - Nkhotakota

Von Kamuzu Academy führt eine schönen Panoramastrecke nach Nkhotakota. Vor dem Abstieg in die Tiefebene befindet sich nahe einer Gabelung das Mboba-Scout-Camp des Nkhotakota Game Reserves. Rechts geht es nach Lilongwe (79 km), geradeaus führt die Straße durch das Reservat zum See hinab. Unterwegs sieht man evtl. Affen oder sogar Elefanten. Nach etwa 35 km erreicht man die Ebene, fährt an Reisfeldern und dem kleinen Chikukutu-See vorbei, und erreicht schließlich die geteerte Uferstraße an der Tankstelle von Nkhotakota.

Das Nkhotakota Game Reserve

Die malawischen Wildreservate sind kaum erschlossene Schutzgebiete. Es existieren häufig nur sehr einfache, kleine Unterkünfte für 2-6 Personen. Camping ist hier die bessere Alternative. In den Reservaten gibt es kaum Straßen. Die klassische Reiseart sind Wandertouren, die von einem bewaffneten Wildhüter begleitet werden. Viele Gäste kommen auch nur zum Fischen.

Anreise Das Nkhotakota Game Reserve hat zwei Zugänge: Von Norden kommend meldet man sich beim oben beschriebenen Mboba-Camp an. Danach fährt man 3 km in Richtung Kasungu, wo die Zufahrt zum Chipata Camp abzweigt (7 km).

Von der Seeuferstraße, 10 km nördlich von Nkhotakota, erreicht man nach 16 km entlang einer beschilderten Piste das Bua Camp am gleichnamigen Fluß.

Daten 1935 wurde zunächst ein Waldreservat eingerichtet, welches 1954 in ein Wildschutzgebiet umgewandelt wurde. Als beste Reisezeit zum Fischen gelten die Monate April bis Juni, zum Wandern August bis Oktober. Mit 1800 km² ist das Reservat das Größte und älteste Malawis.

Natur und Tierwelt Das Reservat liegt zwischen dem zentralen Hochland und dem Tiefland am Malawisee. Die steilen Berghänge sind überwiegend mit dichtem Busch bewachsen, wodurch die Tierbeobachtung erschwert wird. Die vorherrschenden Vegetationsformen sind Brachystegia-Wälder und immergrüne Waldzonen. Häufig sind Raffiapalmen. Am Chipataberg, nahe dem Chipata Camp, sind noch Reste immergrünen Montane-Regenwaldes.

Die Mpasa-Fische schwimmen zum Laichen den Bua flußaufwärts

Mehrere Flüsse, wie Dwangwa und Bua, durchfließen die Wildnis, bilden Wasserfälle und strömen in den See. In ihnen brüten die begehrten *Mpasa-Fische (Opsaridium microlepis)*, eine in Malawi endemische Karpfenart, die in ihrem Verhalten an Lachse erinnert. Sie schwimmen zwischen April und Juni den Bua aufwärts, um dort zu laichen. In dieser Zeit können bis zu 3 kg schwere Exemplare gefischt werden.

Wildtiere sind zahlreich, aber dennoch schwer zu sehen. Aktuellen Zählungen zufolge leben hier über 1000 Elefanten, sowie Büffel, Löwen, Leoparden und Hyänen. Die Wildtierpopulation scheint sich im Gegensatz zu den malawischen Nationalparks sogar zu vergrößern. Es wird relativ wenig gewildert. In der Vergangenheit sollen hier mehrere Menschen von Löwen angegriffen und getötet worden sein. Die Furcht vor den menschenfressenden Löwen sei der größte Schutz des Reservats, heißt es.

Schwerpunkt eines Besuchs im Reservat ist die unerforschte, einsame Wildnis. Die meisten Besucher kommen zum Fischen und Wandern.

Info!

Touristisch erschlossen wurde das Reservat erstmals von John Grosart, der das Njobvu Safari Camp nahe Nkhotakota am Malawisee führt. Von hier aus bietet er Game Drives in das Reservat zu moderaten Preisen an. Er hat verschiedene Ausgucke in Bäume gebaut und übernachtet mit seinen Gästen im Schutzgebiet.
Kontakt: John Grosart, Njobvu Safari Camp, P.O.Box 388, Nkhotakota.

Unterkunft

- **Chipata Camp:** Das Camp bietet eine einfache Blechhütte, Campinggelegenheit und eine Art Jugendherberge. Es liegt erhöht in den Bergen und bietet einen sehr schönen Ausblick auf das Escarpment. Oberhalb des Camps existieren alte Urwaldreste am Chipataberg, die erwandert werden können. In 2-3 Tagesmärschen kann man zum Bua Camp hinunter wandern, was übrigens schon David Livingstone im Jahre 1863 tat!
- **Bua Camp:** Ein noch in der Ebene am Bua gelegenes Camp mit sehr einfachen Einrichtungen für Camping, das bei Sportfischern besonders beliebt ist.
- **Tongole Camp:** Ein ebenfalls sehr einfaches Camp am Fluß, das noch 13 km hinter dem Bua Camp liegt.

Campbesuch im Herbst 1995:
Michael, der freundliche Caretaker, lebt mit seiner Familie im Chipata Camp. Mit fast kindlicher Begeisterung begrüßt er die seltenen Besucher, bringt Feuerholz und Wasser zum Waschen und Kochen aus der nahen Quelle. Unzählige kleine Kaulquappen schwimmen im Wassereimer. "Keine Sorge - die sind gar nicht giftig" fügt er beruhigend hinzu. Er schleppt Pfannen heran und sieht seinen Besuchern interessiert beim Kochen zu. Die Lebensgewohnheiten der Fremden, ihre seltsamen Gewürze und ihre Art, Fisch zuzubereiten - alles findet er komisch und lustig.

Michael ist nicht der einzige, der sich um die Besucher kümmert: Ein bewaffneter Scout wird extra zum Camp geschickt. Er weicht seinen Schützlingen nicht mehr von der Seite, bleibt mit Michael beim Lagerfeuer, bis die fremden Gäste schlafen und begleitet sie auch am nächsten Morgen auf Schritt und Tritt.

Der Scout, Michael und seine Familie haben vom Abendessen eine große Portion Fisch in Bananencurry abbekommen. Ob es geschmeckt hat? Michael lacht und sagt, er sei "very fine now"!

Von Kasungu nach Mzuzu

Die 240 km lange Strecke ist sehr gut ausgebaut und verläuft entlang der rund 2000 m hohen **Viphya-Berge**, in denen gigantische Pinienwälder über mehr als 50 000 ha angelegt worden sind.

Das Zentrum des Viphya-Forstprojekts ist Chikangawa. Hier befindet sich das *Kasito-Resthouse* und bietet einfache, aber idyllische Unterkunft (Selbstversorgung, Küchenbenutzung frei).

Nicht weit von Chikangawa weist rechts ein Schild den *Elephant Rock* aus. Die graue Felsformation kann umwandert werden. Bis Mzuzu verläuft die Straße weiterhin durch grüne Pinienwälder und Berglandschaften. Die riesigen Forste stehen in krassem Gegensatz zu den kahlgeschlagenen, erosionsgefährdeten Berghängen der Umgebung. Bemerkenswerterweise hat sich in manchen geschützten Lichtungen der alte Urwald wieder ausgebreitet.

Mzuzu

Die auf 1300 m gelegene Stadt ist das Zentrum des dünn besiedelten und schwach entwickelten Nordens und noch überaus beschaulich. Außer ein paar Banken, dem Flughafen und einer guten Lebensmittelversorgung hat es für den Reisenden wenig zu bieten.

Unterkunft

- **Mzuzu Hotel:** Schönes, großes, ruhiges Hotel der oberen Preisklasse.
- **Kaka Motel:** am Stadtrand in Richtung Rumphi
- **Government Resthouse:** an der Strasse nach Nkhata Bay. Das Government Resthouse bietet Camping im Garten an.

Bilder von oben:
Straße durch die Viphya-Berge
Holzkohle-Lehmöfen in Chikangawa
CCAP - Mission in Ekwendeni
Markt in Rumphi

Von Mzuzu nach Norden

Die 64 km lange Straße von Mzuzu nach Rumphi verläuft durch eine hübsche Landschaft, die im Westen immer bergiger wird. Nach 20 km durchfahren Sie Ekwendeni.

Ekwendeni Mission und Kirche

Sehenswert!

1881 hatte die Free Church of Scotland die Livingstonia-Mission nach Bhandawe ins Tongaland verlegt. Wenig später wurde eine kleine Außenstelle in Njuyu bei den stolzen Ngoni gegründet. Hier lebte Dr. Elmslie, in Bhandawe praktizierte Dr. Laws. Im Jahre 1887 verschlechterte sich das Verhältnis zwischen den beiden Volksstämmen derart, daß alle Zeichen auf Krieg deuteten und die Missionare mit dem Schlimmsten rechnen mußten. Der Kontakt untereinander brach ab. Dr. Elmslie versuchte, wenigstens die wertvollen Instrumente und wichtigen Vorräte zu erhalten, indem er nächtelang heimlich nur mit den Händen tiefe Löcher grub und alles darin versteckte. Er zeichnete Pläne, um seine Sachen später wiederzufinden.

Die beiden Parteien rüsteten zum Krieg. Dr. Laws, der sich im Laufe der Jahre sehr großen Respekt erworben hatte, drängte immer wieder auf Versöhnung. Schließlich erklärten sich die offensiven Ngoni zu einer Indaba bereit, d.h. einer Diskussionsrunde der Chiefs und Ältesten. Einen ganzen Tag saß Dr. Laws mit den Ngoni beisammen, um den Krieg abzuwenden. Es stellte sich heraus, daß bei den Ngoni völliges Unverständnis darüber herrschte, daß der Hauptsitz der Mission im Tongaland lag, denn sie sahen die Tonga als minderwertig an. Chief Mtwalo aus der Region um Ekwendeni verlangte für den Kriegsverzicht eine eigene Missionsstaion in seinem Dorf. 1889 wurde deshalb die Mission in Ekwendeni gegründet. Sie wird noch heute von der großen Backsteinkirche mit schönen Glasfenstern überragt.

Nach 55 km gabelt sich die Straße. Nach Rumphi und zum Nyika Nationalpark biegt man hier links ab. In Rumphi befinden sich sehr einfache Herbergen und die letzte Tankstelle auf dem Weg zum Nyika Plateau.

Vwaza Game Reserve

Das Vwaza-Wildschutzgebiet

Das Wildschutzgebiet ist 29 km von Rumphi entfernt. 10 km nach Rumphi zweigt die unbeschilderte Zufahrt von der Straße zum Nyika N.P. ab. Die Piste führt über die Nkhamanga-Ebene, einem intensiven Tabakanbaugebiet, und endet nach knapp 20 km am Kazunisee. Das Reservat ist eingezäunt und ganzjährig geöffnet.

Am Kazunisee werden einfache Zeltunterkünfte und Camping angeboten (Selbstversorgung). Wildhüter stehen zur Verfügung, um Wanderungen oder Pirschfahrten in das Reservat zu unternehmen.

Es dominieren Sumpflandschaften und Grasebenen. Die vielen Wasserläufe sind schilfrig. Einige sanfte Hügel beleben das Bild. Es heißt, das Reservat sei die Heimat von über 200 Elefanten und großen Büffelherden, die als besonders aggressiv gelten. Zugleich ist es ein Vogelparadies. Im Kazunisee leben Flußpferde und Krokodile. Außerdem leben im Reservat verschiedene Antilopen, Kudus und Wasserböcke.

Die endlose Weite der Nyika-Berge

NYIKA NATIONAL PARK

'Nyika' heißt Wildnis. Die Wildnis dieses Parks besteht nicht aus dichtem Busch mit unberechenbaren Tieren. Die Wildnis der Nyika-Berge ist von einer herben Art, wie man sie eher in den schottischen Hochmooren vermutet.

Berge, die sich auf 2600 m auftürmen, ein großes, weites Plateau und rauhes Klima erwarten den Besucher. Beim ersten Anblick wirkt die Berglandschaft fremdartig, karg, ja fast abweisend. Die Stille und Leere erscheint nach der Anreise aus der afrikanischen, quirligen und schwülen Gegenwart befremdend. Man braucht Zeit, um zur eigenwilligen Zeitlosigkeit auf dem Plateau zu finden.

Die schönste Methode, diese Natur und Landschaft kennenzulernen, ist sicherlich das Reiten. Von Chelinda aus können Touren zwischen drei Stunden und 10 Tagen unternommen werden. Die zweitbeste Methode ist das Wandern.

Anreise 46 km von Rumphi entfernt bildet das Tazima Gate den Eingang in den Park. Das Chelinda Camp auf dem Plateau ist noch einmal 60 km entfernt. Für diese ausgewaschene, steinige und steile Straße ist ein Geländefahrzeug dringend zu empfehlen. Ab Rumphi sollte man mit 3-4 Fahrtstunden rechnen. Die Strecke ist gut beschildert. Besucher müssen das Gate bis 16.00 h erreicht haben, da die Ankunft im Chelinda Camp sonst nicht mehr bei Tageslicht gewährleistet ist. Es besteht auch die Möglichkeit, von Norden über das Kaperekezi Gate in den Park zu reisen. Die Strecke zwischen Tazima Gate und Kaperekezi Gate kann im Transit ohne Eintrittsgebühr gefahren werden.

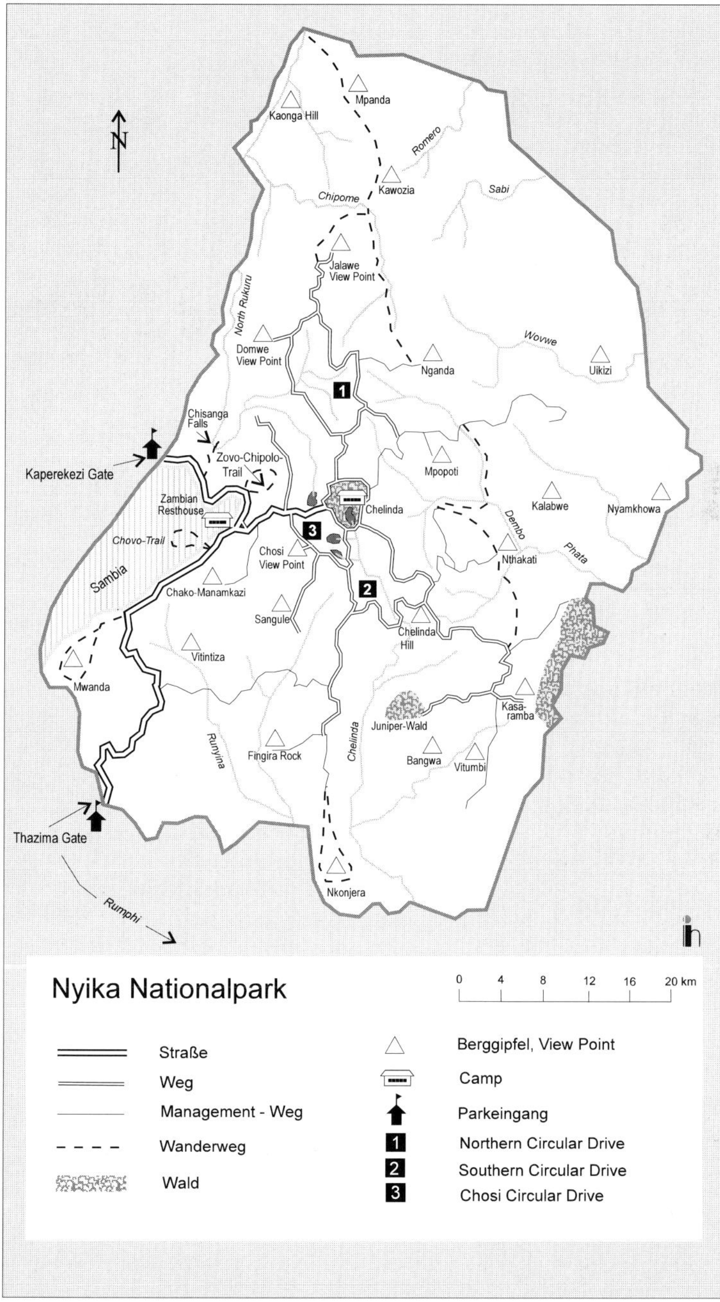
Mpanda
Kaonga Hill
Romero
Kawozia
Chipome
Sabi
Jalawe
View Point
North Rukuru
Domwe
View Point
Wovwe
Nganda
Uikizi
Chisanga
Falls
Mpopoti
Kaperekezi Gate
Zovo-Chipolo-
Trail
Zambian
Resthouse
Chelinda
Kalabwe
Nyamkhowa
Dembo
Chovo-Trail
Chosi
View Point
Nthakati
Phata
Sambia
Chako-Manamkazi
Sangule
Chelinda
Hill
Vitintiza
Mwanda
Kasa-
ramba
Juniper-Wald
Runyina
Fingira Rock
Chelinda
Bangwa
Vitumbi
Thazima Gate
Nkonjera
Rumphi
Nyika Nationalpark
0 4 8 12 16 20 km
Straße
Weg
Management - Weg
Wanderweg
Wald
Berggipfel, View Point
Camp
Parkeingang
Northern Circular Drive
Southern Circular Drive
Chosi Circular Drive

Elenantilope

Im Park sind immer wieder einmal Straßen gesperrt, bzw. nicht befahrbar. Manche der in Landkarten eingezeichneten Straßen entpuppen sich als sog. Management Roads, die den Wildhütern vorbehalten sind. Man sollte sich vor den Ausflügen beim Informationsbüro in Chelinda erkundigen.

Daten

Klima

Der Nyika Nationalpark ist mit 3200 km^2 der größte und auch höchstgelegene Nationalpark in Malawi. 900 km^2 liegen über 2100 m hoch. Der Park ist ganzjährig geöffnet. In der warmen Jahreszeit hat Nyika warme Tage und kalte Nächte, in der kalten Jahreszeit kühle Tage und eisige Nächte (Frost). In den wärmsten Monaten (Oktober/November) klettern die Temperaturen gerade mal auf 22°C. Richten Sie sich außerdem auf Wind ein!

Die Grenze zwischen Sambia und Malawi verläuft durch den Nationalpark. Das *Zambian Resthouse* und einige Wege, wie z.B. der Chowo Trail, liegen auf sambischen Staatsgebiet. Im Park verweisen nur Schilder darauf. Es ist auch nicht möglich, direkt von Sambia das Plateau zu erreichen.

Natur und Tierwelt

Pflanzen

Die Landschaft von Nyika besteht in den tieferen Zonen aus Laub- und Galeriewäldern, die mit zunehmender Höhe lichter werden. Oberhalb von 2000 m stehen kaum noch natürliche Bäume, der Bewuchs besteht jetzt eher aus kurzem, widerstandsfähigem Gras und Farnen. Auf dem Plateau wurden vor fast 50 Jahren große Nadelwälder (vorwiegend Pinien) angepflanzt. Künstlich sind auch die drei Dämme, in denen Forellen gefischt werden. Mehrere Quellen entspringen in den Bergen, kleine Bäche durchfließen die einsame Graslandschaft. An geschützten Berghängen oder Tälern haben sich Reste alter Urwälder erhalten (z.B. Kasaramba und Chowo), die in krassem Gegensatz zu der Strenge der Pinienforste stehen. Es werden auch hier die Berg-

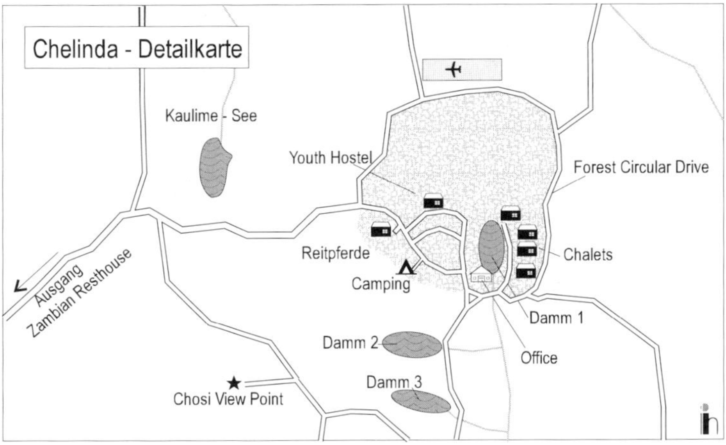

hänge ab Juni großflächig abgebrannt, wodurch die Landschaft zum Ende der Trockenzeit sehr trost- und farblos wirkt. Erst nach dem ersten Regen ergrünen die weiten Flächen wieder. Dann setzt im November allerdings ein besonders schönes Naturschauspiel ein, denn mit dem Gras kommen auch Tausende bunt blühende Blumen. Allein über 100 verschiedene Orchideen, aber auch Wilde Gladiolen, Irise und alpine Blumen zählen zu den Schönsten. Wegen dieser Blütenpracht gilt der Dezember als bester Reisemonat.

Tiere

Die weite, offene Landschaft des Parks erlaubt eine gute Fernsicht. Die Tiere sind leichter zu entdecken als in vielen anderen Parks. Wegen seiner besonderen Klima- und Vegetationsverhältnisse bietet der Nyika N.P. allerdings nur eine eingeschränkte Artenvielfalt. Sehr typisch sind die großen Elenantilopen, die in anderen Parks sehr selten und kaum zu entdecken sind. Außerdem gibt es hier sehr viele Zebras, Pferde- und Schirrantilopen, Riedböcke, Ducker und Warzenschweine. Zu den Raubtieren zählen Hyänen, Schakale und Leoparden (angeblich weist der Nyika Nationalpark die größte Dichte an Leoparden innerhalb Afrikas auf). In den tieferen Lagen leben Affen. Die Antilopen halten sich allerdings nicht ganzjährig auf dem Plateau auf. Die kalte Jahreszeit von April bis September verbringen die Tiere in den Niederungen, die dann auch kräftigere Nahrung bieten.

Vögel

Ornithologen kommen auch im Nyika Nationalpark auf ihre Kosten. Adler und Schildraben kann man bereits in Chelinda sehen. Ein typischer Vogel ist auch der Sternrötel mit seinem hübschen Gesang. Bergtrogon und Barrat's Buschsänger sind vertreten, außerdem die Trauerturteltaube, der Bergbartvogel, die Rötelschwalbe und Stanleytrappe. Mit etwas Glück entdeckt man auch einen Lobelien-Nektarvogel oder Grünastrild.

Das Zambian Resthouse und sein Koch, Mr. Gondwe

Unterkunft / Camps

- **Zambian Resthouse:** Die traditionsreiche Herberge auf sambischem Staatsgebiet wurde vor einigen Jahren von *Robin Pope Safaris* übernommen (Reservierungen dort oder bei *Central Africa Wilderness Trails* in Lilongwe). Die Unterkunft ist einfach und günstig. Der Koch, Mr. Gondwe, scheint das Klima besonders gut zu vertragen: er ist seit über 38 Jahren im Zambian Resthouse im Dienst!
- **Chelinda Camp:** Chelinda ist eigentlich eine Art Holzfällerdorf inmitten des großen Pinienwaldes. Es existieren hier verschiedene Unterkunftsarten:
  Chalets und Resthouse: Drei Chalets wurden am Damm, eines in den Wald gebaut. Sie bieten einfache, saubere Unterkunft. Das Resthouse befindet sich ebenfalls am Damm. Die Unterkünfte sind rustikal, Köche bereiten die mitgebrachten Speisen zu, und abends wärmt man sich am Kaminfeuer. Youth Hostel: Für große Gruppen (Schulklassen) wurde eine Jugendherberge windgeschützt in einer tiefgelegenen Waldlichtung errichtet.
  Campingplatz: Der Platz wurde offensichtlich von jemandem ausgewählt, der noch nie ein Zelt aufgeschlagen hat, denn er befindet sich in Hanglage! Außerdem gibt es hier kein Wasser. Wenn das Youth Hostel nicht belegt ist, darf man aber nach Rücksprache im Büro dort campen. Dort ist es flach, windgeschützt und man hat heiße Duschen!

Die Bundesrepublik Deutschland startet derzeit ein 3-Millionen-DM-Aufbauprojekt im Nyika Nationalpark, wobei auch das Chelinda Camp grundlegend renoviert und ausgebaut werden soll.

Tips und Hinweise für das Nyika Plateau

- Die Frauen in Chelinda verkaufen handgemachte Wachskerzen, die sie in sehr einfacher Technik herstellen. Die Kerzen brennen sauber und lange.
- Man befindet sich fast ausschließlich über 2000 m hoch. Empfindliche Menschen haben damit evtl. Probleme (Kreislauf).
- Unbedingt mitbringen: Warme Kleidung, Lebensmittel und genügend Kleingeld! Überall in Nyika herrscht notorischer Wechsel- und Kleingeldmangel.
- Der durchschnittliche Aufenthalt im Park beträgt 4-5 Tage. Tatsächlich bekommt man erst nach einiger Zeit das richtige Gefühl für die endlose, spröde Weite.
- Man darf zwar auch allein wandern, doch ist es nicht anzuraten. Die Orientierung verliert man in der gleichförmigen Landschaft schnell, plötzliche Wetterumschwünge mit Nebel sind möglich und nicht zuletzt aus Sicherheitsgründen sollte man nur mit einem einheimischen Führer wandern.
- Bei mehrtägigen Wanderungen können Träger angemietet werden.
- Empfehlenswerte Wanderungen sind der Urwaldpfad *Chowo Forest Trail* (ca. 30 min.) und die Wanderung zu den *Chisanga Falls* (ca. 90 min.). Phantastische Ausblicke gewähren bei klarer Sicht der *Jalawe Hill* und der *Domwe Viewpoint*.
- Reiten kostet für 3 Stunden ca. 10 US$.

Von Rumphi nach Livingstonia

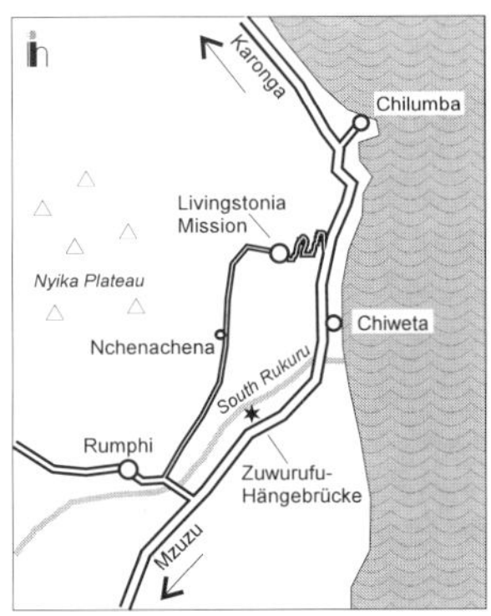

Es stehen zwei verschiedene Straßen zur Auswahl:

Zwischen den Nyika-Berghängen und dem South Rukuru verläuft die alte, ungeteerte Straße zur Livingstonia Mission. Die Landschaft, besonders zwischen Nchenachena und Livingstonia, ist ausgesprochen attraktiv. Der häufige Steigungsregen an den steilen Berghängen und die vielen Gebirgsbäche sorgen für üppigen grünen Bewuchs und Urwald. In der Region wird intensiv Kaffee angebaut. Über diese Straße erreicht man die Livingstonia Mission quasi von hinten und erspart sich dadurch die berüchtigten Haarnadelkurven.

Die andere Route verläuft über die Hauptstraße M1 parallel zum South Rukuru nach Norden und bietet zwei außergewöhnliche Sehenswürdigkeiten:

Mr. S.S.Ngoma

21 km nach der Rumphi-Abzweigung befindet sich links an der Straße ein auffallend buntes, zweistöckiges Haus. Hier lebt der 1913 geborene Mr. Ngoma und bereitet sich seit 8 Jahren auf das Sterben vor. Im Garten hat er sich sein Grab gemauert, den Grabstein aufgestellt und auf dem Balkon den Sarg mit Totenhemd und Seife stehen. Daneben befindet sich seine kleine Kapelle, in der er gut verschlossen einen altmodischen Plattenspieler verwahrt und Gottesdienste liest. Mr. Ngoma ist skurril, humorvoll und sehr religiös. Mit Freude empfängt er Besucher und ist stolz

auf bereits sechs vollgeschriebene Gästebücher! Die Besucher führt er durch sein Haus voller kreativer Einrichtungen (z.B. das 'Pinkelrohr' im 1.Stock) und telefoniert zum Abschluß mit seinen verstorbenen Freunden im Jenseits per rotem Telefon! Mr. Ngoma ist bereits mehrfach in Zeitungsartikeln beschrieben worden. Er zählt zweifellos zu den ungewöhnlichsten Figuren im südlichen Afrika!

Zuwurufu - Hängebrücke

Die wohl letzte verbliebene Schilfhängebrücke kann man auf halben Weg nach Livingstonia besuchen. Früher waren solche Hängebrücken in der Nordprovinz sehr häufig. Nachdem sie durch neue Stahl- und Holzkonstruktionen ersetzt werden, sind sie leider dem Verfall preisgegeben. Obwohl sie inzwischen durch ein Stahlseil gesichert wird, ist es immer noch faszinierend, auf der wackeligen Hängebrücke zu stehen. Die Brücke befindet sich 32 km nördlich der Rumphi-Abzweigung an der M1. Von Süden kommend ist sie linkerhand zu sehen. An einem auffallend großen Baum steht eine Hütte. Hier beginnt der Fußweg, der nach 20 m an die Brücke führt. Von Norden kommend befindet sich die Stelle 9,5 km südlich der Brücke über den South Rukuru oder 1,5 km südlich der Bale-School.

Die Zuwurufu-Hängebrücke

Weiterfahrt nach Norden

Chiweta - Livingstonia

Die Straße verläuft nun durch eine imposante Landschaft. Vor Chiweta steigt sie auf 1100 m an und windet sich dann 600 m bis zum See hinab. Von nun an verläuft die Weiterfahrt in der Tiefebene, immer wieder am Ufer entlang. Die ersten schönen Strände und Buchten tauchen auf. In den letzten Jahren sind auch hier verschiedene Ressorts und Campingplätze entstanden, die alle recht einfach und noch wenig besucht sind. Da die Straße so nah am Ufer verläuft, kann man die Anlagen gut sehen.

Longmuir-Road, die Serpentinenstraße zur Livingstonia Mission

75 km nach der Rumphi-Abzweigung erreicht man die berühmte *Longmuir-* oder *Gorode-Road*, die Verbindungsstraße zur Livingstonia Mission. 1905 wurde diese 16 km lange Straße errichtet, die mit 20 Haarnadelkurven das steile Escarpment hinaufführt und dabei 600 Höhenmeter überwindet. Die Erdstraße ist steinig und ausgewaschen. Besonders Kurve 18 ist stark erosionsgefährdet, dort bildet sich bereits ein kleiner Canyon. Für die steile Auffahrt sind Allrad und ein kurzer Radstand dringend zu empfehlen. Für Lastkraftwagen ist die Strecke nicht zugelassen. Öffentliche Verkehrsmittel nach Livingstonia gibt es nicht. Wer mit der Ilala unterwegs ist, kann die Kreuzfahrt in Chilumba unterbrechen und mit dem Bus zur Abzweigung der Livingstonia Mission fahren. Von dort muß man laufen.

Blick auf das Khondowe Plateau und Livingstonia Mission vom Seeufer aus

Livingstonia Mission

1874 hatte Dr. Laws die erste Livingstonia Mission in Cape Maclear gegründet und sie nach 7 Jahren aus klimatischen Gründen nach Bhandawe verlegt. Als sich auch diese Station als Malariaherd entpuppte, ging er 1894 auf die Suche nach einer neuen, dauerhaften Bleibe. Bei Chilumba ging er vor Anker und entdeckte das unerschlossene Plateau. Zwar war es nur in mehreren Tagesmärschen und mit Kletterei zu erreichen, doch war man einmal oben angekommen, bot es einen spektakulären Ausblick auf die Nyika-Berge und den tief unten liegenden See. In fast 1200 m Höhe war das Klima mild, gemässigt und nahezu frei von Moskitos. Der große Umzug fand noch im selben Jahr statt. Die Ngoni halfen beim Bau der Straßen und Gebäude. Das erste Haus Dr. Laws wurde in der Nacht seiner Fertigstellung von einem Tornado zerstört. In den Anfangsjahren mußten sie sich noch vor Angriffen wilder Tiere schützen. Doch die kleine Mission entwickelte sich und nach vier Jahren hatte der unermüdliche Doktor über 10 000 Menschen behandelt und kuriert. 1903 baute Dr. Laws sein Stone House nach schottischem Vorbild. Er legte 1905 eine Wasserleitung für die Mission und baute die Longmuir-Road zum See. Im selben Jahr erhielt Livingstonia Mission das erste elektrische Licht der Kolonie. 1910 wurde das Gorden Memorial Hospital eröffnet. Der Doktor sah in der Ausbildung der Menschen das wichtigste Mittel zur Hilfe und gründete die seinerzeit führende Schule innerhalb der Kolonie. Den ersten Einschnitt erlebte die blühende Mission 1914,

Geschichte der Livingstonia Mission

als bei Kriegsbeginn die Deutschen den Songwe überquerten und Karonga angriffen. In den nächsten Jahren wurden sehr viele Ärzte und Lehrer an die Front gerufen, die Missionsarbeit lief auf Sparflamme. Auch die Nachkriegsjahre waren hart und entbehrungsreich. Erst ab 1924 erholte sich die Mission.

Nach mehr als 50 Jahren in Zentralafrika nahm Dr. Laws 1927 seinen Abschied und kehrte nach Schottland zurück. Er starb am 06.August 1934.

Der strenge und couragierte Dr. Laws war die markanteste Erscheinung unter den Missionaren in Nyasaland. Im alten Stone House ist seit seiner Abreise vieles unverändert geblieben. In einem Teil seines Hauses ist heute das Museum untergebracht, das eine sehr interessante Ausstellung zur Missionsgeschichte und über das Leben Dr. Laws enthält. Von Montag bis Samstag ist es ganztägig geöffnet, am Sonntag nur nachmittags. Sehenswert sind auch die noch immer unvollendete Kirche, das Gordon Memorial Hospital und der Clock Tower. Daneben befinden sich das alte Post Office und der kleine Laden von Livingstonia.

Heute leben auf dem 6 km^2 großen Plateau etwa 10 000 Menschen. Man überläßt die alten Gebäude ein wenig ihrem Schicksal, der frische Geist der früheren Jahre ist verschwunden. Die Kirche mit dem schönen Glasfenster von Livingstones Ankunft am Nyasasee ist leider meist verschlossen. Die Fernsicht ist noch genauso beeindruckend wie vor 100 Jahren, und die verbliebenen Zeugnisse der großen Anstrengungen und Ideale der schottischen Missionare stimmen nachdenklich.

Unterkunft

- **Stone House:** Im ehemaligen Wohnhaus von Dr. Laws finden Reisende eine einfache und originelle Unterkunft. Es ist sauber und wird freundlich geführt. Im Garten ist Camping gestattet.
- **Resthouse:** Das Resthouse bietet einen traumhaften Ausblick, ist im Vergleich zum Stone House aber deutlich einfacher und muffig. Die Preise liegen hier noch niedriger. Camping wird gestattet.

Beide Unterkünfte bieten nur sehr einfache Küche. Mitgebrachte Lebensmittel werden zubereitet.

unten: Das Stone House und die Manchewe Falls

Manchewe Falls

Sehenswert!

Wenige Kilometer unterhalb der Mission liegen etwas versteckt die Manchewe Falls. In mehreren Einzelfällen stürzen sie über 270m tief, womit sie die höchsten Wasserfälle Malawis sind. Man kann in einem Pool baden oder die Höhlen mit Felszeichnungen erforschen. Die Fälle sind nicht leicht zu finden, doch führen die Kinder von Livingstonia Fremde gerne dorthin.

Von Livingstonia nach Norden

Chilumba - Karonga

Über die M1 erreicht man Chilumba. Der Hafen Chilumba Port liegt 6 km abseits der Straße. Es ist ein trostloses Nest, das sich nur sonntags, wenn die Ilala anlegt, mit buntem Leben füllt. Viele Pick-ups erwarten dann die Reisenden. Fahrplanmäßig erreicht die Ilala den Hafen morgens. Wenn die Mtendere ausfällt wird der Fahrplan der Ilala allerdings dahingehend geändert, daß sie abends Chilumba Port erreicht. In diesem Fall müssen die Touristen in Chilumba übernachten.

Die Weiterfahrt nach Karonga verläuft auf einer Teerstraße, die diesen Namen kaum noch verdient. Sie hat so viele Schlaglöcher, daß sich neben dem Teerstreifen schon eine Piste gebildet hat. Gäbe es einen Wettbewerb für die schlechteste Teerstraße im südlichen Afrika - diese Straße wäre wohl der unschlagbare Favorit!

Je weiter man nun nach Norden kommt, um so stärker verändern sich Landschaft und Menschen. Der ostafrikanische Einfluß ist auffallend. Zwischen den Dornbüschen weiden Zeburinder, Ochsenkarren sind jetzt häufig, die Frauen tragen viele Perlenketten.

Karonga

Karonga ist die letzte Stadt vor der Grenze. Das Warenangebot hat sich seit der gestiegenen Bedeutung des Northern Territories gebessert.

Unterkunft

Unterkunft bieten die Mufwa Lodge & Camping mit preisgünstigen Zimmern, und Marinas, eine teurere Lodge. Beide Anlagen befinden sich am Malawisee und bieten einen schönen Blick auf die Livingstone-Berge in Tansania.

Karonga hat in unterschiedlicher Weise historische Bedeutung. Für die African Lakes Co. war sie ein wichtiger Handelsplatz zwischen den Seen Lake Tanganjika und Lake Nyasa. Außerdem lag Karonga an der geplanten Kap-Cairo-Strecke. Karonga war Schauplatz der einzigen Schlacht im Ersten Weltkrieg innerhalb der britischen Kolonie. Auf dem Stadtfriedhof erinnern Gräber der Gefallenen daran. Karonga war aber auch der Stützpunkt des meistgefürchteten und mächtigsten Sklavenjägers in Nyasaland...

Der letzte Sklavenkrieg der Kolonie

Karonga, kurz vor der Jahrhundertwende:
'Sultan von Nkondeland' nennt er sich selbst, der legendäre Sklavenhändler Mlozi. Seine Festung hat er mit dicken Mauern und Wällen umgeben, in denen viele kleine Räume versteckt sind. Seit Jahren übt er eine Schreckensherrschaft über die einst fruchtbare und dicht besiedelte Nkondeebene aus. Auf seinen Raubzügen zerstört er die Dörfer, tötet Alte und Schwache, verbrennt das Land und schleppt tausende in Eisen geschmiedete Sklaven zu den großen Märkten nach Sansibar. Die Nkondeebene verwandelt sich in ein abgestorbenes, notleidendes Land der Toten und Flüchtenden. Mlozi ignoriert die neuen Machthaber im Land und betreibt gnadenlos sein lukratives Geschäft.

Der seit Jahren einsam ausharrende Missionar Dr. Kerr Cross muß 1888 seine Station bei Mwiniwanda aufgeben und nach Karonga flüchten. Mlozis Männer zerstören die Mission. Das gebeutelte Nkondevolk wird 1892 auch noch von den Ngoni überfallen, die 200 Frauen rauben. Als die Nkonde ihre Frauen zurückholen wollen, entsteht daraus ein fürchterliches Blutbad.

Das arabische Lager Mlozis kämpft inzwischen mit den Pocken. Mlozi schickt infizierte Sklavinnen zu den Briten nach Karonga, um diese ebenfalls anzustecken.

1895 unternehmen die Briten endlich massive Schritte, um die noch in der Kolonie tätigen Sklavenhändler zu stellen. Sie sorgen zunächst im Land der Yao für 'Recht und Ordnung', dann greifen sie im Dezember 1895 mit hunderten Soldaten Mlozi an. Über 700 Nkonde beteiligen sich am Kampf. Nach schweren Kämpfen wird Mlozi gestellt, 600 Sklaven können befreit werden. Die Nkondechiefs verurteilen den gefürchteten Araber zum Tode. Ohne ein Zeichen der Reue nimmt Mlozi das Urteil zur Kenntnis und wird gehängt. Damit gehört das grausame Kapitel der Sklaverei in Nyasaland der Vergangenheit an.

Ausreise nach Tansania

Die tansanische Grenze ist 50 km von Karonga entfernt. Die Straße ist vor wenigen Jahren geteert worden, es verkehren öffentliche Busse zwischen Karonga und der Grenze.

Karonga - Chitipa

Von Karonga führt eine malerische, 100 km lange Erdstraße in die Berge und über die Nkondeebene nach **Chitipa** an der sambischen Grenze. Der Ort bietet eine Tankstelle, eine Bank und Unterkunft im Chitipa Inn. Chitipa liegt auf etwa 1250 m Höhe in einer Palmenebene von hohen Bergen umringt. Die Landschaft ist beeindruckend schön.
Chitipa ist übrigens auch von Rumphi via den Nyika-Bergen als Transitstrecke durch den Nationalpark zu erreichen. Die Strecke ist landschaftlich grandios, allerdings sehr einsam und sollte nur mit Allrad befahren werden.

Die Bucht von Nkhata Bay

Von Mzuzu nach Salima

Mzuzu - Nkhata Bay

Die Banana-Road, eine ausgesprochen schöne Panoramastraße, verbindet Mzuzu mit Nkhata Bay (ca. 45 km). Steil führt sie durch eine üppig grüne Landschaft das Escarpment hinab. Urwaldbestände wechseln mit Bananenstauden, Zitrusfrüchten und Gummiplantagen. Die tropische, fruchtbare Region ist relativ stark besiedelt. Nach 45 km erreicht man Nkhata-Bay am Malawisee.

Der Malawisee

Der See ist 24000 km² groß, an seiner längsten Ausdehnung 575 km lang und bis zu 85 km breit. 14 Zuflüsse speisen ihn, im Süden bildet der Shire den einzigen Ausfluß aus dem großen Gewässer. Der Malawisee ist der drittgrößte See Afrikas und der vierttiefste der Welt (bis 700 m tief). Dabei ist er allerdings im Norden sehr viel tiefer, wodurch der Südteil fischreicher ist. Dieser Fischreichtum machte den See weltberühmt: Zwischen 500 und 1000 verschiedenen Fischarten werden hier vermutet, allein 359 endemische Fischarten wurden bereits registriert. Für die Bevölkerung stellt der Fisch, insbesondere der beliebte Chambo, eine wichtige Proteinquelle dar.

Der Malawisee ist an vielen Stellen frei von Bilharziose. Im Norden ist die Küste steiler und die Landschaft grüner und beeindruckender.

Chikale Beach, im Hintergrund Njaya Resort

Nkhata Bay und der Chikale Beach

Die Lage der kleinen Stadt ist traumhaft schön, ihre Atmosphäre ist die einer Hafenstadt: unruhig, bunt und lebendig. Nkhata Bay markiert den nördlichsten Punkt, den David Livingstone auf seiner Forschungsreise erreichte. Er unterlag hier dem Irrtum, das Nordende des Sees erreicht zu haben.

Nkhata Bay war im letzten Jahrhundert ein Zentrum swahili-arabischer Sklavenjäger. Einige alte Häuser mit Halbmond-Verzierungen säumen noch immer als Zeugen der Geschichte die Bucht. Inzwischen wurde die Stadt von den Touristen entdeckt und hat sich darauf eingestellt. Viele Unterkünfte, Lokale und selbst eine Tauchschule sind in den letzten Jahren entstanden. Die schöne Bucht wird zweimal wöchentlich von der Ilala angelaufen. Zum Baden eignet sie sich nicht, dafür gibt es 3 km südlich den Chikale Beach.

Chikale Beach ist derzeit das Traumziel der Rucksackreisenden im Norden Malawis. Bis vor wenigen Jahren war die versteckte Bucht einsam und beschaulich. Sie wurde häufig von Wildcampern besucht. Heute haben sich zwei Strandanlagen die Bucht aufgeteilt.

Hotels

- **Chikale Beach Resort:** Bungalows und Camping am Strand. Bar
- **Njaya:** idyllische Bambushütten am Felshang, große Bar mit Blick über den See und Restaurant, Campinggelegenheit.

Beide Anlagen sind preisgünstig (um 4 US$ p.P.) und haben vorwiegend junges Publikum. In Chikale Beach ist immer etwas los, und die Stimmung ist relaxed.

Tip! Die 3 km lange Piste von Nkhata Bay zum Chikale Beach ist schattenlos und steil. Nicht Motorisierten sei empfohlen, sich per Boot von

Nkhata Bay übersetzen zu lassen. Wer zu Fuß zu Njaya möchte, sollte dennoch den Schildern zum Chikale Beach Resort folgen und das kurze Stück über den Strand zu Njaya laufen. Der Weg oberhalb der Bucht ist viel länger.

Nkhata Bay - Chinteche

Südlich von Nkhata Bay reihen sich schöne Strandabschnitte, große Gummiplantagen, Reisfelder, Urwald und Pinienforste aneinander. Nach 40 km erreicht man die herrlichen, weiten Sandstrände um Chinteche. Seit vor wenigen Jahren die Straße von Nkhata Bay nach Nkhotakota geteert wurde, beginnt sich auch hier langsam der Tourismus zu entwickeln. Traumplätze wie Chinteche bleiben aber noch überwiegend den motorisierten Reisenden vorbehalten, da sie öffentlich noch schwer zu erreichen sind.

Chinteche

Chinteche hat feinste, weiße Sandstrände welche durch glatte Felsblöcke aufgelockert sind. Im Hintergrund sind die urwaldbewachsenen Berge. Chinteche ist derzeit noch angenehm ruhig und preiswert. Es ist ein Ziel für denjenigen, der nicht den Rummel von Nkhata Bay oder den Luxus des Livingstonia Beach Hotel sucht, sondern lieber abends die stillen Fischerboote durch das klare, blaßfarbene Wasser ziehen sieht.
Leider wird im Augenblick wieder einmal der alte Plan, eine Papierfabrik bei Chinteche aufzubauen, propagiert. Dies würde wohl zu erheblichen Umweltschäden führen.

In den letzten Jahren haben verschiedene Ressorts und Lodges geöffnet, die vorwiegend im mittleren Bereich anzusiedeln sind. Sie liegen alle von der Straße mehrere Kilometer entfernt.

Unterkunft

- **Katoto Beach Motel:** einfache Anlage, großer Strand, schattenloser Campingplatz.
- **Flame Tree Lodge:** schattig unter alten Bäumen gelegen, ruhig und familiär, Chalets und Camping unter europäischer Leitung. Nachts turnen Galagos in den Bäumen.
- **Sambani Lodge:** ebenfalls ruhig und einsam am Strand gelegen, Camping und Lodge, freundlicher Service.
- **Chinteche Inn:** etwas stilloses, großes Motel, staatliche Leitung

Auf der weiteren Strecke von Chinteche nach Süden entstehen immer mehr Strandanlagen. Mit relativ geringem Aufwand werden Bambushütten an den einsamen Stränden errichtet. Für die Lebensmittel- und Getränkeversorgung (Kühlschrank, Vorratshaltung) fehlt oft das Kapital. Zu essen oder zu kaufen gibt es nichts, Bier ist ausgegangen und die Coke warm. Manche dieser Projekte schließen, bevor sie fertiggestellt wurden. An der Teerstraße weisen aber Schilder mit phantasievollen Namen auf die vermeintlichen Feriendomizile. Pech hat dann der (Rucksack-) Reisende, der einige Kilometer von der Teerstraße zu Fuß an den Strand läuft, um dort vielleicht festzustellen, daß die angepriesene Strandlodge noch im Rohbau ist...

Abholzung

Der neue Ansturm auf die Strände der Region hat auch seine Schattenseite. Durch bisher unberührte Urwälder werden Straßen an die Küste gebaut. Das ermöglicht der Bevölkerung, auch an früher unerschlossenen Landstrichen zu siedeln. Beiderseits der neuen Wege wird in Mammutaktionen der alte Wald umgeschlagen und abgebrannt. So werden derzeit auch die Urwaldreste, die im nördlichen Malawi bis heute überlebt haben, zerstört.

Fischreusen am Malawisee

Dieser Küstenstreifen ist das traditionelle Siedlungsgebiet der Tonga. Sie sind sehr traditionsbewußt. Ihr Leben ist eng mit dem großen See und dem Fischen verbunden. Ausgesprochen beeindruckend sind die traditionellen Fischreusen. Sie werden von den Männern gefertigt und erhalten eine unglaubliche Festigkeit. Solche Reusen werden leider zunehmend von modernen Fischernetzen verdrängt. Die Reusen - in der Sprache der Tonga heißen sie 'Mono' - werden besonders in der Regenzeit eingesetzt, wenn das Wasser aufgewühlt und trüb ist. Das hintere Ende einer Reuse läßt sich öffnen. Man gibt manchmal Cassava oder Maisbrei hinein, um die Fische anzulocken. Selbst große Fische schwimmen durch den schmalen Eingang in die Reuse, die sich bald als Sackgasse entpuppt. Überall in Sambia und Malawi werden Fischreusen verwendet. Es gibt sie in sehr unterschiedlichen Materialien und Größen (bis 2 m), wobei die Tonga besonders feste, stabile Reusen fertigen.

Sehenswert!

Old Bhandawe Mission

10 km südlich von Chinteche wird der kleine Fluß Kapeska überquert. Danach weist ein Schild zur 'C.C.A.P. Bandawe'. Die Zufahrt ist sehr sandig und mehrere Kilometer lang.

Bhandawe war der zweite Standort der Livingstonia Mission. Dr. Laws hatte sie 1881 hierher verlegt, da die klimatischen Bedingungen von Cape Maclear untolerierbar wurden. Mehrere Mitglieder der Mission waren dort an Malaria gestorben. Dabei ahnte Dr. Laws noch nicht, daß er in Bhandawe nicht nur die gleichen Klimaverhältnisse vorfinden würde, sondern sich obendrein mitten in den kriegsgebeutelten Wirkungsbereich der Sklavenjäger begeben hatte. Trotz der schwierigen Situation harrten die Missionare bis 1894 aus. Sie errichteten eine große Backsteinkirche, deren Ruine heute noch auf dem heissen, kargen Sandboden steht. 1894 verließen die Missionare Bhandawe, um auf dem Khondowe-Plateau die endgültige Livingstonia-Mission zu errichten.

Millionen von Seefliegen schweben über dem See wie Rauchschwaden

Wer sich länger am Malawisee aufhält, wird vielleicht einmal so etwas wie eine riesige Rauchsäule über dem Wasser sehen. Es handelt sich um Seefliegen (Chaoborus), die eine wichtige biologische Funktion haben. In ihrem Lebenszyklus halten sie sich monatelang als Larven unter Wasser auf. Während dieser Zeit sind sie eine wichtige und schmackhafte Proteinquelle für große Fische. Um den gefräßigen Fischen zu entgehen, bleiben sie tagsüber 250 m tief in den sauerstoffarmen Regionen des Sees. Nachts tauchen sie auf und fressen in etwa 50 m Tiefe tierisches Plankton.

Südlich von Salima treten diese Seefliegen nicht auf. Wenn der Wind ungünstig steht, werden ganze Wolken der Fliegen an Land getrieben. Abermillionen von winzigen Fliegen schwirren dann durch die Luft und dringen überall ein, selbst Moskitonetze sind durchlässig. Die Fliegen sind allerdings harmlos und eine solche Invasion spielt sich nur selten ab. Die Malawier wissen die Fliegen als Proteinquelle zu schätzen und fangen sie vom Boot aus in Körben ein. Sie verarbeiten diese dann zu einer Art fritiertem Fladen.

Chinteche - Nkhotakota

Auf der Weiterfahrt passiert man Kande und Katete mit einfachen Unterkünften am Strand. Manchmal sieht man hier Meerkatzen. Die Landschaft wird jetzt immer flacher und trockener, die Berge treten zurück. Bei dem Dorf Tukombo sind heiße Quellen und eine Höhle. 90 km südlich von Chinteche liegt **Dwangwa**, eines der beiden Zuckerzentren Malawis mit riesigen saftig-grünen Zuckerrohrplantagen. Neben der Zuckerproduktion wird in einer Fabrik Ethanol aus dem Zuckerabfallprodukt Melasse hergestellt. Spätestens ab Dwangwa ist kein Urwald mehr zu sehen, statt dessen Aufforstungen mit Pinien und Eukalyptus. Die Besiedelung nimmt deutlich zu.

10 km vor Nkhotakota ist die Abzweigung zum Bua Camp im Nkhotakota Game Reserve. In dieser Region deuten immer wieder Schilder auf heiße Quellen. Den Weg dorthin kann man sich getrost sparen, da sich die Quellen als schmutziger dörflicher Waschplatz entpuppen.

Nkhotakota

Die Hafenstadt war einst der bedeutendste Umschlagplatz für Sklaven am Malawisee und vermutlich sogar das größte Dorf Zentral- und Südafrikas. Jedes Jahr wurden 10 000 Sklaven durch Nkhotakota geschleust. 1861 campte David Livingstone unter einem alten Baum, der heute noch steht. Oft werden auch die über hundert Jahre alten Kapokbäume der Stadt und der islamisch-arabische Einfluß beschrieben. Doch kommt man nicht umhin zu sagen, daß Nkhotakota heute eine recht verfallene Stadt ist, in der 'der Hund begraben liegt'. Es gibt kaum einen Grund, sich hier länger aufzuhalten. Die Ilala läuft den einsamen Landungssteg regelmäßig an. Das Pick'n'pay-Motel und das Livingstone-Resthouse der St. Annes Mission gelten als die vernünftigsten Übernachtungsplätze.
Bemerkenswert ist der etwa 10jährige Bub Chipale, ein im ganzen Ort bekannter Grimassenschneider und Entertainer!
Wenn man von Nkhotakota nach Kasungu ins Landesinnere reisen möchte, biegt man an der Tankstelle in die unbeschilderte Erdstraße ein (siehe *Nkhotakota Game Reserve*).

Unterkunft

Südlich von Nkhotakota erreicht man nach 13 km die Abzweigung zum 4 km entfernten Njobvu Safari Camp. John und Sylvia Grosart haben am See eine hübsche Mittelklasse-Lodge errichtet. Angenehme Atmosphäre, gute Küche (Fisch) und ein schöner Strand. Sie bieten interessante Touren (Tagestouren, mehrtägige Safaris, Nachtpirschfahrten, Wandern und Fischen) in das Nkhotakota Game Reserve an. Preise: Chalets ca. 10 US$/Person, Camping ca. 3 US$. Adresse: Njobvu Safari Camp, P.O.Box 388, Nkhotakota.

Nkhotakota - Salima

Die Straße nach Salima verläuft weiterhin durch sehr flaches Gebiet, welches stark besiedelt und abgeholzt ist. Sie führt an der Chia-Lagune vorbei, in der intensiv gefischt wird. Leberwurstbäume, Baobabs und Baumwollfelder bestimmen die Landschaft. Nach gut 100 km trifft man auf die Straße aus Lilongwe und erreicht nach weiteren 8 km Salima.

Salima und Senga Bay

Salima liegt 20 km von den berühmten Stränden von Senga Bay entfernt. Die kleine Stadt wurde vor einigen Jahren durch eine neue, kürzere Teerstraße mit der Hauptstadt verbunden. Die 100 km lange Strasse erlaubt die Anreise an den See in weniger als 2Stunden, wodurch der Ansturm an Wochenendbesuchern zu erklären ist. Allerdings ist die neue Straße eine der weniger spektakulären Escarpment-Abfahrten. Entlang der Strecke werden Bast- und Korbwaren, sowie Möbelstücke angeboten.

Der Strand des Livingstonia Beach Hotel

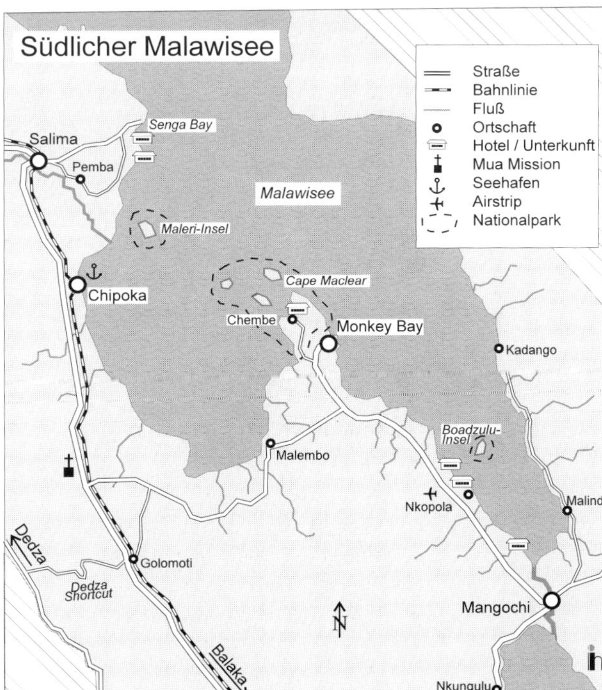

Senga Bay

Die schmale Teerstraße voller Schlaglöcher, die von Salima zu den Ressorts an der Senga Bay führt, verläuft durch eine flache Sumpfebene mit vielen Mangobäumen. Besonders an Wochenenden werden entlang der Straße sehr viele Souvenirs verkauft. Wer die verschiedenen Abzweigungen ignoriert, an denen Unterkünfte ausgeschildert werden, landet nach etwa 22km am Ende der Teerstraße direkt beim *Livingstonia Beach Hotel*, dem besten Hotel der Region.

Unterkunft

- **Livingstonia Beach Hotel:** Das Traditionshaus der Kolonialzeit (damals: Grand Hotel) wurde 1987 vollkommen renoviert und zum First Class Hotel ausgebaut. Schöner Poolbereich. Preise etwa 80-120 US$ pro Zimmer. Der Kiesstrand ist schmal, der See wird schnell tiefer. Die Bucht ist beiderseits von Felshügeln eingesäumt. Wandern am Senga Hill möglich. Europ. Leitung.
- **Carolina Lakeside Restaurant & Chalets:** Indisch geführtes Restaurant und Chalets, Camping möglich.
- **Crystal Waters:** einfache Chalets im Dorf.
- **Kambiri Hotel:** Seit 1984 unvollendete Hotelanlage. Teile der Anlage, Bar und Restaurant sind fertig und bieten sehr ruhige Unterkunft unter indischer Leitung.

Camping

Viele der Resthouses und Ressorts bieten Camping an, verstehen darunter manchmal aber nicht viel mehr als das Bereitstellen einer Wiese. Es gibt aber zwei Campingplätze nach europäischem Verständnis.

- **The Steps Campsite des Livingstonia Beach Hotel:** Sehr ansprechende, ruhige Lage neben dem Hotel, allerdings noch etwas schattenlos. Saubere Sanitäranlagen (nur kaltes Wasser) und eine große Strandbar. Obere Preiskategorie.
- **Wheelhouse:** Preisgünstige Alternative für alle, denen das Livingstonia Beach Hotel zu steril ist. Schöne Lage, viel Schatten, Stelzenbar, aber alles etwas vernachlässigt.

Senga Bay zeigt bereits den krassen Gegensatz von reichen Städtern, die den Strand mit eingezäunten Feriencottages vereinnahmt haben, und der armen Dorfbevölkerung. In der Straße zu Carolinas Restaurant sind die Einheimischen bereits vollkommen vom Seeufer abgeschnitten. Die Ferienhäuser reihen sich mit gepflegten, blühenden Gärten aneinander. Dahinter stehen die Hütten des Dorfes auf staubigem Sandboden mit freiem Blick auf die Gartenzäune.

Tip!

Meiden Sie Senga Bay an Wochenenden und in Ferienzeiten! Da verwandelt sich die ruhige Bucht in ein überlaufenes Massenziel.

Für die Rückfahrt nach Salima kann man den etwa 35 km langen Bogen über Pemba nehmen. Die Sandpiste führt am Wheelhouse und den Sanddünen vorbei und schließlich durch ein flaches Sumpfgelände voller uriger Baobabs. Wie ein Reihendorf gehen die kleinen Fischerdörfer bis Salima ineinander über.

oben: Der Strand von Senga Bay

unten: Strandbar auf dem Campingplatz des Livingstonia Beach Hotel

DER SÜDEN

SÜDLICH VON LILONGWE UND SALIMA

Feinsandige Buchten und flache Badestrände prägen den südlichen Teil des Malawisees. Kühlere Bergregionen, wie das Shire-Hochland, das Zomba Plateau und das Mulanje Massiv mit seinen Teeplantagen schließen sich noch weiter im Süden an.

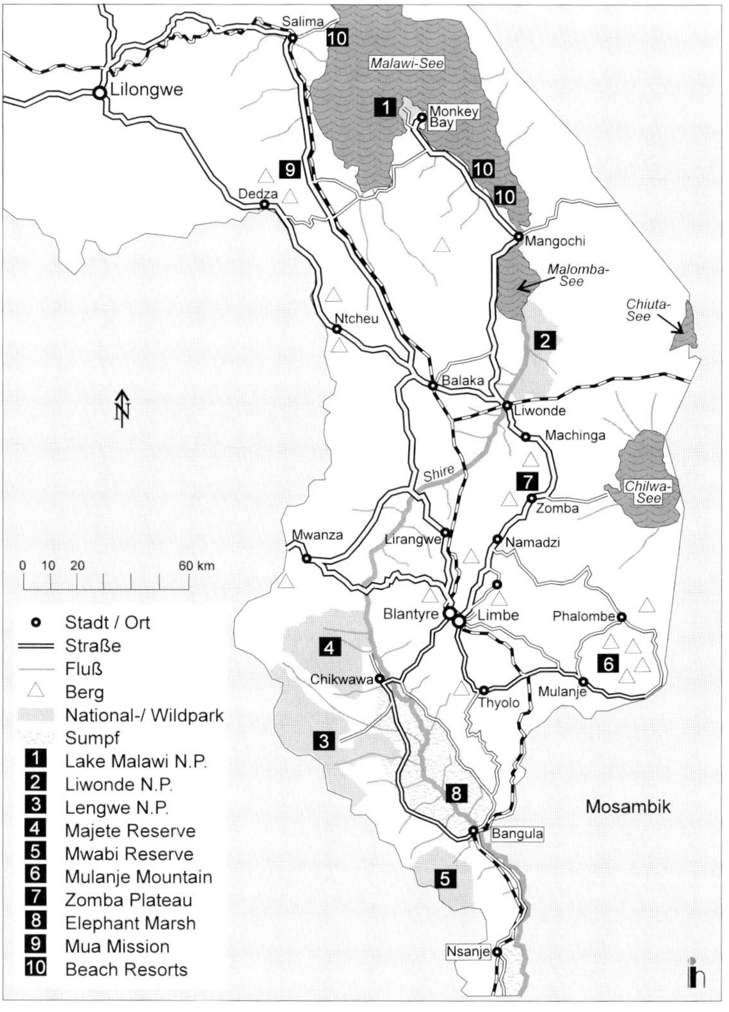

Von Salima nach Monkey Bay

Chipoka, 27 km südlich von Salima, ist der einzige Hafen mit Bahnanschluß. Die weitere Strecke bis zur Mua Mission ist eine *'Straße der Baobabs'*. Die ungewöhnlichen Bäume finden in den heißen Niederungen ideale Lebensbedingungen. Hunderte Baobabs, alle verschieden in Figur und Größe, prägen diese Landschaft.

Mua Mission

Sehr sehenswert!

60 km südlich von Salima befindet sich auf einem Hügel eine der interessantesten Missionen Malawis. Durch das Engagement eines außergewöhnlichen Paters mit künstlerischen Ambitionen entwickelte sie sich zu einer kulturellen Begegnungsstätte. Pater Boucher gestaltete die Mission in den letzten 20 Jahren mit viel Liebe zum Detail, wobei er die Menschen zur bewußten Auseinandersetzung und Beschäftigung mit ihrer eigenen Kultur auffordert. Ein kleiner Zoo wurde errichtet (Adler, Python, Schildkröten, Serval u.v.m.), und eine Werkstatt für Künstler und Handwerker eingerichtet. Alle Gebäude wurden mit traditionellen Techniken und Materialien erbaut. Glanzstück ist das neue Museum der malawischen Kunst. Bereits von außen ist es sehenswert, denn der Pater ließ die Landesgeschichte in Bildern an die Außenwand malen. Außerdem wurde ein Laden errichtet, in dem die Schnitzer und Maler ihre Erzeugnisse verkaufen.

Die Mua Mission der Weißen Väter ist eine katholische Mission. 1889 waren die ersten vier Weißen Väter ins Land gekommen und hatten sich in Mpondas Dorf bei Mangochi niedergelassen. Sie kapitulierten aber schon nach wenigen Jahren vor der Grausamkeit und Mordlust der vom Sklavenhandel lebenden Yao. 1902 versuchten die Weißen Väter noch einmal, in Nyasaland Fuß zu fassen und gründeten die Mua Mission. 1927 wurde hier eine Leprastation eingerichtet.

Monkey Bay

Kurz nach der Mua Mission erreicht man die Abzweigung nach Monkey Bay. Die Straße ist in weniger gutem Zustand und führt parallel zum See nach Osten. Sie verläuft durch ein flaches Schwemmland und Dornbuschsavanne. Nach 60 km trifft man auf die Straße zwischen Monkey Bay und Mangochi. Monkey Bay erreicht man links nach weiteren 12 km.

Der beschauliche Ort liegt in einem schönen Naturhafen, der beiderseits von Felsen umrahmt wird. Eine kleine Insel ist der Bucht vorgelagert. Monkey Bay ist ein wichtiger militärischer Stützpunkt und Hafen. Die beiden Frachtschiffe Ilala und Mtendere starten von hier ihre Fahrten über den See (siehe *Praktische Hinweise, Transport vor Ort*).

Info

Buchungsbüro für die Ilala: Malawi Lakes Services, am Hafen von Monkey Bay, Tel. 587311.

oben: Das Museum der Mua Mission
unten: Souvenirstände an der Abzweigung nach Cape Maclear

LAKE MALAWI NATIONAL PARK - CAPE MACLEAR

Cape Maclear ist ein friedliches Naturparadies, das zum Träumen und Erholen einlädt. Die glühendroten Sonnenuntergänge sind legendär. Weiße Strände heben sich gegen das klare, blaugrüne Wasser ab. Die Bucht ist traumhaft schön. Ein Tauch- und Schnorchelparadies zwischen weißen, blanken Felsen. Vorgelagerte, bewaldete Inseln runden das harmonische Bild ab.

David Livingstone hatte die Bucht entdeckt und nach seinem Freund Thomas Maclear, Königlicher Astronom in Kapstadt, benannt. Schottische Missionare wählten 1875 die geschützte Bucht als ersten Standort der Livingstonia Mission.

Die Bucht hatte zwei Nachteile: Die Malaria forderte in kürzester Zeit fünf Todesopfer, und da nur das Dorf Chembe in der Nähe war, konnten nur wenige Menschen missioniert werden. Daher verließen die Missionare 1881 Cape Maclear und siedelten weit im Norden in Bhandawe.

oben und unten:
Cape Maclear

Zu diesem Zeitpunkt lebten noch sehr viele Wildtiere, wie Elefanten und Löwen, auf der Halbinsel. Die verlassene Mission wurde 1896 an die Dutch Reformed Church übergeben.

Die nächsten 50 Jahre passierte wenig. 1948 wurde, nach 7jähriger Bauzeit, ein Luxushotel *an der reizvollen Bucht eröffnet. Es lief gut an. Ab November 1949 flog der Vorläufer von British Airways sogar von England und Südafrika mit seinen* Flying Boots *an die Bucht (Stopover zwischen Southampton und Vaal Dam). Die Flieger konnten 28 Passagiere aufnehmen und landeten auf dem See. Doch schon nach genau einem Jahr wurde die Flugroute eingestellt. Das Luxushotel war somit nur noch per Boot oder über langwierige, schlechte Straßen zu erreichen. Die Besucher blieben aus und 1951 wurde das schöne Hotel bereits wieder geschlossen.*

Das Golden Sands Camp steht auf den Ruinen jenes Hotels. Von der alten Mission, die sich auf der Landzunge zwischen Chembe und dem Nationalpark befand, sind außer den Gräbern keine Zeugnisse mehr vorhanden.

Das Fischerdorf Chembe liegt außerhalb der Nationalparksgrenzen

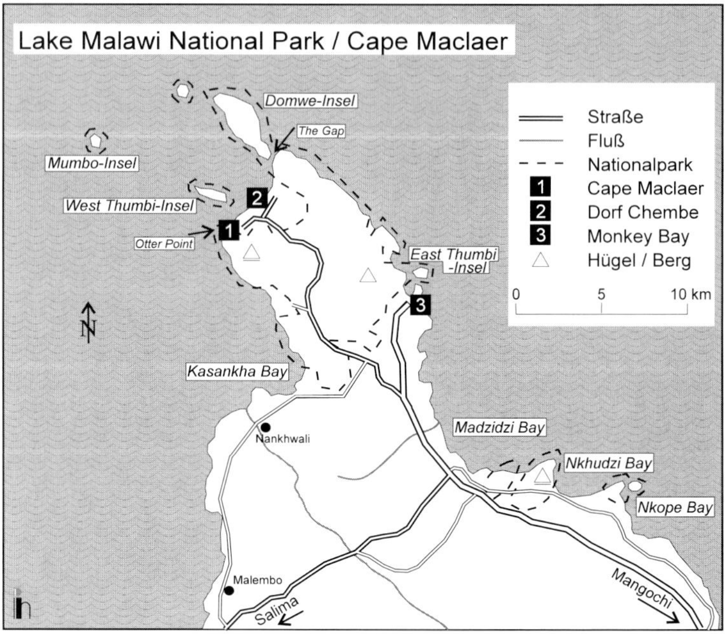

Anreise

Die 18 km lange Zufahrt in den Nationalpark zweigt 6 km südlich von Monkey Bay an einem großen Baobab und vielen Souvenirständen ab. Die Straße endet direkt am Golden Sands Camp von Cape Maclear. Kurz vorher erreicht man das Fischerdorf Chembe, das noch außerhalb der Nationalparksgrenzen liegt.

Ab Lilongwe beträgt die Entfernung etwa 250 km, ab Blantyre 270 km. Für Reisende aus Lilongwe stellt die Anreise über den Dedza-Shortcut eine reizvolle Alternative zur Hauptstraße via Salima dar (siehe *Dedza*).

Info Es verkehrt täglich ein Linienbus zwischen Blantyre und dem Golden Sands Camp in Cape Maclear (ca. 8 Std./ Preis ca. 20 US$ für die einfache Fahrt. Unterwegs Stop in Zomba und Monkey Bay).

Daten

1980 wurden die Nankhumba-Halbinsel und 12 Inseln zum ersten Frischwasser-Nationalpark der Welt erklärt. Der Park reicht entlang der Küsten 100 m in den See. Dadurch soll die einmalige Unterwasserwelt geschützt werden.

Als der Nationalpark eingerichtet wurde, hat man einige Fischerdörfer, wie z.B. Chembe, ausgeklammert.

Natur und Tierwelt

Die Halbinsel ist sehr bergig und mit trockenem Bergwald bewachsen. Auch die vorgelagerten Inseln sind bewaldet und hügelig. Wanderwege bieten immer wieder grandiose Ausblicke auf steile Buchten und einsame Strände. Cape Maclear liegt windgeschützt, der See hat kaum Strömungen.

Fische

Schwerpunkt des Parks ist die Unterwasserwelt des Malawisees. Hunderte verschiedener Fischarten, von denen längst nicht alle bekannt sind, haben sich in dem warmen Gewässer entwickelt, ein großer Teil davon ist im Malawisee endemisch. Die Fische leuchten in den buntesten Farben und sind beliebt bei Aquarianern in aller Welt. Der berühmteste unter ihnen ist der *Mbuna*, ein Steinfisch aus der Familie der *Cichliden*. Der Vegetarier, der nur bis zu 15 cm groß wird, lebt ausschließlich in felsigem Terrain.

Manche der bunten Zierfische kommen nur in einer kleinen Region oder Bucht des Malawisees vor. Überall im See sind regional sehr unterschiedliche Varianten entstanden, und einige davon wurden im Nationalpark angesiedelt.

Bei den Buntbarschen haben sich besonders viele eigenwillige Arten im Malawisee herausgebildet. Zu ihnen zählen z. B. der Schuppenfresser, Schnecken- und Wulstlippenbuntbarsch. Außerdem gibt es sehr viele Katzenfische, Karpfen und Barsche. Der Schmackhafteste unter ihnen ist der *Chambo*.

Vögel

Vogelfreunde können neben dem markanten Schreiseeadler auch Schwarzadler, Seeschwalben, Eisvögel, Ibisse, Kormorane, Reiher und Milane entdecken.

Vorsicht vor den Meerkatzen!

Die Affen von Cape Maclear sind unverfrorene, geschickte Diebe, die alle Nahrungsmittel, die nicht vehement verteidigt werden, in Windeseile klauen! Um das Golden Sands Camp haben sich mehrere Rudel etabliert und offensichtlich ganz auf die Eßgewohnheiten der Touristen eingestellt!

Es soll in den Bergen der Halbinsel vereinzelt Leoparden, Klippspringer und sogar noch Elefanten geben. Ob Wahrheit oder Vergangenheit, läßt sich schwer sagen. Krokodile und Hippos waren einst zahlreich, sind aber stark gejagt und verdrängt worden. Mit viel Glück kann man Lizards, Schliefer oder einen der Fischotter am *Otter Point* entdecken.

Eine traurige Geschichte hat ***Mumbo-Island****, die 'Elefanteninsel'. 1876 bemerkten die Missionare Elefanten auf der 6 km entfernten, kleinen Insel. Ungläubig schickten sie ein Erkundungsboot aus und fanden tatsächlich einen Elefantenbullen. Es war ihnen unerklärlich, wie er die weite Strecke überwältigt hatte. Ihnen fiel denn auch nichts besseres ein, als ihn innerhalb der nächsten zwei Tage zu töten.*

Sehenswertes
in Cape Maclear

Otter Point

Vom Strand des Golden Sands Camps führt eine Art Lehrpfad mit Schautafeln und Hinweisen über den Felshügel an den Otter Point. Die Fischotter kann man nur mit viel Glück ausmachen. Doch der Platz eignet sich hervorragend zum Schnorcheln und Tauchen, da die Zierfische gerne zwischen den großen, glatten Felsblöcken leben.

Visitor Center

In Zusammenarbeit mit dem WWF entstand ein interessantes Informationszentrum mit verschiedenen Aquarien. Außerdem zeigt eine Ausstellung die Geschichte der Bucht, der Fischerei und biologische Zusammenhänge.

Missionsgräber

Direkt am Eingangstor führt ein Fußweg zu den Gräbern der ersten Missionare, die der Malaria erlagen. Die Kreuze sind noch erhalten. Hier beginnt ein Wanderweg.

Mwala wa Mphini

Die Zufahrtsstraße in den Nationalpark führt an einem großen Felsen mit vielen tiefen Rillen vorbei, die durch Naturkräfte entstanden sind. Die Stelle ist beschildert.

Bootsausflüge im Einbaum

Bild oben: Schnorchelparadies am Otter Point

Die Fischer von Chembe bieten Einbaumfahrten zur vorgelagerten *West-Thumbi*-Insel oder *'The Gap'*, dem schmalen Durchgang zwischen Festland und der *Domwe*-Insel an. Schnorcheln ist dort besonders schön. Die Schnorchel können übrigens ausgeliehen werden.

Das touristische Angebot wird ständig erweitert. Es gibt bereits zwei Tauchschulen, wovon eine (Golden Sands Camp) unter deutscher Leitung steht. Tauchgeräte werden auch vermietet und nächtliche Tauchgänge angeboten.

Unterkunft / Camps

Bis vor wenigen Jahren gab es nur zwei Möglichkeiten der Übernachtung. Doch seit 1992 hat sich das gemütliche Fischerdorf Chembe deutlich verändert. Neben dem seit Jahren bestehenden Haus der Brüder Stevens' sind viele andere, einfache Einrichtungen am Strand entstanden. Die Preise sind sehr niedrig. Das Dorf befindet sich derzeit in einem kuriosen Zustand, wobei der Strand in immer mehr Abschnitte aufgeteilt wird, und Tauchschule, Bars und Campingplätze neben einfachen Fischerhütten und Fisch-Trokkengestellen stehen. Da etwa die Hälfte der neuen 'Hoteliers' aus Chembe stammt, ist die Bevölkerung den Touristen gegenüber noch aufgeschlossen. Das Publikum sind vorwiegend junge Rucksackreisende.

Die Eintrittspreise stellen ein Problem dar: Bei einem Aufenthalt im Golden Sands Camp des Nationalparks werden die in Malawi üblichen Gebühren berechnet, also Eintritt, Unterkunft und Fahrzeug pro Person und Tag. Besonders für Motorisierte wird so der Aufenthalt schnell bis zu zehn Mal teurer als in Chembe. Die Touristen aus Chembe laufen zu Fuß an den Strand von Cape Maclear, ohne Eintritt bezahlen zu müssen. Aus diesem Grund ist das Golden Sands Camp in letzter Zeit kaum noch besucht. Daß man durch die hohe Preisdifferenz viele Gäste an das Dorf Chembe verliert, hat man wohl bemerkt. Deshalb soll das Eingangstor auch vor Chembe verlegt werden.

Bilder rechts: Impressionen am Malawisee Die berühmten Sonnenuntergänge am See sind sogar auf den malawischen Geldnoten abgebildet.

Strand am Golden Sands Camp

Unterkunft *in Cape Maclear und Chembe*

- **Golden Sands Camp:** Das einzige Camp im Nationalpark. Es liegt an der besten Stelle von Cape Maclear und gewährt ungemein schöne Ausblicke auf den See. Das staatliche Camp bietet einfache Chalets und schattige Campingplätze. Damit sind die Vorteile aber schon aufgezählt. Es ist etwas heruntergekommen, nachlässig geführt und neuerdings wenig besucht, während sich in Chembe die Touristen tummeln. Sehr einfache Sanitäreinrichtungen.
- **Mr. Stevens':** Die traditionelle Alternative der 80er Jahre, damals einzige Unterkunft in Chembe. Bar, Zimmer mit Dusche. Mitten im Dorf gelegen.
- **Emanuelle:** Campingplatz am westlichen Dorfrand. Ruhig, wenig Schatten, sehr preisgünstig.
- **The Gap:** Große Bar und Camping im Dorf, sehr preisgünstig.
- **Chembe Lodge:** Ruhig gelegenes Zeltcamp am Ostende der Bucht. Schöner Strand, etwas teurer.

Es existieren noch weitere Einrichtungen. Chembe soll im nächsten Jahr Stromanschluß erhalten. Die Jugend hat sich auf die veränderte Situation eingestellt, während die Alten in den Hintergrund gedrängt werden. Man sieht modebewußte Beachboys mit verrückten Haarschnitten, die in ausgezeichnetem Englisch Ausflüge anbieten. Kleine Mädchen verkaufen Bananenkuchen, Frauen waschen im See die Wäsche der Touristen, und die Fischer verkaufen den nächtlichen Fang aus ihren Einbäumen heraus. Noch scheint die Welt halbwegs in Ordnung zu sein in Chembe.

Seit langem kursieren die unterschiedlichsten Versionen, wie die Zukunft des Golden Sands Camps aussehen soll. Die neueste Variante weicht vom geplanten 21-Stockwerke-Hotelbunker oder den Stelzenbungalows in den Bergen ab. Man spricht statt dessen davon, Hotel und Campingplatz in den Hintergrund zu verlegen und den Strandbereich als Wiese zu begrünen.

LIKOMA ISLAND

Nur durch die Ilala erhält Likoma regelmäßige Verbindungen zur Außenwelt

Wer die Likoma-Insel besuchen möchte, wird vermutlich mit der Ilala ab Monkey Bay dorthin reisen. Likoma verfügt zwar auch über einen Landeplatz, wird aber nur unregelmäßig angeflogen. Likoma und Chizumulu, die kleinere Schwesterinsel, liegen in den Gewässern von Mosambik. Daß sie dennoch zu Malawi zählen, liegt an der britischen Missionstätigkeit, die auf Likoma bereits 1885 begann.

Likoma ist nur etwa 3x8 km groß, flach und trocken, da die Insel wenig Regen erhält. Die wenigen Bäume wurden abgeholzt und verfeuert, nur die vielen eindrucksvollen Baobabs blieben erhalten. Einige Mangobäume wurden angepflanzt. Likoma ist dünn besiedelt und hat viele schöne Strände und Buchten. Besonders die *Jofuh-Bucht* ist bei Rucksackreisenden zum Wildcampen beliebt. Im Dorf stehen mittlerweile einige einfache Unterkünfte zur Verfügung. Es wird auch darüber nachgedacht, eine größere Lodge zu bauen.

Man kann die Insel leicht in einigen Stunden umwandern. Wer länger bleiben will, weil er nichts als Ruhe und einsame Badestrände sucht, sollte sich vorher mit Lebensmitteln versorgen.

Das eindrucksvollste Gebäude der Insel ist die gigantische, neugotische *St.* **Peter's Kathedrale**, die von 1903 bis 1905 in der gleichen Größe wie die Winchester-Kathedrale in England gebaut wurde. Das Backsteingebäude wurde in den 80er Jahren renoviert.

Ein Wort zur Geschichte...

Bischof Mackenzie von der Universities Mission war der erste Missionar, der dem Ruf Dr. Livingstones nach Zentralafrika folgte. Nach dem traurigen Ende dieser Aktion hielt sich die Mutterkirche lange Zeit aus Afrikas Geschicken heraus und schickte erst 1885 wieder Missionare an den See (siehe *Geschichte*). Nach den schlechten Erfahrungen mit Sklavenhandel, Stammesfehden und Malaria errichteten sie ihre Basis auf der kleinen Likoma-Insel. Den ersten beiden Gefahren gingen sie damit aus dem Weg, doch unter der Malaria litten sie hier noch stärker als alle anderen Missionen. In Durchschnitt starb jeder dritte Missionar in Likoma an der verheerenden Krankheit. Erst 1889 erhielt die Mission Unterstützung durch einen Arzt, 1901 wurde ein kleines Hospital gegründet. Auf der Insel existierte ein starker Aberglaube. Vor den Augen der Missionare wurden einmal drei Frauen wegen Hexerei bei lebendigem Leib verbrannt. An jener Stelle wurde ab 1903 die pompöse Kathedrale erbaut.

Nach einigen Jahrzehnte waren alle Inselbewohner Christen (so viele waren es ja auch nicht!). Damit hatte die Mission die höchste Christianisierungsrate Afrikas erreicht!

Oben: Die Ilala im Hafen von Monkey Bay
Unten: Szenen bei Mangochi

Von Monkey Bay nach Blantyre

Eine etwa 60 km lange Teerstraße führt von Monkey Bay nach Mangochi.

Nahe der *Nkhudzi Bay* wurde in Privatinitiative ein Schutzreservat für die letzten Elefanten der Region eingerichtet. Obwohl die ansässige Bevölkerung das Projekt zunächst befürwortet hatte, wurden 1995 im Schutzreservat viele Tierfallen und vergiftete Nahrungsmittel entdeckt, wodurch drei Elefanten getötet wurden. Seither leben die wenigen überlebenden Elefanten noch zurückgezogener. Am Seeufer waren sie zuletzt je einmal 1992 und 1994 entdeckt worden.

Die Straße verläuft kerzengerade durch eine flache Ebene, die voller Palmen und Baobabs steht. Die Kokospalmen werden immer zahlreicher, und Mangochi liegt förmlich in einem Palmenwald. Gute 30 km vor Mangochi reihen sich einige Holiday Ressorts und Campingplätze aneinander.

Unterkunft

- **Nanchengwa Lodge & Camping:** Einsames, kleines Ressort, das bei Overländern sehr beliebt ist.
- **Sun' n' Sands Holiday Resort:** Sehr große, nüchterne Anlage.
- **Boadzulu Lakeshore Holiday Resort:** Einfache Rondavels, Mittelklasse.

Oben und Mitte: Nkopola-Bucht
Unten: Palmenwald bei Mangochi

- **Club Makokola:** Großer Sportclub mit sehr schönem Strand, großes Freizeitangebot, eigener Airstrip. Preise: 70-100 US$ pro Zimmer.
- **Nkopola Lodge & Beach Resort:** Hotel und Campingplatz an der Nkopola-Bucht. Schöner Pool, Strand mittelmäßig, großes Freizeitangebot. Preise ca. 60-100 US$ pro Zimmer. Camping schattig für Zelte, für Caravans parzellierte Stellflächen.
- **Mulangeni Holiday Resort:** Große, enge Anlage mit Chalets und einfachem Camping. Etwas steril. Preise bis zu 100 US$/Chalet.
- **Palm Beach Leisure Resort:** Familienfreundliche, große Anlage in einem Palmenhain. Rondavels und Camping. Mittlere Preisklasse. Das Ressort ist Startpunkt des Katamaran-Marathons nach Chinteche im Juli jeden Jahres.

Die Ressorts sind gewöhnlich nur an Wochenenden und zu Ferienzeiten voll, den Rest des Jahres ist es hier eher ruhig. Die Strände können sich nicht mit der Schönheit von Cape Maclear messen, auch Schnorcheln ist häufig nicht möglich, da Felsen fehlen. Andererseits sind die Anlagen im allgemeinen hochwertiger.

Das Unternehmen *Rift Lake Charters* operiert vom Club Makokola aus und bietet Bootstouren, Wasserskifahrten, Segeltörns, Tauchgänge und Ausflüge nach Cape Maclear und in den Liwonde Nationalpark an.

Mangochi

1891 wurde am Ostufer des Shire der militärische Stützpunkt *Fort Johnston* gegründet, um den Sklavenhandel im Yaoland zu bekämpfen. Nach der Unabhängigkeit wurde die Stadt in Mangochi umbenannt. Sie ist immer noch das Zentrum der Yao. Die vielen Moscheen belegen den starken islamischen Einfluß. Mangochi liegt ziemlich genau zwischen dem Malawi- und dem Malombesee. Eine Straße führt von hier nach Osten zur Grenze nach Mosambik.

Sehenswert!

Queen Victoria Memorial Tower

Vor der Brücke über den Shire steht auf der rechten Seite ein Memorial von 1903 zur Erinnerung an die Königin. Nach dem schweren Seeunglück der M.V.Vipya, bei dem am 30. Juli 1946 fast 150 Menschen ertranken, wurde eine Gedenktafel im Turm angebracht. Daneben steht eine Kanone des alten Kanonenboots Guendolen (siehe *Geschichte*).

Sehenswert!

Museum of Malawi

Nahe des Memorials befindet sich das Museum. Es wurde 1995 grundlegend renoviert und soll 1996 wiedereröffnet werden.

Die drei flachen Seen in Südmalawi

Auf der Weiterfahrt nach Süden führt die Straße zunächst direkt am Westufer des Malombesees entlang. Der sehr flache See wird vom Shire durchflossen. Seine Ufer sind schilfig. Gelegentlich lösen sich an der Shiremündung Teile des Ufers und treiben als schwimmende Inseln im See. Um Nkungulu wird besonders intensiv gefischt. Die kleinen Silberfische werden auf grossen Trockengestellen ausgelegt. **Malombe-**, **Chiuta-** und **Chilwasee** sind nicht zum Baden geeignet. Die Region zwischen den drei Seen ist sehr einsam und wird, mit Ausnahme des Liwonde N.P., kaum von Touristen besucht. Je mehr man sich Mosambik nähert, um so flacher und sumpfiger wird es. Der 650 km² große Chilwasee trocknet in sehr regenarmen Jahren sogar völlig aus (1968). Durch die Unzugänglichkeit bieten die Seen vielen Wasservögeln, wie Reiher, Pelikane, Flamingos und Enten, Schutz.

Bis Liwonde bleibt der schöne Palmenwald. Entlang der Straße werden Bastmatten und Kokosnüsse verkauft. Nach 70 km trifft man auf die Verbindungsstraße von Balaka, wo zahlreiche Souvenirstände aufgebaut sind. Nach weiteren 3 km überquert man den Shire und erreicht Liwonde, den Ausgangspunkt für einen Besuch im Liwonde Nationalpark.

Unterkunft

- **Kudya Discovery Lodge:** Am Westufer des Shire, 1 km nördlich der Brücke gelegene, große Anlage mit Chalets und Camping. Preise ca. 20-30 US$. Bootstouren in den Park werden angeboten.

LIWONDE NATIONAL PARK

Die bezaubernde Flußlandschaft mit Palmen und gelben Fieberbäumen war einst die Heimat von hunderten Elefanten und noch viel mehr Flußpferden. Bevölkerungszuwachs und Wilderei bedrängten diese Wildnis. Manche Tierarten, wie Nashorn, Zebra und Büffel, starben aus. Anderen drohte das gleiche Schicksal. Tierfallen verwundeten die Tiere unnötig. Die Folge: Die Löwen und Elefanten von Liwonde zählen zu den aggressivsten in Zentralafrika. Sie haben den Menschen lange Zeit nur als gefährlichen Feind erlebt. Wenige Besucher kamen bis 1992 in den Park. Das staatliche Camp war vernachlässigt. Dann aber wurde mit internationaler Unterstützung ein **3-Phasen-Projekt** zur Rettung des Parks entworfen:

Ein internationales Projekt zur Rettung des kleinen Nationalparks

1. Der Park wurde von einem elektrischen Zaun umgeben.
2. Das Camp wurde privatisiert und zur Luxuslodge ausgebaut.
3. Ausgestorbene Tierarten sollen wieder eingegliedert werden.

Auf diese Weise erhielt der Park zwei Nashörner, die in einer Art Hochsicherheitstrakt mit 24-Stunden-Bewachung auf etwa 1000 ha leben.

Der Liwonde Nationalpark hat wieder viele Besucher. Die neue Lodge entspricht gehobenen Ansprüchen. Doch die Tierwelt hat sich so schnell noch nicht erholen können. Bis es wieder hunderte Elefanten und Antilopen in dieser reizvollen Landschaft gibt, werden noch Jahre vergehen.

Das Mvuu Camp ist heute eine Vorzeigelodge in Malawi

Anreise

Der Park hat nur einen Zugang, der in Liwonde ausgeschildert ist. Das Mvuu Camp ist vom Eingangstor 25 km entfernt. Es ist von Blantyre in etwa 3 Stunden erreichbar, von Lilongwe in ca. 5 Stunden. Alle Parkwege sind Erdstraßen, die in der Regenzeit nur mit Allrad befahrbar sind. Besonders berüchtigt sind die von Elefanten ausgetretenen Sumpfebenen, durch die man dann nur noch mit Schrittgeschwindigkeit fahren kann!

Der Park ist auch per Boot erreichbar. Die Kudya Lodge bei Liwonde und die Ressorts Club Makokola und Nkopola Lodge bieten Bootstouren in den Park an.

Daten

Der Liwonde Nationalpark ist 550 km^2 groß und wurde 1973 eröffnet. Er wird im Norden durch den Malombesee und im Süden durch die Bahnlinie begrenzt. Im Westen reichen die Parkgrenzen 1 km über den Shire hinaus, im Osten reichen sie etwa bis an das Mkongwa-Escarpment. Der Park befindet sich auf 500 m Höhe und ist sehr flach. Nur im Süden sind einige Hügel bis 900 m. Die beste Reisezeit ist von August bis Oktober, wobei es ab September sehr heiß werden kann. Während der Regenzeit von Dezember bis April wird der Park geschlossen.
Im Mopanewald gibt es Tsetsefliegen.

Bilder: Liwonde Nationalpark

Natur und Tierwelt

Lebensader und Mittelpunkt des Parks ist der Shire. Seine Ufer sind schilfig, er bildet viele Lagunen. Das Westufer steht voller Palmen, das Ostufer weist die typische Vegetation der heißen Shire-Niederungen auf: Sandböden, Grasebenen und Schwemmland. Nahe dem Ufer stehen die märchenhaft wirkenden, gelben Fieberbäume, Baobabs, Leberwurstbäume und Euphorbien. Im Hinterland wächst dichter Mopane-Busch. Am Shire-Abfluß aus dem Malombesee steht ein besonders beeindruckender alter Baobab.

Der Park bietet Hippo-Garantie! Um das Mvuu Camp (Hippo Camp) halten sich zu jeder Zeit Hippos und Krokodile auf. An den Wänden und Zäunen der Lodge sind deutlich die Spuren zu sehen, wenn Hippos ihr Revier auf nächtlichen Spaziergängen markieren!

Die Elefanten sind durch die Wilderei stark dezimiert worden, doch besteht eine gute Chance, sie am Ufer zu beobachten. Auch Wasserböcke, Warzenschweine, Oribi und Impala halten sich gerne am Ufer auf. Löwen werden oft gesehen, seltener sind Hyänen und Leoparden. Im Mopanewald leben viele Affen. Ausgerottete Tierarten, wie Zebras, Büffel und Elenantilopen, sollen in den nächsten Jahren wieder eingegliedert werden.

Die beiden südafrikanischen Nashörner leben in einem streng bewachten, abgetrennten Bereich. Wieviel Sinn diese Umsiedlung gemacht hat, bleibt dahingestellt.

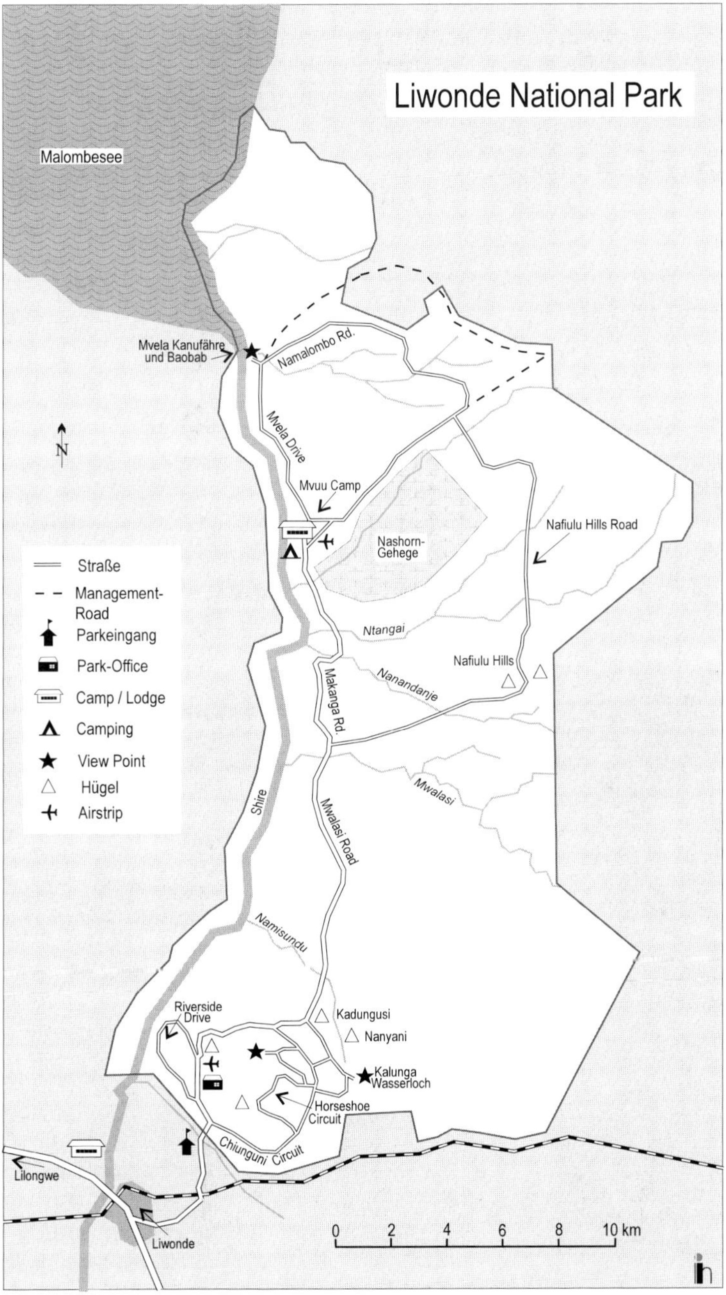
Liwonde National Park
Malombesee
Mvela Kanufähre und Baobab
Namalombo Rd.
Mvela Drive
Mvuu Camp
Nashorn-Gehege
Nafiulu Hills Road
Ntangai
Nafiulu Hills
Nanandanje
Makanga Rd.
Mwalasi
Mwalasi Road
Shire
Namisundu
Riverside Drive
Kadungusi
Nanyani
Kalunga Wasserloch
Horseshoe Circuit
Chiunguni Circuit
Lilongwe
Liwonde
Straße
Management-Road
Parkeingang
Park-Office
Camp / Lodge
Camping
View Point
Hügel
Airstrip
0 2 4 6 8 10 km
N

Vögel 370 verschiedene Vogelarten sind bekannt. Viele davon sind Wasservögel, wie Reiher und Kormorane, oder Raubvögel, wie Schreiseeadler und Fischeulen. Typisch sind auch die Palmengeier. Der Park ist die einzige Region Malawis, in der das hübsche Erdbeerköpfchen vorkommt.

Unterkunft / Camps

1994 wurde das staatliche Mvuu Camp privatisiert. Das Unternehmen *Central African Wilderness Trails* errichtete neben dem Zeltcamp eine sehr moderne Lodge, die auch gehobenen Ansprüchen gerecht wird.

- **Mvuu Wilderness Lodge:** sehr exklusives Luxus-Zeltcamp für max. 8 Personen. Jedes Zelt verfügt über eine eigene Plattform am Fluß. Obere Preisklasse.
- **Mvuu Camp:** Zeltcamp, Chalets und Camping mit schöner, großer Bar und Restaurant. Sehr gute Sanitäreinrichtungen, schöne Lage am Fluß. Chalets und Zelte ca. 25 US$, Camping 6 US$.

Es werden Bootstouren, Pirschfahrten und Wandersafaris angeboten.

Liwonde - Zomba Zwischen Liwonde und Machinga werden sehr viele Holzstühle und Bastmatten verkauft. Man nähert sich den Bergen, die Straße steigt an. Östlich der *Shire Highlands* verläuft sie nach Süden. Die Region ist sehr fruchtbar und wird entsprechend intensiv landwirtschaftlich genutzt.

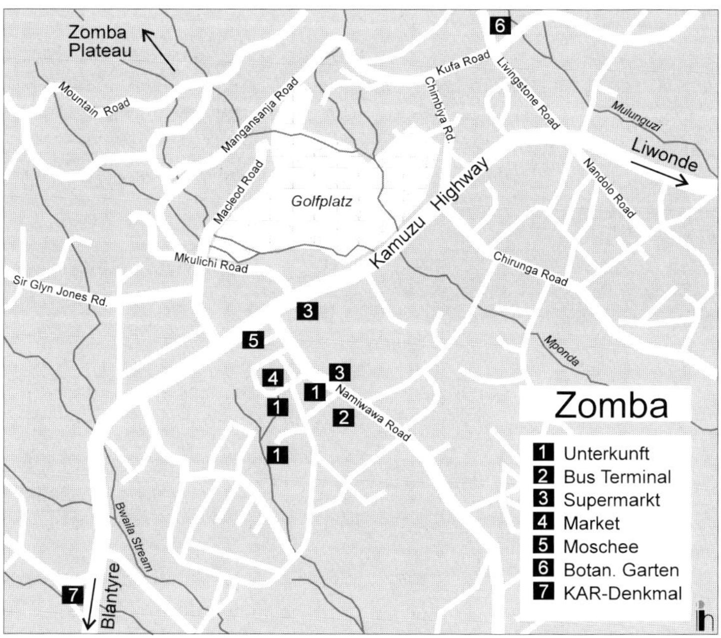

Zomba

Das Kriegsdenkmal in Zomba

Zomba ist eine der schönsten Städte Malawis. Allein ihre Lage zu Füßen des Plateaus und der *Shire Highlands* ist phantastisch. Auf 900 m Höhe genießt sie ein angenehmes Klima. Zomba ist grün, voller Bäume, und die Landschaft wirkt fruchtbar und tropisch.

Die ehemalige Hauptstadt wird durch seine vielen kolonialen Häuser geprägt. Sie galt als eine der charmantesten Hauptstädte im britischen Empire. Die hübschen Gebäude haben meistens eine große Holzveranda und stehen in großen Gärten. Auch wenn sie langsam etwas baufällig werden, zeigen sie noch viel von Zombas kolonialer Atmosphäre. Zomba war immer eine friedliche Stadt, in der die Briten gut und gern lebten.

Schon in den 80er Jahren des letzten Jahrhunderts war die Region als Sitz einer Mission in Betracht gezogen worden. Es gab zu dieser Zeit auch schon einige Siedler. Doch die Nähe zu den Sklavenrouten der Yao und die Gefahren durch wilde Tiere behinderten die weitere Entwicklung zunächst. Hier gab es besonders viele Raubtiere, und die ersten Berichte erwähnen immer wieder Löwenangriffe auf Menschen.

1891 wurde die Siedlung britischer Verwaltungssitz. In den nächsten 15 Jahren entstanden die meisten der Kolonialbauten. Das schöne **State House** wurde 1901 gebaut.

Bis 1975 war Zomba Hauptstadt des Landes, und bis 1994 blieb sie der Sitz des Parlaments. Heute ist sie eine Universitätsstadt mit etwa 23 000 Einwohnern. Die Läden sind fest in indischer Hand. Zombas Atmosphäre ist noch immer beschaulich und freundlich. Es gibt einen besonders schönen Golfplatz und eine interessante Fischfliegenfabrik.

Sehenswertes *in Zomba*

Botanischer Garten

Gemäß ihrer Tradition haben die Kolonialherren einen interessanten Botanischen Garten angelegt. Ein schöner Naturpfad führt durch den Park. Der Eintritt ist kostenlos.

Kriegsdenkmal

Am Ortsrand in Richtung Blantyre steht das Kriegsdenkmal zu Ehren der *King's African Rifles,* die in zwei Weltkriegen für das britische Empire kämpften.

Info

An der Namiwawa Road und um den sehenswerten Markt sind einige einfache Unterkünfte. Dort befinden sich auch das Geschäftszentrum, ein Büro von Avis und das Amt zum Telefonieren. Diverse Supermärkte findet man am Kamuzu Highway, frisches Obst und Gemüse kauft man am besten auf dem Markt.

ZOMBA PLATEAU

Frische, kühle Bergwälder, klare Luft und Ruhe bietet das Plateau. Ein dichtes Netz an Wanderwegen und Aussichtspunkten lädt zum Verweilen ein. Ob im Luxushotel oder auf dem Campingplatz - am Abend wärmt ein heimeliges Lagerfeuer. Besonders in der heißen Jahreszeit ist der Aufenthalt auf dem kühlen, grünen Plateau eine willkommene Erholung und Abwechslung vom warmen Malawisee.

Anreise

Die Auffahrt beginnt am Kamuzu Highway, gegenüber vom Kandodo-Supermarkt. Die geteerte, schmale Straße verläuft steil und kurvig, sie wird bald zu einer Einbahnstraße. Für knapp 10 km führt sie durch faszinierende tropische Bergwälder und bietet dabei immer wieder beeindruckende Ausblicke.

Bis 1968 war diese Auffahrt die einzige Straße auf das Plateau. Da sie für Gegenverkehr zu schmal ist, durfte man nur in den ersten 15 Minuten jeder Stunde hinauffahren. Die Talfahrt begann jeweils zur halben Stunde. Die 1968 gebaute, neue Abfahrt ist eine Erdstraße, die nach Regenfällen durchaus glitschig und steinig werden kann.

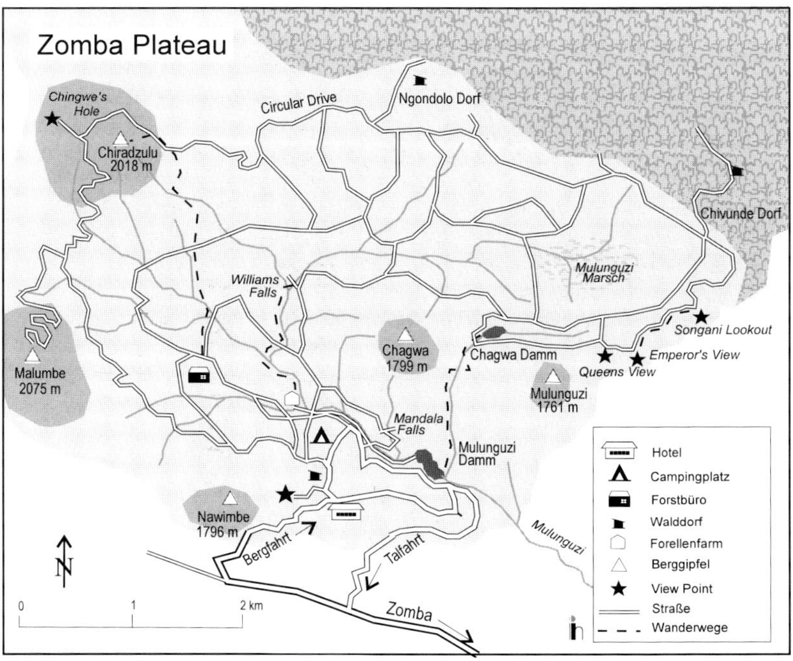

Anreise

Allein schon wegen der herrlichen Fahrt durch Farne, tropische Blumen und alte Bäume, und wegen des Panoramas lohnt sich die Fahrt auf das Plateau!

Verschiedene Wanderwege führen von Zomba auf das Plateau, wie z. B. der *Potato Path*, der seinen Namen nach den Kartoffelträgern erhielt, die Lebensmittel zum Verkauf an Besucher auf das Plateau tragen.

Daten

Das Zomba Plateau ist der nördliche Ausläufer der Shire Highlands. Es wird von mehreren Bergspitzen umschlossen. Bereits im letzten Jahrhundert, als die ersten Forste auf dem Plateau angelegt wurden, entstand auch die Forderung, die reichhaltige Vegetation zu schützen. 1913 wurde das Plateau zum ersten Waldschutzgebiet der Kolonie erklärt. Das Reservat umfaßt heute 47 km^2. Das Plateau erreicht 2087 m Höhe, Hotel und Campingplatz befinden sich in etwa 1500 m Höhe. Das Klima ist sehr kühl. Die Nächte sind frisch, die Tage angenehm warm. Die Monate Mai bis August haben sehr kalte Nächte. Für die Briten wurde das Plateau zur Sommerfrische.

Natur und Tierwelt

Pflanzen

Das Plateau war einst von dichten Urwäldern bewachsen. Seit rund 100 Jahren werden riesige Forste angelegt, die den Urwald zurückgedrängt haben und eine neue Landschaftsform entstehen lassen. Es werden vorzugsweise Mexikanische Pinien (Pinus Patula), Zypressen (Cupressus Luscitanica) und Mulanje-Zedern (Widdringtonia Whytei) angepflanzt. Die neuen Waldlandschaften wirken sehr 'nordisch' für Afrika. Vielleicht üben sie deshalb so eine große Anziehungskraft auf die weiße Bevölkerung Malawis aus. Urwälder findet man noch entlang der Flüsse, in Steilhängen und im Westen des Plateaus.

Mehrere Flüsse, wie Mulunguzi und Domasi, entspringen in den Bergen. Sie bilden Wasserfälle und wurden zu zwei Stauseen gestaut.

Tiere

Früher lebten in der Bergwildnis viele Leoparden, Hyänen und Antilopen. Sie wurden allerdings stark gejagt, und Leoparden und Hyänen sind heute vermutlich ausgestorben. Mit etwas Glück kann man Buschböcke, Affen, Schliefer und Otter entdecken.

Vögel

Schildraben sind regelmäßige Besucher des Campingplatzes. Adler, Bussarde, Krähen und Uhus kann man entdecken, aber auch Tschagras, Turakos, Schopfschnäpper und Sägeflügelschwalben. Schwarzkehlchen und Fiskalwürger sind auch häufige Vögel auf dem Plateau.

Wanderwege und Sehenswertes

- **Circular Drive:** Der ca. 25 km lange Rundweg gibt einen schönen Gesamtüberblick und beinhaltet drei markante Spots: **Queen's View** und **Emperor's View**, wo man an klaren Tagen bis zum Chilwasee und dem Mulanje-Massiv blicken kann, und **Chingwe's Hole**, ein Aussichtspunkt im Westen, mit Blick auf Urwälder und das Shire-Valley. Verschiedene Legenden spinnen sich um das inzwischen eingezäunte, tiefe Loch von Chingwe's Hole. Eine besagt, das Loch sei so tief, daß man kein Ende erreichen könne. Einer anderen These zufolge wurden hier früher Begräbnisse abgehalten. Zwischen Chingwe's Hole und dem Ku Chawe Inn ist die Straße teilweise in einem schlechten Zustand, hier ist ein Allradfahrzeug empfehlenswert.
- **Wanderwege:** Es gibt mehrere Wege von ca. 30 Minuten Dauer. Durch schönen Naturwald am Fluß entlang führt der Weg vom Mulunguzi-Damm zur Forellenfarm. Ähnlich ist der Weg von dort zu den William's Falls. Vom Mulunguzi-Damm zum Chagwa-Damm führt ein Wanderweg mit einigen Steigungen durch Forstwald. Schön ist auch der Weg zwischen Emperor's View und Songani Lookout. Eine eineinhalbstündige, anstrengendere Tour führt vom Forstbüro zum Chiradzulu-Peak. Der Weg verläuft durch gemischte Wälder und bietet mitunter grandiose Ausblicke.
- **Dämme und Wasserfälle:** In der Nähe des Hotels befindet sich der Mulunguzi-Damm, in dem Forellen gefischt werden dürfen, wenn man sich vorher im Hotel eine Lizenz besorgt. Der kleine Chagwa-Damm liegt sehr ruhig und einsam. Relativ leicht zu erreichen sind die Mandala Falls und die William's Falls. Die Chivunde Falls liegen weit im Nordosten des Plateaus.
- **Reiten:** Neben dem Nyika Nationalpark ist das Zomba Plateau die einzige Region Malawis, in der man reiten kann. Die Stallungen befinden sich in der Nähe des Hotels.
- **Forellenfarm:** Die Forellenfarm kann besichtigt werden.

Info Auf dem Plateau verkaufen Kinder Mineralien, vorwiegend Feldspat und schwarzen Turmalin, die sie aufgelesen haben. Von September bis Oktober bieten sie auch schwarze Beeren, von Oktober bis Dezember gelbe Himbeeren an, die auf dem Plateau wild wachsen.

Vorsicht! Es sind wohl schon Autos, die einsam am Straßenrand parkten, während ihre Besitzer wanderten, aufgebrochen worden. Hier ist Vorsicht geboten!

Unterkunft / Camps

- **Ku Chawe Inn:** Einziges Hotel auf dem Plateau in herrlicher Lage. Neu renoviert. Traumhafte Ausblicke von der Hotelterrasse. Die Superior-Zimmer haben eigene Kamine. Preise ca. 60-100 US$ pro Zimmer.
- **Campingplatz:** Nur wenige hundert Meter vom Hotel entfernt in einer Waldlichtung gelegen. Einfach und sehr günstig. Heiße Duschen. Originell: Gußeiserne Wasserkästen!
  Der kleine Chitinji-Campingplatz ist geschlossen.

Von Zomba nach Blantyre

Zomba ist 70 km von Limbe / Blantyre entfernt. Die gut ausgebaute Straße verläuft entlang der Shire-Highlands auf etwa 1000 m Höhe. Unterwegs werden an der Straße frisches Gemüse und Tonwaren verkauft. Die Fahrt ist landschaftlich abwechslungsreich.

Mtenga-Tenga - Postmuseum

Sehenswert!

Kurz nach Namadzi, auf halbem Wege zwischen Zomba und Blantyre, befindet sich auf der rechten Seite ein interessantes Postmuseum. Tenga-Tenga hießen die Träger und Postboten der frühen Kolonialzeit. Ab 1896 wurden nächtliche Postläufer zwischen Zomba und Blantyre eingesetzt. Sie bekamen eine eigene Uniform und waren mit Gewehr oder Speer bewaffnet, um sich gegen die Angriffe wilder Tiere wehren zu können. Außer Post und Waren trugen die Tenga-Tenga auch Menschen in Hängematten. Vier Tage dauerte der Postweg zwischen den beiden Orten. In der Mitte des Weges wurde eine Hütte errichtet, in der sich die Träger trafen und einander die Postsäcke übergaben. Nach einer Erholungspause liefen sie dann den gleichen Weg zurück.

Chamäleon am Straßenrand

BLANTYRE UND LIMBE

Blantyre und Limbe sind längst zusammengewachsen

Die beiden Städte lagen einst 7 km voneinander entfernt. Limbe, früher der hochgelegene, ruhige Wohnort der weißen Bevölkerung, entwickelt sich nun zu einem großen Vorort Blantyres. Annähernd eine halbe Million Menschen leben in dieser Doppelstadt. Es fehlt ihr dennoch das chaotische laute Treiben anderer Großstädte. Das Zentrum beschränkt sich fast auf das Dreieck zwischen der *Haile Selassie Road*, der *Victoria Avenue* und der *Glyn Jones Road*.

Blantyre ist trotz der neuen Hauptstadt Lilongwe das wirtschaftliche und gesellschaftliche Zentrum Malawis geblieben. Die Stadt bietet gute Versorgungsmöglichkeiten und einige interessante Sehenswürdigkeiten. Sie liegt auf 1100 m Höhe in einer schönen Berglandschaft eingebettet. Immer größere Vororte breiten sich auf den Hügeln aus. Auf den Bergen wurden große Forstgebiete durch Reservate geschützt.

Geschichte

Blantyre ist älter als die meisten südafrikanischen Hauptstädte

Blantyres Gründungsdatum ist der 23. Oktober 1876. Schottische Missionare unter der Führung von *Henry Henderson* schlugen an jenem Tag in der einsamen Berglandschaft ihr Lager auf. Sie benannten den Platz nach dem schottischen Geburtsort von David Livingstone. Die Missionare waren froh, eine klimatisch günstige Region entdeckt zu haben, die weit genug von den Sklavenrouten der Yao und Araber entfernt lag. Die kleine Missionsstation wurde bereits zu einer Siedlung, bevor Städte wie Nairobi, Lusaka oder Johannesburg gegründet wurden.

1884 überfielen die kriegerischen Ngoni die Dörfer der Shire Highlands und hunderte Menschen suchten bei der Mission Zuflucht. Drei Jahre später gab der Londoner Arzt *Dr. Bowie* seine Praxis auf und emigriete nach Blantyre. Eine Strohhütte wurde sein erstes 'Hospital'. Unglücklicherweise starb der erste Patient, den er dort behandelte. Daraufhin fürchteten sich die Patienten derart vor dem Hospital, daß Dr. Bowie in seinem Wohnhaus operieren mußte.

Zwischen 1888 und 1891 baute Referend *Scott* ohne Kenntnisse von Architektur oder Bauwesen die beeindruckende *St. Michaels and All Angels*-Kirche. Sie wurde zum Wahrzeichen Blantyres und steht nach über 100 Jahren immer noch stolz im Stadtkern.

Eine Tragödie spielte sich 1891 auf der Mission ab. Zuerst starb Henry Hendersons Baby an Diphtherie. Wenige Tage später starb auch seine Frau daran. Dr. Bowie, der Bruder von Mrs. Henderson, hatte sich bei dem Versuch, die beiden zu retten, selbst infiziert. Er starb in kürzester Zeit. Völlig verzweifelt verließen Henderson und Dr. Bowies Frau die Mission, um nach England zurückzukehren. Doch kaum hatten sie den Sambesi erreicht, erlagen beide der Malaria.

In den Anfangsjahren lebten die Missionare immer im Angesicht des Todes. Die Sterberate betrug 20 %. Erst als 1897 die Ursache der Malaria entdeckt wurde, konnte diese Rate gesenkt werden.

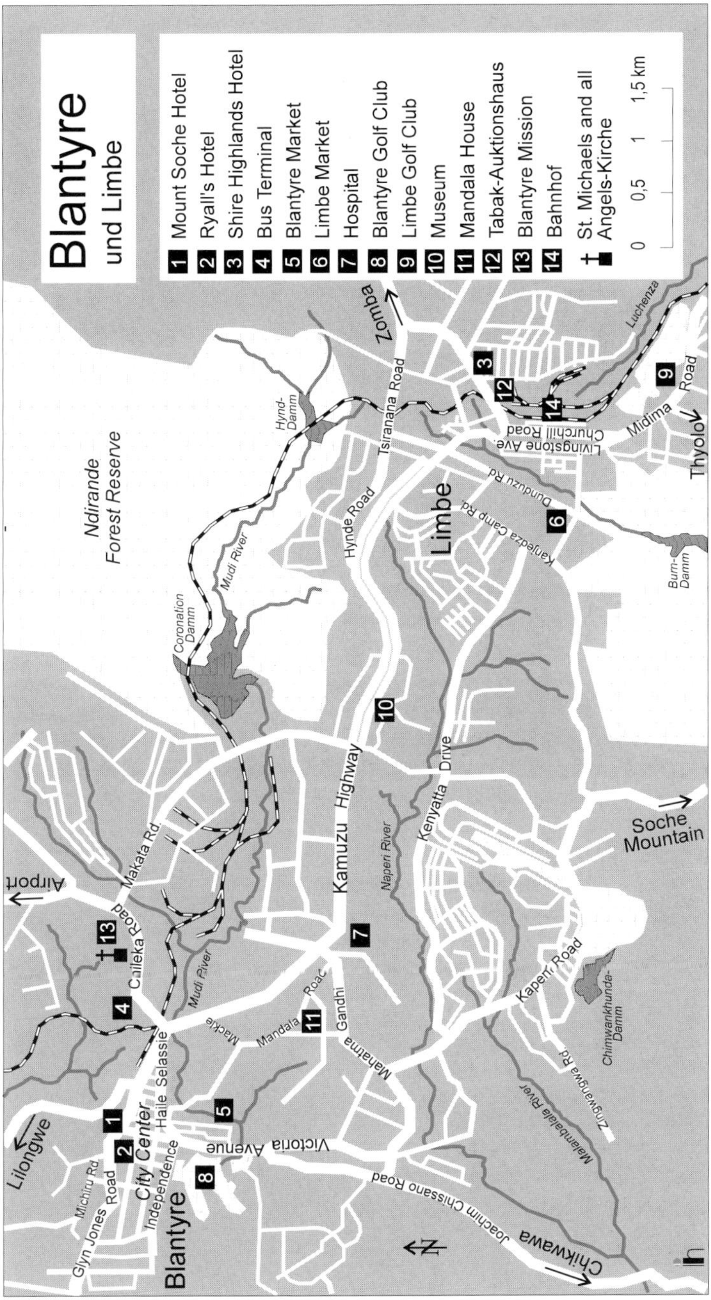
Blantyre
und Limbe
1 Mount Soche Hotel
2 Ryall's Hotel
3 Shire Highlands Hotel
4 Bus Terminal
5 Blantyre Market
6 Limbe Market
7 Hospital
8 Blantyre Golf Club
9 Limbe Golf Club
10 Museum
11 Mandala House
12 Tabak-Auktionshaus
13 Blantyre Mission
14 Bahnhof
St. Michaels and all Angels-Kirche
0 0,5 1 1,5 km
Ndirande Forest Reserve
Coronation Damm
Mudi River
Hynd-Damm
Zomba
Tsiranana Road
Hynde Road
Limbe
Livingstone Ave.
Churchill Road
Dunduzu Rd.
Kanjedza Camp Rd.
Luchenza
Midima Road
Thyolo
Bum-Damm
Kamuzu Highway
Kenyatta Drive
Naperi River
Soche Mountain
Kapeni Road
Chimwankhunda-Damm
Zingwangwa Rd.
Malambala River
Airport
Makata Rd.
Chileka Road
Mudi River
Mandala Road
Mackie
Gandhi
Mahatma
Haile Selassie
Victoria Avenue
Joachim Chissano Road
Chikwawa
Lilongwe
Michiru Rd
Glyn Jones Road
City Center
Independence
Blantyre
N

Mandala House in Blantyre

1893 wurde die Straße nach Zomba befestigt, ein Jahr später bekam Blantyre eine Telegrafenleitung nach Salisbury (Harare). Das erste, Europäern vorbehaltene Krankenhaus wurde 1897 eingerichtet. Blantyre wuchs schnell zum wichtigsten Zentrum der Kolonie. In der Umgebung pflanzten die Europäer Kaffee, Baumwolle, Tabak und Tee an. Zwar war der Verwaltungssitz in Zomba, doch das gesellschaftliche und wirtschaftliche Zentrum war immer Blantyre.

Leider wurden viele der alten Kolonialbauten in den 80er Jahren abgerissen. Die wenigen verbliebenen befinden sich vorwiegend um die 1903 gebaute *Town Hall* an der Victoria Avenue.

Sehenswertes
in Blantyre und Limbe

Blantyre Mission

Die Mission, der älteste Teil Blantyres, befindet sich an der Chileka Road. Mittelpunkt der großen Mission ist die **St. Michaels and All Angels Kirche**, die 1891 von Rev. Scott erbaut wurde. Sie weist unterschiedliche Stilrichtungen auf. Scott hatte keine Vorkenntnisse für ein solches Bauvorhaben. Daß die Kirche dennoch so stabil und ausdrucksstark wurde, versinnbildlicht ein wenig die starke Überzeugung der Missionare in jener Zeit.

Museum of Malawi

Ausstellung über die Stadt- und Missionsgeschichte, außerdem sind sehr interessante Musikinstrumente, Waffen und kunsthandwerkliche Gegenstände der Völker Malawis zu sehen. Im Garten stehen eine Dampflok von 1904 und eine Dampfmaschine der African Lakes Company von 1897. Das Museum befindet sich in Chichiri am Kasungu Crescent. Es hat täglich von 07.30 - 12.00h und 13.00 - 17.00h geöffnet, der Eintritt ist frei.

Die 1891 erbaute Kirche St. Micheal and All Angels

Mandala House

Es ist das älteste erhaltene Gebäude und das erste zweistöckige Haus Malawis. Das Mandala House wurde 1882 für die Brüder Moir gebaut und war der Hauptsitz der African Lakes Company. 'Mandala' wurde der Brillenträger John Moir von den Afrikanern genannt, es bedeutet soviel wie 'spiegelndes Licht'. Der Name setzte sich bald landesweit durch, die ALC wurde schließlich auch in Mandala Ltd. umbenannt. Das renovierte Haus beherbergt heute verschiedene Büros. Es befindet sich in der Mandala Road im gleichnamigen Bezirk.

Tobacco Auction Floors

In Limbe finden zwischen April und September die großen Tabakauktionen statt. Die Auktionshallen sind an der Churchill Road, nahe dem Shire Highlands Hotel.

Sehenswertes
in der Umgebung

Blantyre liegt in einer Berglandschaft eingebettet. Auf die Berggipfel Mount Soche (1533m), Ndirande (1612m), Chiradzulu (1773m) und Michiru, den Regenberg (1473m), führen Wanderwege. Auch der Mpingwe Hill bei Limbe bietet sehr schöne Ausblicke.

Am einfachsten zu erreichen ist die **Michiru Mountain Conservation Area** (ca. 15 Minuten mit dem Auto). Man fährt die Glyn Jones Road stadtauswärts und zweigt nach der St. Paul's Kirche erst rechts und gleich danach wieder links in die Michiru Road ein. Nun geht es immer nur geradeaus. Nach 12 km erreicht man das einsame Naturschutzreservat. Es liegt tiefer als die Stadt und hat dichte Mopanewälder. Verschiedene, markierte Naturpfade führen durch die stille Natur. Ein Picknickplatz, an dem man auch campen darf, steht zur Verfügung.

Ausflüge Ein anderer Ausflug führt zu der ca. 50 km entfernten **Mpatamanga Gorge**. Man fährt von Blantyre in Richtung Mwanza bis zur Bailey-Brücke über den Shire. Hier folgt man auf einem Fußweg dem Shire nach Süden und erreicht nach etwa einem Kilometer die schmale Schlucht, durch die sich der Fluß zwängt.

Info Wer Näheres zu den Wanderungen um Blantyre wissen möchte, kann sich an die **Wildlife Society of Malawi,** Tel. 643428 in Blantyre, wenden. In den Läden von Blantyre wird auch die sehr informative Broschüre *"Day Outings from Blantyre"* der Wildlife Society angeboten.

Hotels

- **Mount Soche Hotel:** P.O.Box 284, Glyn Jones Rd., Tel. 620588, Fax 620154. Bestes Hotel der Stadt, sehr zentral, schöner Pool und Garten. Preise: ca. 90 US$/EZ, ab 130 US$/DZ.
- **Ryalls Hotel:** P.O.Box 21, Hannover Avenue, Tel. 620955, Fax 620201. Altes Traditionshaus (seit 1921) der oberen Mittelklasse. Preise ca. 70 US$/EZ, 80 US$/DZ.
- **Shire Highlands Hotel:** P.O.Box 5024, Churchill Road, **Limbe.** Tel. 640055, Fax 640063. Vernachlässigtes Kolonialhotel, schlechter Service. Preise: 60-90 US$/EZ, 70-100 US$/DZ.
- **Grace Bandawe Hostel:** einfaches, sauberes Hostel an der Chileka Road, nahe der Blantyre Mission. P.O.Box 413, Tel. 634267.
- **Wayfarer Lodge:** nahe Bus Terminal an der Chileka Rd., gegenüber der Olcom-Tankstelle einbiegen. Sehr einfache Lodge, bei Rucksackreisenden beliebt.

Camping

- **Limbe Sports Club:** In Limbe an der Midima Rd. gelegener Sportclub, der Camping anbietet. Im Morgengrauen weckt der Muezzin!
- **Wayfarer Lodge:** Sehr enger Platz im Garten der Lodge. Zentral, aber einfach und unruhig, (siehe Hotels)
- **Paradise Hotel & Camping:** Am Ortsausgang in Richtung Chileka Airport gelegen, sehr laut.
- **Michiru Conservation Area:** 12 km entfernt gelegener, sehr ruhiger Picknickplatz im Naturschutzgebiet. Beim Office melden. (siehe Sehenswertes in der Umgebung)

Restaurants

- **Gypsy's Restaurant:** Sehr gutes Restaurant im Mount Soche Hotel. Mittags und abends Buffet.
- **Hong Kong Restaurant:** Glyn Jones Rd., westlich des Mount Soche Hotels. Chinesische Küche.
- **Hostaria:** Italienisches Restaurant in der Chilembwe Road.
- **Maxim's:** Restaurant im Ryall's Hotel.
- **Nando's:** Preisgünstiges Fast Food Restaurant . Henderson Street/ Ecke Haile Selassie Road.

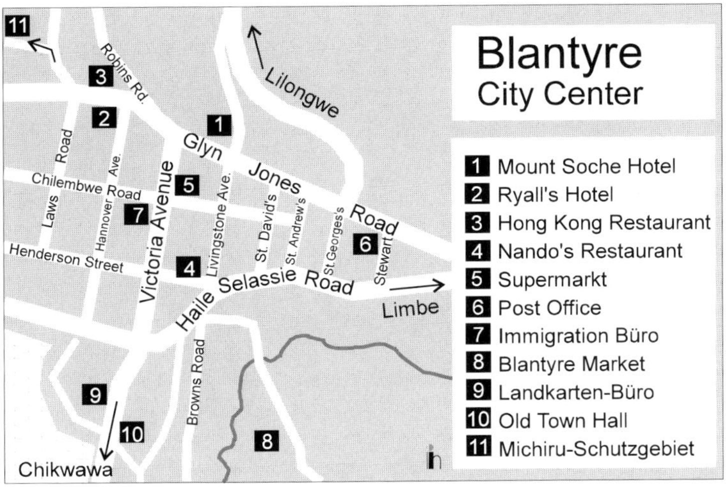

Mietwagen

- **Avis Rent A Car:** Victoria Ave. Tel. 622719, Fax 623481
- **Car Hire Ltd.:** Haile Selassie Rd., Tel. 621274, Fax 670438
- **SS Rent A Car:** Glyn Jones Rd., Tel. 622836, Fax 625074
- **U-Drive Car Rentals:** P.O.Box 51280, Limbe, Tel. 645966

Banken

In Blantyre befinden sich die Banken vorwiegend in der Victoria Ave. und der Glyn Jones Road. Eine Wechselstube ist in der Glyn Jones Road im *Chibisa House*, neben dem Büro von Air Malawi. In Limbe gibt es im *Zubeda House* am Ende des Kamuzu Highways (nahe Olcom) eine Wechselstube. Banken befinden sich in der Churchill Road.

Reisebüros

- **Mount Soche Travel & Tours:** Mount Soche Hotel, Blantyre. P.O.Box 2225, Tel. 620777
- **AMI Travel:** P.O.Box 838, Tel. 624733

Airlines

- **Air Malawi:** P.O.Box 84, Tel. 620177, Glyn Jones Rd.
- **British Airways:** P.O.Box 1225, Tel. 624764
- **Kenya Airways:** P.O.Box 808, Tel. 620820
- **KLM:** P.O.Box 2136, Tel. 620877, Mount Soche Hotel
- **SAA:** P.O.Box 672, Tel. 620629, Haile Selassie Rd.

Souvenirs

Der Laden *Gangecraft* in der Victoria Ave. verkauft Kunsthandwerk und Möbel (Rattan, Holz) in guter Qualität. Nebenan haben sich die Souvenirhändler vor dem PTC ausgebreitet. In Limbe befindet sich im Zubeda House die Kunstgalerie 'La Caverna Ltd.'

Der *Central Bookshop* verkauft nicht nur malawische Literatur und Reiseliteratur, sondern hat auch ein sehr interessantes Antiquariat mit Werken aus der Kolonialzeit.

Landkarten Landkarten kann man im *Department of Survey* in der Victoria Ave., nahe Town Hall, kaufen.

Lebensmittel Das größte Angebot hat der PTC in der Victoria Avenue. Ein guter portugiesischer Bäcker befindet sich in Limbe im *Zubeda House*, am Ende des Kamuzu Highways auf der linken Seite (neben der Wechselstube).

Immigration-Büro Das Büro für Visa-Angelegenheiten befindet sich in der Victoria Ave.

Hospital Queen Elisabeth Central Hospital, Kamuzu Highway, Tel. 630333.

Post Office Das Hauptpostamt liegt an der Glyn Jones Road, östlich vom Mount Soche Hotel.

Tourist Information Department of Tourism, P.O.Box 402, Victoria Ave., Tel. 620300, Fax 620947.

Busstation Das Büro von *Stagecoach* befindet sich am Kamuzu Highway, gegenüber vom Stadium. Tel. 671388. *Coachline* hat jeweils ein Büro im Mount Soche Hotel und Shire Highlands Hotel. Die größte Busstation der Stadt ist an der Chileka Road.

Konsulat von Mosambik Visa für den Transit durch Mosambik stellt das Konsulat für ca. 5 US$ innerhalb eines Tages aus. Es befindet sich am Kamuzu Highway, nahe des Roundabout in Limbe, neben dem Post Office.

Info Das Buchungsbüro für die Ilala in Limbe wurde geschlossen. Es befindet sich nun in Monkey Bay!

Typische Häuser in Südmalawi

Von Blantyre nach Nsanje

Man verläßt Blantyre auf der Victoria Avenue in Richtung Chikwawa und fährt an der 1914 erbauten katholischen St. Montfort Kirche vorbei. Schnell läßt man die Stadt hinter sich zurück. Die faszinierende Panoramastraße windet sich steil und kurvig über 900 m tief das Escarpment hinab. Immer wieder eröffnen sich Ausblicke auf den Shire und das heiße, flache Tal. Nach etwa 50 km erreicht man die Brücke über den Shire und einen Militärposten. Die Landschaft ist voller Palmen, Baobabs und Ameisenhügel. Im Shire kann man schon einige Flußpferde entdecken. Nach der Brücke gabelt sich die Straße. Rechts führt sie nach Chikwawa, in das Majete Game Reserve und zu den Kapichira Falls, links führt sie zum Lengwe Nationalpark, in die Elephant Marsh und nach Nsanje.

Chikwawa ist heute wenig mehr als eine Ansammlung von einfachen Häusern im sandigen, heißen Gebiet des *Lower Shire.* Zwischen 37 und 300 m Höhe liegt die heißeste Region Malawis.

Tip!

Wer im September oder Oktober nach Chikwawa kommt, sollte die große Scharlachspint-Kolonie am Shire besuchen. Man erreicht die Nester, wenn man in Chikwawa gegenüber der Polizeistation zum Fluß abzweigt.

Die Gräber der ersten Missionare

Sehenswert!

Kurz nachdem man die Shirebrücke überquert hat, weist ein Schild zu den Gräbern zweier Missionare jener Zambesi Expedition von 1859-1863. Die beiden Gräber sind etwa 1,5 km von der Hauptstraße entfernt. *Henry Scudamore* und *John Dickinson* starben beide 1863 an Malaria und Entkräftung. Dickinson war der erste Arzt am Shire und ein Natur- und Vogelkundler gewesen. Nach ihm wurde der Schwarzrückenfalke (*Falco Dickinsoni)* benannt.

Majete Game Reserve

Das Majete Game Reserve ist bequem von Blantyre aus zu erreichen

21 km nördlich der Brücke über den Shire beginnt an einem Wildhütercamp das Majete-Wildschutzreservat. Die Erdstraße wird derzeit ausgebaut und geteert, da die Firma ESCOM ein Wasserkraftwerk unterhalb der Kapichira Falls errichten wird.

Das Reservat wurde 1976 eingerichtet und umfaßt 691 km². Es liegt zwischen der Grenze zu Mosambik und dem Shire, der in dieser Region voller Katarakte und Stromschnellen ist. Während der Regenzeit ist das Reservat nicht zugänglich.

Mopane, Akazien und Brachystegia-Wälder, sowie entlang des Shire Baobabs, Fieberbäume und Palmen, kennzeichnen die Landschaft. Das

Impalaherde

Natur und Tierwelt

Schutzgebiet beheimatet Kudus, Rappenantilopen, Wasserböcke, Affen und evtl. noch einige Elefanten. Der Shire ist voller Flußpferde und Krokodile. Papageien, Geier, Adler und Kormorane sind typische Vögel im Majete Game Reserve.

Unterkunft

Das Mkurumadzi Camp liegt am Zusammenfluß von Shire und Mkurumadzi, 8km vom Wildhütercamp entfernt. Ein Bungalow für vier Personen und Campinggelegenheit sind vorhanden.

Kapichira Falls

Sehenswert!

Die Kapichira-, oder auch Livingstone-Falls, bilden die südlichste Barriere des Shire. Hier mußte Livingstone 1859 seine erste Forschungsfahrt abbrechen. Der Shire ist nicht weiter schiffbar, unzählige Stromschnellen und Wasserfälle wären zu überwinden.

Die Kapichira Falls befinden sich bereits im Majete Game Reserve, 1 km nördlich vom Wildhütercamp. Wer nur die Fälle besucht, braucht keinen Eintritt zu bezahlen. In der Nähe, allerdings schwer zu finden, ist das Grab von *Robert Thornton*, der als Geologe die Zambesi Expedition begleitet hatte (siehe Seite 325).

Da der Shire nur wenige hundert Meter südlich der Fälle gestaut werden soll, werden die Fälle unter Umständen bald verschwunden sein.

Weiterfahrt nach Süden

Wenn man an der Brücke über den Shire nach Süden abzweigt, erreicht man nach 8 km die erste Abzweigung in den Lengwe Nationalpark.

Main Hide im Lengwe Nationalpark

LENGWE NATIONAL PARK

Der kleine Nationalpark ist die nördlichste Region, in der die scheuen Nyala-Antilopen leben. Mehrere Beobachtungsstände wurden an Wasserlöchern angebracht, die es dem Besucher erlauben, die Tiere unbemerkt zu beobachten.

Anreise

Der Lengwe N.P. ist nur 80 km von Blantyre entfernt und leicht zu erreichen. 8 km südlich der Shirebrücke zweigt die erste Zufahrt ab. Nach 17 km auf einer Sandpiste erreicht man das Eingangstor. Wenn man diese Abzweigung ignoriert und auf der Teerstraße weiterfährt, folgt nach weiteren 11 km die neue Zufahrt in den Nationalpark. Sie führt durch Zuckerrohrplantagen und Eukalyptuswälder und erreicht das Tor nach 10 km. Diese Straße hat einen Belag aus dem Zuckerabfallprodukt Melasse. Nach Regenfällen sind solche Straßen sehr glitschig, und man sollte dann die alte Zufahrt wählen.

Daten

Die Besonderheit des Parks sind die Nyala-Antilopen

Zum Schutz der Nyala wurde bereits 1928 ein Reservat eingerichtet und 1970 in den Nationalpark umgewandelt. Er ist 887 km² groß und liegt an der Grenze zu Mosambik. Nur der östliche Teil des Lengwe Nationalparks ist touristisch erschlossen. Der Park ist von Mai bis Dezember geöffnet, ab Mitte September wird es allerdings sehr heiß.

Natur und Tierwelt

Die Landschaft des Parks ist reizvoll und abwechslungsreich. Im Norden herrschen Trockenwald und Busch vor. Die Dornbusch- und Akaziensavannen der Mitte gehen im Süden in Marsche und Grasebenen über,

Der zugängliche Teil des Nationalparks

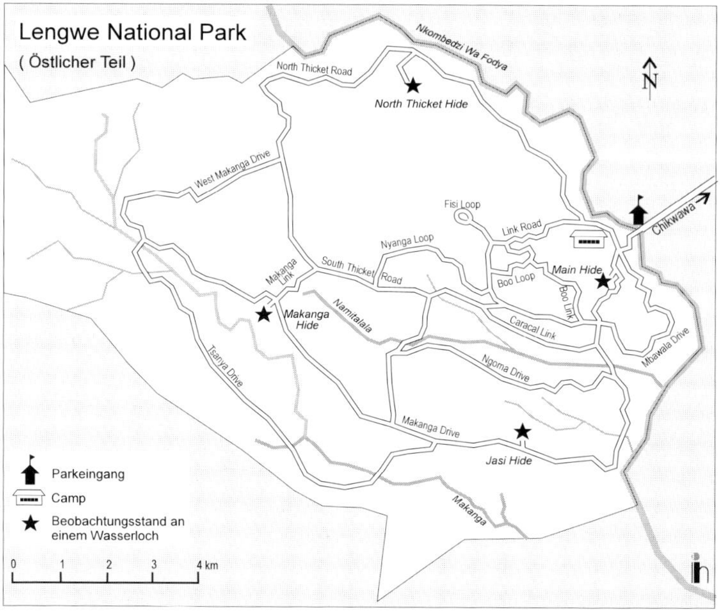

Pflanzen die in der Regenzeit überflutet werden. Im Westteil, der nahezu wasserlos und unerschlossen ist, wächst sehr viel *Combretum*-Wald. Im Osten fallen die schöne Fieberbäume, Baobabs, Palmen und Ebenhölzer auf.

Tiere Die Attraktion des Parks sind die scheuen Nyala. Besonders die männlichen Tiere sind ausgesprochen imposant. Eine weitere Besonderheit ist das Moschusböckchen, oder *Livingstone Suni*. Die kleine Antilope ist im Dickicht schwer auszumachen. Sehr häufig sieht man Kudus, Impala, Schirrantilopen, Warzenschweine, Samangoaffen und Paviane. Die wenigen Büffel sind sehr scheu, auch Hyänen und Leoparden sieht man kaum. Zu den typischen Vögeln im Park zählen Adler, Ibisse, Tauben und Hornraben.

Die Beobachtungsstände im Park Vier sog. *Hides* befinden sich an Wasserstellen.Hier kann man sich stundenlang aufhalten, um Tiere zu beobachten (am besten direkt nach Sonnenaufgang oder kurz vor Sonnenuntergang). Wichtig ist, sich sehr leise zu verhalten. Der beste Platz ist der **Main Hide**. Die anderen Wasserlöcher sind unter Umständen in der Trockenzeit ohne Wasser. Außer zwischen dem Parkplatz und den Beobachtungsständen darf man im Park nicht ohne Wildhüter wandern.

Unterkunft / Camps

Das einzige Camp befindet sich nahe dem Eingangstor (vier grüne Chalets und Camping). Lebensmittel müssen mitgebracht werden. Toiletten und Duschen sind vorhanden.

Auf der Weiterfahrt entlang der Teerstraße nach Süden erreicht man nach wenigen Kilometern den Ort Nchalo. Hier gibt es recht einfache Versorgungsmöglichkeiten und eine Tankstelle. Nchalo ist Zentrum des größten Zuckerrohranbaugebiet Malawis.

Weiterfahrt nach Süden

SUCOMA

Die Sugar Corporation of Malawi, SUCOMA, unterhält im Shire-Tiefland riesige Zuckerrohrplantagen. Allein vom Haupteingang bei Nchalo bis zum Sportclub am Shire fährt man 9 km durch leuchtend grüne Felder. SUCOMA ist eine Privatfirma, die je nach Saison bis zu 10 000 Arbeiter beschäftigt. Das Unternehmen unterhält eigene Schulen und Kliniken.

Sehenswert!

Der Club ist das gesellschaftliche Zentrum der SUCOMA-Gemeinde. Für Besucher bietet er preisgünstige, klimatisierte Chalets, eine Bar und Diningroom, eine Terrasse und einen kleinen Pool. Die Chalets sind eine sehr sinnvolle Übernachtungsalternative, wenn man den Lengwe Nationalpark während der heißen Jahreszeit besuchen will!

Unterkunft

Am Club ist auch das kleine Boot von SUCOMA angedockt, das den Namen **Poop Deck** trägt. Wenn man vorab im Büro reserviert, kann man darauf eine gemütliche Bootstour auf dem Shire unternehmen. Man sollte nur einfache Kleidung tragen, da es ein Arbeits- und kein Touristendampfer ist. Vogel- und Flußpferdfreunde kommen bei einer solchen Tour auf ihre Kosten.

Bootstour auf dem Shire

Die Zuckerherstellung bei SUCOMA

Entgegen vielen anderen Zuckerproduzenten werden bei SUCOMA die reifen Felder zunächst abgebrannt. Binnen 48 Stunden wird das Zuckerrohr abtransportiert, zerhäckselt und mit Wasser versetzt. Dabei löst sich der Zucker, und die Fasern bleiben als Abfallstoff namens *Bagasse*, der als Brennstoff Verwendung findet, zurück. Die gewonnene Flüssigkeit wird immer wieder gereinigt und gekocht. Nach mehreren Prozessen ist sie als Sirup eingedickt. Diese weiche, braune Zuckermasse wird dann je nach Vorgabe der internationalen Abnehmer weiterverarbeitet, z.B. gebleicht.

Das Endabfallprodukt bei der Zuckerherstellung ist die zähflüssige, klebrige *Melasse* oder *Molasse*. Sie wird entweder als Tierfutter verkauft, oder dient als Straßenbelag auf allen Wegen in und um das SUCOMA Estate. Optisch unterscheidet sich der Belag kaum von Asphalt, hat aber die heimtückische Angewohnheit, bei Regen sehr weich zu werden. Fahren Fahrzeuge über eine nasse Melassestraße, spritzt

Melasse

das zuckerige Gemisch an die Karosserie. Die Fahrzeuge von SUCOMA und seinen Mitarbeitern werden während der Regenzeit täglich gründlich gewaschen. Sie würden sonst in kürzester Zeit rosten!

Info

Jeden Mittwoch Vormittag und auf Anfrage im SUCOMA-Büro auch zwischendurch werden sehr interessante Führungen durch die Fabrik angeboten.

Weiterfahrt nach Süden

Südlich von Nchalo wird die Teerstraße deutlich schlechter. Viele Schlaglöcher zwingen zu langsamer Fahrt. Die Straße verläuft nun entlang der *Elephant Marsh*, die sich vorwiegend östlich vom Shire ausbreitet. Einfache Dörfer und eine flache Schwemmlandschaft prägen die weitere Fahrt. An der Grenze zu Mosambik liegt das südlichste Schutzreservat Malawis.

Mwabi Game Reserve

Die abgelegene Wildnis des 340 km² großen Mwabi Game Reserves besteht aus felsigen Schluchten, Bergen und dichtem Busch. Die Region ist weitgehend unerschlossen und schwer zugänglich.

Anreise

Das Mwabi-Reservat wird nur selten besucht

Südlich von Nchalo werden die Dörfer Ngabu und Sorgin durchquert. Gleich danach zweigt eine kleine Piste nach Dande ab. 500 m nach Dande führt nahe der Tsetsekontrolle eine kleine Zufahrt in das Schutzreservat. Die Piste ist nahezu zugewachsen und erfordert ein geländegängiges Fahrzeug. Während der Regenzeit ist das Reservat nicht zugänglich. Die Entfernung nach Blantyre beträgt ca. 140 km.
Etwa 10 km nach dem Wildhütercamp am Eingang das Reservats erreicht man das Mwabi Camp mit zwei einfachen Blechrondavels.

Natur und Tierwelt

Die Landschaft ist unwegsam, hügelig und trocken. Es gibt keine ganzjährig fließenden Flüsse, nach der Regenzeit bleiben nur einige Pools zurück. Sandsteingebilde, Flußbette und Schluchten (Mwabi-Schlucht, Ndipitakuti-Schlucht) prägen die Natur. Mopanewälder, Baobabs und Akazien sind die vorherrschenden Pflanzen. Die Tiere des Mwabi Game Reserve sind scheu, da viel gewildert wird. Neben Kudus, Schirrantilopen, Pavianen und Pferdeantilopen leben vereinzelt Leoparden, Löwen und Hyänen im Reservat.

Bangula und Chiromo

57 km südlich von Nchalo liegt der kleine Ort Bangula. Hier gabelt sich die Straße. Geradeaus verläuft sie den Shire entlang nach Nsanje und weiter über Marka nach Mosambik.
Die links abzweigende Piste überquert nach 2 km den Shire. Am Ostufer liegt die Geisterstadt Chiromo. Sie befindet sich bereits in den Überflutungsebenen der Elephant Marsh.

Elephant Marsh

Sehenswert!

Im flachen *Lower Shire Valley* steigt der Fluß alljährlich über die Ufer und überflutet riesige Landstriche. Diese Marschen und Sumpfebenen sind vorwiegend von Gras, Schilf und Palmen bewachsen. Dazwischen fallen Baobabs und leuchtend gelbe Fieberbäume auf. Die Landschaft wirkt sehr weit und flach, im Hintergrund erhebt sich in matten Farben das Escarpment.

David Livingstone gab der Sumpflandschaft diesen Namen. Er durchquerte die Ebene 1859 und entdeckte dabei hunderte Elefanten. Heute lebt kein einziger Elefant mehr in der Elephant Marsh, der letzte wurde bereits kurz nach der Jahrhundertwende getötet. Die Region beheimatet noch Flußpferde und Krokodile und gilt als Vogelparadies.

Bootsfahrt in die Lagunen der Elephant Marsh

Die Sena-Fischer von *James Fisheries* haben sich an Ornithologen und Touristen gewöhnt, und führen diese gerne mit ihren Einbäumen durch die Wasserläufe und Lagunen der Elephant Marsh. Die Einbaumfahrten sind besonders zwischen April und August zu empfehlen, danach wird es sehr heiß. Frühmorgens ist die beste Zeit für Vogelbeobachtungen. Häufig sieht man dabei Pelikane, Reiher, die Gelbe Baumente und die Afrikanische Zwerggans.

Zu erreichen ist James Fisheries, indem man von Bangula via Chiromo nach Norden fährt. 4 km nördlich von Makhanga zweigt kurz vor der *Pentecostal Church* an einem kleinen Waldstück eine Sandpiste nach links ab. Sie führt durch einige Fischerdörfer und erreicht nach 3,5 km eine Moschee. Dort trifft man auf die Fischer von James Fisheries.

Geschichtlicher Rückblick

Livingstones zweite Reise - die 'Zambesi Expedition'

David Livingstone hatte das südliche Afrika bis zur angolanischen Küste von 1853-1856 erforscht und dabei die Viktoriafälle entdeckt. Nach seiner Rückkehr ist er in England ein berühmter Mann. Seine zweite Forschungsreise wird deshalb von der Regierung unterstützt und von mehreren Wissenschaftlern begleitet. Die 'Zambesi Expedition' hat die Aufgabe, einen schiffbaren Weg nach Zentralafrika zu finden.

Nachdem die Cahora Bassa Stromschnellen des Sambesi eine unüberwindbare Barriere darstellen, konzentriert sich die Expedition auf die Erforschung des unbekannten Shire. Zu Livingstones Begleitern zählen sein Bruder und die beiden Ärzte Dr. Kirk und Dr. Meller. Mit Kirk unternimmt Livingstone in der Folgezeit wochenlange Fußmärsche, und gemeinsam erblicken sie im Herbst 1859 bei Mangochi den Malawisee. Livingstone beschreibt sehr eingehend die ersten Eindrücke des fremden Landes. Er ist von den Manganja beeindruckt, die ihre Dörfer mit Euphorbien einzäunen und sehr geschickte Handwerker sind. Die Frauen tragen viel Schmuck, spitzgefeilte Schneidezähne und die Pelele, einen Oberlippenring aus Bambus, Zinn oder Elfenbein.

Livingstones erfolglose Suche nach einem schiffbaren Fluß

Livingstone entdeckt zwar Seen und Gebirge, doch wieder keinen schiffbaren Fluß. Auch der Shire hat oberhalb des Dorfes Chibisa (heute Chikwawa) unzählige Stromschnellen und Katarakte. Livingstone reist zurück an den Sambesi und nach Sesheke und kommt erst 1861 wieder an den Shire. Im Manganjaland ist inzwischen Krieg ausgebrochen. Mit Entsetzen muß er feststellen, daß er vor eineinhalb Jahren den Sklavenhändlern den Weg geebnet hat. Statt der fleißig bebauten Felder findet die Expedition überall Zerstörung, Not und Plünderung vor. Jeden Morgen müssen Leichen entfernt werden, die sich in den Schaufelrädern des Dampfschiffes 'Pioneer' verfangen haben. Immer wieder begegnen ihnen Sklavenkarawanen und Menschen auf der Flucht.

Die Expedition wird auf dieser Fahrt von den ersten Missionaren der schottischen Universities Mission begleitet. Livingstone bringt sie nach Magomero, wo sie unter der Führung von Bischof Mackenzie die erste Missionsstation gründen. Livingstone warnt Mackenzie davor, sich in die Stammesangelegenheiten einzumischen. Doch die unerfahrenen Missionare ergreifen bald die Partei der Manganja und werden somit selbst zu den Feinden der Yao und anderer Volksstämme. Alle Missionare kämpfen mit Malaria und dem Schwarzwasserfieber, einer Malaria-Komplikation. Als im Land eine Hungersnot ausbricht und die Mission nicht mehr versorgt werden kann, gehen den Missionaren Chinin und Nahrung aus. Bischof Mackenzie und drei Missionare sterben im Malariafieber, die Überlebenden geben die Mission auf und flüchten an den Sambesi.

Mehrere Expeditionsmitglieder erliegen der Malaria

Im selben Jahr erliegt auch Livingstones Frau der Malaria, als sie ihm nachreist, um ihn auf seinen Forschungsreisen zu begleiten. Der Unglücksfaden reißt nicht ab, auch die Expeditionsmitglieder Richard Thornton, Dr. Dickinson und Scudamore sterben nach schweren Malaria-Attacken. Die Dampfschiffe Ma-Robert und Pioneer erweisen sich als untauglich, der Sklavenhandel nimmt zu und zerstört die kulturellen Strukturen des Landes. 1863 ruft England die glück- und erfolglose Expedition zurück. Einsam und verzweifelt, angesichts des zerstörten Landes, das er zurücklassen muß, kehrt Livingstone nach Europa heim. Wenige Jahre später wird er seine letzte Reise nach Afrika antreten (siehe Sambia, Livingstone Memorial). Auch Dr. Kirk kehrt 1863 nach England zurück, er wird später der britische Konsul auf Sansibar.

Erste Malariastatistik

Dr. Meller hatte 1859 die erste Malaria-Statistik aufgestellt, die die verheerende Auswirkung der Krankheit bei Weißen belegt:
Die 10 europäischen Expeditionsteilnehmer waren durchschnittlich 20 % der Reisezeit malariakrank. 4 von ihnen starben, 3 kehrten krank zurück. Die 10 Träger von den Komoren waren nur 3 % der Zeit krank, die 19 Einheimischen sogar nur zu 1 % der Reisedauer. Keiner der 29 Afrikaner starb an Malaria.

Großflächige Teeplantagen am Fuße des Mulanjemassivs

Von Blantyre nach Mulanje

Zwei Straßen führen von Blantyre / Limbe nach Mulanje. Die Thyolo-Road erreicht als einspurige Teerstraße nach 41km den Ort **Thyolo** (sprich: Tscholo), der inmitten von Teeplantagen am Rande des Escarpments liegt. In der Ferne sieht man bereits das Mulanje-Bergmassiv. Auf der Weiterfahrt fährt man durch einen Ausläufer der *Phalombe Plain* und erreicht nach weiteren 47 km den kleinen Ort Mulanje.

Die Midima Road verläuft von Limbe über Thuchila nach Mulanje. Sie ist zwar kürzer, aber nur teilweise geteert und landschaftlich weniger reizvoll.

Mulanje

Mulanje ist ein kleiner Ort zu Füßen des gewaltigen Bergmassivs. Er liegt im größten Teeanbaugebiet Malawis und ist umringt von riesigen Teeplantagen. Das auffälligste Gebäude in Mulanje ist das große, moderne Hospital.

Unterkunft

- **Mulanje View Motel:** einfaches Motel mit schönem Ausblick.
- **Mulanje Golf Club:** Campinggelegenheit im Garten des Clubs. Pool, Bar. Der Sportclub liegt kurz hinter Mulanje in Richtung Mosambik.

Teeplantagen am Mulanje

1891 begann hier die Teeproduktion Afrikas. Der Missionsgärtner Henry Brown pflanzte einige Teesträucher, kaum ahnend, welche Bedeutung der Tee für die Zukunft der Region spielen sollte. Die Höhenlage um 1000 m ist für Tee eher niedrig. Doch der Mulanjeberg sorgt für ein günstiges Klima. Um das Massiv sammeln sich Wolken und geben der Region viel Regen und Feuchtigkeit.

Teepflücker bei Mulanje

Teeplantagen in Malawi, dem zweitgrößten Teeproduzenten in Afrika

Tee ist ein immergrünes Strauchgewächs, das man in Reihen von 1-2 m Abstand pflanzt und auf etwa 1,00 - 1,50 m Höhe stutzt (sonst würde die Pflanze bis zu 15 m hoch wachsen). Tee treibt das ganze Jahr und wird oft auch ganzjährig geerntet. Dabei werden die neuen Triebe von Hand gepflückt und aussortiert. Die gepflückten Blätter werden getrocknet und anschließend zerrissen und aufgerollt, wobei die Zellwände einreißen und Zellsaft austritt. Die Gerbstoffe oxydieren und färben die Blätter kupferfarben bis braun. Diesen Prozeß, der dem Tee sein feines Aroma gibt, nennt man 'fermentieren'.

Qualität und Charakter eines Tees wird neben der Herkunft auch an der Blattgröße gemessen. Je größer der Tee, um so feiner und beständiger ist das Aroma. Die edelsten sind die Blatt-Tees, danach kommt der 'Broken', der aus gebrochenen Blättern besteht. Krümeliger Tee (er wird in Europa vorwiegend für Teebeutel verwendet) heißt 'Fanning'. In Malawi werden keine Blatt-Tees produziert und in den Geschäften werden vorwiegend Fannings angeboten. Sie sind sehr intensiv, da sich das Aroma schnell entfalten kann, verlieren jedoch auch rasch an Aroma. Teetrinker, die sich in Malawi mit frischem, preisgünstigen Tee eindecken, sollten diesen nicht jahrelang lagern.

Die malawischen Tees sind kräftig und vollmundig. Sie werden vorwiegend unbehandelt und unverpackt auf dem Weltmarkt angeboten und erst in London, Hamburg usw. verpackt, bzw. vermischt oder aromatisiert. Daher treten diese Tees selten als Malawi-Tee auf, obwohl sie auf dem europäischen Markt einen wichtigen Platz einnehmen.

Malawi ist heute der zweitgrößte Teeproduzent in Afrika und die Qualität seiner Tees ist international anerkannt. Die Auktionspreise in Limbe liegen pro Kg bei 1,00 - 1,50 DM. Verbesserte Tees, sog. geklonte Tees, bringen das Doppelte. Diese hochqualitativen Tees werden in Malawi als 'Clonals' ausgezeichnet.

Tip!

Bei Interesse kann man ein Estate besuchen und evtl. direkt beim Hersteller einkaufen (z.B. Lauderdale-Estate). Auf Anfrage werden auch Führungen durch die Fabrik angeboten.

Dziwe wa Nkallamba - Wasserfall

Tour um das Mulanje Bergmassiv

Tip!

Die etwa 140 km lange Umkreisung des Mulanje ist eine abwechslungsreiche und empfehlenswerte Fahrt. Zwischen Phalombe und Muloza ist die Erdstraße teilweise steinig und ein geländegängiges Fahrzeug von Vorteil. Zahlreiche Gebirgsbäche müssen auf kleinen Holzbrücken überquert werden.

Man fährt zunächst durch die Teeplantagen von Mulanje in Richtung Phalombe. Nach etwa 10 km überquert man den Likabula, direkt danach weist ein Schild nach rechts zum Forest Department und den Likabula Pools. Beide befinden sich auf einem Missionsgelände.

Likabula Falls und Pools

Sehenswert!

Likabula Pools sind eine phantastische Badegelegenheit vor einer schönen Bergkulisse. Sie befinden sich nahe dem Forstbüro und sind ein beliebter Picknickplatz. Der kalte, klare Gebirgsfluß bildet verschiedene Pools zwischen großen, glatten Felsen, die sehr glitschig sein können. Der **Dziwe wa Nkalamba** -Wasserfall befindet sich noch etwa 3 km flußaufwärts in den Bergen. Auch hier stürzt der Fluß in tiefe, klare Pools, in denen man herrlich schwimmen kann. Um den Wasserfall zu erreichen, fährt man die steile Bergstraße noch etwa 3 km weiter und hält an einem größeren Felsen. Ein Fußweg führt nun nach ein paar hundert Metern zum einsamen Wasserfall. Um den Weg nicht zu verfehlen, sollte man sich besser von einen der vielen Jugendlichen führen zu lassen.
Kinder und Jugendliche bieten den Besuchern Souvenirs aus Mulanje-Zedernholz an.

Die Lattenschlepper von Likabula

Die steile Bergstraße endet nach insgesamt 4 km an einem großen Lagerplatz für Holzlatten. Dort sieht man viele Jugendliche und Männer, die im Laufschritt ein bis drei Holzlatten auf dem Kopf tragend vom Berg herunterschleppen. Das Holzlager liegt etwa auf halber Strecke zwischen Plateau und Tal. Um die Nutzhölzer von den Pinien- und Zedernforsten auf dem Plateau zur Zwischenstation zu transportieren, hat es einmal eine Seilbahn gegeben. Seit diese beschädigt ist, tragen die Männer alle Latten einzeln herunter. An der Zwischenstation rasten die Träger, bevor sie wieder zum Plateau hinauf steigen. Von der Zwischenstation werden die Hölzer mit Lkws abgeholt.

Die Männer schaffen etwa zwei Arbeitsgänge pro Tag. Wenn sie beidemal drei Latten auf dem Kopf tragen, verdienen sie an diesem Tag ca. 5 US$. Um die Federung der schweren Holzlatten auszugleichen, legen sie die Strecke im Laufschritt zurück. Dieser Knochenjob verschafft ihnen zwar ein Einkommen, wirkt allerdings alles andere als zeitgemäß.

Info

Das **Forest Department** in Likabula ist der Hauptausgangspunkt für Wanderungen auf das Bergmassiv. Man erhält hier Auskunft über die Verfügbarkeit der Berghütten und den Zustand der Wanderwege. Aus Sicherheitsgründen muß man sich vor jeder Bergtour anmelden. Bergführer und Träger werden auch hier engagiert.

Die Umkreisung des Mulanje - von Likabula nach Fort Lister

Auf der Weiterfahrt erreicht man wenig später den Marktflecken **Chambe.** Die Teeplantagen werden langsam weniger und die Landschaft trockener. Nach der Überquerung des Thuchila erreicht man das *Tinyade Estate* und die *Lukulezi Mission*, wo die Wanderrouten zu den Berghütten *Thuchila* und *Chinzama* beginnen.

Phalombe ist die größte Ortschaft am nördlichen Bergmassiv. Hier zweigt die schmalere Piste zum Forstreservat und dem **Fort Lister Gap** ab. Die 13 km lange Straße führt durch den schmalen Spalt zwischen Mount Mchese und Mount Mulanje nach Nkhulambe. Die Strecke ist sehr steil und steinig.

Fort Lister

Sehenswert!

Knapp 2 km nach Phalombe erreicht man das Tor zum Forstreservat. Nach weiteren 2 km zweigt eine unbeschilderte Piste rechts ab. Sie endet nach wenigen hundert Metern an einer Lichtung vor einem Flußbett, da die Brücke nicht mehr existiert. Folgt man zu Fuß dem Weg, erreicht man Fort Lister nach etwa einem Kilometer.

Im letzten Jahrhundert führte eine bedeutende Sklavenroute zwischen dem Yao-Land und dem Indischen Ozean durch diesen engen Spalt. Deshalb errichteten die Briten 1893 das Polizeifort am Fort Lister Pass. Es hatte die Aufgabe, die portugiesischen Sklavenkarawanen abzuwehren. Nach der Abschaffung des Sklavenhandels wurde Fort Lister 1902 aufgegeben. Die Ruine und drei Gräber stehen heute einsam und überwuchert im Busch.

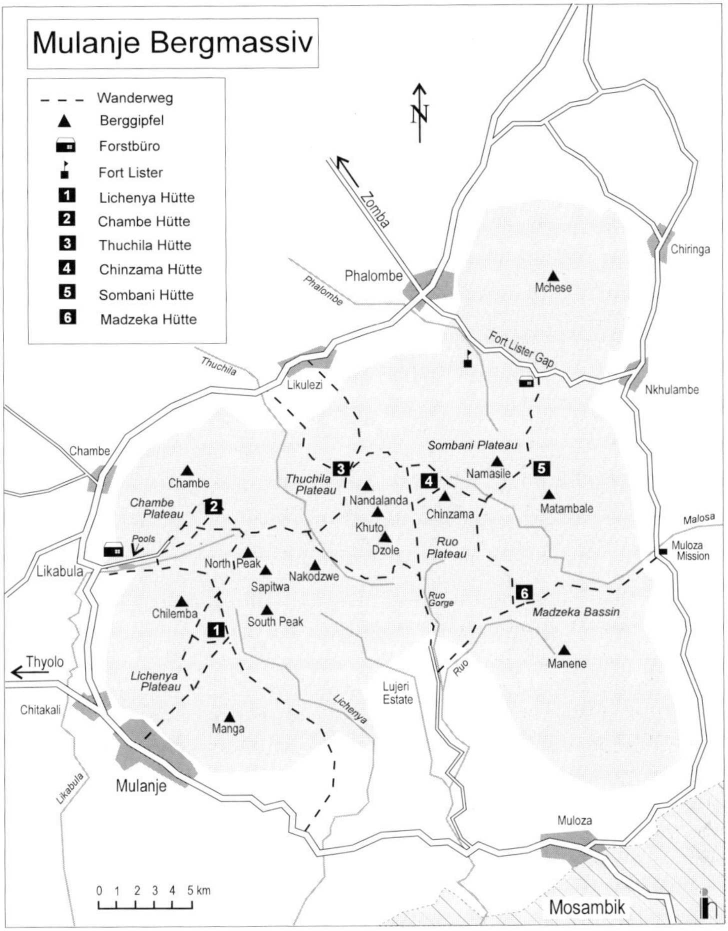

Von Fort Lister nach Mulanje zurück

Im Dorf Nkhulambe biegt man rechts nach **Muloza** ab (32 km). Auf dieser Strecke müssen fast 30 Bäche und Flüsse auf unzähligen kleinen Holzbrücken überquert werden. Nicht alle sind in gutem Zustand, sicherheitshalber sollten Sie sich nach der Befahrbarkeit erkundigen! Anstelle der Teeplantagen sind hier Maisfelder, Mangobäume und viele freundliche Dörfer. Die Piste verläuft zwischen dem Bergmassiv und den weiten Ebenen in Mosambik. Im Grenzort **Muloza** trifft man wieder auf die einspurige Teerstraße nach Mulanje. Die Rückfahrt nach Mulanje verläuft durch eine reizvolle Landschaft mit großen Teeplantagen, Teefabriken und Landhäusern. Die Zufahrten zu den Estates sind oft mit schönen Flammenakazien bepflanzt.

Das Mulanje Bergmassiv

Das schroffe, steile Granitmassiv ragt wie ein mächtiger Felsen aus der flachen *Phalombe Plain*. Die Ebene liegt nur 600 bis 800m hoch, das Mulanje Plateau auf ungefähr 2000m und die Gipfel erreichen bis zu 3002m (Sapitwa-Peak). Mulanje ist die höchste Erhebung Zentralafrikas und ein Traumziel für Wanderer und Bergsteiger.

Pflanzen

Bis 1500 m Höhe besteht die Vegetation aus Brachystegia-Wäldern. Darüber beginnt eine Zone aus sog. Protea-Busch und Strauchgewächsen. Teile immergrünen Regenwaldes wachsen an den Berghängen. Auf über 2000m ist Grasland die typische Vegetationsform.

Der Berg ist die Heimat der *Mulanje-Zeder (Widdringtonia Whytei)*, die als das Edelste unter den Weichhölzern gilt. Sie wächst sehr langsam, wobei sie in 300 Jahren bis zu 46 m hoch werden kann. Neben den Naturwäldern wurden auf dem Plateau große Pinienforste angepflanzt. Die Wildblumen am Mulanje sind bemerkenswert. Aloen, Begonien, Lobelien, Proteen und Gladiolen wachsen auf dem Plateau. Eine Besonderheit ist auch die *Mulanje-Iris (Morea Schimperi)*.

Tiere

Die Tierwelt ist weniger artenreich. Der Wanderer wird kaum mehr als Hasen, Schliefer und vielleicht Klippspringer und Ducker sehen. Die wenigen Leoparden von Mulanje gelten als sehr scheu.

Vögel

Die unterschiedlichen Landschaftszonen bieten dafür einen Lebensraum für eine Vielzahl von Vögeln. In den Wäldern leben u.a. Zimttauben, Gurney's Grunddrosseln, Sternrötel, Bergastrilde und Rotschwingenstare. Das Grasland bevorzugen die Graubülbül, Trauerzistensänger, Gelbbauchastrilde, Schwarzkehlchen und Shelleys Frankoline. Felsenschwalben, Felsenadler, Augurbussarde und Turmfalken sind ebenso vertreten.

Wandern und Bergsteigen

Der Mulanje ist ein schier unerschöpfliches Ziel für Wanderungen, Berg- und Klettertouren. Fast 20 Gipfel können von unterschiedlichen Richtungen bezwungen und das Plateau über verschiedene Routen erwandert werden. Die Touren dauern von einem bis fünf Tage und haben unterschiedliche Schwierigkeitsgrade. Sechs Berghütten stehen den Wanderern zur Verfügung.

Saison Die beste Zeit ist von Mitte Mai bis Ende September. Zwischen Mai und August muß man mit Nachtfrost rechnen, ab Oktober wird es zu heiß. Von Mai bis Juli besteht die beste Fernsicht, aber auch die Gefahr des *Chiperoni* (bis zu 5 Tage lang dichter, feuchter Nebel). In den Bergen kann es schnell zu einem Wetterumschwung kommen.

Ausrüstung Schlafsack, Sonnenschutz, warme Kleidung, Kompaß, Taschenlampe, Landkarten, gutes Schuhwerk, Notfallapotheke, Lebensmittel (schon in Blantyre besorgen!), Badesachen (in der Nähe der Berghütten sind Pools und Bäche).

Unterkunft

6 Berghütten mit Grundausstattung und Kochgelegenheit stehen zur Verfügung. Chambe Hut (1860 m/max. 16 Pers.), Lichenya Hut (1840m/max. 20 Pers.), Thuchila Hut (2000m/max. 16 Pers.), Chinzama Hut (2150m/max. 12 Pers.), Sombani Hut (2080m/max. 8 Pers.) und Madzeka Hut (1820m/max. 12 Pers.). Man sollte sie möglichst im Voraus reservieren (beim Forstbüro in Likabula).

Info!

Informationen erhält man zunächst einmal beim *Forest Department* bei Likabula: Forest Officer, Mulanje Mountain, P.O.Box 50, Mulanje. Tel. 465218.Hilfreich ist auch der *Mountain Club of Malawi,* P.O.Box 40, Blantyre. Ein besonders informatives Buch für Bergsteiger ist der *Guide to the Mulanje Massif* von Frank Eastwood (in den Buchhandlungen von Blantyre erhältlich).

Wichtig!

Vor jeder Bergwanderung muß man sich beim Forstbüro in Likabula melden. Das dient schon der eigenen Sicherheit. Dort kann man auch zu Festpreisen Bergführer und Träger engagieren (während der Tour muß man die Träger verpflegen). Wer noch keine Berghütte reserviert hat, kann es hier direkt versuchen. Innerhalb des Mulanje-Schutzgebiets darf nicht frei gecampt werden. Offene Feuer sind nicht erlaubt, und alle Pflanzen sind geschützt. Über 1200m gilt das Wasser der Bäche als trinkbar.

Eintägige Wanderungen

Wanderwege für einen Tag

Wer nicht gleich auf dem Plateau übernachten möchte, kann zwei sehr schöne Tageswanderungen unternehmen:

Der **Chambe-Plateau-Weg** führt an den Likabula Pools und dem Wasserfall vorbei in etwa 4 Stunden zur Chambe-Hütte. Wenn man für den Rückweg den **Chapaluka-Weg** wählt, läßt sich aus der Wanderung ein Rundweg machen.

Der **Lukulezi-Weg** beginnt beim Tinyade Tea Estate und führt ebenfalls in ca. 4 Stunden zur Thuchila-Hütte. Dort hat man einen traumhaften Ausblick auf die Berggipfel (z.B. Sapitwa mit 3002 m).

Verschiedene Touren auf das Plateau

Die Routen auf das Plateau

Folgende Touren beginnen am Likabula-Forstbüro:
Chambe-Plateau- und Chapaluka-Weg zur Chambe-Hütte, jeweils in etwa 3-4 Stunden. Lichenya-Weg zur Lichenya-Hütte, teils sehr steil, in ca. 4 Stunden.

Am Tinyade Tea Estate, zwischen Chambe und Phalombe:
Lukulezi-Weg zur Thuchila-Hütte in 4 Stunden.
Lukulezi-Ruo-Weg zur Chinzama-Hütte in 5 Stunden (teils durch Urwald).

Am Fort Lister Forest Depot:
Sombani-Weg zur Sombani-Hütte in 3 Stunden.

Routen auf das Plateau

An der Muloza Mission:
Malosa-Weg zur Madzeka-Hütte in 5 Stunden. Die Route wird auch von Holzträgern verwendet.
Am Lujeri Tea Estate:
Little-Ruo-Weg zur Madzeka-Hütte in 3 Stunden (durch Regenwald). Big-Ruo-Weg zur Chinzama-Hütte in 6 Stunden. Dieser Weg beginnt am der Hydro-Kraftstation.
Von Mulanje aus:
Boma-Weg zur Lichenya-Hütte in 5 Stunden. Beim Mulanje District Rest House führt eine Straße nach 1 km zu einem Parkplatz. Der Weg ist evtl. schwer zu finden.

Verschiedene Touren auf dem Plateau

Wanderungen auf dem Plateau - von Hütte zu Hütte

Wenn man von einer Hütte zur nächsten wechselt, sind die Wanderungen nicht mehr sehr steil. Von der Chambe- zur Thuchila-Hütte läuft man z.B. gemütlich in 5 Stunden.

Gipfelbesteigungen vom Plateau aus

Von allen Hütten stehen verschiedene Gipfeltouren zur Verfügung, sind allerdings teilweise steil und steinig. Nur geübte Bergsteiger mit einheimischem Führer sollten diese Gipfelbesteigungen unternehmen.

Chambe-Hütte:	Chambe-Peak, 2538m, 3 Std., mittelschwer
	Sapitwa, 2998m, 7 Std., anspruchsvoll, anstrengend
Thuchila-Hütte:	Nandalanda, 2590m, 2-3 Std., mittelschwer
	Khuto, 2757m, 4 Std., anstrengend
	Dzole, 2715m, 5 Std., mittelschwer
	Nakodzwe, 2964m, 5 Std., anspruchsvoll
	Sapitwa, 2998m, 7 Std., anspruchsvoll, anstrengend
Chinzama-Hütte:	Chagaru, 2660m, 3 Std., steil, mittelschwer
	Chinzama Peak, 2663m, 3 Std., mittelschwer
Sombani-Hütte:	Chinzama, 2663m, 3 Std., mittel
	Namasile, 2685m, 3 Std., mittel
	Masasa, 2453m, 4 Std., mittel
	Matambale, 2642m, 4 Std., anspruchsvoll
Lichenya-Hütte:	West Peak, 2892m, 5 Std., mittelschwer
	South Peak, 2637m, 5 Std., mittelschwer
Madzeka-Hütte:	Manene, 2650m, 5 Std., schwer

Klettern

Der Mulanje bietet auch Klettertouren und Gipfelbesteigungen mit den Schwierigkeitsgraden 4 bis 6 (anspruchsvoll bis sehr schwierig). Wer solche Touren plant, sollte sich unbedingt vorab informieren und anmelden, entsprechend ausrüsten und einen Bergführer mitnehmen!

Dorf im Hochland von Südmalawi

Von Blantyre nach Lilongwe und Mchinji

Die 311 km lange Strecke von Blantyre nach Lilongwe ist sehr gut ausgebaut. Man verläßt Blantyre entlang der Chileka Road in nördlicher Richtung. Nach einigen Kilometern gabelt sich die Straße. Links geht es zum Flughafen und über Mwanza nach Mosambik und Zimbabwe, geradeaus über Lunzu und Lirangwe in Richtung Lilongwe.

Kholombidzo Falls

Sehenswert!

13 km nach Lirangwe zweigt eine alte, unbeschilderte Straße nach Matope ab. Man überquert den Shire nach 12 km. Nach der Brücke führt links ein schmaler Weg zu den Wasserfällen. Bei Niedrigwasser sehen sie sehr brodelnd aus, bei hohem Wasserstand sind sie aber kaum zu sehen. Wenn man an der Brücke geradeaus weiterfährt, erreicht man wieder die Teerstraße.

Weiterfahrt nach Dedza

60 km nördlich von Blantyre erreicht man den Shire. An der Brücke ist eine Polizeikontrolle. Kurz danach zweigt eine neue Straße nach Mwanza ab. Die nächsten 70 km verlaufen durch trockenes Tiefland. An der Kreuzung, wo man auf die Straße zwischen Lilongwe und Balaka trifft und auch wenig später, an der Abzweigung nach Salima, sind viele Souvenirstände aufgebaut. Die direkte Verbindung nach Lilongwe verläuft nun über Ntcheu und Fort Mlangeni entlang der Grenze zu Mosambik nach Dedza.

Golomoti-Paß

Abstecher zum See über den Golomoti-Paß

Südlich von Dedza führt eine ausgesprochen reizvolle Piste das Escarpment hinab. Der *Dedza-Shortcut* führt über den Golomoti-Paß und ist eine 29 km lange, schmale Erdstraße, die in engen Serpentinen fast 1000 m Höhenunterschied bewältigt. Die wechselnden Ausblicke auf den See, die kleinen Dörfer und Felder sind phantastisch. Nach Regenfällen ist die Bergpiste allerdings nicht befahrbar.

Zu Beginn der Straße verkaufen Kinder, die 'Golomoti-Carvers', selbstgebastelte Holzautos aus Weichholz. Bis vor wenigen Jahren waren es kleine Meisterwerke, die nur von zusammengesteckten Hölzern gehalten wurden. Heute haben die Kinder die Vorzüge von Klebstoff entdeckt.

Dedza ist eine kleine Stadt, die auf kühlen 1500 Höhenmetern liegt und von Bergen und Pinienwäldern, die zum Wandern einladen, umringt ist. Die Bergwelt um Dedza wird von Kennern als 'Miniatur-Nyika' bezeichnet. In der Umgebung wird viel Landwirtschaft betrieben, insbesondere Kartoffeln werden angebaut.

Tip! Die Dedza-Pottery (Paragon Ceramics) stellt Bodenziegel und Töpferwaren aller Art zu günstigen Preisen her. Die Stücke werden in einem Ladenbereich verkauft. Anbei ist ein sehr guter Coffeeshop mit freundlichem Service.

Dedza liegt 89 km von Lilongwe entfernt. Unterwegs ist neben der Straße noch ein Nationalmonument zu sehen: die alte Diamphwe-Brükke von 1923.

Von Lilongwe nach Mchinji

Mchinji liegt gute 100 km von Lilongwe entfernt und ist auf der gut ausgebauten Straße schnell zu erreichen. Die Landschaft ist relativ eintönig flach und abgeholzt. Immer wieder sind auch große Aufforstungen zu sehen.

In der kleinen Ortschaft Chileka zweigt eine Direktverbindung zum Kamuzu Damm/Safari Camp ab (36 km). Gleich danach befindet sich in Namitete eine Polizeikontrolle.

Info

Erst kurz vor Mchinji treten die ersten bewaldeten Hügel auf. Mchinji ist ein kleiner Grenzort mit mittelmäßiger Versorgungslage. Unterkunft bietet u.a. das *Andrew's Motel.* Schräg gegenüber der Tankstelle ist eine kleine Bank. Kurz nach dem Ort erreicht man bereits die Grenzgebäude zur Ausreise nach Sambia, obwohl die Grenze noch 12 km entfernt ist. Die Grenze ist täglich von 06.00 bis 18.00 h geöffnet, die Formalitäten verlaufen routiniert und freundlich.

REISETIPS UND INFORMATIONEN FÜR SAMBIA UND MALAWI

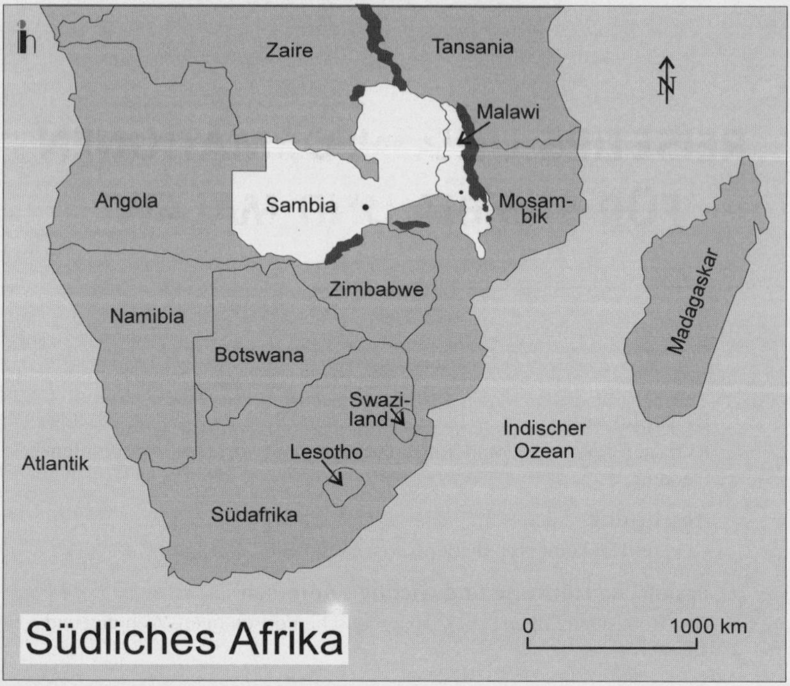

Reiseplanung

Reisezeit

Im Allgemeinen wird das Klima in Sambia und Malawi in drei Jahreszeiten eingeteilt:

- **April/Mai bis August**

Die Monate direkt nach der Regenzeit zeichnen sich durch angenehme Temperaturen aus. Die Tage sind warm, die Nächte können sehr frisch werden (bis nahe Frostgrenze!), besonders in den kältesten Monaten Juni und Juli. Die Luftfeuchtigkeit ist mit 40-90 % noch relativ hoch. Landschaftlich ist es zweifellos die attraktivste Jahreszeit, da zunächst noch alles saftig grün ist. Die Viktoriafälle haben Hochwasser, und es ist auch die richtige Zeit für einen Besuch der Sümpfe und Flutebenen. Andererseits wird die Tierbeobachtung durch das hohe Gras sehr erschwert. Manche Straßen sind nach der Regenzeit in sehr schlechtem Zustand und erst ab Ende Mai befahrbar.

- **Ende August bis November**

Für Safaris eignen sich die trockenen und heißen Monate von Ende August bis in den November am besten. Die Tiere kommen jetzt mitunter nahe an die Camps heran. Ab November treiben die Bäume wieder und geben der Landschaft frische Farbe. Die Viktoriafälle sind im Tiefstand, Sümpfe und Marsche liegen trocken. Die heißen Nächte am Malawisee werden durch leichte Winde abgemildert, doch das Tiefland um den Shire (Liwonde N.P., Elephant Marsh) und den unteren Sambesi (Lower Zambesi N.P.) wird ab Oktober nahezu unerträglich heiß. In dieser Zeit bietet es sich an, hochgelegene Übernachtungsplätze aufzusuchen. Je nach Einsetzen der Regenzeit schließen die Camps und manche Nationalparks zwischen Anfang November und Ende Dezember. Allerdings sind November und Dezember die idealen Reisemonate für das Nyika Plateau (Blütenpracht) und den Kasanka N.P. (Fledermauskolonien).

• Dezember bis März/April

Die Regenzeit beginnt im November und endet im April. In den letzten Jahren gab es jedoch in der Regel erst ab Mitte Dezember stärkere Regenfälle. Manche Regionen, wie z.B. das Zambesi Valley, erhalten kaum Regen. Andere dagegen stehen völlig unter Wasser und sind unpassierbar (Westsambia, Bangweulusümpfe). Auf alle Fälle ist das Reisen in der Regenzeit eingeschränkt. Der Malawisee ist häufig aufgewühlt und sturmgepeitscht. Dennoch hat der Tourismus am See im Dezember wegen der Schulferien absolute Hochsaison.

Reiseart

• Allgemeines zur Fahrzeugwahl

Für die abgelegenen Regionen und Nationalparks in Sambia, sowie für das Nyika Plateau in Malawi ist ein Allradfahrzeug mit guter Bodenfreiheit empfehlenswert. Die Hauptstraßen beider Länder sind im Allgemeinen für alle Fahrzeuge befahrbar.

• Mietwagen

In Sambia stellt sich das Problem, daß Sie in den Genuß des Selbstfahrens wohl nur mit dem eigenen Auto kommen werden. Mietwagen werden zwar in Lusaka angeboten, sind de fakto aber nur schwer zu bekommen. Vor allem werden noch keine Geländefahrzeuge oder Wohnmobile, dafür aber Mietwagen mit Chauffeur angeboten. Das ist vielleicht eine Alternative für diejenigen, die auf das Selbstfahren bei Linksverkehr und Schlaglöchern nicht besonders erpicht sind.

In Malawi einen Mietwagen zu organisieren, ist deutlich einfacher. Aber auch hier sollten Sie aufgrund des eingeschränkten Angebots vorab reservieren. Es werden auch Geländefahrzeuge angeboten.

• Öffentliche Verkehrsmittel

In Malawi ist es unproblematisch, mit Bussen, Schiff und Bahn zu reisen. Das Land ist klein, die Distanzen daher immer kurz. Das Verkehrsnetz ist gut ausgebaut und relativ stark frequentiert. Die hohe Anzahl der Rucksackreisenden in Malawi spricht für diese Reiseart. Auch in Sambia haben sich die Möglichkeiten in den letzten Jahren deutlich verbessert, doch nach wie vor gibt es keine ausgetretenen Pfade für Rucksackreisende. Vor allem die Nationalparks sind öffentlich schwer zu erreichen.

• Reiseagentur

Die Möglichkeit, sich einem Safariunternehmen anzuschließen, setzt eine höheres Reisebudget voraus. Die sambischen Agenturen haben sich darauf spezialisiert, dem Reisenden ein individuelles Programm anzubieten. Diese Exklusivreisen haben natürlich ihren Preis. Es sind keine Safaris wie in Kenia, wo sieben Minibusse um ein Löwenrudel stehen und in jedem acht Touristen sitzen. In kleinen Gruppen oder auch allein erleben Sie Ihre maßgeschneiderte Reise. Preislich günstiger wird es, wenn Sie Ihren Aufenthalt in Lusaka und Livingstone selbst arrangieren und dazwischen eine Safari buchen.

In Malawi bestehen die gleichen Möglichkeiten. Hier würde sich vielleicht die Kombination aus einer organisierten Safari, der selbstorganisierten Schiffahrt auf dem Malawisee und einem anschließenden Badeaufenthalt empfehlen.

Hotel, Lodge oder Camping?

Die großen Städte verfügen über gute bis sehr gute Hotels mit internationalem Standard. In einigen Nationalparks befinden sich exklusive Lodges, und am südlichen Malawisee stehen drei sehr gute Badehotels. Außerdem gibt es eine Reihe origineller Unterkünfte mit speziellem Ambiente und viele einfache Hotels.

Je einsamer die Region und je kleiner der Ort, um so einfacher ist in der Regel auch die Unterkunft.

• Preisniveau der Hotels

Ein Firstclasshotel in gehobener Preisklasse kostet in Sambia etwa 100-150 US$ pro Doppelzimmer mit Frühstück. Ein Hotel oder Motel der Mittelklasse berechnet etwa 40-50 US$. Einfache Stadthotels kosten ungefähr 10-20 US$ pro Zimmer.

Die exklusiven Lodges in den Nationalparks haben *All-inclusive-Preise* (Fullboard/ Fullbar-Preise), d.h. Zimmer mit Vollpension und freien Getränken (inkl. Bar), sowie Pirschfahrten und Ausflügen. Diese Komplettpreise liegen je nach Lodge bei etwa 150-230 US$ pro Person. Selbstverständlich werden auch preisgünstigere Camps angeboten.

In Malawi liegen die Preise etwas niedriger. Die Firstclasshotels berechnen etwa 80-120 US$ pro Doppelzimmer mit Frühstück. Die Mittelklasse ist nur schwach vertreten, dagegen existiert ein breites Angebot im preisgünstigen Sektor. Besonders entlang des Malawisees reihen sich günstige Strandanlagen aneinander. Hier müssen allerdings qualitative Einschränkungen gemacht werden, die Preise liegen dafür oft nur bei etwa 2-5 US$ pro Person. Die staatlichen Unterkünfte der Nationalparks sind relativ günstig und einfach.

Eine typisch malawische Einrichtung sind die *Government Resthouses,* die einfache Zimmer mit Küchenbenutzung bzw. Kochdienst anbieten. Sie bringen also Ihre Verpflegung mit und haben die Wahl, es selbst zuzubereiten oder vom Personal kochen zu lassen. Dieses System ist in ganz Malawi verbreitet.

• Camping

In Sambia hat es bis vor kurzem nur wenige Campingplätze gegeben. Neuerdings entstehen besonders auf Farmen immer mehr Campingplätze. Der Preis beträgt fast überall im Land 5 US$ pro Person.

Malawi bietet entlang des Malawisees eine große Auswahl überwiegend günstiger, einfacher Campinggelegenheiten. Alle Nationalparks und Wildschutzgebiete haben Campingplätze, allerdings mit sehr unterschiedlicher Qualität.

Reiserouten - Planung

Eine Reiseroute zu planen gehört zum schönsten Teil der Vorbereitungen. Je nach Schwerpunkt lassen sich die unterschiedlichsten Routen zusammenstellen:

Schwerpunkt Safari: die sambischen Parks im Luangwatal, der Kafue-, Sumbu- und Lower Zambesi N.P. Etwas preisgünstiger, aber weniger spektakulär: Liwonde N.P., Kasungu N.P.

Schwerpunkt Vögel: Bangweulusümpfe, Lochinvar N.P., sowie alle anderen Nationalparks.

Schwerpunkt Natur: Viktoriafälle, Sambesital, Luangwatal, Tanganjikasee, Nyika Plateau, Mulanje Bergmassiv, Malawisee, Lumangwe Falls.

Schwerpunkt Kultur: Nordwest- und Nordostsambia, alle speziellen Feste, Kalene Hill Mission, Mua Mission, Livingstonia.

Schwerpunkt Wandern: Nyika Plateau, Zomba Plateau, Mount Mulanje.

Schwerpunkt Erholung: Malawisee, Tanganjikasee, Viktoriafälle, Siavonga.

Schwerpunkt Aktivreisen: Tauchen im Malawisee, Rafting an den Viktoriafällen, Kanufahren im Lower Zambesi N.P., Wandersafaris im South Luangwa N.P.

- Gestalten Sie das Reiseprogramm abwechslungsreich. Drei Wochen Dauersafari ermüden auch den größten Tierfreund. In einem Nationalpark sollte man aber immer mindestens zwei Nächte bleiben, in großen Parks wie Kafue und South Luangwa vier bis fünf Tage.
- Sambia und Malawi miteinander zu kombinieren ermöglicht eine sehr abwechslungsreiche Planung.
- Die Viktoriafälle oder einen Badeaufenthalt legt man am besten an das Ende der Reise.
- Planen Sie lieber großzügig, als zu gedrängt. Klimawechsel und Kulturschock wollen erst verdaut werden, an manchen Plätzen möchte man länger bleiben als geplant... Planen Sie Puffertage ein!

Gesundheitsvorsorge

Der schönste Urlaub ist verdorben, wenn man krank wird! Bevor Sie nach Sambia oder Malawi reisen, sollten Sie deshalb an einen Besuch beim Tropenarzt denken, besonders wenn es sich um Ihre erste Reise ins tropische Ausland handelt.

Zu einer rundum gesunden Afrikareise gehört zunächst auch eine gesunde Einstellung. (Medien und umsatzorientierte Apotheker zeichnen gelegentlich ein völlig überzogenes Bild von den Gefahren Afrikas. Ein gesunder Mensch mit intaktem Immunsystem wird auch in Afrika mit vielen Bakterien und Viren fertig, bzw. kommt auf einer durchschnittlichen Reise mit vielem gar nicht in Berührung. Auch die psychische Einstellung und das Zutrauen in den eigenen Körper sind von Bedeutung. Wer an seinen Durchfall glaubt, der bekommt ihn auch.)

Durch vernünftiges Verhalten lassen sich eine Menge Krankheiten vermeiden. Dazu zählen: sich vor zu starker Sonneneinstrahlung schützen, täglich auf genügend Flüssigkeitszufuhr achten, auf Nahrungsmittel von zweifelhafter Herkunft verzichten, niemals ungefiltertes Wasser zu sich nehmen (auch nicht zum Zähneputzen!), auch kleine Wunden ernst nehmen, für ausreichend Schlaf sorgen, bei Unpäßlichkeit (Magenproblemen) Ruhepausen einlegen, krassen Temperaturunterschieden mit angemessener Kleidung begegnen, nur gut durchgebratenes Fleisch zu sich nehmen und Obst und Gemüse möglichst nur im geschälten oder gekochten Zustand verzehren. Es zählt aber auch zum vernünftigen Verhalten, diversen Krankheiten aktiv vorzubeugen:

• Malaria

Malaria ist eine Blutinfektion, die durch den Stich der infizierten, weiblichen Anopheles-Mücke übertragen wird. Während die Mükke Ihr Blut abzapft, dringen die Malariaparasiten über die Blutbahn in die Leber. Dort vermehren sie sich, werden von Zeit zu Zeit ausgeschüttet (Fieberattacke) und zerstören die roten Blutkörperchen. Es gibt vier Malariaarten: Malaria Tertiana, Malaria Quartana, Malaria Ovale und Malaria Tropica.

Die drei ersten Arten verbleiben in der Leber und können bei Nichtbehandlung zur chronischen Erkrankung führen. Lebensgefährlich, und leider auch die häufigste Erkrankung in Afrika, ist die Malaria Tropica.

In beiden Ländern ist die Malaria verbreitet. Je tiefer gelegen und je feuchter ein Ort ist, um so höher ist das Risiko. Während und nach der Regenzeit ist das Risiko erhöht, in der trockenen Jahreszeit deutlich geringer.

Der beste Schutz vor Malaria ist die Vorbeugung: Mückenstiche vermeiden, mit Insektenschutzmitteln einreiben, Moskitospiralen verwenden, abends lange Kleidung tragen, unter einem Moskitonetz schlafen.

Zur medikamentösen Vorbeugung (Prophylaxe) wird zur Zeit die Einnahme von Mefloquin (Lariam) empfohlen (hoher Schutz vor Malaria Tropica, aber nur bis 3 Monate anwendbar, da starke Nebenwirkungen, evtl. auch Unverträglichkeit) oder eine Kombination aus Chloroquin (Resochin) und Paludrine. Manche entscheiden sich auch, auf medikamentöse Vorbeugung zu verzichten, und dafür ein Stand-By-Präparat mitzunehmen. Dazu eignen sich die Mittel Halfan und Lariam. Die Entscheidung für oder gegen ein Präparat sollten Sie möglichst in Absprache mit einem Arzt Ihres Vertrauens treffen.

Kommt es zu einer Malariainfektion, treten die ersten Symptome 8 bis 20 Tage nach dem Mückenstich auf. Typisch sind vor allem hohe Fieberanfälle, die nach einigen Stunden wieder abklingen. Weitere Symptome sind Kopf- und Gliederschmerzen, aber auch Brustschmerzen und Schüttelfrost-Schwitzanfälle.

Die Krankenhäuser in Sambia und Malawi sind alle in der Lage, eine Malariainfektion zu diagnostizieren. Es wird dort in der Regel mit Fansidar oder Chinin behandelt.

Da eine Prophylaxe das Ausbrechen der Malaria unter Umständen nur verzögert, kann es auch noch Wochen nach der Rückkehr aus Afrika zur Erkrankung kommen. Wenden Sie sich bei fiebrigen Krankheitsanzeichen an einen Tropenfacharzt, um eine mögliche Fehldiagnose zu vermeiden.

• Bilharziose

Bilharziose (Schistosomiasis) ist eine chronische Infektionskrankheit, die man sich in stehendem oder leichtfließendem, warmen Wasser mit Uferbewuchs einhandeln kann. In dieser Umgebung lebt eine spezielle Wasserschnecke, die als Zwischenwirt der Erreger fungiert. Als winzige Larven lösen sie sich von der Schnecke, um im Wasser menschliche Haut aufzuspüren und unbemerkt zu durchbohren. Über die Venen nisten sie sich im Darm oder der Blase ein. Die Symptome sind Fieber, Schwachheit und erst sehr spät blutiger Urin. Bei Touristen wird eine Erkrankung meistens erst bemerkt, wenn routinemäßig nach einer Fernreise eine Untersuchung gemacht wird. Die Behandlung besteht heute aus einer Einmaldosis des Medikaments Biltricide.

Um eine Schistosomiasis-Infektion zu vermeiden, sollten Sie nicht in stehenden oder nur schwach fließenden Gewässern baden. Die Badestrände des Malawisees gelten als größtenteils bilharziosefrei. Wo der Uferbewuchs fehlt oder eine starke Strömung herrscht, kann die Schnecke nicht leben.

• Gelbsucht / Leberentzündung

Hepatitis A wird durch mangelnde Hygiene und infizierte Nahrungsmittel (Wasser, Salate, Obst) übertragen. Die Leberinfektion ist nicht lebensbedrohlich, aber sehr langwierig in der Ausheilung. Neben den allgemeingültigen Vorsorgemaßnahmen gibt es folgende Medikamente: Passive Immunisierung für einige Monate durch Injektion von Immunglobulinen (Stärkung des Immunsystems), oder die Mehrfachinjektion mit dem Impfstoff Havrix, die zwar teuer ist, aber 100%igen Schutz für bis zu 10 Jahren gewährt.

• Gelbfieber

Die schwere Leberinfektion wird durch die Aedes-Stechmücke übertragen. Die Inkubationszeit beträgt 3 bis 6 Tage, die Symptome sind Erbrechen, Kopf- und Gliederschmerzen. Durch eine Schutzimpfung kann man sich für 10 Jahre vor der Krankheit schützen.

Bei Einreise aus einem Infektionsgebiet nach Sambia und Malawi ist die Schutzimpfung vorgeschrieben!

• Cholera

Die Bazillus-Infektion wird durch unzureichende Hygieneverhältnisse und unsauberes Wasser übertragen. In sehr unterentwickelten Lebensbereichen (Slums) breitet sie sich schnell als Epidemie aus, in hygienisch einwandfreier Umgebung kommt sie praktisch nicht vor. Die Symptome sind starker Durchfall mit Erbrechen und Bauchkrämpfen, die Behandlung erfolgt mittels Antibiotika. Die Schutzimpfung gilt als umstritten, wenig wirksam und hat unangenehme Nebenwirkungen.

• Weitere Krankheiten

Typhus ist eine Infektionskrankheit, die auf ähnliche Weise wie die Cholera ausgelöst werden kann. Es gibt eine Schluckimpfung mit Impfschutz von ca. einem halben Jahr. **Polio** und **Tetanus** sind gefährliche Krankheiten, die in Europa ebenso vorkommen. Davor sollte man sich auch ohne Afrikareise schützen.

Die **Schlafkrankheit** wird durch die Tsetsefliege übertragen, allerdings bricht sie bei Menschen nur sehr selten aus. Gegen die schmerzhaften Stiche der aggressiven Tsetsefliege schützt man sich am Besten durch helle Kleidung, möglichst wenig Bewegung und Rauch (Rauchen oder Moskitospiralen aufstellen!). Die Tsetsefliege ist auf bestimmte Regionen beschränkt (leider bevorzugt in Nationalparks), tritt nur tagsüber auf und ist ähnlich den Moskitos in der trockenen, heißen Jahreszeit seltener.

(Siehe auch Reiseapotheke, S. 343)

Ausrüstung

Auf Reisen hat man meistens zuviel dabei. Aber einige wichtige Dinge fehlen dann doch, weil man nicht an sie gedacht hat....

• Geld und Dokumente

Das wichtigste ist der gültige Reisepaß. Packen Sie außerdem den Internationalen Impfpaß und ggf. den Internationalen Führerschein ein! Von allen Dokumenten sollte man möglichst immer Kopien dabeihaben.

Es empfiehlt sich, nur einen kleinen Teil der Reisekasse in Bargeld mitzunehmen, den Rest in Reiseschecks. Als Währung wird zwar der US Dollar bevorzugt, Deutsche Mark wird aber genauso problemlos angenommen. Kreditkarten werden inzwischen in vielen Hotels und Geschäften der Großstädte akzeptiert.

100-Dollar-Noten werden übrigens aufgrund der vielen Fälschungen zunehmend unbeliebter. In Zimbabwe werden z.B. keine solchen Noten mehr angenommen. Also besser kleinere Noten mitnehmen.

Ein Wort zur Sicherheit: Alle Großstädte und Touristenzentren der Welt sind unsicher - da bilden Sambia und Malawi keine Ausnahme. Man kann Diebstahl vorbeugen, wenn man nicht provoziert. Geld und Dokumente sollten immer geschützt sein. Ein versteckter Safe im Auto oder ein Bauchgurt sind beruhigend und sicher. Brustbeutel tun es auch.

• Kleidung

Leichte Sommerkleidung und für die evtl. kalten Nächte einen dicken Pulli. Für Safaris gedeckte Naturfarben, niemals reinweiße Kleidung! Auch auf Schwarzes verzichten, denn das ist die Lieblingsfarbe der Tsetsefliege! Knöchelhohe, bequeme Turnschuhe, Sonnenhut, Badekleidung und Regenschutz sind sinnvoll. In den Lodges trägt man legere Kleidung, Abendgarderobe ist dort nicht notwendig. In den besseren Stadthotels ist am Abend feinere Kleidung angebracht (keine Shorts und T-Shirts). Man kann seine Kleidung überall waschen lassen.

• Reiseapotheke

Ein paar Dinge für Notfälle gehören ins Gepäck. Dazu zählen: Fieberthermometer, Pinzette, Pflaster, Verband, Desinfektionsmittel, Schmerzmittel (Aspirin), Fiebersenkendes Medikament, Durchfallmittel (Imodium) und Elektrolyte, Antibiotikum, Malariamedikament, Mücken- und Sonnenschutz, Augentropfen, Hals-, Kreislauf- ,Allergie- und Magentabletten, sicherheitshalber Einwegspritzen.

• Sonstiges

Photoausrüstung mit Ersatzbatterien und genügend Filmen, Ladegerät für Kameraakkus, Fernglas, Sonnenbrille, Taschenlampe, Feuerzeug, Taschenmesser, Flaschenöffner, Nähzeug, Adapter für Steckdosen, Mikropur (Tabletten/ Pulver) zur Trinkwasserentkeimung, Wörterbuch, Landkarten, Reiseführer und evtl. Zelt, Schlafsack und Moskitonetz.

• Geschenke

Generell ist es besser, Geschenke zu verteilen als Geld zu geben. Geld fördert die Bettelei und macht Menschen abhängig. Kinder, die durch Betteln Geld verdienen, gehen nicht mehr zur Schule. Wenn Sie Geschenke einpacken, so lassen Sie möglichst die Süssigkeiten weg! Schenken Sie Dinge, die in Afrika nützlich sind: an erster Stelle der Beliebtheitsskala stehen Schuhe und Kinderkleidung. Danach kommen Kleidung aller Art (warum also nicht am Ende der Reise einen Teil des Gepäcks zurücklassen?) und Schreibstifte. Kugelschreiber geben in der Hitze schnell ihren Geist auf, auch wenn sie neu sind. Besser also Bleistifte nehmen. Zündhölzer und Feuerzeuge sind sinnvoll, Salz ist immer wieder sehr gefragt. Wenn Sie alte Brillen haben, können Sie diese in einer Mission abgeben. Englischsprachige Bücher und Zeitschriften, alte Armbanduhren und verschließbare Behälter sind beliebt. Frauen machen Sie eine Freude mit Nähzeug und Taschenspiegeln. Männer freuen sich über Taschenmesser, Feilen und ganz besonders über Taschenlampen. Kinderherzen erobern Sie mit Malutensilien und (Fuß-)Bällen!

Verteilen Sie die Geschenke nicht wahllos, sondern geben Sie sie Menschen, mit denen Sie in Beziehung stehen (der Wildhüter nach der Safari; die Frau, die die Wäsche gewaschen hat; Kinder, die ein Lagerfeuer gemacht und Holz gesammelt haben).

Praktische Hinweise und wichtige Adressen

Einreisebestimmungen

• Visa

Sambia

Deutsche, Österreicher und Schweizer benötigen für die Reise nach Sambia ein Visum. Die Antragsunterlagen können gegen einen frankierten Rückumschlag bei der Botschaft angefordert werden. 2 ausgefüllte Antragsformulare, 2 Paßbilder, der gültige Reisepaß oder Kinderausweis, eine Buchungsbestätigung des Reisebüros, die Visagebühr in bar oder per Verrechnungsscheck, sowie ein Einschreiben-Freiumschlag für die Rücksendung der visierten Pässe müssen an die Botschaft geschickt werden. Die Bearbeitung dauert etwa eine Woche. Die Visagebühren betragen DM 35,00 für eine einmalige Einreise, DM 50,00 für die zweifache und DM 70,00 für die mehrmalige Einreise.

Bei Fluganreise wird das Visum auch bei der Ankunft am Flughafen ausgestellt (25 US$/Einmalige Einreise und 40 US$/Multiple Entry Visum). Wer auf dem Landweg nach Sambia reist, erhält das Visum auch an der Grenze.

Malawi

Für Reisen nach Malawi besteht für Deutsche mit gültigem Reisepaß bei einem Aufenthalt bis 90 Tage kein Visumzwang. Für Österreicher und Schweizer besteht Visazwang, wobei Österreicher das Visum gratis erhalten. Die Prozedur entspricht der für Sambia beschriebenen, die Gebühr für eine einmalige Einreise beträgt für Schweizer allerdings DM 70,00.

Diplomatische Vertretungen

• in Europa

Botschaft der Republik Sambia
Konsularabteilung
Mittelstraße 39
53175 BONN
Tel. 0228/ 376813
Fax 0228/ 379536
Sprechzeit: Mo-Fr 09.00-13.00 Uhr

Botschaft der Republik Sambia
8 Via Ennio Quirino Visconti
I-00193 ROMA
Italia
Tel. 0039/ 6/ 3213805
Fax 0039/ 6/ 3612675

Unter der deutschen Adresse firmiert auch das sambische Informationsbüro *Zambia National Tourist Board.*

Botschaft der Republik Malawi
Konsularabteilung
Mainzer Straße 124
53179 BONN
Tel. 0228/ 343016
Fax 0228/ 340619

Malawi High Commission
33 Grosvenor Street
GB-LONDON W1X 0DE
Tel./Fax 0044/71/4914172

Unter der Londoner Adresse erreicht man auch das *Malawi Tourist Office.*

In Österreich und der Schweiz befinden sich keine eigenen Botschaften von Sambia und Malawi. Zuständig sind die oben genannten Adressen (für Österreich in Bonn, für die Schweiz in Rom und London).

• Deutsche, österreichische und schweizerische Vertretungen

Sambia

Botschaft der Republik Deutschland
P.O.Box 50 120
15101 Ridgeway
Lusaka
Tel. 00260/1/250644
Fax 00260/1/254014

Honorarkonsulat der Schweiz
5124 Lumumba Road, Lusaka
Tel. 00260 /1/223838/ 227824
Fax 00260/1/226551

Botschaft der Republik Österreich
Mutende Road, Woodlands
P.O.Box 310994
Lusaka
Tel. 00260/1/260407

Malawi

Botschaft der Republik Deutschland
Convention Drive
P.O.Box 30046
Lilongwe 3
Malawi
Tel. 00265/782555
Fax 00265 780250

Österreich und die Schweiz unterhalten keine Botschaften in Malawi. Zuständig sind die jeweiligen Botschaften in Zimbabwe.

Botschaft von Österreich
6 th floor Globe House
51 Stanley Avenue
Harare
Zimbabwe
Tel. 00263/4/704600

Botschaft der Schweiz
9 Lanark Road
Delgravia
Harare
Zimbabwe
Tel. 00263/4/703997,703998

Währung und Devisen

Sambia

Währungseinheit ist der *Sambische Kwacha* (sprich: Kwatscha)
1 Kwacha entspricht 100 Ngwee. Es gibt Münzen zu 5, 10 und 20K, und Noten zu 20, 50, 100 und 500K. Sambia leidet unter hoher Inflation. Die Umtauschrate lag z. B. im Mai 1995 bei 1000 K für 1 US$. Im Mai 1996 wurde der US-Dollar bereits für 1200 Kwacha getauscht.

Die Einfuhr der Landeswährung ist verboten. Einfuhr von Fremdwährung ist unbeschränkt möglich, muß aber deklariert werden. Heben Sie alle Umtauschbelege auf, für den Fall, daß Sie bei der Ausreise danach gefragt werden!

Malawi

Währungseinheit ist der *Malawi Kwacha*.
1 MK entspricht 100 Tambala. Die Umtauschrate betrug im Mai 1996 etwa 15 MK für 1 US$. Die Einfuhr der Landeswährung ist erlaubt, die Ausfuhr nur bis in Höhe von 200 MK.

Anreise

Internationale Flugverbindungen

Direktverbindungen nach Sambia und Malawi von Deutschland, Österreich oder der Schweiz gibt es zur Zeit nicht. Zumindest einmal muß man umsteigen.

Nach Sambia ab Europa

- British Airways fliegt 3 x wöchentlich von London nach Lusaka. Montag und Mittwoch via Harare, am Samstag direkt (kürzeste mögliche Verbindung). Rückflug jeweils ein Tag später. Anschluß ab allen dt. Flughäfen.
- KLM fliegt einmal pro Woche (mit Zwischenstop) ab Amsterdam nach Lusaka. Anschlußflüge ab allen deutschen Flughäfen.
- South Africa Airways fliegt mehrmals wöchentlich von Frankfurt oder München nach Johannesburg. Von dort Weiterflug nach Lusaka möglich.
- Air Namibia bietet einen Direktflug von Frankfurt nach Windhuk mit Weiterflug nach Livingstone an.

Nach Malawi ab Europa

- British Airways fliegt 2 x pro Woche von London nach Lilongwe.
- KLM fliegt ebenfalls 2 x pro Woche ab Amsterdam nach Lilongwe, mit Anschlüssen ab allen dt. Flughäfen.
- Air Zimbabwe fliegt 2 x wöchentlich ab Frankfurt nach Harare und bietet Weiterflüge nach Malawi.
- Kenya Airways hat das gleiche Angebot via Nairobi.
- Ethiopian Airways fliegt ab Frankfurt nach Addis Abbeba und weiter nach Lilongwe.

Flugtickets nach Sambia und Malawi sind in günstigen Reisebüros bereits ab DM 1600,00 erhältlich.

Flugverbindungen innerhalb Afrikas

Sambia

Lusaka - Johannesburg	Oneway ca. 500 DM	Return 660-950 DM
Lusaka - Harare	Oneway ca. 150 DM	Return ca. 200 DM
Lusaka - Nairobi	Oneway ca. 500 DM	Return ca. 700 DM

Daneben gibt es Verbindungen ab Gaborone, Windhuk u.a., sowie Flüge zwischen Johannesburg und Ndola.

Malawi

Lilongwe - Johannesburg	Oneway ca. 500 DM	Return ca. 650 DM
Lilongwe - Harare	Oneway ca. 150 DM	Return ca. 200 DM
Lilongwe - Nairobi	Oneway ca. 450 DM	Return ca. 600 DM

Lilongwe - Lusaka wird derzeit 2 x wöchentlich geflogen. Von großer touristischer Bedeutung ist der neue Flug von Lilongwe nach Mfuwe/South Luangwa Nationalpark.

Prozedur am Flughafen

Wenn Sie auf dem Luftweg nach Sambia oder Malawi reisen, müssen Sie bei der Ankunft die *Entry Declaration Form* und die Zolldeklaration ausfüllen. Die Formalitäten laufen routiniert ab.

• Taxi am Flughafen

Die Taxifahrt vom Internationalen Flughafen Lusaka in die Stadt beträgt etwa 15US$. Entfernung : 26 km.

Die Taxifahrt vom Kamuzu International Airport nach Lilongwe (25 km) beträgt ca. 10US$.

Anreise auf dem Landweg

• Bahnanreise

Sie können mit der TAZARA von Tansania via Nakonde nach Sambia einreisen. Die Reise dauert mehrere Tage (siehe *Lusaka, Eisenbahn*).

Malawi besitzt zwar eine Bahnverbindung zu den mosambikanischen Häfen, diese ist jedoch allein dem Güterverkehr vorbehalten.

• Schiffsanreise

Am Tanganjikasee besteht die Möglichkeit, per Schiff nach Mpulungu in Sambia zu reisen. Die *Tanzania Railways Corporation* verfügt über zwei regelmäßig verkehrende Motorschiffe, die MV Liemba und die MV Mwongozo. Diese verkehren wöchentlich zwischen Bujumbura/Burundi, Kigoma/Tansania und Mpulungu. Die Liemba gilt als das komfortablere Schiff mit dreierlei Klassen, wobei die 3. Klasse nicht zu empfehlen ist. Die 1.Klasse bietet Doppelkabinen, die 2.Klasse Vierbettkabinen.

Fahrpreise:
Mpulungu - Kigoma (2 Tage):
1.Klasse/ 50 US$, 2.Klasse/40 US$
Mpulungu - Bujumbura (3 Tage):
1.Klasse/65 US$, 2.Klasse 55 US$
Eine Autoverschiffung von Mpulungu nach Bujumbura kostet etwa 100 US$.

Ankunft der MV Liemba ist in Mpulungu jeweils am Freitagvormittag, Abfahrt am selben Tag gegen 17.00h. Die MV Mwongozo verkehrt jeweils Montags zu gleichen Zeiten. Die Schiffe halten allerdings nicht immer exakt den Fahrplan ein.

• Busanreise

Ab Harare in Zimbabwe fährt täglich ein Fernstreckenbus nach Lusaka und zweimal wöchentlich nach Blantyre. Zwischen Lilongwe und Lusaka gibt es tägliche Busverbindungen. Die Preise für diese Strecken liegen bei etwa 40 US$, die Fahrtzeit kann je nach Grenzaufenthalt bis zu 10 Stunden betragen.

• Mit dem Auto

Wer mit einem eigenen Fahrzeug in Sambia oder Malawi einreist, hat bereits einige afrikanische Grenzübergänge hinter sich und weiß, was er vorweisen muß. Für Sambia und Malawi sind neben den persönlichen Dokumenten der Internationalen Führerschein (besonders in Malawi gefragt!), das Zolldokument Carnet de Passages (stellt der ADAC aus) und die Internationale Zulassung mitzuführen. Beide Länder können notfalls aber auch ohne Carnet bereist werden. Eine Kfz-Versicherung ist in beiden Ländern Pflicht, und wird entweder gleich an der Grenze oder in der nächsten größeren Stadt abgeschlossen. Die Grenzen sind im Allgemeinen von 06.00h - 18.00h geöffnet.

Malawi verlangt seit Frühjahr 1996 bei der Ein- und Ausreise eine Abwicklungsgebühr in Höhe von 50 MK. Wer kein malawisches Geld hat, muß 5 USDollar bezahlen.

In beiden Ländern herrscht Linksverkehr. Malawi hat einen staatlich festgesetzten Benzinpreis von etwa 1DM pro Liter. In Sambia kostet der Sprit je nach Region zwischen 0,80 und 1,50 DM. Die Benzinversorgung ist in beiden Ländern gut. In Sambia besteht seit 1996 Anschnallpflicht.

Transport vor Ort

• Das Inlandflugnetz

Nach dem Zusammenbruch von Zambia Airways 1994 verfügt Sambia nur noch über kleinere Fluggesellschaften, die zum Teil nach festen Flugplänen, teilweise aber auch in Charterdiensten tätig sind. Zu ihnen zählen u.a. Aero Zambia, Roan Air, Gateway und Express Airlines. Reine Chartergesellschaften sind Airvania Ltd., Safari Air Service, Union Air Transport und Hughes Aircraft Service. Zwischen Lusaka und Ndola gibt es mehrmals täglich Flugverbindungen, nach Livingstone 4 x pro Woche. Die Flüge von Lusaka nach Mfuwe werden derzeit nur per Charter angeboten. Außerdem werden die Städte Mansa, Chipata, Mongu und Kitwe angeflogen. Die Preise für Inlandflüge sind verhältnismäßig hoch (ca. 100 US$ pro Strecke).

Air Malawi hat ein dichtes Flugnetz mit Flughäfen in Karonga, Mzuzu, Likoma Island, Salima, Lilongwe, Club Makokola/Mangochi und Blantyre. Die Preise sind ähnlich wie in Sambia. Internationale Flüge von Air Malawi: Von Blantyre nach Johannesburg, Durban und Dar-es-Salaam, sowie von Lilongwe nach Lusaka, Harare, Johannesburg, Nairobi und Dar-es-Salaam. Air Malawi bietet auch Charterdienste an.

• Bahnverbindungen

Die Bahnverbindungen spielen für den Personenverkehr in beiden Ländern nur eine untergeordnete Rolle. Die wichtigste Strecke, die TAZARA, verläuft von Dar-es-Salaam über Nakonde und Kapiri Mposhi nach Lusaka. Daneben bestehen Bahnverbindungen nach Livingstone und Kitwe. (siehe *Lusaka, Eisenbahn*). Nicht uninteressant ist die Möglichkeit, ohne Zwischenaufenthalt in Lusaka von Kapiri Mposhi nach Livingstone zu reisen.

In Malawi besteht lediglich die Verbindung Lilongwe - Salima - Blantyre. Die Preise sind moderat und als Alternative zu langen Überlandbusfahrten durchaus erwähnenswert.

• Busverbindungen

Sambia: Seit der Privatisierung des Personenverkehrs gibt es viele Gesellschaften mit einem breiten Angebot von modernen Überlandbussen bis zu überfüllten Minibussen. Die Fernstrecken werden von großen Expreßbussen bedient, je kürzer die Strecke, um so kleiner wird in der Regel das Fahrzeug.

Malawi: Das Busnetz ist in Malawi dicht und gut ausgebaut. Es empfiehlt sich, immer rechtzeitig zu reservieren! Fernstrecken werden von *Coachline* und *Stagecoach* bedient. Diese Busse bieten zu etwas höheren Preisen Sitzplatzreservierungen, Klimaanlage und Softdrinks während der Fahrt. Die Hauptstrekken (Mzuzu - Lilongwe - Blantyre) werden mehrmals täglich befahren.
Einige Preisbeispiele für die Stagecoach-Busse: Blantyre-Kasungu ca. 20 US$, Lilongwe-Kasungu ca. 7 US$, Kasungu-Mzuzu ca. 10 US$, Lilongwe-Mzuzu ca. 15 US$

• Schiffsverkehr in Malawi

Die **Ilala** fährt wöchentlich von Monkey Bay bis in den Norden des Malawisees und stellt für viele Fischerdörfer entlang der Nordküste die einzige Verbindung zur Außenwelt dar. Das Schiff ist seit 1951 im Dienst und kann 100 Tonnen Fracht und 360 Passagiere aufnehmen. Meistens ist es berstend voll mit Menschen, Tieren und Gepäck. Es werden drei verschiedene Klassen angeboten, und man kann in der 1.Klasse durchaus von einer kleinen Kreuzfahrt sprechen. Luxus darf man nicht erwarten, doch eine vernünftige Verpflegung, ein großes Sonnendeck mit einer Bar, einen Salon und saubere, zweckmäßige Kabinen. Die schönste Kabine ist die *Owner's Cabin* mit herrlicher Aussicht und eigenem Bad. Die 6 Standardkabinen verfügen über zwei Betten, ein Waschbecken und gemeinsame Dusche/Toilette. Im Fahrpreis ist Frühstück enthalten. Man kann deutlich günstiger in den niedrigen Klassen reisen, hat dann aber keinen Zugang zum Deck und muß sich seinen Sitzplatz selbst erkämpfen. Die wenigen Kabinen sind immer stark gebucht. Es empfiehlt sich, rechtzeitig zu reservieren.

Fahrplan der Ilala / 1996

HAFEN	ANKUNFT	ZEIT	ABFAHRT	ZEIT
Monkey Bay			Freitag	0800
Chipoka	Freitag	1100	Freitag	1300
Nkhotakota	Freitag	2100	Freitag	2200
Likoma	Samstag	0400	Samstag	0600
Chizumulu	Samstag	0700	Samstag	0800
Nkhata Bay	Samstag	1130	Samstag	1330
Mang'wina	Samstag	1430	Samstag	1530
Usisya	Samstag	1700	Samstag	1730
Ruarwe	Samstag	1830	Samstag	1900
Tcharo	Samstag	2000	Samstag	2030
Mlowe	Samstag	2230	Samstag	2300
Chilumba	Sonntag	0130	Sonntag	0300
Kambwe	Sonntag	0700	Sonntag	0730
Itungi	Sonntag	0930	Sonntag	1130
Kambwe	Sonntag	1330	Sonntag	1400
Chilumba	Sonntag	1800	Sonntag	2300
Mlowe	Montag	0130	Montag	0200
Tcharo	Montag	0330	Montag	0400
Ruarwe	Montag	0500	Montag	0530
Usisya	Montag	0630	Montag	0730
Mang'wina	Montag	0900	Montag	0930
Nkhata Bay	Montag	1030	Montag	1230
Mbamba Bay	Montag	1600	Montag	1800
Nkhata Bay	Montag	2130	Dienstag	0200
Chizumulu	Dienstag	0530	Dienstag	0730
Likoma	Dienstag	0900	Dienstag	1200
Nkhotakota	Dienstag	1800	Dienstag	1900
Chipoka	Mittwoch	0300	Mittwoch	0600
Monkey Bay	Mittwoch	0900		

Fahrpreise (1996) für einfache Fahrtstrecken:

Von Monkey Bay nach:	Owner's Cabin	Standard Kabine
Nkhotakota	50 US$	32 US$
Nkhata Bay	66 US$	50 US$
Likoma Island	60 US$	40 US$
Chilumba	105 US$	66 US$

Das zweite Frachtschiff **Mtendere** fährt nur noch im südlichen Teil des Malawisees und verfügt auch nur über eine 2. und 3.Klasse. Sie wird von Touristen weniger gebucht. Häufig befindet sie sich zur Reparatur in Monkey Bay.

Der See ist berüchtigt für mitunter plötzlich auftretende Stürme. Die ruhigsten Monate sind März bis Mai.

Die Tickets werden erst am Abfahrtstag, ab etwa 2 Stunden vor Abfahrt, ausgestellt und in Malawi-Kwacha berechnet. Die Mahlzeiten an Bord sind recht passabel und günstig (zwischen 5 und 7 US$).

Es besteht auch die Möglichkeit, Fahrzeuge an Bord der Ilala zu transportieren. Die Preise dafür liegen etwa gleich mit dem Passagierpreis der Standardklasse.

Buchungsbüro: **Malawi Lakes Services**, Ilala-Bookings, P.O.Box 15, Monkey Bay. Tel. (00265) 587311, Fax 587359.

• Mietwagen

Sambia

Mietwagen sind in Sambia knapp und teuer. Die Preise liegen bei 50-70 US$ für einen PKW, Mietwagen mit Chauffeur kosten etwa 100 US$ pro Tag.

Malawi

Das Mietwagenangebot ist in Malawi breiter gefächert. Kleinere Pkws werden ab ca. 40 US$ angeboten (Mietdauer mind. 7 Tage/kein Kilometergeld). Geländefahrzeuge, wie z.B. Nissan Patrol oder Landcruiser, kosten etwa 120 US$ pro Tag. Auch in Malawi werden Mietwagen mit Chauffeur angeboten.

Tips und Infos für Mietwagenfahrer

- Das Mindestalter beträgt je nach Gesellschaft 21 bis 25 Jahre.
- Voraussetzung ist der Internationale Führerschein.
- Die Haftpflichtversicherung ist zwingend vorgeschrieben. Auf Anfrage ist auch eine Vollkaskoversicherung möglich.
- In beiden Ländern herrscht Linksverkehr!

Reifenflicken mit Hammer und Brecheisen am Straßenrand

- Der Mietwagen sollte unbedingt mit mindestens einem Ersatzreifen und entsprechendem Werkzeug ausgestattet ist!
- Achten Sie auf gute Bereifung des Fahrzeugs!
- Die Spritversorgung ist in Malawi sehr gut, in Sambia bis auf entlegene Regionen ebenso. Für sehr abgelegene Touren in Sambia sollte man allerdings eine Reichweite von 1000 km einplanen.
- Fahren Sie grundsätzlich defensiv und vorsichtig! Unerwartete Schlaglöcher, unbefestigte Randstreifen und heimtückische Bodenwellen erfordern Ihre Aufmerksamkeit. Menschen und Tiere laufen auf den Straßen, aufgeschreckte Hühner gehören zur Tagesordnung.
- Vermeiden Sie möglichst Nachtfahrten!
- Auf Erd- und Sandstraßen ist der Spritverbrauch höher.
- Wenn Sie noch keine Geländeerfahrung haben, tasten Sie sich vorsichtig an die ungewohnten Bedingungen heran, damit das Abenteuer Spaß macht und nicht zum teuren Lehrstück wird!
- Höchstgeschwindigkeit in Ortschaften: 46 km/h, Höchstgeschwindigkeit außerhalb von Ortschaften: 80 km/h
- In Sambia besteht Anschnallpflicht.

Reiseagenturen

Sambia

Die meisten Safariunternehmen haben ihre Kontaktadresse oder Buchungszentrale in Lusaka. Sie können alle Reservierungen dort oder auch in einem Reisebüro vornehmen. Nachfolgend werden die Veranstalter gebietsbezogen genannt. (Bei den Telefon- und Faxnummern ist bei Anrufen von außerhalb Lusakas die Städtevorwahl 01 zu wählen, bzw. 00260-1 ab Europa. Bei Nummern in anderen Orten Sambias wurden die Vorwahlnummern angegeben.)

Kafue N.P.

- Busanga Trails, Tel./Fax 222075/ 222197
- Chunga Safaris & Tours, Tel. 227807 und 226019
- Lunga Cabins, Tel. 223113, Fax 223048
- Mukambi Safari Lodge, Tel. 228185, Fax 228184
- Hippo Camp, Tel. 250310, Fax 220466
- New Kelala Camp, Tel/Fax 213390
- Musungwa Safaris, Tel/Fax 274233
- Puku Pan Lodge, Tel. 260134,

South Luangwa N.P.

- Chibembe Lodge, Nsefu Camp, Chichele Lodge, Wilderness Trails, Lusaka. Tel. 220112, Fax 220116
- Chinzombo Safari Lodge, Lusaka. Tel. 211644, Fax 226736
- Tafika Camp, Remote Africa Safaris, Tel. 291764
- Flat Dogs Camp, Chipata, Tel. 062-45074, Fax 062-45076
- Kapamba Trails Camp, Chipata, Tel./Fax 062-21003
- Kapani Safari Lodge, Mfuwe, Tel. 062-45015, Fax 062-45025
- Tena Tena Camp und Nkwali Camp, Robin Pope Safaris, Tel. 062-45090, Fax 062-45076
- Kaingo Camp, Shenton Safaris, Kapiri Mposhi. Tel./Fax 05-362188
- Mchenja und Kakuli Buschcamps, Savannah Trails, Tel. 216848
- Ulundo Rest House, Tel. 062-45015
- The Wildlife Camp, Chipata, Tel. 062-45026, Fax 062-45036

North Luangwa N.P.

- Remote Africa Safaris Ltd. , Tel. 291764
- Shiwa Safaris, Tel. 223113, Fax 223048

Lower Zambesi N.P.

- Chiawa Camp, Tel. 261588
- G&G Safaris, Tel. 261588, Fax 262683
- Gwabi Lodge, Tel. 220113, Fax 220116
- Drifters Canoe Safaris, Tel/Fax 291772
- Mwaleshi Safaris, Tel/Fax 252452

Tanganjikasee

- Lake Tanganyika Lodge, Tel. 224248, Fax 224265
- alle Lodges: Circuit Safaris, Kitwe, Tel. 02-12277/ 02-14447

Livingstone - Region

- Kiwi Extreme, (Bungy Jumping), Liv., Tel. 03-324156, Fax 03-324157
- Safari Par Excellence, (White Water Rafting, Canoing) Tel. 287748, Fax 287817 in Lusaka
- Sobek, Tel. 224248 und Fax 224265 in Lusaka, oder Tel. 03-321432 in Livingstone
- Tongabezi Safaris,(Lodge, Canoing) Tel. 03-323235, Fax 03-323224, Privat Bag 31, Livingstone
- Chundukwa Adventure Trails Ltd. (Lodge und Safaris in den Kafue-Südteil) Tel./Fax 03-324006, Livingstone
- Kubu Cabins, Tel. 03-324093, Fax 03-324091, Livingstone

Sonstiges

- Barotseland Fishing Tours & Safaris, Tel. 222573, Fax 225491
- Lechwe Lodge, Tel. 222083, Fax 220184, nahe Kafue.
- Chamafumbu Safari Camp, Mbizi Safaris, (Lunga Luswishi GMA, östlich des Kafue N.P.), Tel. 227027, Fax 223747
- Summit Safaris (Lunga Luswishi GMA) Tel. 216689
- Camps im Kasanka N.P., Shoebill Island Camp und Waka Waka Camp in den Bangwuelusümpfen, Tel. 260106

Malawi

- Rainbow Travel Ltd., P.O.Box 840, Lilongwe, Tel. 740963
- AMI Travel, P.O.Box 30074, Lilongwe, Tel. 783220
- Central African Wilderness Safaris, P.O.Box 489, Lilongwe, Tel. 781393, (Mfuu Lodge)
- Heart of Africa Safaris, P.O.Box 8, Lilongwe, Tel. 740848
- Safari Camp, P.O.Box 1971, Lilongwe, Tel./Fax 721458, (Ethnic Lodge und individuelle Rundreisen /Dt. Leitung)
- Soche Tours & Travel, P.O.Box 2225, Blantyre, Tel. 620777
- Omar Sharif Ltd. (Kasungu N.P.), Privat Bag 62, Kasungu, Tel./Fax 253439
- Njobvu Safari Camp (Lodge und Nkhotakota Game Reserve), P.O.Box 388, Nkhotakota

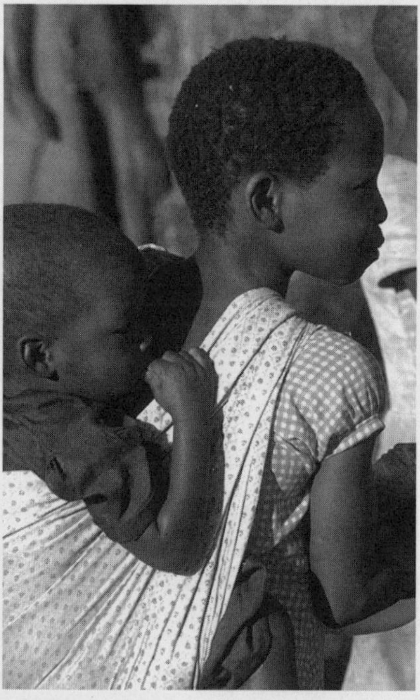

Unterwegs in Sambia und Malawi

Begegnung mit den Menschen

Natürlich können Sie in Afrika auf Safari gehen und Ihre zwischenmenschlichen Kontakte zur einheimischen Bevölkerung auf das Bezahlen von Rechnungen beschränken. Sie reisen unbeschwert und behalten Ihre vorgefertigte Meinung vom schwarzen Menschen. Aber es wäre schade.

Wenn Sie nach Sambia und Malawi kommen, werfen Sie besser gleich alle bisherigen Vorstellungen über Bord, Sie werden es sowieso irgendwann tun. Denn wenn Sie mit offenen Ohren und Augen auf die Menschen zugehen, werden diese Sie immer wieder in Erstaunen versetzen. Sie werden vermeintliche Widersprüche entdecken und Dinge, die wir für unmöglich halten. Sie begegnen der Armut und Menschen, die trotzdem strahlen und lachen. Sie können sich die Haare raufen über den Gleichmut, mit dem die Menschen Wälder abbrennen oder wertvolle Straßenbaumaschinen, die vielleicht nur einen Platten haben, vor sich hin rosten lassen. Gleichzeitig aber werden Sie die afrikanische Fähigkeit bewundern, mit bloßen Händen in die Glut des Lagerfeuers zu fassen oder fieberkrank viele Kilometer weit zum nächsten Krankenhaus zu laufen. Sie können darüber verzweifeln, warum in Afrika Wasserhähne schon mal quer eingebaut und Schlaglöcher einfach mit Teer ausgepinselt statt aufgefüllt werden, aber Sie werden über andere Dinge schmunzeln. Und vielleicht werden Sie auch nachdenklich, wenn Sie die geballte Lebensfreude und Neugier in den Kinderaugen sehen.

Selbstverständlich sind nicht alle Orte gleich. Je einsamer es wird, je weiter entfernt von Touristenzentren und Städten Sie sind, um so beeindruckender und ehrlicher werden die Begegnungen. Wenn Sie sich trauen, auf diese Menschen zuzugehen, wird man Sie nicht abweisen, sondern höflich und freundlich behandeln. Wenn Sie sich als Gast in einem fremden Land verhalten und den

Menschen gegenüber Respekt zeigen, wird man Ihnen ebenso begegnen. Scheuen Sie sich nicht, Ihr Interesse für das Leben der Menschen zu zeigen! Doch tun Sie es mit Worten und nicht sofort mit der Kamera. Es wird nicht gelingen, die afrikanische Lebensweise durch und durch zu verstehen. Aber nach Hause kommen mit dem Gefühl, etwas mehr erfahren, erlebt und verstanden zu haben - das wäre doch schon was!

Muli Bwanji und Zikomo - die sprachliche Verständigung

Mit Englisch allein kommt man schon ganz gut durch Sambia und Malawi. Niemand wird von einem Touristen Kenntnisse in Bemba, Kaonde oder Tonga erwarten. Er wird aber viel Sympathie ernten, wenn er ein paar Worte oder Grußformeln in der Sprache seiner Gastgeber kennt.

In Sambia werden regional sehr unterschiedliche Sprachen gesprochen, häufig aber untereinander verstanden. In Malawi dominiert die Sprache **Chichewa**. Da Chichewa sehr eng verwandt ist mit **Nyanja**, der Sprache Ostsambias, kann man diese Kenntnisse vielleicht am häufigsten einsetzen.

Zikomo (sprich: sikomo)	Danke - ist das wichtigste Wort! wird auch für 'bitte' verwendet
Zikomo gwambiri (s. guambiri)	Danke sehr
Moni (moni)	Hallo!
Muli bwanji? (muli bwanschi?)	Wie geht es Dir/Ihnen? (entspricht dem englischen 'How are you?')
Ndili Bwino (ndili bwino)	es geht mir gut
Kuti...? (kuti)	Wo...?
Ndi kuti...? (ndi kuti)	Wo ist...?
Ngati...?	Wieviel ?
Nsengati ...? (nsengati)	Wieviel kostet ...?
Bwanji...? (bwanschi)	Wie...?
Liti...? (liti)	Wann...?
Chiyani...? (tschijani)	Was...?
Ndikufuna...	Ich möchte /will...
Nkhuni	Feuerholz
Msungu	Fremder, Weißer
Inde, Eya oder Ee	ja,

(meistens wird ein langgezogenes, melodisches 'Eeee' gesprochen)

Iyai oder ai	nein

umodzi (mosi)	1	asanu ndi modzi	6 (5+1)
awiri (wiri)	2	asanu ndi wiri	7 (5+2)
atatu (tatu)	3	khumi	10
anayi (nai)	4	khumi ndi modzi	11
asanu (sanu)	5	azana	100

Beim Abschied wird meist das englische 'Goodbye' verwendet.

Verhaltenstips und Regeln für die Wildnis

In den Nationalparks wurden zum Schutz der Natur, der Tierwelt und seiner Besucher verschiedene Regeln aufgestellt:

- Für Autofahrer: Höchstgeschwindigkeit ist 40 km/h, querfeldein fahren und fahren nach Sonnenuntergang ist nicht erlaubt. Tiere haben generell Vorfahrt!
- Buschbrände können im trockenen Gestrüpp durch kleinste Funken ausgelöst werden. Vorsicht mit Zigarettenkippen!
- Daß man seinen Abfall wieder mitnimmt, sollte selbstverständlich sein.
- Ohne Begleitung eines Wildhüters ist es nicht gestattet, im Park herumzulaufen (Ausnahme: Nyika Nationalpark).
- Wenn man mehrtägig von einem Scout des NPWS eskortiert wird (in den unerschlossenen sambischen Parks), ist es üblich, daß man den Scout voll verköstigt.
- Auf einer Safari sollte man farblich dezente Kleidung tragen, kein Weiß, Schwarz (Tsetses!), Blau oder knalliges Rot! Sonnenschutz und -hut nicht vergessen!
- Möglichst leise und defensiv verhalten. Lassen Sie sich nicht täuschen; wenn Sie keine Tiere sehen, heißt das nicht, daß Sie nicht genau beobachtet werden!
- Vogelfreunde kommen oft direkt in den Camps auf ihre Kosten. Viele Vögel haben sich an die Anwesenheit der Menschen gewöhnt und kommen nahe heran. Das gleiche passiert auch bei Erdhörnchen, Mangusten, Warzenschweinen u.s.w.
- Lassen Sie über Nacht keine Nahrungsmittel draußen liegen, es könnte Hyänen und Elefanten anlocken.
- An Flußufern ist immer Vorsicht geboten (Krokodile).
- Tiere haben eine Fluchtdistanz, die man nicht überschreiten darf. Reizen oder provozieren Sie sie nicht! Sollte es trotzdem einmal zu unliebsamen Begegnungen kommen, ziehen Sie sich langsam und ruhig zurück, nicht rennend!
- Einzelne Büffel können sehr aggressiv und gefährlich sein. Bei Elefantenkühen mit Kälbern immer respektvolle Distanz halten!

- Schlangen wird man wenige sehen. Fest auftreten läßt die Erde vibrieren, so daß sich Schlangen meist rechtzeitig zurückziehen (außer der Puffotter). Man sollte im Busch mit festen, knöchelhohen Schuhen laufen. Niemals barfuß laufen!
- Tiere und Pflanzen sind geschützt!

Bilder:
linke Seite: Mit umgestürzten Bäumen muß man auf einsamen Wegen rechnen
oben links: Fahrt nach einem Regen
oben: Die Chibembe Fähre im Luangwatal

Sandpiste oder Schlammschlacht - Anforderungen an Fahrzeug und Fahrer

Fahren im Gelände macht Spaß! Sandige Flußbette zu durchqueren, Allrad und Differenzialsperren einzusetzen und den Wagen über einfachste Holzbrücken zu lenken, gehört für manche zu den Höhepunkten einer Afrikareise. Bevor man sich auf das große Abenteuer stürzt, sollte man jedoch an ein paar Tricks und Tücken denken:

- Bei Tiefsand ist es besser, rechtzeitig stehenzubleiben, als sich festzufahren. Jetzt helfen zwei Dinge: Luft aus den Reifen ablassen (bis unter 1 Atü) und präventives Schaufeln. Einen festgefahrenen Wagen frei zu schaufeln dauert viel länger und erfordert oft das Hochbocken des Wagens. In Extremfällen müssen Sandbleche untergelegt werden.
- Vorsicht bei Buschfahrten vor spitzen Wurzeln und Baumstümpfen, die im Nu die Reifen aufschlitzen! Achtung auch bei Dorngestrüpp!
- In Afrika ist es üblich, statt Warndreiecken Zweige an den Straßenrand zu legen. Diese bleiben oft auch dann noch liegen, wenn das hängengebliebene Fahrzeug schon fort ist. Große Steine, die zum Unterlegen verwendet wurden, bleiben manchmal auf der Fahrbahn liegen.
- Schlamm- und Wasserlöcher sind außerhalb der Regenzeit nicht so häufig. Im Zweifelsfalle erst zu Fuß erkunden.
- Wellblech-Rüttelpisten sind nervenzerreißend, aber am sichersten ganz langsam zu befahren. Bei schlechten Stoßdämpfern besteht die Gefahr des Abdriftens!
- Nach Regenfällen sind Erdstraßen oft gefährlich glitschig. Auch manche Zufahrten zu Fähren sind steil und rutschig.
- Geländefahrten ermüden stärker, da sie die volle Konzentration erfordern. Außerdem ist der Spritverbrauch höher, besonders im Sand.
- Wenn das Gras nach der Regenzeit sehr hoch steht, kann es den Kühler verstopfen. Auf Sand- und Staubstraßen muß der Luftfilter täglich ausgeklopft werden!
- Ersatzteile und Werkzeug sollten immer dabei sein!

Weitere Informationen von A bis Z

Ärzte und Apotheken

Nur in den Städten besteht eine gute Versorgung durch Krankenhäuser, Ärzte und Apotheken. In ländlichen Regionen findet man in der Regel an den Missionen ärztliche Hilfe (siehe *Gesundheitsvorsorge*).

Behandlung und Medikamente werden direkt abgerechnet. Es empfiehlt sich, vor Reiseantritt eine Reisekrankenversicherung abzuschließen.

Airporttax

In Sambia werden bei internationalen Abflügen US$ 20,00 und bei Inlandflügen Kw 1000,00 Fluggastgebühren pro Person erhoben. In Malawi für internationale Flüge US$ 20,00.

Eintrittspreise der Nationalparks

Sambia

Touristen bezahlen pro Person und Tag 5 US$ Eintritt, ebenso 5 US$ für ein Fahrzeug und ggf. für Camping. Der South Luangwa N.P. bildet eine Ausnahme, hier beträgt der Eintritt 10 US$.

Malawi

In den malawischen Nationalparks beträgt der Eintritt 5 US$ pro Person und Tag. Fahrzeuge kosten 2 US$, Camping 3 US$, und die staatlichen Chalets ca. 6-10 US$ pro Person und Tag.

Die Wildschutzreservate sind im allgemeinen günstiger: Eintritt etwa 1-2 US$, Fahrzeuge 1 US$ und Camping 2 US$.

In beiden Ländern sind die Gebühren für Einheimische und im Land lebende Ausländer deutlich niedriger. Wer mit einem Pauschalarrangement in einen Nationalpark reist, muß dort nicht mehr den Eintritt bezahlen.

Entfernungen

Siehe Tabelle auf Seite 360!

Feiertage

Sambia

01. Januar	Neujahr
März	Tag der Jugend
März/April	Karfreitag und Samstag Ostermontag
01. Mai	Tag der Arbeit
25. Mai	Afrika-Freiheitstag
1. Montag/Juli	Tag der Einheit
1. Montag/August	Tag der Bauern
24. Oktober	Unabhängigkeitstag
25. Dezember	Weihnachten

Malawi

01. Januar	Neujahr
03. März	Tag der Märtyrer
März/April	Karfreitag und Samstag, Ostermontag
14. Mai	Kamuzu - Tag
06. Juli	Tag der Republik
17. Oktober	Muttertag
21. Dezember	Tag des Baumpflanzens
25. Dezember	Weihnachten

Ferienzeiten

Die Schulferien sind von Provinz zu Provinz, ja manchmal selbst innerhalb einer Stadt verschieden. Die 'Großen Ferien' sind etwa zwei Monate lang und liegen zwischen Juni und September. Zur Weihnachtszeit sind kürzere Ferien.

Geschäftszeiten

Sambia

Banken:	Mo-Fr: 08.15-12.45h, Sa 08.15-11.00h

Geschäfte:	Mo-Fr: 08.15-ca.12.30 und 14.00-17.00h Sa: 08.00-12.00h
Malawi	
Banken: in großen Städten	Mo-Fr: 08.00-13.00h, Sa: 08.00-11.00h
Geschäfte:	Mo-Fr. 07.30-12.00h und 13.30-16.00h Sa: 07.30-12.00h

Da es keine vorgeschriebenen Geschäftszeiten gibt, haben manche Läden deutlich länger und auch am Sonntag geöffnet (besonders Lebensmittelgeschäfte).

Behörden sind normalerweise durchgängig bis 17.00h erreichbar, manche allerdings nachmittags für den Publikumsverkehr geschlossen.

Jagdsafaris

Zwischen Mai und Oktober werden in verschiedenen Game Management Areas in Sambia professionelle Jagdsafaris durchgeführt. Kontaktadressen und Informationen (Gebühren, Lizenzen und Zollvorschriften) erhält man bei: *Professional Hunters Association of Zambia*, P.O.Box 30106, Lusaka. Tel. 01-211644, Fax 01-226736, oder beim Büro des NPWS in Chilanga (siehe *Lusaka*).

Kleidung

In Hotels und Restaurants der großen Städte wird nach Sonnenuntergang der sog. *Formal Dress* erwartet, d.h. lange Hose und möglichst Jackett und Krawatte für Herren, keine Jeans oder Shorts. In Touristenzentren und auf Safari ist legere, bequeme Freizeitkleidung angebracht (siehe *Ausrüstung*).

Landkarten

In beiden Ländern sind Landkarten, Stadtpläne und Pläne der Nationalparks außerhalb der Hauptstädte nur schwer zu bekommen. Es empfiehlt sich daher, zu Reisebeginn alle erforderlichen Karten im *Department of Survey* (Adressen siehe *Lusaka, Lilongwe* und *Blantyre*) zu besorgen.

Maße und Gewichte

In den letzten Jahren setzten sich zunehmend die metrischen Maße und Gewichte durch. Ältere Landkarten oder Bücher verwenden aber noch die englischen Maßeinheiten.

1 mile	=	1,609 km
1 foot	=	30,48 cm
1 sq. mile	=	2,59 km²
1 brit. gallon	=	4,546 l
1 acre	=	40,47 a

Die Formel zur Umrechnung von Fahrenheit in Grad Celsius lautet:

Fahrenheit minus 32, multipliziert mit 5, dividiert durch 9 ergibt den Wert in Grad Celsius.

F:	32	41	50	59	68	77	86	95
C:	0	5	10	15	20	25	30	35

Mahlzeiten

Vegetarier haben's schwer! Kaum ein Hauptgericht ohne ein saftiges Stück Fleisch! Die Küche ist reichhaltig und gut, aber keine ausgefeilte Spezialitätenküche. Sehr gern wird gegrillt, was man hier wie in Südafrika 'Braai' nennt. Das Fleisch ist meist von sehr guter Qualität. In Malawi und an den sambischen Seen bekommt man frischen Fisch. Salate sind eher selten. Gemüse wird leider oft ein wenig fad gekocht. Kartoffeln werden gern gegessen, Nudeln sind eher selten. Gute indische Lokale kann man in den Städten finden. Probieren Sie doch einmal die heißen, dreieckigen *Samosas* als Snack! Brot kennt man nur in Form von Weißbrot.

Das Frühstück fällt mit Ei, Speck, Bohnen und Toast recht üppig aus. Die Mittagsmahlzeit ist etwas kleiner, und abends wird meist mit mehreren Gängen oder Buffet diniert.

Die Getränke: Tee wird nach englischen Maßstäben zubereitet und schmeckt ausgezeichnet. Kaffee ist auch überall zu bekommen. Tagsüber haben sich Softdrinks, wie Sprite und Coke, durchgesetzt, ansonsten trinkt man Bier! Die einheimischen Sorten in Sambia sind gewöhnungsbedürftig (*Moshi* und das dunkle *Rhino*).

Bilder:
links: Tigerfish gilt als Spezialität
rechts: Korbwaren im Dorf Luangwa-Bridge

In Malawi trinkt man allgemein *Green*, d.h. Carlsberg mit 'Green Label'. In beiden Ländern sind außerdem Importbiere aus Südafrika und Zimbabwe verbreitet und gut. Die lokalen Weine entsprechen kaum europäischen Ansprüchen und sind eher süß. Ausgezeichnete Weine aus Südafrika werden in Hotels und größeren Supermärkten angeboten, haben aber ihren Preis. An der Bar trinkt man ebenfalls Bier, Whiskey oder Liköre, wie z.B. Amarula. Malawi produziert eigenen Gin, Brandy und Kaffeelikör.

Restaurants und Lokale sind deutlich günstiger als in Deutschland, besonders in Malawi kann man gut und preiswert essen.

Die einheimische Küche sieht anders aus: In vielen Familien gibt es morgens, mittags und abends **Nshima**, eine Art Maisbrei. Abwechslung bringt oft nur die Beilage (Fleisch, Soße, Gemüse oder Fisch). Diese Beilagen heißen zusammengefaßt *Relish*.

Sehr beliebt sind die kleinen Kapentafische, die getrocknet und komplett verzehrt werden. Auf den Märkten findet man oft getrocknete Raupen.

Kohl, Tomaten, Zwiebeln, Bananen und Mangos ergänzen die Küche. Zu trinken gibt es meist nur Wasser. Das Lieblingsgetränk ist Bier. In den Dörfern wird Bier noch aus Mais oder Honig hergestellt. Chibuku, ein einfaches Maisbier, kann man fast in allen Ortschaften bekommen. Es wird in Papptüten verkauft, die aussehen, wie unsere Milchtüten zuhause.

Post

Die Post ist unter der Woche ganztägig, am Samstagvormittag und in manchen Orten sogar sonntags für zwei Stunden geöffnet. Die Gebühren für Briefe und Postkarten nach Europa sind in beiden Ländern sehr niedrig, der Service ist zuverlässig. Briefe nach Europa sind etwa eine Woche unterwegs, wenn man sie in großen Städten zur Post bringt. An abgelegeneren Orten kann es ein vielfaches länger dauern.
Lassen Sie sich doch einmal eine Auswahl der schönen Briefmarken zeigen!

Souvenirs

Klassische Souvenirs sind hervorragende Korbflechtarbeiten (Körbe, Matten, Untersetzer) und Holzschnitzereien (Tierfiguren, Masken). In Südmalawi ist die Schnitzkunst besonders verbreitet. Hier findet man z.B. aus Ebenholz gefertigte Stühle, Lampenfüße und viele Schalen. Wer sich für das Handwerk und Alltagsgegenstände interessiert, wird auf den Märkten beeindruckende Dinge entdecken (Hackbeile, Musikinstrumente und Blechöfen).

Stromversorgung

Ist in beiden Ländern gleich: 220/240 Wechselstrom. Es werden englische 3-Pol-Stecker verwendet. Möglichst einen entsprechenden Adapter mitbringen!

Viele kleinere Hotels und die meisten Lodges in den Nationalparks haben keinen Stromanschluß. Häufig wird ein Generator eingesetzt, manchmal nur für die Abendstunden.

Taxi

In Sambia müssen die Preise immer ausgehandelt werden, da es keine Taxameter gibt. In Malawi haben nur die Taxis der großen Städte einen Taxameter. Die Preise variieren stark, je nach Region und Verhandlungsgeschick. Als grobe Richtlinie kann man in touristischen Zentren von ca. 5 US$ für 10 km ausgehen. Malawische Taxifahrer erwarten ein kleines Trinkgeld (25 Tambala).

Telefon

Überseetelefongespräche führt man entweder von einem Privatanschluß bzw. Hotel, oder läßt sich das Gespräch im Büro für Telekommunikation vermitteln. In Malawi bezahlt man für drei Minuten etwa 10 US$, in Sambia liegen die Preise etwas höher. Die deutsche Vorwahl ab Sambia ist 0049, ab Malawi 10149.

Für Gespräche von Europa nach Sambia lautet die Vorwahl 00260, nach Malawi lautet sie 00265.

Trinkgeld

Sambia

Hotels und Restaurants berechnen in Sambia einen Bedienungszuschlag von 10 %. Weitere Trinkgelder sind in Sambia bisher nicht üblich, auch nicht für andere Leistungen, wie z.B. die eines Wildhüters auf der Safari. Es werden aber häufig die Münzen bei der Geldrückgabe am Tisch liegengelassen.

Malawi

In Malawi wird trotz des 10 %igen Bedienungszuschlags ein Trinkgeld erwartet (ca. 5 %). Auch Taxifahrer sind an ein kleines Trinkgeld gewöhnt.

Wasser

Leitungswasser sollte nie pur getrunken, sondern entweder abgekocht oder gefiltert werden. Sehr nützlich sind Mikropurtabletten oder -pulver, die das Wasser entkeimen. In den Städten wird Sodawasser in Plastikflaschen verkauft. Decken Sie sich lieber damit ein, als eine Infektion durch schlechtes Wasser zu riskieren!

Zeitungen

Tages- und Wochenzeitungen, wie *The Post* in Sambia oder *Daily Times* und *Malawi News* in Malawi werden an den Hauptstraßen der Großstädte und in Läden verkauft. Recht interessant ist die BBC-Zeitschrift *Focus on Africa*, die in malawischen Supermärkten erhältlich ist. Ausländische Zeitungen und Zeitschriften werden nur wenige eingeführt und sind nur in guten Stadthotels zu bekommen (allerdings keine deutschsprachigen).

Zeitverschiebung

In beiden Ländern gilt MEZ + 1 Stunde. Während der mitteleuropäischen Sommerzeit besteht also kein Zeitunterschied, im Winterhalbjahr sind uns Sambia und Malawi um eine Stunde voraus.

Zoll

Alle Gegenstände des persönlichen Bedarfs können zollfrei eingeführt werden. Dazu zählen, neben Kleidung und Toilettenartikeln, auch die Photoausrüstung mit Filmen, Videokamera, Fernglas, Reiseschreibmaschine, Kofferradio, Kinderwagen, Sport- und Campingausrüstung.

Außerdem dürfen zollfrei mitgeführt werden:

In Sambia 200 Zigaretten oder 450 g Tabak und eine Flasche Spirituosen.

In Malawi 200 Zigaretten oder 225g Tabak, sowie 0,75 l Spirituosen, 1l Wein und 1l Bier.

Entfernungstabelle

Sambia

	Lusaka	Livingstone	Chirundu	Chipata	Ndola	Mwinilunga	Mongu	Kasama	Mbala	Kabwe	Mpika
Lusaka	-										
Livingstone	470	-									
Chirundu	136	495	-								
Chipata	570	1040	706	-							
Ndola	320	790	456	890	-						
Mwinilunga	854	*1324	990	1424	552	-					
Mongu	600	531	736	1170	920	707	-				
Kasama	925	1395	1061	1495	843	1227	1525	-			
Mbala	1075	1545	1211	1645	993	1377	1675	150	-		
Kabwe	138	608	274	708	182	716	738	787	937	-	
Mpika	714	1184	850	1284	632	1166	1314	211	361	576	-
Nakonde	1072	1542	1208	*1642	990	1524	1672	322	198	934	358

(* = via Lusaka)

Malawi

	Blantyre	Nyika Plateau	Chinteche	Kasungu	Lilongwe	Livingstonia	Mangochi	Monkey Bay	Mulanje	Mzuzu	Salima
Blantyre	-										
Nyika Pl.	915	-									
Chintheche	550	282	-								
Kasungu	439	453	357	-							
Lilongwe	311	592	492	127	-						
Livingstonia	783	44	304	404	543	-					
Mangochi	191	824	569	344	245	775	-				
Monkey Bay	253	877	570	305	206	819	63	-			
Mulanje	66	927	645	505	378	878	251	314	-		
Mzuzu	676	189	93	240	367	140	516	477	742	-	
Salima	269	559	277	173	103	510	172	133	335	346	-
Zomba	64	799	517	413	286	750	127	189	125	650	243

Literaturverzeichnis

- Ki-Zerbo, Joseph (1981): Die Geschichte Schwarz-Afrikas, Fischer Verlag, Frankfurt.
- Eastwood, Frank (1988): Guide to the Mu-lanje Massif, Lorton Communications, S.A.
- Philipson, D.W. (1972): National Monuments of Zambia, Ndola.
- Philipson, D.W. (1990): Mosi oa Tunya - A Handbook to the Victoria Falls Region, Longman Group, Harare.
- King, M. und E. (1992): The Story of Medicine and Disease in Malawi, Blantyre.
- Salaun, Rev. Fr. N. (1993): Chichewa - Inensive Course, Lilongwe.
- Stuart-Mogg, David (1994): A Guide to Malawi, Blantyre.
- Fisher,M. (1991): Nswana - The Heir, Ndola.
- Fisher, S. (1992): Ndotolu, Ikelenge/ Sambia.
- Fisher (1994): Lampposts to Searchlights, Ikelenge/ Sambia.
- Sampson, Richard (1956): They came to Northern Rhodesia, Cape Town.
- Visitor's Giude to Malawi, 1995, Southern Book Publishers, South Africa.
- Visitor's Giude to Zambia, 1995, Southern Book Publishers, South Africa.
- Hülsbömer/Belker (1995): Malawi, Stein-Verlag, Kronshagen.
- Länderbericht Sambia (1991): Statistisches Bundesamt, Wiesbaden.
- Länderbericht Malawi (1992): Statistisches Bundesamt, Wiesbaden.
- Explizit: Frauen in Afrika (1993): Horlemann Verlag, Bad Honnef.
- Wotte, Herbert (1973): David Livingstone, Brockhaus, Leipzig.
- Holub, Dr. Emil (1890): Reisen im südlichen Afrika in den Jahren 1883-7, Wien.
- The Nature of Zambia, 1988, IUCN, Gland/ Schweiz.
- Palgrave, Keith Coates (1993): Trees of Southern Africa, Struik-Verlag, Cape Town.
- Sinclair, Ian (1987): Field Guide to the Birds of Southern Africa, Struik-Verlag, Cape Town
- Williams, John (1973): Die Vögel Ost- und Zentralafrikas, Parey-Verlag, Hamburg.
- Säugetiere Afrikas, BLV Bestimmungsbuch, 1977, München.
- Robert (1984): Birds of Southern Africa, South Africa.

Index

In Klammern gesetzte Seitenzahlen verweisen auf Landkarten und Pläne.

D

E

F

G

L

M

N

O

P

R

S